本成果由教育部人文社会科学研究青年基金
西部和边疆地区项目“新信息技术下个人信息刑事法保护研究”
（项目批准号：17XJC820003）资助

新信息技术下
个人信息
刑事保护研究

马改然　著

Research on Criminal Protection of
Personal Information
Under the New Information Technology

法律出版社 LAW PRESS · CHINA
北京

图书在版编目（CIP）数据

新信息技术下个人信息刑事保护研究 / 马改然著
. -- 北京：法律出版社，2021
ISBN 978-7-5197-5978-0

Ⅰ. ①新… Ⅱ. ①马… Ⅲ. ①互联网络－个人信息－隐私权－法律保护－研究－中国 Ⅳ. ①D923.04

中国版本图书馆 CIP 数据核字(2021)第 201092 号

新信息技术下个人信息刑事保护研究
XINXINXI JISHU XIA GEREN XINXI XINGSHI BAOHU YANJIU

马改然 著

责任编辑 孙东育 王 珊
装帧设计 汪奇峰

出版发行 法律出版社
编辑统筹 学术·对外出版分社
责任校对 王晓萍
责任印制 陶 松
经　　销 新华书店

开本 710 毫米×1000 毫米 1/16
印张 19.75 **字数** 321 千
版本 2021 年 11 月第 1 版
印次 2021 年 11 月第 1 次印刷
印刷 三河市龙大印装有限公司

地址：北京市丰台区莲花池西里 7 号(100073)
网址：www.lawpress.com.cn
投稿邮箱：info@lawpress.com.cn
举报盗版邮箱：jbwq@lawpress.com.cn

销售电话：010-83938349
客服电话：010-83938350
咨询电话：010-63939796

书号：ISBN 978-7-5197-5978-0
定价：88.00 元

前　言

随着移动互联网、云计算、大数据、物联网以及人工智能等新信息技术的迅猛发展,个人信息的重要性日益凸显。作为数字人(e-person),个人信息关涉人格尊严,亦能给企业创造巨大价值,并且直接影响网络安全乃至国家安全。2020年3月中共中央、国务院颁布的《关于构建更加完善的要素市场化配置体制机制的意见》明确提出,数据是与土地、劳动力、资本、技术相并列的基本生产要素,也就是说数据之于信息社会相当于土地之于农业社会、资本之于资本主义社会,其重要性不言而喻,那么作为与人格尊严相关联的数据——个人信息的重要性就更是其他要素所不可比拟的。而与个人信息重要性相对应的,对其侵害也日益严重。《中国网民权益保护调查报告》显示,54%的网民认为个人信息泄露情况严重,84%的网民曾亲身感受到由于个人信息泄露带来的不良影响,一年间因个人信息泄露导致的经济损失高达915亿元。面对这些触目惊心的数字以及诸如"徐某玉案""清华教授被骗案""万豪数据泄露案"等案件的频发,让我们不得不意识到在新信息技术下加强个人信息刑事法保护已迫在眉睫。

虽早在2009年我国就初步构建了个人信息刑事保护体系,但此保护体系是在新信息技术之前的技术背景下建立的,已经无法适应新信息技术的迅猛发展。新信息技术下个人信息刑事保护面临巨大的冲击和挑战,其表现为:第一,新信息技术使得网络空间无限扩大,网络空间中的数字人即个人信息与物理空间的自然人重要性日益趋同。相应地,对个人信息的侵害也愈演愈烈。第二,新信息技术使得对个人信息的搜集能力更快速和便捷,尤其是互联网企业搜集能力大大增强,这就需要重新审视互联网企业在个人信息刑事法保护中的定位。第三,新信息技术使得自然人的位置行踪、消费习惯、浏览记录等生活信息由过去的默默无闻变得炙手可热,这些信息是否应归属于个人信息就是一个不得不认真考虑的问题。第四,新信息技术使得对个人信息的关注点由搜集转为挖掘应用,这一转向就要求必须处理好个人信息合理利用和个人信息刑事法保护的平衡,这一分界点的划分是一个难题。以上这些都是迫切需要解决的问题,值得认真深入研究。随着《个人信息保护法》的出台,虽然上述问题在一定程度上得到缓解,但是核心的问题仍然存在,对其的研究任重而道远。

本书通过对新信息技术进行梳理,发现新信息技术对个人信息进行了形塑,从而明晰在新信息技术背景下个人信息在内涵、外延、属性等方面出现的新变化,进而阐明由于这些新变化导致个人信息刑事保护面临的新挑战。为了更好地应对这些挑战,有必要考察域外个人信息刑事保护的现状,进而取其精华弃其糟粕;在此基础上,从实证和规范两个层面构建新信息技术下个人信息刑事保护体系。

目录 Contents

第一章　新信息技术下个人信息及其法律保护概述

个人信息与人类相伴相生，一起经历了原始社会、奴隶社会、封建社会、资本主义社会和社会主义社会。在不同的社会形态中，个人信息的表现形式和重要程度各有不同。但总的趋势是，随着社会的发展，个人信息表现形式越来越多元且其重要性在经历了漫长的沉寂后突然呈直线上升趋势。进入 21 世纪以来，个人信息被称为“石油”“黄金”。而随着移动互联网、云计算、大数据、人工智能等新信息技术的迅猛发展，个人信息又被认定为信息社会的基本生产要素。个人信息从“石油”“黄金”到生产要素这一地位的华丽蜕变，毫无疑问是由新信息技术促成的。那么，新信息技术何以有如此的威力把个人信息推向“神坛”，而在“神坛”上的个人信息较之前在内涵、外延、属性、法律保护等方面又有哪些变化呢？本章就针对个人信息及法律保护和新信息技术的演进及对个人信息的形塑进行探究。

第一节　个人信息及其法律保护的源起与发展

个人信息自古有之，只不过在不同的社会形态中的重要性却有天壤之别。在农业社会乃至工业社会，个人信息一直默默无闻。而到了信息社会，个人信息一跃而成为基本生产要素、“工业社会的石油”，变得炙手可热。但是“个人信息”这个时代新宠就像是普罗透斯的脸，变幻无常，在不同场景呈现不同的面相。关于它的内涵、属性、法益等基本法律层面的认知，仍是众说纷纭，不一而足。

一、个人信息概述

自2003年以来,我国对个人信息的研究呈持续热化的状态。并且随着新信息技术的迅猛发展、数字经济的崛起以及智能时代的到来,作为基本生产要素的个人信息愈发重要,且内涵和外延也相应地发生了巨大变化。故有必要对个人信息的概念、特征以及分类进行重新梳理,明确其在新信息技术时代的精准含义,为其在新信息技术下刑事保护提供基础理论支持。

(一)个人信息的界定

"概念乃是解决法律问题所必需的和必不可少的工具。没有精确界定的专门概念,我们便不能清楚而理性地思考法律问题,也无法将我们对法律的思考转变为语言,同时也无法以一种可理解的方法将这些思想传递给他人。如果我们试图完全抛弃概念,那么整个法律大厦将化为灰烬。"①既然概念如此之重要,虽然界定不易,但仍需尽力明确之。

1. 个人信息概念的立法考察

自德国黑森州在1970年颁布世界上第一部保护个人信息的地方立法《个人数据保护法》后,关于个人信息保护法就像雨后春笋一样在全世界不同国家逐步制定。在每一部个人信息保护法中都对个人信息进行了界定,只不过界定的内容和形式有所不同。大体上可分为:概括式、列举式和概括列举式三种形式,但是列举式现今大都已经消失,只剩下其他两种形式。②

(1)域外立法考察

截止到2019年,世界上已有100多个国家和地区制定了个人信息保护法。其中,最具代表性的无疑是欧盟、德国和美国。下面就以这些组织和国家为例,来考察个人信息概念的立法形式和内容。

①欧盟

欧盟针对个人信息先后进行过三次立法,分别是1981年欧共体《保护自动化处理个人数据公约》、1995年欧盟《个人信息保护指令》和2016年欧盟《一般数据保护条例》。其中1981年《保护自动化处理个人数据公约》第2条(a)规定,"个人数据指与已识别或可识别的个人(数据主体)相关的任

---

① [美]E.博登海默:《法理学——法律哲学与法律方法》,邓正来译,中国政法大学出版社1999年版,第486页。

② 参见齐爱民:《中国信息立法研究》,武汉大学出版社2009年版,第135页。

何信息。”[①];1995 年《个人信息保护指令》第 2 条(a)规定,“个人数据是指任何与已经确认的或可以确认的自然人(数据主体)有关的信息;可以确认的自然人是直接或间接地参考他的识别号码或他所持有的身体、生理、精神、经济、文化和社会识别等众多因素中的一个或几个可以对其进行确认的人。”[②];2016 年《一般数据保护条例》第 4 条(1)规定,“个人数据是指一个被识别或可识别的自然人(数据主体)的任何信息。一个可识别的自然人,是指通过姓名、身份证号码、位置数据、在线身份识别码这类标识,或通过针对该自然人的一个或多个身体、生理、遗传、心理、经济、文化或社会身份等要素,能够直接或间接地被识别。”[③]根据这三次立法定义,从立法形式上看,1981 年采用概括式,而 1995 年和 2016 年采用了概括列举式;从立法内容上看,虽然 1995 年的措辞与 1981 年和 2016 年有所不同,但是都认可个人信息的本质是识别性,所有能识别出特定自然人的信息都是个人信息。只不过列举内容随着时代的变迁而与时俱进。

②德国

德国作为世界上最早制定个人信息保护法的国家,修改也最为频繁。自 1977 年制定第一部全国性的《联邦数据保护法》,一直到 2017 年,40 年的时间先后修订过 4 次,分别在 1990 年、2001 年、2009 年、2017 年。而关于个人信息的概念并没有本质变化,例如 2001 年《联邦数据保护法》第一编第 3 节(1)规定:“个人数据指任何关于一个已识别的或者可识别的个人(数据主体)的私人或者具体状况的信息。”[④]2017 年修订的《联邦数据保护法》第一编第 3 节(1)规定:“个人数据指与一个已识别的或者可识别的自然人(数据主体)的私人或者实际情况有关的任何信息。”[⑤]从这两次立法规定可以看出,其关于立法形式采取的都是概括式,而关于立法内容虽有些微出入,但关于个人信息的本质与欧盟一样同采识别说。

---

① 周汉华主编:《域外个人数据保护法汇编》,法律出版社 2006 年版,第 2 页。

② 周汉华主编:《域外个人数据保护法汇编》,法律出版社 2006 年版,第 44 页。

③ 京东法律研究院:《欧盟数据宪章:一般数据保护条例 GDPR 评述及实务指引》,法律出版社 2018 年版,第 227 页。

④ 《个人数据保护:欧盟指令及成员国法律、经合组织指导方针》,陈飞等译,法律出版社 2006 年版,第 264 页。

⑤ 《德国联邦数据保护法 2017 年版译本及历次修改简介》,刘金瑞译,载方小敏主编:《中德法学论坛》第 14 辑(下卷),法律出版社 2018 年版。

③美国

由于美国属于不成文法国家，并没有一个统一的个人信息保护法，所以只能选取一些具有代表性的法律来对其进行考察。首先选取的是1974年《隐私法案》，它被公认为美国第一部专门保护个人信息的法律。囿于当时的社会技术条件，在该法中并没有使用个人信息或个人数据等词汇，而使用的是“档案”这一符合当时时代的词语。该法第一部分“定义”(四)规定，“档案是指某机关保管的有关个人情况的单项、集合和组合，包括但不限于其教育背景、金融交易、医疗病史、犯罪前科、工作履历及其姓名、身份证号码、代号或其他特属于该个人的身份标记，如指纹、声纹或照片”。其次选取的是与欧盟《一般数据保护条例》相提并论的加州2018年颁布的《加利福尼亚州消费者隐私保护法案》，该法第1798.140节(o)(1)规定，“个人信息系指直接或间接地识别、关系到、描述、能够相关联或可合理地连结到特定消费者或家庭的信息，包括但不限于以下内容：(A)诸如真实姓名、别名、邮政地址、唯一的个人标识符、在线标识符、互联网协议地址、电子邮件地址、账户名称、社会安全号码、驾驶证号码、护照号码的标识符或其他类似标识符；(B)第1798.80节(e)条中描述的任何类别的个人信息；(C)加州或联邦法律下受保护的分类的特征；(D)商业信息，包括购买、获得或考虑过的个人财产，产品或服务的记录，或其他采购或消费的历史或倾向；(E)生物信息；(F)因特网或其他电子网络活动信息，包括但不限于浏览历史、搜索历史和关于消费者与因特网网站、应用程序或广告交互的信息；(G)地理位置数据；(H)音频、电子、视觉、热量、嗅觉或类似信息；(I)专业或就业相关信息；(J)教育信息界定为‘家庭教育权利和隐私法案’中所定义的非公开的个人可识别信息；(K)从本条中已识别的任何信息中得出的推论，以创建反映消费者偏好、特征、心理倾向、偏好、倾向、行为、态度、智力、能力和资质的画像”。[①] 根据以上两部代表性法律可以得出，美国针对个人信息立法形式采用的是概括列举式，而关于立法内容则与欧盟、德国的识别说有所不同，采关联说。

综上，美国与欧盟、德国关于个人信息的内涵和外延并不同。其不同表现为：第一，“个人”的范围扩大。美国的“个人信息”中的“个人”不仅包括

① 吴沈括等：《〈2018年加州消费者隐私法案〉中的个人信息保护》，载《信息安全与通信保密》2018年第12期。

自然人还包括家庭。甚至2012年美国联邦贸易委员会的报告指出,个人信息是指“所有商业机构收集的、可以合理关联到一个具体的消费者、计算机和其他设备的信息”。从此报告中得出,这里“个人”除了自然人还包括计算机和其他设备。这就比欧盟只指自然人的范围要大。第二,“信息”的范围扩张。欧盟、德国采识别说,所以只有能识别出某一特定自然人的信息才是个人信息中的“信息”。而美国采关联说,与某一特定自然人、家庭或设备相关联的信息都是个人信息中的“信息”,其范围远远大于识别说中的“信息”。

(2)我国立法考察

早在2003年我国就在为制定个人信息保护法做准备,历经十几年,2018年9月10日,《个人信息保护法》终于列入了十三届全国人大常委会立法规划中的一类项目,并于2020年10月进行了第一次审议,2021年4月和8月分别进行第二次和第三次审议,并于2021年8月20日正式通过。

①法律层面

从时间谱系上看,“个人信息”最早出现在2009年《刑法修正案(七)》第253条之一中,不过法定术语是“公民个人信息”①。虽然在刑法中使用了“个人信息”,但遗憾的是却并没有对“个人信息”进行界定。2016年颁布的《网络安全法》首次在法律层面上对个人信息进行了界定。该法第7章第76条第5项规定,“个人信息,是指以电子或者其他方式记录的能够单独或者与其他信息结合识别自然人个人身份的各种信息,包括但不限于自然人的姓名、出生日期、身份证件号码、个人生物识别信息、住址、电话号码等”。此后,2017年颁布的《民法总则》(已废止)虽然在第111条对个人信息进行了规定,但是也并没有对其进行法律界定。但2020年颁布的《民法典》第1034条第2款对个人信息进行了明确规定,“个人信息是以电子或者其他方式记录的能够单独或者与其他信息结合识别特定自然人的各种信息,包括自然人的姓名、出生日期、身份证件号码、生物识别信息、住址、电话号码、电子邮箱、健康信息、行踪信息等”。2021年颁布的《个人信息保护法》第6条也对个人信息进行了明确规定,“个人信息是以电子或者其他方式记录的与已识别或者可识别的自然人有关的各种信息,不包括匿名化处理后的信息”。

① 经过多年讨论,现今“公民个人信息”和“个人信息”等同。

②司法解释

2013 年最高人民法院、最高人民检察院、公安部《关于依法惩处侵害公民个人信息犯罪活动的通知》中对"公民个人信息"进行了说明,"公民个人信息包括公民的姓名、年龄、有效证件号码、婚姻状况、工作单位、学历、履历、家庭住址、电话号码等能够识别公民个人身份或者涉及公民个人隐私的信息、数据资料"。而后 2017 年 6 月最高人民法院、最高人民检察院颁布的《关于办理侵犯公民个人信息刑事案件适用法律若干问题的解释》第 1 条规定,"公民个人信息是指以电子或者其他方式记录的能够单独或者与其他信息结合识别特定自然人身份或者反映特定自然人活动情况的各种信息,包括姓名、身份证件号码、通信通讯联系方式、住址、账户密码、财产状况、行踪轨迹等。"

③国家标准

(原)国家质量监督检验检疫总局、国家标准化管理委员会关于个人信息安全指南《信息安全技术　个人信息安全规范》先后发布过三版,分别是 2012 年版、2017 年版和 2020 年版。在这三个版本中,关于个人信息的概念不断变化。

2012 年版 3.2 规定,"个人信息是可为信息系统所处理、与特定自然人相关、能够单独或通过与其他信息结合识别该特定自然人的计算机数据"。

2017 年版 3.1 规定,"个人信息是以电子或者其他方式记录的能够单独或者与其他信息结合识别特定自然人身份或者反映特定自然人活动情况的各种信息"。注 1:个人信息包括姓名、出生日期、身份证件号码、个人生物识别信息、住址、通信通讯联系方式、通信记录和内容、账户密码、财产信息、征信信息、行踪轨迹、住宿信息、健康生理信息、交易信息等。

2020 年版 3.1 规定,"个人信息是以电子或者其他方式记录的能够单独或者与其他信息结合识别特定自然人身份或者反映特定自然人活动情况的各种信息"。注 1:个人信息包括姓名、出生日期、身份证件号码、个人生物识别信息、住址、通信通讯联系方式、通信记录和内容、账户密码、财产信息、征信信息、行踪轨迹、住宿信息、健康生理信息、交易信息等。注 3:个人信息控制者通过个人信息或其他信息加工处理后形成的信息,例如,用户画像或特征标签,能够单独与其他信息结合识别特定自然人身份或者反映特定自然人活动情况的,属于个人信息。

综上,从立法形式看,我国对个人信息的界定都采用概括列举式;从立法内容看,虽然我国也采用识别说,但是在措辞上与欧美国家并不相同。从时间顺序来看，抛开法律效力的高低，最早界定个人信息概念的是2012年版的国家标准，此时的概念和欧盟的概念大同小异，几乎没有什么差别。但从2013年“两高一部”的司法解释开始就在“识别公民个人”后加了“身份”二字，后2016年《网络安全法》虽把“公民”修改为“自然人”，但是依然沿用了“身份”二字，此后的界定都采用了这种表达方式。2017年后的司法解释和两版国家标准又增加了“反映自然人活动情况的信息”。此种立法进路令笔者费解，本来个人信息的本质就是识别性，只要能识别出某一自然人的信息都属于个人信息。“信息本身存在着某一个客观之确定可能性或任何人可以从知悉信息本身进而确定某关系人。”[①]也就是个人信息是特定人的信息表征。2012年版国家标准表述得很清楚，为什么后来又在“自然人”之后加上“身份”二字，这不是明显缩小了信息的范围了吗？其含义是能识别出特定自然人身份的信息才是个人信息。在我国，“身份”一般指人的出身和社会地位，那“自然人身份”就是自然人的出身和社会地位，而关于自然人出身和身份地位的信息只是真正个人信息中的很小的一部分。但是从概念后面列举的具体个人信息看，并不单单包括自然人出身和社会地位的信息。所以，不知道立法者为什么要加上“身份”二字。但是从2017年以后在概念中又增加了“自然人活动情况信息”可反推出“自然人身份信息”应该是指能识别自然人的静态信息。因为，“自然人活动情况信息”可理解为自然人动态信息，而在形式上它又与“自然人身份”相并列，所以可以作此推断。令人欣慰的是，2021年8月20日通过的《个人信息保护法》对个人信息的界定又回归正轨，把“身份”二字删除，采识别说。

总之，从我国“个人信息”立法概念的演变来看，我国的个人信息的外延也是随着时代的变化而不断扩容，与时俱进，过程中曲折，但终回正轨。

（二）个人信息的分类

个人信息的分类也随着时代的发展而不断变化。在对个人信息进行绝对保护时代对个人信息进行了静态分类，而在现今重在对个人信息利用的时代，对个人信息进行了动态分类。但静态分类仍然有意义，故对两者都一并予以介绍。

---

① 许文义：《个人资料保护法论》，台北，三民书局股份有限公司2001年版，第24页。

1. 静态分类

(1)直接个人信息和间接个人信息

这是广为所知的最传统、主流的一种分类方法。它是从概念出发,依据识别度的高低所进行的分类。能够单独识别出某一特定自然人的信息属于直接个人信息,而需要与其他信息相结合才能识别出某一特定自然人的信息属于间接个人信息。例如,身份证号码、基因信息、指纹、虹膜等这些具有唯一性的属于直接个人信息;而姓名、工作单位、毕业院校、出生日期等这些不具有唯一性的属于间接个人信息。这种分类的法律意义在于其识别度越高,与个人关联度越高,就越需要国家保护,国家负有的保护义务就越高。其对应判定侵犯公民个人信息罪中"情节严重"有着重要意义,相同数量的个人信息侵犯,直接个人信息就应该比间接个人信息情节严重,相应地,处罚也应更重。

(2)一般个人信息和敏感个人信息

此种分类也是传统的静态分类。新颁布的《个人信息保护法》采取了此种分类方法。一般认为,与隐私关联度高的个人信息属于敏感个人信息,例如健康生理信息、通信内容、住宿信息、行踪轨迹等;与隐私关联度低的属于一般个人信息,例如姓名、出生地、网络名等。这种分类虽然在世界范围内广被采用,但是这种分类本身就是一个模糊的分类,因为"敏感"本身就是一个主观性很强的词汇,而又用一个模糊的词汇"隐私"去界定它,更加使得它界限不清。但不管它如何模糊、界限不清,却不影响对它的适用。因为总有一些个人信息是被世界人民所公认的敏感信息,比如健康信息、生物识别信息、住宿信息等。而针对这些信息,在法律层面上要予以严格保护,因为它关系到人的尊严及人格是否受到尊重。即使在大力提倡个人信息商业利用的今天,被誉为个人信息保护法典范的欧盟《一般数据保护条例》第 9 条仍然给予了敏感个人信息最有力的保护,"对揭示种族或民族出身,政治观点、宗教观点、宗教或哲学信仰,工会成员的个人数据,以及以唯一识别自然人为目的的基因数据、生物特征数据、健康数据、自然人的性生活或性取向的数据的处理应当被禁止"。

但是在个人信息成为大数据时代的基本生产要素,商业化利用逐渐兴起的今天,敏感个人信息的外延也悄然发生变化。从法理上来说,法益保护力度越大,对其侵害程度会越高,但在个人信息领域却并非如此。有学者研究发现,财务数据在绝大多数国家和地区的隐私相关法律中不在十大敏感数据之列,而在现实中被侵犯的风险却是最高,远超其他类型的数据;生理或精神健康信息在理论上被普遍视为敏感数据,在现实中被盗取、泄密的概率却较低。[①] 这种现实悖论是因为将敏感数据的"人格属性"与"财产属性"割裂所致。一般观念认为敏感信息是与人格相关联的信息,但随着上述个人信息地位的变化,其经济属性凸显,已然成为数字经济发展不可或缺的基本要素,所以财产属性也成为个人信息不可分割的内在属性。因而,随着时代的发展,敏感信息的法规也应考察并涵盖那些可能导致严重侵害后果的新型信息。[②]

2. 动态分类

随着个人信息的财产属性被认可以及商业利用对数字经济的重大意义,根据个人信息的流转来源及财产属性的分类逐渐兴起。

(1)自愿提供的信息、被观测到的信息和被推断的信息

2011 年世界经济论坛报告根据信息来源的不同,将个人信息分为自愿提供的信息、被观测到的信息和被推断的信息。所谓自愿提供的信息是指信息主体自愿提供的一系列信息,例如公开的姓名、各种言论、照片、注册各种网站所提交的信息等;被观测到的信息是指信息主体在网络提供商所提供的各种平台或利用某软件时被记录或观察到的行为信息,例如上网记录、浏览网页、搜索记录等;被推断的信息是依据信息主体的各种碎片信息通过信息技术所推断出的个人信息,例如购物喜好、消费偏好、性格特点等各种用户画像。[③] 这种分类首次关注到了信息控制者,并把信息控制者在个人信息形成过程中所起的作用作为个人信息分类的一个标准。这有助于为个人信息商业使用分配权利和义务,以及为信息控制者使用个人信息提供理论支持。随着物联网时代的到来,第一种信息其所占的总体比例将会下降,传统的个人信息保护法将不复使用。在物联网时代,个人信息保护的机制和原则需要改变。[④]

---

① 参见王敏:《大数据时代个人隐私的分级保护研究》,社会科学文献出版社 2018 年版,第 150 页。

② 参见王敏:《大数据时代个人隐私的分级保护研究》,社会科学文献出版社 2018 年版,第 152 页。

③ 参见王忠:《大数据时代个人数据隐私规制》,社会科学文献出版社 2014 年版,第 24 页。

④ 参见邢会强:《大数据交易背景下个人信息财产权的分配与实现机制》,载《法学评论》2019 年第 6 期。

(2)基本个人信息、被记录的伴生个人信息和预测个人信息

根据个人信息财产权归属不同,有学者把个人信息分为基本个人信息、被记录的伴生个人信息和预测个人信息。① 这种分类其实和上述世界经济论坛的分类本质上一样,只是更加清晰的界定了个人信息财产权的归属问题。基本个人信息是指个人提交的关于本人的特定信息,包括个人标识型信息和个人属性型信息,此类信息的财产权完全归属个人;被记录的伴生个人信息是个人在生活、交易或工作中形成并被记录下来的个人信息,是个人活动的副产品,这种个人信息的财产权由个人和信息企业共有;预测个人信息同被推断的信息一样,都是通过大数据对个人进行画像的信息,此种信息财产权也是个人和信息企业共有,但由于信息企业付出劳动更多,故所占份额应该更多。② 这种分类为个人信息商业利用中个人信息利益的分配提供了理论支撑。

总之,现今主流的个人信息概念仍然是采取识别说的概念,"个人"指自然人,"信息"指识别出自然人的信息。而传统个人信息分类已经开始受到有力质疑,依据个人信息财产属性进行分类从而有利于个人信息商业利用的研究成果愈来愈多。

二、个人信息法律保护源起和发展

(一)个人信息法律保护源起

个人信息自古有之,对其的收集、存储、使用是任何一个国家正常运转所必需的,概莫能外。所以,在前信息时代,个人信息是被权力所掌控并为之服务的。这些被掌控的个人信息都是少量的且以零散的纸质形式存储在基于不同执政目的的不同部门,相互之间是割裂的。故而,普通人的个人信息除了对国家管理有用外,并无其他用途。

直到 20 世纪 70 年代,德国黑森州颁布了世界上第一部《数据保护法》,而后 1977 年德国联邦政府颁布了第一部国家层面上的《联邦数据保护法》。第一部个人信息保护法之所以首先颁布在德国,其原因主要有二:一是国家

① 参见邢会强:《大数据交易背景下个人信息财产权的分配与实现机制》,载《法学评论》2019 年第 6 期。

② 参见邢会强:《大数据交易背景下个人信息财产权的分配与实现机制》,载《法学评论》2019 年第 6 期。

政府职能的转变。二战后,政府由亚当·斯密所说的“守夜人”转变成福利社会的积极创建者。而福利社会的实现,需要全民个人信息的支撑,所以政府基于福利社会的构建而大规模的采集个人信息。而且,随着计算机技术的发展,大规模电子化存储成为可能,也为大量收集个人信息提供了技术支持。二是经历二战时期权利被蹂躏践踏的苦难,德国人民权利意识报复性高涨,对个人信息更是给予了前所未有的重视。1977 年《联邦数据保护法》共有 6 章 47 个条文,其中在罚则部分规定了侵害个人信息的刑罚,从而成为最早对个人信息进行刑事保护的条款。其实在更早的 1974 年,美国就颁布了《隐私法案》,虽然该法并不以个人信息命名,但实质上是一部专门保护个人信息的法律。该法第 9 条①分三款规定了针对侵害个人信息的刑事处罚,其与 1977 年德国《联邦数据保护法》的刑事条款共同构成世界范围内早期的针对个人信息的刑事保护。

(二)个人信息法律保护发展历程

1. 本能对抗阶段

20 世纪中叶之后,随着计算机技术的发展,电子存储的问世和兴起,使得各种信息档案无法大量存储和永久保存的问题得到有效解决。同时福利国家的构建需要政府积极作为,而行政职能有效开展的前提之一是对公民个人信息的全面的掌控。一方面有迫切的需求而另一方面又有新技术支持,叠加的结果就是大量的个人信息被政府所收集。例如,当时美国联邦政府就拥有 2000 多个数据库,广泛涉及公民的社会保障号、地址与工资数额等,而州政府的数据库除了涉及犯罪记录、出生信息、婚姻状况、财产状况、选民登记等信息外,还包括律师及医生等要求登记从事特定职业人员的各种信息。② 由于美国历来有限政府的传统以及美国人民对政府的不信任和权利意识的高涨,为了限制政府无限采集个人信息及要求政府合理保管所

---

① (1)任何由其工作或职务性质所决定,可以掌握或使用那些被本条或依据本条制定之规制或规章禁止泄露的包括个人识别信息之机关档案,而且明知泄露这种档案材料乃被禁止之行为的机关官员或雇员,如以任何方式向任何无权获得之个人或机关泄露上述材料,则应被判为轻罪并处以 5000 美元以下的罚金。(2)任何机关的官员或者雇员如故意不按本条第 5 款第 4 项规定之通知要求保管档案系统,则应被判为轻罪并处以 5000 美元以下的罚金。(3)任何人明知且故意以虚假身份向某机关申请得到或得到有关个人的档案材料,应被判处为轻罪并处以 5000 美元以下的罚金。

② 参见何渊:《信息性隐私权是如何在美国产生和发展的》,载微信公众号“数据法盟”2018 年 12 月 13 日,https://mp.weixin.qq.com/s/iRa0T_6kUPFVsZ-fnimamA。

采集的信息,美国分别在1966年和1974年制定了《信息自由法》和《隐私法案》。虽然在立法层面上制定了相关法律保护个人信息,但是此时在理论上仍然没有清晰界定人们是基于什么权利来保护自身的个人信息的。

美国隐私权理论起源于1890年沃伦(Samuel D. Warren)和布兰代斯(Louis D. Brandeis)发表于《哈佛法律评论》中的《隐私权》一文。在该篇具有里程碑意义的论文中,首次提出了基于“独处权”的隐私权理论。后隐私权被美国法官运用于司法实践中,出现了许多运用该权利的司法判例。后直到1960年隐私权才在理论上出现了再次突破,由美国学者普罗赛(Prosser)教授通过对自1890年起近70年中法官适用隐私权理论的判例进行归纳总结提出著名的四分法的隐私权理论,即隐私侵犯行为包括:①擅自使用他人姓名、肖像或者其他人格特征的;②不合理地侵扰他人安宁的;③不合理地公开他人私人事务的;④公开丑化他人形象的。虽然四分法的隐私权理论广为美国学者所接受,但是随着新技术尤其是计算机的出现,人们发现四分法已无法囊括所有的隐私领域,而且由于其仅为民法上的权利,无法对抗日益强势的政府。于是在1965年,美国最高法院以判例形式确立了一种新隐私权即自治性隐私权,其内容为他人对其私人事务享有免受政府侵犯的自由决定权;旋即其在1967年以同样的方式确立了又一种新隐私权即物理性隐私权,指的是他人对其住所或者其他私人场所所享有免受政府官员侵扰、打扰或者侵入的隐私权。[①] 此时,人们意识到个人信息就像肖像、姓名一样应属于人格的一部分,但是并没有论证其独立性。个人信息被裹挟在这种隐私权之下被保护,并没有成为一项独立的权利。美国《隐私法案》中对个人信息的刑事保护就是在这种理论背景下制定的。

2. 权利对抗公权力阶段

计算机技术以惊人的速度发展,从而使得公权力收集个人信息更为便利、收集的范围更为扩大,成本更为低廉,从而使个人信息面临前所未有的危机。欧美政府率先通过计算机技术大规模地收集个人信息从而便于实施“数字监控”,“警察机关与情报机构掌握了个人信息的计算机存储系统,大大提高了国家机关的监控能力。”[②]虽然在美国已有前述关于个人信息的法

---

① 参见张民安主编:《信息性隐私权研究——信息性隐私权的产生、发展、适用范围和争议》,中山大学出版社2014年版,第1页。

② 王秀哲:《大数据时代个人信息法律保护制度之重构》,载《法学论坛》2018年第6期。

律出台，但是因为没有明确信息主体对个人信息具有何种权利，故法律效果大打折扣。同样，在德国 1977 年虽然也有《联邦数据保护法》的出台，但是在立法层面和理论上也没有明确信息主体的权利。

现实迫切的需求得到了法律的回应。1977 年，美国联邦最高法院在已经确立前两种新型隐私权后在沃伦诉罗伊案（Whalen v. Roe）一案中确立了第三种新型隐私权即信息性隐私权，也就是他人对其个人信息享有控制权。这是一项宪法性的权利，利用此项权利人们能够有效地对抗政府的权力。隐私权从消极防御型的权利成为积极进攻型的权利。同样，1983 年在德国由宪法法院以判决的方式赋予个人信息独立的宪法性的权利地位——信息自决权，其源于著名的人口普查案。1983 年德国依据《人口普查法》在全国范围内展开人口普查，要求人们提供姓名、性别、职业、住址等详细的与个人有关的信息，这激起了对自身隐私和人格尊严极其敏感的德国人们的愤慨，于是以该法违宪为由向宪法法院提起诉讼。在该案判决书中，德国首次承认信息自决权，从而使得该权成为德国宪法意义上的基本权利。随着个人信息独立权利地位的确立，个人信息保护立法与实务的基础都得重做安排。从此，美国以信息性隐私权为保护路径，而以德国为代表的欧洲以信息自决权为保护路径，开启了用权利对抗权力的个人信息的绝对保护之旅。此时，个人信息作为人格权的客体是被绝对保护的，不允许公权力随意染指。德国《刑法典》把对个人信息的刑事保护放入第十五章侵害人身和隐私的犯罪就是明证。

3. 权利对抗复权力

到了 21 世纪前叶，随着互联网和个人计算机的普及，私营互联网企业以一种隐秘的方式入侵了个人信息领域，通过无时无刻抓取个人信息而形成了新的掌控权力。“被注视、被观察、被详细描述、被一种不间断的书写逐日的跟踪，是一种特权”。[①] 这被福柯所描述的规训权力被互联网企业所掌控，成为公权力之外另一个强大的权力。从而，公权力对个人信息的垄断彻底被摧毁甚至颠覆。与此同时，因个人信息频频被泄露而引发了民众强烈的不安甚至恐慌。于是，愤怒的公权力和恐慌的民众联合起来对抗掌控个人信息的私营企业。其典型代表是德国 2009 年的《联邦数据保护法》，这部法

---

① ［法］米歇尔·福柯：《规训与惩罚》，刘北成、杨远婴译，生活·读书·新知三联书店 2003 年版，第 215 页。

中进一步增加了信息主体的权利，如知悉权和修改权，同时要求私营企业必须设立信息保护委员会且增设了信息泄露通知义务等。[①] 这就在对个人信息"绝对保护"之路上更进一步。在刑事领域，私营企业和政府机关被一视同仁地认定为个人信息犯罪的主体，并且单独设立了针对私营企业的罪名，如德国的强迫使用个人数据罪、非法以商业目的处理、使用个人数据罪等。

4. 权利合作复权力

随着信息技术的迅猛发展，个人信息的商业价值越来越凸显，成为资本竞相追逐的对象。互联网企业甘愿冒着被巨额罚款的风险而违法收集、使用个人信息，甚至把罚款作为企业的经营成本。同时，为了在第四次工业革命中独占鳌头、引领时代潮流，政府针对互联网企业的违法行为采取消极态度，只不过为了平息人们因个人信息被侵害的愤怒而实施一些象征性的措施。即便采取了严厉的刑事处罚措施，个人信息犯罪也是越打击越猖獗。于是，学者们纷纷开始撰文反思这一怪状。学者们从个人信息法律保护的前提和法益基础来研究是不是最开始对个人信息的属性认识不符合客观事实。越来越多的学者认识到个人信息不能作为私权利进行绝对的保护，应该承认其公共属性。"大数据时代，个人信息具有共享属性，具有公共利益价值"，[②]"个人信息兼具个体属性与社会流通属性"，[③]类似这样的观点正逐渐被学界所接受。如果承认个人信息的公共属性，那就不能对其进行私法上的绝对保护，应允许其在一定条件下共享，"数据共享成为了互联网和大数据发展的必然趋势，全球数据采集的优化在不断加速，数据采集和共享已经成为信息数据利用的一种重要方式"，[④]承认互联网企业对个人信息的权利，从而使得在公权力的主导下信息主体和信息企业合作，即实现权利合作复权力，从而实现数字经济的共赢。这种理念现今还处于理论探讨阶段，并没有完全体现在立法层面上。立法上反而呈现的是越发重视个人信息私权的绝对保护，例如，欧盟《一般数据保护条例》不仅新增了信息主体的权利，

---

① 参见《德国联邦数据保护法 2017 年版译本及历次修改简介》，刘金瑞译，载方小敏主编：《中德法学论坛》第 14 辑（下卷），法律出版社 2018 年版。

② 刘迎霜：《大数据时代个人信息保护再思考——以大数据产业发展之公共福利为视角》，载《社会科学》2019 年第 3 期。

③ 丁晓东：《个人信息的双重属性与行为主义规制》，载《法学家》2020 年第 1 期。

④ 王利明：《数据共享与个人信息保护》，载《现代法学》2019 年第 1 期。

例如“被遗忘权”“数据可携带权”，而且也加大了对信息企业的惩罚力度。而且一直对个人信息保护持宽松态度的美国，在被誉为具有里程碑意义的《加利福尼亚州消费者隐私保护法案》(2018)(被称为《一般数据保护条例》在美国的翻版)中，加强了对个人信息隐私的保护。①

总之，个人信息法律保护源起于德国和美国，并经历了本能对抗阶段、权利对抗公权力阶段、权利对抗复权力和权利合作复权力四阶段，并且第四阶段还在持续演进中。

第二节　新信息技术的演进及对个人信息的形塑

个人信息虽并不源于信息技术，但是信息技术的发展使个人信息的属性及在经济社会中的地位发生了翻天覆地的变化，并且随着信息技术的不断发展，新信息技术的不断涌现，其对个人信息的形塑仍然持续。

一、新信息技术的演进

依据个人信息存储方式的不同，可以分为电子个人信息和非电子个人信息。非电子个人信息由来已久，随着社会的产生而产生。造纸术出现后，个人信息大体上以纸质形式呈现即纸质个人信息。纸质个人信息延续至今，虽也是个人信息保护法的对象，但是其与信息技术关联不大。而电子个人信息则是伴随信息技术的产生而产生的。随着1946年第一台电子计算机的问世，电子存储成为可能，保存在计算机中的个人信息就是电子个人信息。此时，由于电子存储的大体量、便利性和长久性，大规模存储成为可能。而后，互联网的出现，不仅涌现了新的信息掌控者——互联网企业，而且大量传统个人信息被发布在网上，并且还出现了像网络账户、IP地址、电子邮箱等新型个人信息。进入21世纪前叶，伴随着大数据、云计算、物联网、区块链、人工智能等新信息技术的出现及发展，个人信息被进一步形塑，新型个人信息层出不穷。

---

①　参见吴沈括等:《〈2018年加州消费者隐私法案〉中的个人信息保护》，载《信息安全与通信保密》2018年第12期。

（一）大数据

自1980年，著名未来学家阿尔文·托夫勒（Alvin Toffler）在《第三次浪潮》中把大数据认定为“第三次浪潮的华彩乐章”[①]后，大数据开启了华丽的进化之路。1997年，“大数据”这一术语在美国计算机学界出现；2008年，《自然》杂志推出大数据专刊，其中《大数据计算：在商业、科学和社会领域的革命性突破》一文阐释了大数据技术及面临的挑战；2011年，麦肯锡研究院发布《大数据：下一个具有创新力、竞争力与生产力的前沿领域》，提出“大数据”时代的到来；[②]而后，对大数据的关注从经济科技领域上升到政治领域，世界范围内的大国纷纷从国家战略层面对大数据给予关切。2012年，美国政府发布了《大数据研究和发展倡议》，大数据上升为美国国家发展战略；2015年，我国印发《促进大数据发展行动纲要》，全面推进大数据的发展和应用。那么，“大数据”何以成为21世纪最耀眼的词汇，又是如何与信息技术相勾连的呢？

随着计算机和网络技术全面普及，不仅科学研究、企业运转会产生大量的数据，而且个人也会随时随地产生海量的网络数据，这导致数据量越来越大，已经超出了一般电脑在处理数据时所能使用的内存量，[③]而且数据类型也越来越复杂，使得工程师们不得不研发新的技术来存储海量的结构复杂的数据，并且通过分析这些数据得出有用的应用。由此，IT界出现了“大数据”这一名词。“大数据”并非一个确切的概念。[④] IDC将大数据定义为：为更经济地从高频率的、大容量的、不同结构和类型的数据中获取价值而设计的新一代架构和技术。[⑤]

虽然该概念并未被完全接受，但比较被认可的是大数据具有4V特征，即容量大（Volume）、类型多（Variety）、速度快（Velocity）和价值密度低（Value）。第一，容量大。造纸术和印刷术的发明引发了第一次数据爆炸。而今处于第二次数据大爆炸的时代，由于存储技术和网络的不断发展，全球

---

① [美]阿尔文·托夫勒：《第三次浪潮》，黄明坚译，中信出版社2006年版，第19页。

② 参见林子雨：《大数据技术原理与应用》，人民邮电出版社2017年版，第7页。

③ 参见[英]维克托·迈尔－舍恩伯格、肯尼思·库克耶：《大数据时代：生活、工作与思维的大变革》，盛杨燕、周涛译，浙江人民出版社2013年版，第8页。

④ 参见[英]维克托·迈尔－舍恩伯格、肯尼思·库克耶：《大数据时代：生活、工作与思维的大变革》，盛杨燕、周涛译，浙江人民出版社2013年版，第9页。

⑤ 参见刘智慧、张泉灵：《大数据技术研究综述》，载《浙江大学学报（工学版）》2014年第6期。

数据以每年50%的速度增长,到2020年全球的数据量将达到35ZB。ZB即泽字节[①],1个泽字节约等于1024个艾字节,而1个艾字节等于10亿GB,而一部数字电影才能压缩成1GB。[②] 可以预想到这是多么海量的数据。第二,类型多。传统数据属于结构化数据,可存储在关系数据库中。而现今90%的数据都是非结构化数据,即Web应用中微博、微信、音频、视频等数据。第三,速度快。对海量数据进行秒级响应进而满足用户实时性需求,例如输入目的地,秒现路线图,即是该特征的体现。第四,价值密度低。这是最关键的特征。虽然数据量极大,但是真正有价值的不多。况且数据的量越大,有价值的越少。

大数据是经历了数据由企业被动产生阶段、用户主动提供的主动产生阶段和基于各种感知系统的广泛应用的自动产生阶段而真正实现的。其产生的根本原因即是数据自动产生阶段的出现。[③] 目前,大数据的处理流程一般分为四阶段,即数据采集阶段、数据预处理阶段、数据分析阶段和数据应用阶段。在这四个阶段中,都需要诸多技术的支持才能实现。例如在采集阶段,需要基于数据流方法的引擎(stream engine)、基于搜索引擎的方法(search engine);在数据应用阶段,需要数据"可视化技术"。但是这些技术中最重要最关键的技术是数据处理阶段的技术,即"云计算"技术。

(二)云计算

在"云"中计算的理念最早是由计算机科学家麦卡锡(John McCarthy)在1961年提出的。而后随着计算机技术和网络的普及,电子邮件、开放的发布平台(MySpace、YouTube)以及其他类型的社交媒体在20世纪90年代中期开始出现,这些应用虽然是以用户为中心,但是却形成了云计算基础的核心概念。直到2006年,"云计算"这一术语才真正出现。[④]

迄今为止,云计算没有一个统一的概念。比较有代表性的有:维基百科的定义是,"云计算将IT相关的能力以服务的方式提供给用户,允许用户在

---

① 参见林子雨:《大数据技术原理与应用》(第2版),人民邮电出版社2017年版,第8页。

② 参见[英]维克托·迈尔-舍恩伯格、肯尼思·库克耶:《大数据时代:生活、工作与思维的大变革》,盛杨燕、周涛译,浙江人民出版社2013年版,第12页。

③ 参见孟小峰、慈祥:《大数据管理:概念、技术与挑战》,载《计算机研究与发展》2013年第1期。

④ 参见[美]托马斯·埃尔等:《云计算概念、技术与架构》,龚奕利、贺莲、胡创译,机械工业出版社2014年版,第14页。

不了解提供服务的技术、没有相关知识以及设备操作能力的情况下，通过 Internet 获取需要的服务”；[①]我国云计算网的定义是，“云计算是分布式计算、并行计算和网格计算的发展，或者说是这些科学概念的商业实现”；[②]而被业界广泛接受的，由美国国家标准与技术研究院给出的定义是，“云计算是一种模型，可以实现随时随地、便捷地、按需地从可配置计算资源共享池中获取所需的资源，资源可以快速供给和释放，使管理的工作量和服务提供者的介入降低至最少。这种云模型由五个基本特征、三种服务模型和四种部署模型构成”。[③]

所以，“云计算”的特征可归纳为：①弹性服务。服务的规模可快速伸缩，以自动适应业务负载的动态变化。②资源池化。资源以共享资源池的方式统一管理。③按需服务。以服务的形式为用户提供应用程序、数据存储、基础设施等资源，并可以根据用户需求，自动分配资源，而不需要系统管理员干预。④服务可计费。监控用户的资源使用量，并根据资源的使用情况对服务计费。⑤泛在接入。用户可以利用各种终端设备（如 PC 电脑、笔记本电脑、智能手机等）随时随地通过互联网访问云计算服务。通过这五个特征，可以实现“互联网即计算机”的构想。[④]

如果将各种大数据的应用比作一辆辆“汽车”，支撑起这些“汽车”运行的“高速公路”就是云计算。正是云计算技术在数据存储、管理与分析等方面的支撑，才使得大数据有用武之地。[⑤] 由此可见，云计算之于大数据的重要性。那么，那些支撑大数据的云计算技术都有哪些呢？

第一，虚拟化技术。虚拟化技术是指将一台计算机虚拟为多台逻辑计算机，每个逻辑计算机可运行不同的操作系统，并且应用程序都可以在相互独立的空间内运行而互不影响，从而显著提高计算机的工作效率。[⑥] 虚拟化是云计算的底层结构，是云计算基础架构的基石。在云计算环境下，所有虚

---

① 陈全、邓倩妮：《云计算及其关键技术》，载《计算机应用》2009 年第 9 期。

② 陈全、邓倩妮：《云计算及其关键技术》，载《计算机应用》2009 年第 9 期。

③ ［美］托马斯·埃尔等：《云计算概念、技术与架构》，龚奕利、贺莲、胡创译，机械工业出版社 2014 年版，第 15 页。

④ 参见罗军舟、金嘉晖、宋爱波等：《云计算：体系架构与关键技术》，载《通信学报》2011 年第 7 期。

⑤ 参见孟小峰、慈祥：《大数据管理：概念、技术与挑战》，载《计算机研究与发展》2013 年第 1 期。

⑥ 参见林子雨：《大数据技术原理与应用》（第 2 版），人民邮电出版社 2017 年版，第 19 页。

拟化解决方案都是集服务器、存储系统、网络设备、软件及服务于一体的系统整合方案，包括硬件资源虚拟化、网络设施虚拟化、应用虚拟化、桌面虚拟化等多虚拟化技术的多个层面，并根据不同的应用环境灵活地将若干层面组合以实现不同模式下的虚拟化方案。①

第二，数据存储技术。为了应对海量数据的存储要求，分布式存储取代了传统的集中式存储。同时，为了满足海量用户的各种需求，还要求存储技术具备高吞吐率和高传输率。其中典型的技术代表就是谷歌公司研发的GFS（Google File System），它是一种分布式文件系统。它除了能存储海量数据外，还能满足巨量数据访问的应用需求。但谷歌公司的上述存储技术都是非开源的，其他公司要想使用这些技术需要支付高昂的费用。后来Hadoop团队研发了开源的HDFS（Hadoop Distributed File System）供他人免费使用，从而云计算的存储技术迅速被广泛运用。

第三，数据管理技术。在存储了海量数据后，如何能在海量数据中提取想要的数据以及通过对海量数据进行处理分析进而给用户提供服务，这是亟待解决的又一问题。谷歌公司又研发了BigTable数据管理系统给解决这些问题提供了完美的答案。BigTable对数据读取操作进行优化，采用列存储的方式，提高数据读取效率。②

（三）物联网

全球知名的计算机学者韦泽（Mark Weiser）曾在1991年大胆预测，"这些（计算机技术）最具深奥含义的技术将隐形消失，变成'宁静技术'，潜移默化地无缝融合到人们的生活中，直到无法分辨为止"，③这是物联网的萌芽。后来，随着计算机技术和网络的飞速发展，韦泽的预言逐渐变为现实。作为新一代信息技术的重要组成部分，物联网的概念至今没有被权威认定。关于物联网比较准确的定义是：物联网是通过各种信息传感设备及系统（传感网、射频识别系统、红外感应器、激光扫描器等）、条码与二维码、全球定位系统，按约定的通信协议，将物与物、人与物、人与人连接起来，通过各种接入网、互联网进行信息交换，以实现智能化识别、定位、跟踪、监控和管理的一

---

① 参见张为民、赵立君、刘玮：《物联网与云计算》，电子工业出版社2012年版，第91页。

② 参见陈全、邓倩妮：《云计算及其关键技术》，载《计算机应用》2009年第9期。

③ 冯云、汪贻生：《物联网概论》，首都经济贸易大学出版社2013年版，第2页。

种信息网络。其核心是每一个物品都可以寻址、控制和通信。[①]

物联网总体上可包括四层体系，它们是感知层、网络层、处理层和应用层。感知层是物联网的基石，是其有别于传统网络的关键所在。它是由分布在车辆、房屋、街道、土壤、气体和管网等中的各种二维码标签、识读器、RFID 标签和读写器、摄像头、GPS、各种传感器、传感器网络、传感器网关和 M2M 终端及各种嵌入式终端等组成的传感器网络。[②] 网络层相当于人体的神经中枢，起到信息传输的作用。它是由各种通信网络和互联网形成的融合网络，是物联网中最成熟的部分。处理层相当于大脑，通过目录服务、U-Web 服务、建模与管理、内容管理等，实现对海量数据的存储和处理。[③] 应用层是物联网技术与各行业相融合，从而实现无所不在的智能化应用。在这一层面，是其价值被人们真切感知的地方，包括绿色农业、工业监控、公共安全、智能城市、智能家居、智能交通等。

物联网的关键技术包括：第一，感知和识别技术。感知和识别技术是物联网最重要的基础技术，通过它才能实现物理世界和虚拟世界的互联。它包括传感技术和识别技术。传感技术是指利用传感器和多跳自组织传感器网络，协作感知、采集网络覆盖区域中被感知对象的信息。[④] 目前该技术处于发展的“瓶颈”期。识别技术（RFID）是利用无线射频识别技术识别目标对象并获取相关对象的信息。它是一种非接触式的自动识别技术，不仅可以识别静态物体，而且可以识别高速运动的多个物体，如公交卡、门禁卡、各类银行卡、物流与供应链管理、工业生产控制等。第二，网络与通信技术。它包括短距离无线通信技术和远程通信技术。其中短距离无线通信技术包括蓝牙、Wi-Fi、NFC 等。远程通信技术包括互联网、移动通信网络、卫星通信网络等。[⑤] 第三，数据挖掘与计算技术。通过感知和识别技术，物联网获取了海量的感知信息。而如何对这些海量信息进行存储、融合、处理并挖掘是急需解决的问题。云计算和大数据为解决这些问题提供了高效的支撑。海量物联网数据可以借助于庞大的云计算基础设施实现廉价存储，利用大数

---

① 参见冯云、汪贻生：《物联网概论》，首都经济贸易大学出版社 2013 年版，第 4 页。

② 参见刘玮等：《物联网概念辨析》，载《电信技术》2010 年第 1 期。

③ 参见冯云、汪贻生：《物联网概论》，首都经济贸易大学出版社 2013 年版，第 18 页。

④ 参见孙其博、刘杰等：《物联网：概念、架构与关键技术研究综述》，载《北京邮电大学学报》2010 年第 3 期。

⑤ 参见林子雨：《大数据技术原理与应用》（第 2 版），人民邮电出版社 2017 年版，第 23 页。

据技术实现快速处理和分析,进而满足各种实际应用需求。[①]

(四)人工智能

1956 年,美国科学家麦卡锡等人提出,“让机器达到这样的行为,即与人类做同样的行为,可以被称为人工智能”,这是可以追溯到的最早关于人工智能的专业表述。[②] 后人工智能在不断遭遇挫折中曲折前进。直到 2016 年 AlphaGo 大胜世界围棋冠军李世石后,人工智能又迎来了辉煌的发展期。期间,可以分为三个发展阶段:第一阶段,1956 年到 1976 年,注重逻辑推理;第二阶段,1976 年到 2006 年,以专家系统为主;第三阶段,从 2006 年开始至今,进入重视数据、自主学习的认知智能时代。[③]

时至今日,随着人工智能变得日益复杂,关于什么是人工智能的界定也日益困难,在学界和实践领域没有一个统一权威的认定。从语义角度来看,“人工”是指合成的、人造的;“智能”是指个人从经验中学习、理性思考、记忆重要信息,以及应付日常生活需求的认知能力。[④] 因此人工智能可以被理解为能够复制人类的智识能力的一种“类人物”,[⑤]或采用拉斐尔的定义:“人工智能是一门科学,这门科学让机器做人类需要智能才能完成的事”[⑥]。从技术科学角度来看,一般认为,人工智能是研究、开发用于模拟、延伸和扩展人的智能的理论、方法、技术及应用系统的一门新的技术科学。它涵盖了计算机科学、统计学、脑神经学、社会科学等诸多领域,是一门交叉学科。[⑦]

人工智能结构层次包括基础设施层、技术层和应用层。基础设施层主要包括芯片、传感器、大数据、云计算和大宽带等领域,为人工智能提供数据

---

① 参见林子雨:《大数据技术原理与应用》(第 2 版),人民邮电出版社 2017 年版,第 24 页。

② 参见腾讯研究院、中国信通院互联网法律研究中心等:《人工智能》,中国人民大学出版社 2017 年版,第 22 页。

③ 参见杨正洪、郭良越、刘玮:《人工智能与大数据技术导论》,清华大学出版社 2019 年版,第 2 页。

④ 参见[美]史蒂芬·卢奇、丹尼·科佩克:《人工智能》(第 2 版),林赐译,人民邮电出版社 2018 年版,第 3 页。

⑤ 参见李晓方:《人工智能概念的再界定与政府的治理回应:基于技术、市场和政治视角的分析》,载《电子政务》2019 年第 3 期。

⑥ [美]史蒂芬·卢奇、丹尼·科佩克:《人工智能》(第 2 版),林赐译,人民邮电出版社 2018 年版,第 5 页。

⑦ 参见腾讯研究院、中国信通院互联网法律研究中心等:《人工智能》,中国人民大学出版社 2017 年版,第 23 页。

或计算能力支撑。[1] 人工智能发展的前提基础就是海量数据，如果没有海量数据作燃料和助推器，那么人工智能就无法发展。现今蓬勃发展的大数据、物联网及各种传感器产生了以指数级增长的海量数据，这为人工智能的发展提供了取之不尽用之不竭的原材料，这些数据原料对人工智能的算法训练尤为重要。除数据原料的无限供给外，人工智能芯片的出现使得其对数据的处理速度远远优于传统的 CPU。芯片堪称人工智能的"大脑"，其重要性不言而喻。只要能掌控芯片的最新技术，就能统领人工智能领域。

技术层处于基础层之上，是结合各种软硬件针对不同应用开发的技术。它包括机器学习、计算机视觉、语音及自然语音处理等三方面。涉及的领域包括指纹识别、人脸识别、虹膜识别等涉及隐私的各种识别，智能搜索，智能控制，机器人学习和语言及图像理解等。[2] 人工智能最核心关键的技术就是机器学习，只有能像人类那样学习，才能获取酷似人类的智能。而"深度学习"属于机器学习的一个重要子集，其拥有人工神经网络算法，这种算法在最基本的单元上模拟人脑运行机制，再加上源源不断的各种海量数据的供给，使人工智能变得更"聪明"，更像一个人在自主行事。计算机视觉其实就是让人工智能能像人类的眼睛一样拥有"看"的能力。也就是将识别对象转换成数字信号进行分析处理的技术。[3] 其主要包括视频分析和人脸识别。语音技术就是让人工智能拥有"听"和"说"的能力。其实早在 20 世纪 20 年代就出现了世界上最早的语音识别器，后来随着技术不断发展完善更新，直到深度学习的出现才使该技术获得重大突破。而自然语言处理技术就是使人工智能能自然的与人类进行交流，通过语言理解人类的意思并作出相应的反应。其中适用最典型的领域就是人工翻译和自助对话。虽早在 20 世纪 50 年代人们就开始研究人工翻译，但是效果欠佳。直到 2010 年之后，依靠大数据、深度学习等技术，自助对话和人工翻译取得了长足的进步。

应用层是指人工智能在现实生活中的具体应用。一类是人工智能技术开创的全新产品，比如智能机器人、无人驾驶、可穿戴设备等；一类是把人工

---

① 参见杨正洪、郭良越、刘玮：《人工智能与大数据技术导论》，清华大学出版社 2019 年版，第 25 页。

② 参见杨正洪、郭良越、刘玮：《人工智能与大数据技术导论》，清华大学出版社 2019 年版，第 37 页。

③ 参见杨正洪、郭良越、刘玮：《人工智能与大数据技术导论》，清华大学出版社 2019 年版，第 42 页。

智能技术运用到传统行业中，使其更为精准高效，比如智能金融、智能家居、无人超市等。在这些应用中，有的还处于研发阶段，而有的已经相当成熟。其中较成熟的应用场景包括：安防、金融、制造业等。在安防应用场景中，视频监控技术是最重要且最核心的。为了个人、社会和国家的安全，现今视频监控的布控越来越普及，从而导致超海量的视频监控画面需要处理。智能视频分析取代传统技术对这些超海量的画面信息进行分析处理，从而可以实现对人数的管控、嫌疑人的追踪、违规车辆的识别、禁区管控、异常行为监测等，从而实现由被动防控变为主动防控，甚至还能预测犯罪的发生，在其发生之前将其消灭在萌芽状态。在金融应用场景中，主要包括智能客服、智能身份识别、智能风控、智能投资等方面。其中智能身份识别应用的最为成熟。现今，为了保证资金安全，金融系统往往采用人脸识别、指纹识别、虹膜识别等人体具有唯一性的生物特征来识别客户。① 总之，随着人工智能技术的不断发展，其应用场景会越来越多且越来越成熟。

（五）区块链

区块链作为现今最热门的信息技术，是与大数据、云计算、物联网和人工智能的基础技术——互联网相对应的。互联网交换的是信息，而区块链交换的是价值。区块链之所以会产生，是由于随着社会各领域的发展，扁平化的社会变得中心化。虽然中心化带来高效率，但是却使得人们之间的信任大大降低，当信任降低到一定程度就会反噬中心化，甚至导致社会的崩塌。而区块链就能用自证清白的方式来建立一种"去中心化"的信任机制，从而解决这一世纪难题。那么到底什么是区块链呢？由于是新兴技术，关于区块链的概念还没有一个统一权威的界定。一般认为，区块链是使用时间戳和数字密码技术，把交易记录记载在按时间序列组成的数据区块中，并使用共识机制把数据存储到分布式数据库内，从而生成了永久保存、不可逆向篡改的唯一数据记录，达到不依靠任何中心机构而实现可信交易的目的。② 所谓区块是链式结构的基本数据单元，聚合了所有交易相关信息，包括区块头和区块主体。区块头主要由父区块哈希值、时间戳等组成，其中哈

① 参见杨正洪、郭良越、刘玮：《人工智能与大数据技术导论》，清华大学出版社 2019 年版，第 45 页。

② 参见井底望天、武源文、赵国栋等主编：《区块链与大数据——打造智能经济》，人民邮电出版社 2017 年版，第 43 页。

希值确证父区块的唯一性，时间戳记载了区块生成时间，而区块主体是包含一串交易的列表。依靠区块头的父区哈希值把所有的区块主体连接起来，从而组成区块链的基本数据结构。[①]

区块链不是单一技术，而是由包括数学、密码学、经济学和网络科学等多种技术整合的结果。其中包括的关键技术包括：第一，哈希运算。所谓哈希运算是指把任意长度的输入内容通过一定的计算，转化成一串固定的字符串，输出的字符串就是输入内容的哈希值。哈希运算具有正向快递、输入敏感、逆向困难和强抗碰撞性等特征。依靠这些特征可以实现区块链所有内容的防篡改性。[②] 第二，非对称加密算法。这种算法需要两个密匙即私钥和公钥来进行加密和解密。公钥是公开的，交易对方可以获取；而私钥是秘密的，只有交易方自己知晓。它解决了区块链中交易是公开且安全的问题，是一种新的密匙交换协议，又被称为“公开密匙系统”。[③] 第三，P2P通信技术。这种技术是一种非中心化的技术，是对传统“客户端——服务器”模型的颠覆。它没有中央服务器的概念，只有平等的同级节点，同时对网络上的其他节点充当客户端和服务器。这种去中心化的网络，使区块链变得具有极强的可靠性，即使其中一个节点发生问题，也不影响其他节点的数据记载，从而避免了传统中心化网络“一荣俱荣、一损俱损”的弊端。第四，智能合约。智能合约是相对于传统合约的一个概念。它的出现远远早于区块链。1995年，尼克·萨博（Nick Szabo）就提出了智能合约的概念，其本质是一种在满足一定条件时，就自动执行的计算机程序，比如ATM、自动售货机等。它具有划时代革命意义不在于它的合约形式，而在于它不需要依靠警察、法院等强制力量来背书执行，不需要使法律成为代码。智能合约的条件一旦触发，合约就会严格被执行，无法违约也不可逃避。虽然智能合约的理念很好，但是囿于适用它的条件一直不成熟，故没有被大范围的使用。而区块链这种去中心化、防篡改的平台的出现为智能合约的普及提供了完美契机。[④]

---

① 参见华为区块链技术开发团队编著：《区块链技术及应用》，清华大学出版社2019年版，第22页。

② 参见华为区块链技术开发团队编著：《区块链技术及应用》，清华大学出版社2019年版，第24页。

③ 参见井底望天、武源文、赵国栋等主编：《区块链与大数据——打造智能经济》，人民邮电出版社2017年版，第104页。

④ 参见华为区块链技术开发团队编著：《区块链技术及应用》，清华大学出版社2019年版，第30页。

总之，区块链是一种全新的、与互联网并行的模式。它将是信息革命的拐点，也是数字经济的基石。它将解决互联网发展至今出现的譬如信任危机、数据孤岛、信息隐私保护等世纪难题。它将广泛应用于数字货币、数据存证、知识产权保护、溯源与供应链、身份认证、物联网、医疗、保险等领域。

（六）Cookie 技术

Cookie 技术是伴随互联网产生而产生的，严格来说，它并不属于新信息技术，但是这种技术随着时代的发展不断变化，对个人信息的扩容及商业利用具有重大作用，所以在此一并予以介绍。

为了便利，最初 Web 服务采用无状态的 http 协议，浏览器对用户的访问是无记忆的，只是单纯提供在线浏览服务，用户浏览结束在该浏览器上的一切痕迹清零，这种无序状态导致用户上网体验很差。为了弥足这种不足，网景公司前雇员卢蒙图利（Lou Montulli）在 1993 年发明了 Cookie，其被定义为"在程序之间传递、让接收端执行某操作的东西"。[①] Cookie 是一种能够让网站服务器把少量数据储存到客户端的硬盘或内存，或是从客户端的硬盘读取数据的一种技术。[②] 也就是，Cookie 能记录你的相关上网信息，如网络账户、密码、搜索词、上网时间、时长等，等下次再上网时，就会根据这些记录做出相应的反应，使用户感到便利和"贴心"。Cookie 技术主要应用于自动登录、购物车和定向广告，这都给用户带来了便利。但便利的对价是其收集和追踪用户的信息。

当人们意识到 Cookie 不停歇地搜集和追踪自己的 ID、浏览习惯、购物偏好等网络轨迹，进而导致隐私泄露的风险时，纷纷删除电脑中内置的 Cookie，例如 IE 浏览器清除 Cookie 的方法就是：选中工具—Internet 选项—常规—删除—选中"Cookie"点击删除，然后关闭所有 IE 窗口重新打开即可生效。但借助 Flash Cookie 技术，用户的信息仍然能被收集及追踪。相比起普通 Cookie 技术，Flash Cookie 技术的存储空间更大，储存时间更长，储存位置对于普通人而言更难发现。[③] 而且更为令人担忧的是，即使运用上述方法删除 Cookie，用户的信息仍然能被收集和追踪。

而且随着智能手机的普及，移动互联网上的上网信息变得炙手可热。

---

① 何懿文：《Cookie 的隐私保护与商业利用》，载《计算机世界》2016 年 4 月 11 日，第 9 版。

② 参见温家武：《Cookie 安全问题探讨》，载《电脑知识与技术》2013 年第 14 期。

③ 参见丁晓东：《用户画像、个性化推荐与个人信息保护》，载《环球法律评论》2019 年第 5 期。

为了追踪手机用户中的个人信息,美国 Turn 公司推出僵尸 Cookie。这种僵尸 Cookie 通过利用电信公司的一个不可删除的隐藏号码,激活被用户删除的 Cookie 来对用户信息进行收集和追踪。并且其比一般 Cookie 能更精准地锁定用户,长久持续地追踪用户。迄今为止,还没有任何技术能够阻止僵尸 Cookie 收集用户信息。Turn 公司高管表示,可以在自己手机或电脑上安装一个退出 Cookie,但是其只能阻止定向广告的推送,并不能阻止 Turn 收集用户信息。①

由于 Cookie 所搜集用户信息的巨大商业价值以及为了安抚用户隐私泄露风险的焦虑,当前,像谷歌这样的浏览器厂商发布声明,将在两年内取消第三方 Cookie 在其浏览器内获取用户信息的权限。旋即,许多浏览器厂商纷纷发布相关声明。Cookie 分为第一方 Cookie 和第三方 Cookie,前者指的是由用户访问的域名创建的 Cookie。后者是由非用户访问的域名建立,一般是第三方数据公司在征得该网站的同意后,在该网站上设置的独立 Cookie,以便收集用户数据,实现数据的跨域使用。② 此种声明一发布,对利用第三方 Cookie 搜集用户信息进而投放精准广告的数字广告商无疑是灭顶之灾。为了绝地求生,众多数字广告商开始试用"指纹识别"技术即 Fingerprinting 技术,该技术抛开特定浏览器而收集不具有单一性的用户使用的操作系统、输入法、设备类型、设备插件等信息,通过交叉比对而识别出特定用户。由于该技术不在设备上存储文件,所以它更难被发现,进而也更难阻止其收集和追踪用户信息。③

二、新信息技术对个人信息的形塑

新信息技术的迅猛发展,仿佛形成了一个黑洞,贪婪吞噬着一切与个人有关的信息,不管该信息如何碎片化、与特定个人的关联如何微弱,于它而言都是宝藏。与此同时,它自身也在时时刻刻地产生海量信息供其使用。在这个无限循环过程中,个人信息到底是什么,如何对其进行识别,其标准又是什么,进而其属性及地位又该如何认定,这一切都变得含混不清、扑朔

① 参见朱丽亚·安格文、迈克·提加斯:《删不掉的 Cookie 是的,它在跟踪你》,载《商学院》2015 年 Z1 期。

② 参见李勇坚:《第三方 Cookie 遭浏览器厂商弃用　用户数据争夺战或有新形态》,载《科技日报》2020 年 3 月 3 日,第 6 版。

③ 参见丁晓东:《用户画像、个性化推荐与个人信息保护》,载《环球法律评论》2019 年第 5 期。

迷离。人们需要通过理性思考，拨开重重迷雾，透过现象把握其本质。

(一)个人信息的边界日益模糊

根据前述，现今一般认为个人信息的界定标准采识别说，能识别出特定个人的就是个人信息。根据识别难易程度的不同可把个人信息分为三类：直接个人信息、间接个人信息和不可识别的个人信息或又称为已识别个人信息、可识别个人信息和不可识别个人信息。理论上的定义和分类看起来简洁清晰、泾渭分明，但是到底何为“识别”，在实务中如何适用，却争议颇大。并且随着信息技术的发展，争议不仅没有消解反而有反噬个人信息概念的危险。

1. 间接个人信息(可识别个人信息)外延界限日益虚化

所谓间接个人信息是指必须结合其他信息才能识别出特定个人的信息。它实际上指向的是一种相对的概率，即识别某种信息与特定自然人相关的相对可能性，特别是作为一个人最常用的主要标识——姓名与其他相关数据相联系的可能性。① 在小数据时代，由于信息技术所限，间接个人信息的价值几近为零，并没有受到关注；后来到了大数据时代前叶，由于信息技术的发展，电子存储的普及，间接个人信息开始受到关注；到了现在的大数据时代中叶，由于各种传感器及物联网的飞速发展、网络爬虫及 cookie 的升级换代和数据交叉比对技术的精进，间接个人信息的价值骤然凸显，在商业领域已经远超直接个人信息。所以，大数据时代，直接识别已经不是唯一的识别途径，间接识别才是大数据技术的具体表现。②

因重要性骤升，对间接个人信息的研究关注也日益增多。现今分歧较大的就是间接个人信息的外延，即间接个人信息到底都包括哪些信息，如上网痕迹，虽然不能知道该人的详细情况，但是却能锁定他进而进行精准营销；还有随着物联网的发展，通过智能手环收集佩戴人的运动时间、运动轨迹、心跳脉搏等信息就能进行用户画像，甚至通过毫不起眼的智能电表中每种电器在工作和通电情况下的负荷特征的不同③，也能分析出该用户的作息

---

① 参见范为：《大数据时代个人信息定义的再审视》，载《信息安全与通信保密》2016 年第 10 期。

② 参见苏今：《〈民法总则〉中个人信息的“可识别性”特征及其规范路径》，载《大连理工大学学报(社会科学版)》2020 年第 1 期。

③ 参见黄道丽、张敏：《大数据背景下我国个人数据法律保护模式分析》，载《中国信息安全》2015 年第 6 期。

时间进而推断出生活习惯、从事职业等。这些看起来碎片化甚至毫无头绪的信息是否属于间接个人信息,分歧比较大。

其实分歧的关键在于对识别判断基准、结合范围和识别手段这三方面的判断上。首先,关于识别判断基准,即谁识别的问题。学界有三种不同的观点,分为主观说、客观说和任一说。主观说是指以信息管理者自身的条件作为识别标准①,但该标准会导致间接个人信息外延会因信息管理者条件的不同而不同,例如病历号、健康信息等这些相对于医院而言就是间接个人信息,而相对于银行而言就不是间接个人信息。客观说是指依照普通大众、一般人的角度为标准,持此观点的有张新宝教授等学者②。但该标准也存在很大缺陷,因为以一般人的角度为标准,不要说指纹、网络轨迹、行踪轨迹这些需要技术比对来识别的信息,就是一般的出生日期、性别这些信息,一般人也没有能力和其他信息相结合识别出特定人来,而这就与世界上公认的个人信息的概念相违背。任一说是指只要社会中任一人能识别即可。欧盟的《一般数据保护条例》就采用了此标准,该条例序言第 26 条指出,任何人都可能成为合法的识别主体。③ 此标准为现今有力观点,被大多数立法和学者所采用。

其次,关于结合范围,即可以相结合的信息的范围。间接个人信息不能单独识别,只能通过和其他信息相结合比对才能识别,那么结合信息的范围越大识别的可能性就越大。在2006 年的美国在线公司(AOL)搜索日志丑闻事件中,即使该公司对某些信息进行了匿名化处理,但是还是有专业研究人员准确识别出第 4417749 号的特定身份。时隔 14 年,伴随着信息技术的飞跃发展,能够结合的信息范围极大扩张。根据哈佛大学教授拉塔尼娅·斯威尼研究显示,只要知道一个人的年龄、性别和邮编,并与公开的数据库交叉对比,便可识别出 87% 的人的身份。④ 那可以预想,随着个人信息的不断扩张,当接近于无限广的时候,其识别就能达到 100% 。而关于结合信息的范围是否需要限制,目前有限定说和非限定说。以范姜真媺为代表的学者

---

① 参见韩旭至:《个人信息的法律界定及类型化研究》,法律出版社 2018 年版,第 42 页。

② 参见张新宝:《中国个人数据保护立法的现状和展望》,载《中国法律·中英文版》2007 年第 2 期。

③ 参见常宇豪:《个人信息识别说:发展、困境与出路》,载《网络法律评论》2017 年第 1 期。

④ 参见黄道丽、张敏:《大数据背景下我国个人数据法律保护模式分析》,载《中国信息安全》2015 年第 6 期。

认为,为了避免造成过重负担应采取限定说。但采取限定说,会导致客观上属于个人信息而人为的排除,从而不利于个人信息的保护。[①] 现今大多数学者采取的是非限定说,即只要条件允许,可能结合任何能获取的信息。

最后,关于识别手段,即识别所采取的任何措施、技术等。关于这个问题,一般认为进行间接识别是没有技术限制的,可以穷尽一切手段。欧盟《一般数据保护条例》就采取此观点,为判断自然人身份是否可识别,需要考虑所有可能使用的手段……包括对身份进行确认需要花费的金钱和时间,考虑现有处理技术以及科技发展。这就是说不仅可以穷尽现有的一切技术,而且还要考量未来可预期的技术。例如,如果该数据会被存储 10 年,虽然现在技术无法识别,但是控制者应该考虑在存储的第 10 年是否会出现能被识别的技术的可能性,如果存在这种可能性,那就应该视为间接个人信息。[②]

所以,间接个人信息是一个动态的概念,随着识别技术能力的迅猛增长,个人信息的范围势必也会不可遏制地蔓延下去。所以保罗·欧姆(Paul Ohm)才断言说,身份识别是一个失败的标准,任何信息都可以经由它而转换成个人信息。[③] 故随着信息技术的飞跃发展,间接个人信息的界限就会越来越虚化以至于没有界限,任何信息都可以成为间接个人信息。

2. 不可识别个人信息名存实亡

不可识别个人信息一般指匿名化的个人信息。所谓匿名化是指数据挖掘中隐私保护的最主要的一种技术手段,自从由萨马拉蒂(P. Samarati)和塞维尼(L. Sweeney)首次提出后就受到广泛关注。[④] 它是一种使个人信息在不使用额外信息的情况下不指向特定信息主体的个人信息处理方式,若该处理方式将个人信息与其他额外信息分别存储,凭技术性和组织性措施无法指向一个可识别或被识别的自然人。[⑤] 通过匿名化处理,不论是直接个人信息还是间接个人信息都无法与特定个人相关联,从而起到保护隐私的作用。个人信息作为数字经济的基本生产要素和助推器,对它的使用关系到是否

---

① 参见韩旭至:《个人信息的法律界定及类型化研究》,法律出版社 2018 年版,第 43 页。

② 参见齐爱民、张哲:《识别与再识别:个人信息的概念界定与立法选择》,载《重庆大学学报(社会科学版)》2018 年第 2 期。

③ 参见岳林:《超越身份识别标准——从侵犯公民个人信息罪出发》,载《法律适用》2018 年第 7 期。

④ 参见王波、杨静:《数据发布中的个性化隐私匿名技术研究》,载《计算机科学》2012 年第 4 期。

⑤ 参见京东法律研究院:《欧盟数据宪章:〈一般数据保护条例〉GDPR 评述及实务指引》,法律出版社 2018 年版,第 227 页。

能在数字经济发展中独占鳌头,引领第四次工业革命,其重要性不言而喻。但是对个人信息的无序使用也会严重侵犯隐私,导致公众恐慌、破坏社会秩序。在这种两难境地中,匿名化技术应运而生。因为通过匿名化技术使个人信息丧失与特定个人的关联,从而无法识别出特定个人,那就不再属于个人信息,从而不再属于个人信息保护法的对象。例如《网络安全法》第42条第1款规定,网络运营者不得泄露、篡改、毁损其收集的个人信息;未经被收集者同意,不得向他人提供个人信息。但是,经过处理无法识别特定个人且不能复原的除外。

匿名技术主要包括泛化和抑制技术、聚类技术和分解与置换技术,这些技术使得个人信息转化成一些数字或符号或两者的组合,从而使其丧失识别的功能。但是聚合技术和重新识别技术的发展使得匿名化信息被重新识别出来,导致其保护隐私的功能消失殆尽。破解匿名化一般有两种进路:一种是通过去匿名化技术,使得匿名化的信息被重新复原出来;另一种就是利用大数据挖掘技术,结合数据匹配或MD5加密算法漏洞等措施,融合已知的碎片化个人信息和匿名化的个人信息,从而实现个人信息的再识别。例如,通过搜集发布在网络上公开信息,再结合相关匿名化信息就能识别出特定个人,尤其是一些知名人士。而现今最典型的是规模企业利用已掌握的合法获取的碎片信息,结合相关匿名化信息,从而获取个人信息甚至个人敏感信息。① 正如哈佛大学教授斯威尼(Sweeney)所言:"没有识别信息的医疗数据并未真正匿名化,因为剩余数据可通过将数据链接或匹配到其他数据库来重新识别个人,或者通过查看数据库本身的字段和记录发现独特特征。"② 所以,有学者指出,匿名化是一种神话,随着大数据时代的到来,传统匿名化的手段已经基本失败,技术专家可以轻易地实现匿名化个人信息的再识别或者去匿名化。③

(二)个人信息的属性变的扑朔迷离

在小数据时代,个人信息主要与公共管理相勾连,以纸质的形式小数量存储于各相关行政部门中,并没有引起人们的关注。后随着计算机技术的

---

① 参见苏宇、高文英:《个人信息的身份识别标准:源流、实践与反思》,载《交大法学》2019年第4期。

② 常宇豪:《个人信息识别说:发展、困境与出路》,载《网络法律评论》2017年第1期。

③ 参见丁晓东:《用户画像、个性化推荐与个人信息保护》,载《环球法律评论》2019年第5期。

发展，电子化存储兴起，正好契合了高效行政的需求，从而使得大规模采集个人信息成为必然。在大规模采集过程中，因与每一个人都息息相关，故人们认为个人信息属于人格权的客体。但很快，随着网络技术的发展，个人信息的商业价值凸显，有学者认为，“如果说封建社会主要的财产形式是土地，资本主义的财产形式是资本，那么信息社会主要的财产形式就是信息”，[①]人们进而认为个人信息属于财产权的客体。时至今日，随着信息技术的飞速发展，个人信息不仅与人格息息相关，同时还具有财产属性，而且还对数字经济的发展至关重要，进而具有公共属性，所以关于个人信息的属性问题众说纷纭，莫衷一是。

1. 传统观点之式微

早在 20 世纪 70 年代，关于个人信息属性的研究就已经开始，具体来说包括：隐私权说、信息自决权说、知识产权说、一般人格权说、具体人格权说等，其中知识产权说、一般人格权说和具体人格权说支持的学者少，没有形成影响力，故在此不再探讨。

(1)隐私权说

自 19 世纪 80 年代，由美国学者托马斯·库利(Thomas Cooley)提出隐私权为一种不受打扰的权利以来，隐私权在美国几经扩张，其内涵摇摆不定。直到 1960 年，由美国著名学者普罗赛提出的四分法的隐私权理论(隐私侵权行为)——擅自使用他人姓名、肖像等、不合理侵扰他人安宁、不合理公开他人私人事务和公开丑化他人形象——才被广泛接受。理论永远落后于实践，四分法隐私权理论虽然受众多，但面对新兴的计算机和网络技术提出即落伍。旋即三分法的新隐私权(自治性隐私权、物理性隐私权和信息性隐私权)登场。

1967 年，根据美国学者阿伦·威斯丁(Alan Westin)的界定，所谓信息性隐私权是指个人、群体或者机构所享有的决定何时、用什么样的方式以及在何种程度上将其信息对别人公开的权利。[②] 这是最早且最有影响力的界定。而后，亚当·卡莱尔·布雷肯里奇(Adam Carlyle Breckenridge)进一步认定信息性隐私权就是指他人所享有的对其本人信息的传播予以控制的权利。[③]

---

① 娄耀雄：《信息法研究》，人民法院出版社 2004 年版，第 5 页。

② See Alan F. Westin, *Privacy and Freedom*, Athenum, 1967, p. 7.

③ See Adam Carlyle Breckenridge, *the Right Privacy*, University of Nebraska Press, 1970, p. 1.

并且,美国克林顿政府也认定隐私权为对个人信息获取、公开和使用的控制权。[①] 并且许多学者还从动态角度来界定信息性隐私权,米勒就认为隐私权是关于个人控制其个人信息流动的能力,而诺阿姆根据信息流动的方向,将信息隐私权分为针对信息流入的免受侵扰权和针对信息流出的信息控制权。[②] 从信息性隐私权的发展来看,美国学者把个人信息置于隐私权之下进行保护,而且强调信息主体对个人信息的绝对控制,从而把其认定为一种绝对权。此种观点在世界范围内被许多国家所认可并继受,例如日本学者佐藤幸治认为,信息隐私权理论可用于解释民法上的隐私权。[③] 还有加拿大《个人数据保护法》指出,"本法是对加拿大现有法律的进一步扩展,它保护个人隐私并为个人提供使用关于其自身个人信息的权利。本法可被引用为隐私法"。

此种观点在我国也被一些学者所接受。有学者认为,我们可以把原有的只具有消极权利特征的隐私权设计为具有积极权利特征的隐私权,对隐私权的保护不再仅依靠侵权法的事后救济,而应赋予当事人将个人信息视为个人财富而与欲获取信息者进行谈判的能力。[④] 还有学者建议,隐私权的固有内涵(信息+安宁)以及趋向"控制权"的现代发展,正是对信息社会发展的合理回应。可以说,在此框架下解决个人资料保护的课题,相对来说是一条解释成本较低、接受程度较高、体系摩擦较小、社会实效较强的理论进路。[⑤]

(2)信息自决权说

关于个人信息属性,与美国隐私权说并驾齐驱的是德国的信息自决权说。最初德国继受美国隐私权理论,但德国学者慢慢发现该理论基础与德国本土备受尊崇的康德理论并不自洽,不存在被本土接纳的理论土壤,后德国学者基于康德"人性公式"即"你要如此行动,即无论是你的人格中的人性,还是其他任何一个人的人格中的人性,你在任何时候都同时当做目的,

① 参见张民安主编:《信息性隐私权研究——信息性隐私权的产生、发展、适用范围和争议》,中山大学出版社 2014 年版,第 3 页。

② 参见韩旭至:《个人信息的法律界定及类型化研究》,法律出版社 2018 年版,第 73 页。

③ 参见马特:《隐私权研究——以体系构建为中心》,中国人民大学出版社 2014 年版,第 70 页。

④ 参见周佳念:《信息技术的发展与隐私权的保护》,载《法商研究》2003 年第 1 期。

⑤ 参见马特:《个人资料保护之辩》,载《苏州大学学报(哲学社会科学版)》2012 年第 6 期。

绝不仅仅当做手段来使用”,[①]发展出了“领域理论”。该理论是通过“同心圆”的形式划分出秘密领域、私人领域和公共领域三种不同程度的保护范畴。[②] 领域理论被许多案件所采纳进而发展出德国的一般人格权,即受尊重、直接言论不受侵犯、私生活和隐私不受干涉的权利。[③] 一般人格权被认为是一种自我决定的权利。

在德国,人们对个人信息关注源于1969年的“第一次普查案”。在该次普查案中,法院判决中认定个人信息对个人的重要性不可忽视,应受法律保护。而后,德国学者施泰姆勒(Steinmuller)在1971年首次提出信息自决权这一理论并被关注。1983年,在德国联邦宪法法院审理的“人口普查案”中,法官接受了信息自决权并运用到该判决中,旋即该概念被广为接受。该判决书认为,“在现代资料处理之条件下,应保护每个人之个人资料免遭无限制之收集、存储、运用、传递,此系基本法第2条第1项及基本法第1条第8项保护范围。该基本人权保障每个人原则上有权自行决定其个人资料之交付与使用”。[④] 此后,德国通过一系列的案件,如“保险案”“网上搜查案”“评师案”等,逐渐完善信息自决权。在立法上,信息自决权贯穿1977年、1990年、2001年、2009年直至2017年的《联邦数据保护法》中。而且信息自决权被欧盟及欧洲其他国家广泛接受,并且体现在他们的法学理论和立法法规中。

总之,虽然隐私权说和信息自决权说存在差异,但是从根本上说它们都被认为是一种人格权,信息主体具有对自身个人信息控制的权利,并且是一种积极能动的权利。除了基于公共利益外,该权利是不得克减的。

2. 新型权利诸观点频出

虽然上述隐私权说和信息自决权说在全球范围内被广为接受,但是随着信息技术的飞速发展,在把计算机、互联网变成社会基础设施的同时,个人信息也摇身一变成为数字经济的基本生产要素,其商业属性和公共属性越发凸显,这使得仅仅体现个人信息人格属性而无法涵摄其商业属性和公共属性的隐私权说和信息自决权说名不副实。时代呼唤既能统摄个人信息

---

① [德]康德:《道德形而上学奠基》,杨云飞译,人民出版社2013年版,第75页。

② 参见谢远杨:《个人信息的私法保护》,中国法制出版社2016年版,第26页。

③ 参见[德]卡尔·拉伦茨:《德国民法通论(上册)》,王晓晔等译,法律出版社2013年版,第171页。

④ 李震山:《〈电脑处理个人资料保护法〉之回顾与前瞻》,载《中正大学法学集刊》2004年第14期。

所有属性又能为数字经济发展提供理论支撑的个人信息权属新理论。

(1)个人信息权说

鉴于个人信息的商事性,以及“人格权商品化”理论基础,[①]王利明教授认为个人信息权在性质上属于一种集人格利益与财产利益于一体的综合性权利,并不完全是精神性的人格权,其既包括了精神价值,也包括了财产价值。[②] 而对个人信息的保护,除采用精神损害赔偿的方式外,也可以采用财产救济的方法。由于个人信息可以进行商业化利用,因此,在侵害个人信息的情况下,也有可能造成权利人财产利益的损失,因而有必要采取财产损害赔偿的方法对受害人进行救济。[③] 该说是目前我国最有影响力的学说,被许多学者所认可。[④]

(2)财产权说

鉴于个人信息的商业价值,虽然有学者极力提倡应给予个人信息财产权以高度重视,“在网络化时代,个人信息的财产价值越来越被重视,个人信息财产权是信息主体对其个人信息的财产价值的实现和支配权,未来立法中不能忽视个人对这一权利的正当诉求”,但是应始终停留在人格权框架内,“强调个人信息财产权并不意味着否认其人格权属性”。[⑤] 现今随着信息技术的发展,个人信息的商业价值呈井喷之势,有学者甚至完全抛弃人格权的理论框架,直接认定个人信息的权属为一种财产权。其理由包括:[⑥]第一,个人信息日益成为一种财富,这从火爆的个人信息交易市场以及互联网巨头对个人信息的白热化争夺[⑦]中可见一斑;第二,个人信息符合财产权客体的具有能与主体相分离、能用货币来衡量的特征;第三,个人信息人格权益

---

① 参见王利明:《论人格权商品化》,载《法律科学(西北政法大学学报)》2013 年第 4 期。

② 参见王利明:《论个人信息权的法律保护——以个人信息权与隐私权的界分为中心》,载《现代法学》2013 年第 4 期。

③ 参见王利明:《论个人信息权的法律保护——以个人信息权与隐私权的界分为中心》,载《现代法学》2013 年第 4 期。

④ 参见刘德良:《个人信息保护立法应明确人格权和财产权属性》,载《中国信息安全》2015 年第 5 期;齐爱民:《拯救信息社会中的人格——个人信息保护法总论》,北京大学出版社 2009 年版,第 97 页。

⑤ 参见刘德良:《个人信息的财产权保护》,载《法学研究》2007 年第 3 期。

⑥ 参见张融:《个人信息权的私权属性探析——人格权抑或财产权》,载《北京邮电大学学报(社会科学版)》2017 年第 2 期。

⑦ 例如:2016 年的新浪微博诉脉脉案;2017 年大众点评诉百度地图案;2018 年淘宝诉美景案;2019 年腾讯诉抖音案;2020 年腾讯诉群控软件案。

能被其他人格权利所保护;第四,不认定其为财产权将影响我国数字经济的发展。此外,有学者还认为财产权是一种预防性权利,能在权利未被侵害时进行预防,这对于保护个人信息是很有效的。因为个人信息具有共享性、非独占性,一旦被侵害,根本无法通过"恢复原状"这样的民事责任来救济,所以最好的措施就是防患于未然。"只有承认数据是一种财产,才有可能防止公民个人数据遭受大规模破坏的现象从事后变为事先。"①此种观点在美国以莱格斯(Legg)教授为代表,并日益受到人们的追捧。②

(3)自然人对个人数据的自主权益说

有学者认为,既然我国民法已经规定了隐私权,但又设立单独条款来保护个人信息,那就意味着个人信息不属于隐私权保护的客体,而是与隐私权相并列的权利客体。而且,个人信息的利益不具有稳定性、持续性和值得信赖性,所以也无法成为财产权保护的客体。在大数据时代,法律上赋予自然人对个人数据的权利,该权利本身的内容既非自然人对个人数据的隐私利益,也非从个人数据交易获得的经济利益,而是保护自然人对其个人数据被他人收集、存储、转让和使用的过程中的自主决定的利益。此种利益具体表现为以下三项:其一,知悉个人数据被收集、被基于何种目的而加以收集以及使用的目的、方式、范围并基于此加以同意的利益;其二,知悉个人数据被转让并在未经同意拒绝转让的利益;其三,查询个人数据并在个人数据出现错误或遗漏、缺失时有权要求删除、更正或补充的利益。因此,自然人对个人数据的自主利益本质上是防御性或消极性的利益,而非积极性的人格利益或财产利益。③

(4)个人信息相关权益被保护权说

个人信息既具有人格属性也具有财产属性,且还具有公共属性,这种观点日益被越来越多的学者所认可。所以,把个人信息视为基本权利的客体无法体现其公共属性,而把个人信息视为言论自由的客体也无法体现其财产属性。故有学者提出,"保护个人信息其实并不是保护个人信息本身,而是通过保护个人信息来保护其他权益"④。既然个人信息确权保护很难成立,而个人信息的无限制流通又可能侵犯个体与社会的相关权益,那么保护

① See Lawrence Lessig, *Code*, Basic Books, 1999, p. 228 – 230.

② 参见龙卫球:《数据新型财产权构建及其体系研究》,载《政法论坛》2017 年第 4 期。

③ 参见程啸:《论大数据时代的个人数据权利》,载《中国社会科学》2018 年第 3 期。

④ 丁晓东:《个人信息的双重属性与行为主义规制》,载《法学家》2020 年第 1 期。

个人信息就应当对个人信息收集、储存、处理的各个环节进行行为主义的规制,确保个人信息流通的各个环节都能得到法律的合理介入。①

总之,关于个人信息属性,既有传统的隐私权说和信息自决权说,也有基于现今信息技术的发展,侧重保护财产属性的财产权说,还有侧重保护社会属性的最新的个人信息相关权益被保护权说。从防御性权利到控制性权利再到非控制性权利,体现了个人在个人信息保护中的克减,而互联网企业和国家在个人信息保护中作用的凸显,最终占主导地位的学说花落谁家,迄今为止仍处于朦胧状态。

(三)个人信息的地位变得日益重要

在漫长的人类历史中,个人信息一直扮演着微不足道的角色,只是偶尔极少数的个人信息会关系着商业利益、社会安全和国家安危。直到晚近十几年来,个人信息飞速成为21世纪最耀眼的星星,尤其过去最不被人们关注的芸芸众生的个人信息也成为被关注的对象。

1. 小数据时代个人信息:无足轻重抑或至关重要

所谓小数据时代可以追溯到国家出现时,在这漫长的以千年计的时间里,个人信息并没有本质的变化,只不过随着载体的变化而变得易于保存,或基于管理的需要采集的信息范围日益扩大。在这漫长的时间内,个人信息一般包括三种类型:第一种是与人身相关的,如性别、身高、体重、肖像、身形等;第二种是与社会交往有关的,如姓名、职业、单位等;第三种是与国家管理有关的,如身份证号、住宿信息、财产信息、犯罪记录等。这三类信息是随着时间的进展而依次出现的,且都以物理的人为基础。这些信息是否重要取决于信息主体的身份及身处的历史阶段,如果身处资本主义社会之前,针对寂寂无闻的普通大众,这些信息只对国家管理有用,对于商业经济发展并无助益。具有特殊身份的人,如某组织成员或某政府成员,这些人的信息或关涉社会秩序或关涉国家安全,故这些特殊身份的个人信息是至关重要的。如果身处资本主义社会直到大数据时代到来之前,普通大众的信息仍然是寂寂无闻的,具有特殊身份的人除了资本主义社会之前的那些人外又增加了公众人物如影视明星、体育明星等,这些人的信息具有了过去个人信息所没有的商业价值。

---

① 参见丁晓东:《个人信息的双重属性与行为主义规制》,载《法学家》2020年第1期。

总之,在小数据时代,个人信息的地位基于信息主体所处时代和自身身份的不同而不同,但无论如何,除了极少数信息主体的信息至关重要外,其他普通大众的个人信息都是无足轻重的。

2. 大数据时代个人信息:从战略物资到基本生产要素

大数据时代,个人信息的重要性被发现,其被认可的地位越来越高。

(1)战略物资说

进入大数据时代,个人信息主要是普通大众的个人信息价值日益凸显,其地位有了翻天覆地的变化。知名论坛或知名学者都不遗余力地盛赞个人信息,给予了其极高的经济地位,把个人信息誉为黄金或石油,笔者分别称其为"黄金说"或"石油说"。

持"黄金说"的有"社会数据就是互联网时代的黄金"①、"个人信息因此成为'数据黄金'"②。2014 瑞士达沃斯论坛上发布的《大数据大影响》报告指出,数据已经成为一种新的经济资产类别,就像货币或黄金一样,许多国家政府更是把大数据上升到战略的层面。

持"石油说"的有:2011 年,在世界经济论坛发布的《个人数据:新型资产类型的出现》报告中指出,"个人数据是新型石油,也是 21 世纪最具有价值的石油"、③"基于信息通信技术的互联网已成为社会生活的基础设施,信息和数据成为数字经济的基本生产资料,且因与物质能源同样重要而被称为'数字石油'"。④ 石油被称为"工业的血液""黑色的金子",它不仅是最重要的生产资料,也是工业命脉、战略物资。石油不仅关系着国计民生,还关系着国家安全和稳定。如果没有石油,社会将陷入瘫痪。把个人信息比喻为新型石油,可知其在信息时代的重要性足以和工业时代的石油相媲美。

甚至还有学者把个人信息比喻为阳光,笔者称之为"阳光说","很多文章把数据比喻成新经济的石油。这个比喻实际上不准确。石油具有竞争性和排他性,属于私人产品,产权可以清楚界定,并形成了现货和期货等复杂

---

① 敬力嘉:《大数据环境下侵犯公民个人信息罪法益的应然转向》,载《法学评论》2018 年第 2 期。

② [英]维克托·迈尔-舍恩伯格、肯尼思·库克耶:《大数据时代:生活、工作与思维的大变革》,盛杨燕、周涛译,浙江人民出版社 2013 年版,第 165 页。

③ 储陈城:《大数据时代个人信息保护与利用的刑法立场转换——基于比较法视野的考察》,载《中国刑事法杂志》2019 年第 5 期。

④ 雷丽莉:《权力结构失衡视角下的个人信息保护机制研究——以信息属性的变迁为出发点》,载《国际新闻界》2019 年第 12 期。

的市场交易模式。很多数据难以清晰界定所有权,作为公共产品或准公共产品难以有效参与市场交易。因此,把数据比喻成阳光更为合适。"①

总之,不论是"黄金说"、"石油说"还是"阳光说",都是认为个人信息是信息时代最重要的,无出其右。但这些仅仅限于学者或论坛的理论学说,而生产要素说却是实实在在落实在我国政府文件中的。

(2)生产要素说

虽然我国在前工业时代一直处于世界前列、引领世界潮流,但在工业时代却被西方国家迅速赶超,成为落后国家。新中国成立后,我国奋力直追,一路勇猛向前,终于在信息时代前叶与西方发达国家站在同一起跑线上。把握住信息时代数字经济转型的契机,更能助力于实现中华民族伟大复兴。所以,我国一直对数据、个人信息都给予高度重视。早在2017年,在中共中央政治局第二次集体学习时,习近平总书记就提出要构建以数据为关键要素的数字经济。② 而后,2019年党的十九届四中全会首次把数据列入生产要素参与分配,并提出推进要素市场制度建设,实现要素价格市场决定、流动自主有序、配置高效公平。2020年3月,中共中央、国务院颁布《关于构建更加完善的要素市场化配置体制机制的意见》中进一步提出,要加快培育数据要素市场,明确数据是与土地、劳动力、资本、技术相并列的基本生产要素,③使得传统的生产要素四元论变为生产要素五元论。

生产要素是指进行社会经营活动时所需要的各种社会资源,是维系国民经济运行及市场主体生产经营过程中所必须具备的基本因素。它是一个历史范畴,其外延随着社会的发展而延展。在农业社会,作为财富之母的土地和作为财富之地的劳动是生产要素。发展到第一次工业革命时代,机器设备、工具等资本新增为生产要素,成为生产要素三元论。直到第二次工业革命时代,由于企业家的重要性使其成为新晋的生产要素,至此生产要素四元论形成,并一直延续一个多世纪,直至被我国提出的生产要素五元论所打

---

① 邹传伟:《如何建立合规有效的数据要素市场》,载《第一财经日报》2020年5月18日,A11版。

② 《习近平主持中共中央政治局第二次集体学习并讲话》,载中华人民共和国中央人民政府网,http://www.gov.cn/xinwen/2017-12/09/content_5245520.htm。

③ 参见中共中央国务院:《关于构建更加完善的要素市场化配置体制机制的意见》,载中华人民共和国中央人民政府网,http://www.gov.cn/zhengce/2020-04/09/content_5500622.htm。

破。[①] 从生产要素的发展史可以得知，被纳入生产要素的都是某一时代最为重要且不可替代的要素。数据之于信息社会就相当于土地之于农业社会、资本之于工业社会，其重要性不言而喻。而个人信息作为数据的重要组成部分，也属于生产要素，数据的重要性也适用于个人信息。

① 参见闫德利：《数据何以成为新的生产要素》，载微信公众号“腾讯研究院”2020 年 5 月 12 日，https://mp.weixin.qq.com/s/MXOFKA4K5c01FNPABR1NUg。

第二章　新信息技术下个人信息刑事保护现状及面临的挑战

我国对个人信息刑事保护经历了一个渐进演变的过程,从附属到独立、从无意识到自主自觉、从漠视到重视。以《刑法修正案(七)》为分水岭,之前属于无意识附属保护,而之后属于自主自觉独立保护。但是随着新信息技术的发展,学界对个人信息本质的深入认识,个人信息刑事保护面临着巨大挑战。

第一节　新信息技术下我国个人信息刑事保护的现状

一、我国个人信息刑事保护的历史演进

个人信息虽自古有之,但对现代意义“个人信息”的刑事保护的时间还很是短暂,即使是欧美发达国家,也只是在 20 世纪 70 年代才开始。在这之前,个人信息都是隐藏于某犯罪对象中受刑事保护。新中国成立以来,个人信息刑事保护可以大体分为四阶段:零星保护阶段、附属保护阶段、独立保护初创阶段和独立保护精进阶段。而且随着信息技术的发展,相信在不远的将来还会迎来第五阶段。

(一)个人信息刑事零星保护阶段(1997 年《刑法》颁布之前)

新中国成立后,囿于当时的政治经济形势,为了迅速稳定社会秩序,颁布了一系列的单行条例,如《反革命条例》《惩治贪污条例》《妨害国家货币治罪暂行条例》等。在这些单行条例中,个人信息作为某犯罪对象受到零星保护。例如,《反革命条例》

第6条规定，为国内外敌人窃取、刺探国家机密或供给情报者，处死刑或无期徒刑；其情节较轻者处五年以上徒刑。在该条中，个人信息就以国家机密或情报的形式作为该罪的犯罪对象而受到保护。《惩治贪污条例》第9条规定，“凡收买、盗取国家经济情报以谋取私利者，应按其违法所得的多寡和情节轻重，参酌本条例第三、四、五、八各条治罪”。在该条中，个人信息又以国家经济情报的形式作为该罪的犯罪对象而受到刑事保护。

1979年《刑法》颁布后，个人信息仍然以隐藏于某犯罪对象的形式受到刑事保护，只不过所涉罪名有所增加。容纳个人信息的物质载体包括情报、档案、大字报、小字报、信件、公文、国家机密和电报等，所涉及的法条包括第97条、第100条、第145条、第149条、第167条、第186条和第191条。[①]

（二）个人信息刑事附属保护阶段（1997年《刑法》—《刑法修正案（五）》）

1997年《刑法》颁布，相较于1979年《刑法》，1997年《刑法》不论是在基本原则还是法条内容上都出现了翻天覆地的变化。但由于时代所限，个人信息刑事保护仍然没有独立出来，但是相对于1997年《刑法》颁布之前，还是呈现了可喜的变化。

1. 传统附属保护类型延续，且范围扩大

传统附属保护是指上述把个人信息作为某犯罪的犯罪对象来进行无意识的保护。随着1997年《刑法》的颁布及2000年《关于维护互联网安全的决定》等附属刑法的出台，此种保护类型的范围扩张明显。笔者根据犯罪对

---

① 第97条　进行下列间谍或者资敌行为之一的，处10年以上有期徒刑或者无期徒刑；情节较轻的，处3年以上10年以下有期徒刑；（一）为敌人窃取、刺探、提供情报的……

第100条　以反革命为目的，进行下列破坏行为之一的，处无期徒刑或者10年以上有期徒刑；情节较轻的，处3年以上10年以下有期徒刑；……（二）抢劫国家档案……

第145条　以暴力或者其他方法，包括用“大字报”、“小字报”，公然侮辱他人或者捏造事实诽谤他人，情节严重的，处3年以下有期徒刑、拘役或者剥夺政治权利。

第149条　隐匿、毁弃或者非法开拆他人信件，侵犯公民通信自由权利，情节严重的，处1年以下有期徒刑或者拘役。

第167条　伪造、变造或者盗窃、抢夺、毁灭国家机关、企业、事业单位、人民团体的公文、证件、印章的，处3年以下有期徒刑、拘役、管制或者剥夺政治权利；情节严重的，处3年以上10年以下有期徒刑。

第186条第1款　国家工作人员违反国家保密法规，泄露国家重要机密，情节严重的，处7年以下有期徒刑、拘役或者剥夺政治权利。

第191条第1款　邮电工作人员私自开拆或者隐匿、毁弃邮件、电报的，处2年以下有期徒刑或者拘役。

象的类型把涉及的罪名分为五类,分别是秘密类、信息类、公文类、证件类和档案类。

第一,秘密类所涉罪名共10个,分别是为境外窃取、刺探、收买、非法提供国家秘密、情报罪(第111条),侵犯商业秘密罪(第219条),非法获取国家秘密罪(第282条第1款),非法持有国家绝密、机密文件、资料、物品罪(第282条第2款),故意泄露国家秘密罪(第398条),过失泄露国家秘密罪(第398条),非法获取军事秘密罪(第431条第1款),为境外窃取、刺探、收买、非法提供军事秘密罪(第431条第2款),故意泄露军事秘密罪(第432条),过失泄露军事秘密罪(第432条);第二,信息类所涉罪名5个,分别是内幕交易、泄露内幕信息罪(第180条第1款),编造并传播证券、期货交易虚假信息罪(第181条第1款),侵犯通信自由罪(第252条),私自开拆、隐匿、毁弃邮件、电报罪(第253条第1款),编造、故意传播虚假恐怖信息罪(第291条之一第1款);第三,公文、证件类所涉罪名共4个,分别是伪造、变造、买卖国家机关公文、证件、印章罪(第280条第1款),盗窃、抢夺、毁灭国家机关公文、证件、印章罪(第280条第1款),伪造、变造、买卖武装部队公文、证件、印章罪(第375条第1款),盗窃、抢夺、毁灭武装部队公文、证件、印章罪(第375条第1款);第四,证件类所涉罪名共4个,分别是骗取出境证件罪(第319条),提供伪造、变造的出入境证件罪(第320条),出售出入境证件罪(第320条),办理偷越国(边)境人员出入境证件罪(第415条);第五,档案类所涉罪名2个,分别是抢夺、窃取国有档案罪(第329条第1款),擅自出卖、转让国有档案罪(第329条第2款)。

这些犯罪的法益各有不同,但都不是保护个人信息法益的。个人信息只不过是这些犯罪对象中毫不起眼的一种,在保护其他法益的同时被附带保护进去,而且立法者在立法时甚至都没有意识到个人信息得到了刑事保护。

2. 新型附属保护类型出现

与上述传统附属保护不同,新型附属保护个人信息虽然也是作为某犯罪对象而被保护,但是其之所以被称为"新型",是因为这些犯罪开始保护以电子方式存储的个人信息,具有了现代"个人信息"的外观。在数字化社会,网络安全已经成为狭义上保护个人信息的基本前提。早期的个人信息数据往往和特定的计算机信息系统相关联,在侵犯个人信息犯罪没有独立规定之前，多借助计算机犯罪的有关规定予以处理。[①] 1997 年《刑法》相关的计算机犯罪的罪名包括第 285 条非法侵入计算机信息系统罪和第 286 条破坏计算机信息系统罪。以这两个罪名构建的新型附属保护类型特点有三：一是保护以电子方式存储的个人信息；二是保护范围狭窄即只有个人信息属于“计算机信息系统中存储、处理或者传输的数据和应用程序”时才能受到保护；三是侵犯个人信息的犯罪行为规制有限。这两个罪名只规制对个人信息进行删除、修改或增加的犯罪行为，对于对个人信息危害严重的出售、非法提供、窃取等行为都没有规定。虽然有这样那样的缺陷，但是毕竟奏响了保护现代意义“个人信息”的号角，这在我国个人信息刑事保护历程中留下了浓重的一笔。

3. 真正现代意义的“个人信息”附属保护的来临

进入 21 世纪，随着信用卡应用的普及，伪造信用卡犯罪呈现“一条龙”服务态势，从窃取、非法提供信用卡信息到制作假卡再到运输、使用伪造的信用卡等各个环节分工细密，犯罪活动猖獗。为了保护银行等金融机构和公众的合法利益，维护金融机构的信誉和金融秩序，《刑法修正案（五）》增设了第 177 条之一。[②] 该条第 2 款就是窃取、收买、非法提供信用卡信息罪，该罪是伪造信用卡的上游犯罪，本可以作为伪造信用卡的预备行为而惩治，但立法把其单独定罪，足以表明当时人们已经意识到保护信用卡信息的重要性。根据 2000 年 11 月 10 日中国人民银行发布的《银行卡磁条信息格式和使用规范》，所谓信用卡信息包括主账号、发卡机构标识号码、个人账户标识、校验位和个人标识代码，这些信息无疑能识别出特定个人，故属于现代意义的“个人信息”。虽然当时已经认识到了“个人信息”的重要性，有意识地对其进行保护，但是仍然没有将其作为单独法益保护，而是将其附属于金融秩序法益之下进行保护。

（三）独立保护初创阶段（《刑法修正案（五）》—《刑法修正案（七）》）

随着电子化存储的深入应用，国家机关、国有企业存储了海量的个人信息，同时随着互联网和电子商务的发展，利用个人信息进行推销的新营销模式兴起，个人信息的商业价值显现。在利益面前，个人信息这个突然大放异

① 参见皮勇、王肃之：《智慧社会环境下个人信息的刑法保护》，人民出版社 2018 年版，第 20 页。

② 参见胡康生：《关于〈中华人民共和国刑法修正案（五）（草案）〉的说明》，载中国人大网，http://www.npc.gov.cn/wxzl/gongbao/2005-04/25/content_5337648.htm。

彩的东西被有权者出卖、无权者窃取,从而引发了后续大量的违法犯罪行为,尤其是电信网络诈骗犯罪猖獗,甚至还导致人身伤害,具有严重的社会危害性。

为了遏制上述现象,保护人们的人身、财产和隐私,2009 年 2 月 28 日全国人大常委会通过了《刑法修正案(七)》,在该修正案中,首次对现代意义的"个人信息"进行了独立保护。其体现在第 253 条之一,该条规定:"国家机关或者金融、电信、交通、教育、医疗等单位的工作人员,违反国家规定,将本单位在履行职责或者提供服务过程中获得的公民个人信息,出售或者非法提供给他人,情节严重的,处三年以下有期徒刑或者拘役,并处或单处罚金。窃取或者以其他方法非法获取上述信息的,情节严重的,依照前款的规定处罚。单位犯前两款罪的,对单位判处罚金,并对其直接负责的主管人员和其他直接责任人员,依照各该款的规定处罚"。其罪名分别为:出售、非法提供公民个人信息罪和非法获取公民个人信息罪。虽然只有简单的一条两罪名,但是却在个人信息刑事保护历程中具有里程碑意义,它标志着现代意义的个人信息规范化刑事保护之路正式开启。

但随着信息技术以人们无法想象的速度疾驰向前时,基于"个人信息仅存储于有权机关和个人信息仅需保护"的立法理念制定的第 253 条之一已远远落伍。这正是印证了"社会变化,从典型意义上讲,要比法律变化快"的论断。[①] 其直观表现就是司法实践中呈现出对个人信息犯罪越打击越猖獗的令人愤恨的现象,两罪名对日益高发的个人信息犯罪越来越力不从心。这表明在个人信息规范化刑事保护之路上,一开始立法方向就有所偏颇,对于个人信息本质、个人信息法益及个人信息保护立场的认识处于"朦胧"状态。

二、新信息技术下个人信息刑事保护立法现状

前面介绍了新信息技术发挥作用之前关于个人信息的刑事保护立法,从法理上说,立法本就落后于实践,这是由立法的稳定性要求所决定的。奈何现今实践变化的速度超越了任何人的想象,立法不得不奋起直追,表现为 2015 年《刑法修正案(九)》对第 253 条之一进行了修改,从而进入了个人信息独立保护精进阶段。6 年内,个人信息刑事保护经历了从无到有再到大

---

① [美]E. 博登海默:《法理学——法哲学及其方法》,邓正来译,中国政法大学出版社 1999 年版,第 402 页。

修,修改如此频繁,这在刑法立法史上是绝无仅有的。为了保护个人信息,立法甘冒破坏稳定性这一基本原则的风险而频频修改,但遗憾的是无论是立法模式还是立法内容仍不契合变幻莫测的司法实践。

(一)个人信息刑事保护立法模式

从世界范围来看,个人信息刑事保护立法模式大体可以分为两种典型类型,即德国双轨制模式和美国分散式模式。所谓德国双轨制模式是指由统一的《个人信息保护法》附属刑事条款和《刑法典》相关条文构成的双重保护;而美国分散式模式是由专门的保护个人信息的单行刑事立法[①]和特定领域保护个人信息的附属刑事条款[②]构成的。这两种模式都是基于各自国家的法律传统和国情逐渐演变定型的,各有优劣。

因我国亲近大陆法系,所以2006年周汉华教授出版的《中华人民共和国个人信息保护法(专家建议稿)及立法研究报告》[③]就采用了德国双轨制模式,此外齐爱民教授发表的《中华人民共和国个人信息保护法示范法草案学者建议稿》[④]一文也采取这种双轨制模式,并且学界对这一模式也没有反对的声音。在人们的无限期盼中,2021年8月姗姗来迟的《个人信息保护法》毫无意外地采用了这种双轨制模式。

(二)个人信息刑事保护立法内容

随着新信息技术的飞速发展,不论是个人信息的类型、外延,还是个人信息的掌控者都发生了极大的变化,《刑法修正案(七)》增设的第253条之一对司法实践中愈演愈烈的个人信息犯罪已经无力应对,日益捉襟见肘。为了应对新信息技术对个人信息刑事保护的冲击,在第253条之一增设6年后于2015年《刑法修正案(九)》又对该条进行了大幅度的修改。与此同时,《刑法修正案(九)》还增设了新型网络犯罪、身份信息类犯罪以补强对个人信息的保护。除此之外,新颁布的《个人信息保护法》、《数据安全法》以及《民法典》、《网络安全法》等法律都为清晰界定、严密个人信息刑事保护的法

---

① 例如:《防止身份盗窃及假冒法》《身份盗窃刑罚加重法》《身份盗用惩罚措施法》等。

② 例如:《公平信用报告法》《金融服务现代化法案》《健康保险流通与责任法案》等。

③ 周汉华:《中华人民共和国个人信息保护法(专家建议稿)及立法研究报告》,法律出版社2006年版。

④ 齐爱民:《中华人民共和国个人信息保护法示范法草案学者建议稿》,载《河北法学》2005年第6期。

网提供了强有力的前置法支持。同时,相关的司法解释对第253条之一进行了详细的阐释,进一步加强了对个人信息的刑事保护。

1.《刑法修正案(九)》对第253条之一[①]的修正

(1)扩充了犯罪主体。随着新信息技术的发展,个人信息不再由权力机关独掌,网络公司、快递企业、中介机关等商业机构也都掌控了海量的个人信息。由于缺乏对这些掌握个人信息人员的法律规制和有效监管,大量的个人信息被泄露。但之前的出售、非法提供公民个人信息罪的主体却仅限于有权机关的工作人员,所以对同样的危害行为由于主体不同却无法得到惩处。为了弥补法律漏洞,《刑法修正案(九)》把出售、非法提供公民个人信息罪的特殊主体修改为一般主体,从而扩大了犯罪主体的范围。

(2)延展了前置法的范围。《刑法修正案(七)》第253条之一身处侵犯公民人身权利、民主权利罪这一自然犯“大本营”的章节,但在法条中却使用了“违反国家规定”这个法定犯的标识用语,从而引发了两个问题的讨论,即该罪是法定犯还是自然犯和“违反国家规定”如何解释。关于第一个问题,现今有力学说是该罪既不是单纯的法定犯也不属于单纯的自然犯,而属于带有法定犯气质的自然犯。[②] 而第二个问题,根据《刑法》第96条的规定,违反国家规定指违反全国人民代表大会及其常务委员会制定的法律和决定,国务院制定的行政法规、规定的行政措施、发布的决定和命令。而2009年制定该犯罪时根本没有这类级别的专门的“国家规定”可作为前置法。后出现了一些低级别的部门规章、部门规范性文件或国家标准,如《电信和互联网用户个人信息保护规定》《中国人民银行关于银行业金融机构做好个人金融信息保护工作的通知》《信息安全技术 公共及商用服务信息系统个人信息保护指南》等,它们虽不属于“国家规定”,但是却是有可能成为个人信息犯罪的前置法。故有学者建议对“违反国家规定”进行扩大解释,把这些低级别的法律规定涵盖进去,但此举有违背罪刑法定原则之嫌。所以,为了解决

① 《刑法修正案(九)》修正后的第253条之一:违反国家有关规定,向他人出售或者提供公民个人信息,情节严重的,处三年以下有期徒刑或者拘役,并处或者单处罚金;情节特别严重的,处三年以上七年以下有期徒刑,并处罚金。违反国家有关规定,将在履行职责或者提供服务过程中获得的公民个人信息,出售或者提供给他人的,依照前款的规定从重处罚。窃取或者以其他方法非法获取公民个人信息的,依照第一款的规定处罚。单位犯前三款罪的,对单位判处罚金,并对其直接负责的主管人员和其他直接责任人员,依照各该款的规定处罚。

② 参见刘艳红:《侵犯公民个人信息罪法益:个人法益及新型权利之确证——以〈个人信息保护法(草案)〉为视角之分析》,载《中国刑事法杂志》2019年第5期。

这个问题,在《刑法修正案(九)》中把"违反国家规定"修改为"违反国家有关规定",把部门规章包含进来,但依然排除部门规范性文件、国家标准等规定。而之所以出现对上述问题的争论,其根本原因在于当时《个人信息保护法》的缺位。那么随着《个人信息保护法》的出台,上述问题就迎刃而解了。并且关于之前在《个人信息保护法》缺位背景下采取的对"违反国家有关规定"的扩大解释,现今应该进行限缩,使其回归"违反国家规定"的本意,从而实现对《刑法》第96条的坚守。

(3)提高了法定最高刑。《刑法修正案(七)》规定的该罪法定最高刑是3年有期徒刑,并处或单处罚金。为了应对愈演愈烈的个人信息犯罪,加强对个人信息的刑事保护,《刑法修正案(九)》把该罪的法定最高刑提高到7年有期徒刑,并处罚金。除此之外,其还规定了对于因业务获取个人信息而出售或提供的,从重处罚。

2. 拒不履行网络安全管理义务罪

进入互联网3.0时代,技术从工具变成了主宰,进而掌控技术的主体变成了主宰的主宰。在这样的时代背景下,个人信息虽然名义上属于我们每一个人,但是实质上却被那些把个人信息商业化的技术掌控者所掌控并使用。为了加强对个人信息的刑事保护,对掌控个人信息商业化技术的企业或个人进行刑事规制是必要且必需的。《刑法修正案(九)》增设的拒不履行信息网络安全管理义务罪①虽意在通过规制网络服务提供者而保护网络安全,但信息安全作为网络安全的应有之义,在客观上该罪也起到了保护个人信息的作用,故其也应归属于个人信息刑事保护的法网中。

对本罪构成要件的解读,主要体现在如下方面:第一,关于犯罪主体网络服务提供者。在刑法学界,关于本罪网络服务提供者的界定主要有如下几种:①虽然一般网络服务提供者包括网络信息内容提供者、网络接入服务提供者和网络平台提供者,但本罪主体是不参与内容制作并对内容不知情

① 拒不履行信息网络安全管理义务罪规定在第286条之一,"网络服务提供者不履行法律、行政法规规定的信息网络安全管理义务,经监管部门责令采取改正措施而拒不改正,有下列情形之一的,处三年以下有期徒刑、拘役或者管制,并处或者单处罚金:(一)致使违法信息大量传播的;(二)致使用户信息泄露,造成严重后果的;(三)致使刑事案件证据灭失,情节严重的;(四)有其他严重情节的。单位犯前款罪的,对单位判处罚金,并对其直接负责的主管人员和其他直接责任人员,依照前款的规定处罚。有前两款行为,同时构成其他犯罪的,依照处罚较重的规定定罪处罚。"

的网络接入服务提供者和网络平台提供者;[①]②该罪的主体是指狭义的网络服务提供者,其既可以是网络连接服务提供者,也可以是网络平台提供者,但不能是网络内容提供者;[②]③笔者倾向于借鉴美国《数字千年版权法》上关于网络服务提供者的分类,即将其分为信息接入服务提供者、信息缓存服务提供者、信息存储服务提供者和信息定位服务提供者。[③] 这些观点虽然表述各有不同,但是本质上都认可网络服务提供者包括网络接入服务提供者和网络平台提供者。第二,关于信息网络安全管理义务。学界关于此问题有如下观点:①我国的一些法律法规明确规定了网络服务提供者的法律义务。概括起来,网络服务提供者的义务包括:一般性注意义务、安全保障义务、知识产权保护义务、隐私或者个人信息保护义务和审慎作为义务。[④] ②本罪涉及的网络安全管理义务就是信息网络服务提供者依法应当履行现行有效的信息网络安全管理法律、法规所明确规定的信息网络安全管理的作为和不作为义务,包括禁止性规范设定的义务和命令性规范设定的义务。[⑤] ③网络接入服务提供者仅仅在其能力限度范围内承担有限的事后审查义务,一般不能把这种义务升格为刑法意义上的义务,因此原则上不对网络虚拟空间中所发生的违法犯罪行为承担刑事责任。网络信息服务提供者有事前审查义务和事后管理义务。[⑥] 这些观点出入比较大,笔者认为前两种观点有些含混,而第三种观点比较明确。

3. 前置法射程内的"国家有关规定"

前置法规定得越明确周延,对侵犯公民个人信息罪这种属于空白罪状的罪名的认定就清晰,从而对个人信息刑事保护就越有力。随着最重量级的《个人信息保护法》的出台,再加上《民法典》《网络安全法》等重要的法律,历来备受诟病的前置法问题得到解决。

---

① 参见敬力嘉:《论拒不履行网络安全管理义务罪——以网络中介服务的刑事责任为中心展开》,载《政治与法律》2017 年第 1 期。

② 参见欧阳本祺、王倩:《〈刑法修正案(九)〉新增网络犯罪的法律适用》,载《江苏行政学院学报》2016 年第 4 期。

③ 参见陈洪兵:《论拒不履行信息网络安全管理义务罪的适用空间》,载《政治与法律》2017 年第 12 期。

④ 参见彭玉勇:《论网络服务提供者的权利和义务》,载《暨南学报(哲学社会科学版)》2014 年第 12 期。

⑤ 参见谢望原:《论拒不履行信息网络安全管理义务罪》,载《中国法学》2017 年第 2 期。

⑥ 参见李世阳:《拒不履行网络安全管理义务罪的适用困境与解释出路》,载《当代法学》2018 年第 5 期。

(1)《个人信息保护法》的相关规定

《个人信息保护法》作为个人信息刑事保护最重要的前置法,与其直接相关的法条包括:第 4 条、第 10 条、第 13 条、第 26 条、第 28 条、第 31 条、第 71 条、第 72 条。其中第 4 条明确规定了个人信息的概念,即“个人信息是以电子或者其他方式记录的与已识别或者可识别的自然人有关的各种信息,不包括匿名化处理后的信息”;第 10 条对非法处理个人信息进行总括性的规定,“任何组织、个人不得非法收集、使用、加工、传输他人个人信息,不得非法买卖、提供或者公开他人个人信息;不得从事危害国家安全、公共利益的个人信息处理活动”;第 13 条规定了免责事由,即可用于刑法中阻却违法事由,包括个人同意、合同所需、法定职责或义务所需、保护生命健康和财产安全所需、基于公共利益等;第 26 条专门针对公共场所采集个人信息免责事由进行了规定;第 28 条对敏感个人信息进行了界定,即敏感个人信息是一旦泄露或者非法使用,容易导致自然人的人格尊严受到侵害或是人身、财产安全受到危害的个人信息;第 31 条针对不满 14 周岁未成年人信息进行了严格保护;第 71 条规定了其作为附属刑法的法条,即“违反本法规定,构成犯罪的,依法追究刑事责任”;第 72 条也是阻却违法事由,即因个人或者家庭事务处理个人信息的,不适用本法。

(2)《民法典》的相关规定

2020 年颁布的《民法典》中关于个人信息的规定有 10 条,包括第 111 条、第 999 条、第 1030 条、第 1034 条、第 1035 条、第 1036 条、第 1037 条、第 1038 条、第 1039 条和第 1226 条。其中第 111 条是总括性规定,“自然人的个人信息受法律保护。任何组织或者个人需要获取他人个人信息的,应当依法取得并确保信息安全,不得非法收集、使用、加工、传输他人个人信息,不得非法买卖、提供或者公开他人个人信息”;第 999 条和第 1036 条是免责条款,也即合理使用、当事人同意和基于公共利益和自身利益属于免责事由;第 1034 条明确了个人信息的概念,即个人信息是以电子或者其他方式记录的能够单独或者与其他信息结合识别特定自然人的各种信息,包括自然人的姓名、出生日期、身份证件号码、生物识别信息、住址、电话号码、电子邮箱、健康信息、行踪信息等;第 1035 条规定了个人信息处理原则和条件;第 1037 条规定了信息主体的权利,而第 1038 条规定了信息处理者的义务;第 1039 条和第 1226 条规定了特殊主体对保护个人信息的义务及应承担的民事责任。

(3)《网络安全法》的相关规定

该法内容主要包括:①在法律层面上,首次明确规定了个人信息的概念。该概念规定于附则第76条第5项中,但其规定不如《民法典》中的规定明确清晰,故应优先适用《民法典》的规定。②明确规定了网络运营者收集、使用个人信息应遵循的原则和应负担的义务。该法第41条规定了网络运营者收集、使用个人信息,应遵守合法、正当、必要性原则;该法第42条规定网络运营者应承担保护个人信息的义务,不得泄露、篡改、毁损、未经同意的提供个人信息,该条被《民法典》所采用。③规定了信息主体的删除权和更正权。第43条规定个人发现网络运营者违反法律、法规或双方约定而收集、使用个人信息时,有权要求删除其个人信息;如发现被收集、使用的个人信息有误时,有权要求更正。这又是首次在法律层面上规定了信息主体的删除权和更正权,“对个人信息权的形成与行使具有重要意义”①,并也被《民法典》所采纳。④规定了保护个人信息的一般条款。第44条规定,任何个人和组织不得窃取或者以其他方式获取个人信息,不得非法出售或非法提供个人信息。该条款直接与《刑法》第253条之一相呼应,使得行政保护和刑事保护相衔接。⑤规定了侵犯个人信息所应承担的行政责任。该法第64条规定,违反本法保护个人信息规定的,可采取责令改正、警告、没收违法所得、罚款等行政处罚措施,并可责令暂停相关业务、停业整顿、关闭网站、吊销相关业务许可或者营业执照。

4.具有参考、阐释价值的其他规定

除了上述名正言顺的立法规定外,还有一些规定不具有高大上的外观只具有阐释功能,但是由于它们与时俱进的规定和详尽的阐释具有造法功能,对个人信息犯罪的认定具有极强的参考价值和必不可少的适用价值,进而使得个人信息刑事保护现实化。

(1)关于个人信息保护的国家标准

由国家市场监督管理总局和国家标准化管理委员会共同发布的关于个人信息安全规范的国家标准,它虽然不属于“国家其他规定”,无法获得前置法的资格,但是它却以不断更新、吸取世界先进经验和详实实用的规定而著称,对个人信息刑事立法及其适用具有极强的参考价值。

早在2012年就由(原)国家质量监督检验检疫总局和国家标准化管理

---

① 皮勇、王肃之:《智慧社会环境下个人信息的刑法保护》,人民出版社2018年版,第18页。

委员会发布了《信息安全技术　公共及商用服务信息系统个人信息保护指南》,该指南是最早对个人信息保护进行详实规定的国家层面的文件,该指南对于《刑法修正案(七)》增设的第253条之一的解释适用起到了参考作用。而后,2017年两机构又发布了《信息安全技术　个人信息安全规范》,该规范在引言中指出,本规范旨在针对信息技术的快速发展和互联网应用的普及,使得个人信息安全面临巨大风险,通过规范个人信息控制者在收集、保存、使用、共享、转让、公开披露等信息处理环节中的相关行为,旨在遏制个人信息非法收集、滥用、泄露等乱象,最大程度地保障个人的合法权益和社会公共利益。[①] 从引言中看出,该规范意在针对个人信息控制者的行为进行规范,从而保护个人信息安全。这才是找到了个人信息安全的真正抓手,以此切入必能缓解日益严重的个人信息安全问题。沿着这样的思路,依据新颁布的《网络安全法》和随着信息技术的发展暴露出的新问题,两机构又在2020年发布了新的国家标准《信息安全技术　个人信息安全规范》。2020年版规范依然是以个人信息控制者对个人信息的处理环节为抓手,来保护个人信息安全。只不过依据《网络安全法》和新信息技术发展带来的新问题,增加了"多项业务功能的自主选择"、"用户画像的使用限制"、"个性化展示的使用"、"基于不同业务目的所收集个人信息的汇聚融合"、"第三方接入管理"、"个人信息安全工程"和"个人信息处理活动记录",修改了"征得授权同意的例外"、"个人信息主体注销账户"、"明确责任部门与人员"和"实现个人信息主体自主意愿的方法"。2017年版规范关于个人信息的概念不仅对《民法典》,而且对《个人信息保护法》中的个人信息概念起到了重要的参考作用。

(2)关于个人信息犯罪的司法解释

由于独具特色的司法体制和法制传统,一部新法颁布的热度退却后,最令人翘首期盼的就是关于该法的司法解释。对于司法人员,司法解释虽然限缩了自由裁量权,但是却为精准定罪量刑提供了安全保障;对于普通大众,司法解释相对于抽象简洁的法条更直白易懂,更能起到规范行为的作用。

《刑法修正案(九)》颁布后也不例外,虽然对第253条之一进行了大幅度修正,但是关于侵犯公民个人信息罪定罪量刑及如何适用仍是争论不休,

---

① 参见2017年《信息安全技术　个人信息安全规范》的引言。

出台该法条的司法解释呼声不断。2017年,通过了最高人民法院、最高人民检察院《关于办理侵犯公民个人信息刑事案件适用法律若干问题的解释》(以下简称《个人信息解释》)。《个人信息解释》包括以下主要内容:①对特定术语进行了解释。“公民个人信息”如何解释一直争议不断,《个人信息解释》对其进行了解释,即公民个人信息是指以电子或者其他方式记录的能够单独或者与其他信息结合识别特定自然人身份或者反映特定自然人活动情况的各种信息,包括姓名、身份证件号码、通信通讯联系方式、住址、账号密码、财产状况、行踪轨迹等。②对犯罪行为进行了解释。把“发布”和未经同意把合法收集的个人信息提供都解释为“提供”;把“购买”“收受”“交换”等中性行为都解释为“以其他方法非法获取”。③对“情节严重”和“情节特别严重”进行了解释。把“信息数量”、“信息用途”、“违法所得数额”、“主体身份”和“人身危险性”作为判断的依据。④对关联罪名非法利用信息网络罪和拒不履行网络安全管理义务罪的处理进行了规定。⑤对侵犯公民个人信息罪认罪认罚从宽规则进行了规定。

第二节　新信息技术下个人信息刑事保护面临的挑战

一方面,新信息技术的飞跃发展使得个人信息外延、地位,个人信息主体,个人信息控制者,个人信息处理者的权利和义务以及国家和规模互联网企业之间的关系都发生并将持续发生变化;另一方面,因法律本身稳定性导致的反应迟缓以及各方利益衡平有待时日。两因素叠加使得新信息技术下个人信息刑事保护面临种种挑战。只有挖掘出这些挑战,正视它,研究它,才能有的放矢地解决它,从而使得个人信息刑事保护真正发挥实效。

一、现有法失灵

以刑法为核心的个人信息刑事保护一直扮演“急先锋”的角色,这屡受诟病。但令其更为难堪还不在于此,而是对个人信息犯罪打击得越严厉个人信息犯罪反而越猖獗。其表现为:一方面,根据官方数据,2009年至2015年,全国法院审结个人信息犯罪案件为969起,而2015年至2016年一年就审结464起,侵犯公民个人信息案件数量显著增长;[①]2016年,检察机关起诉侵犯公民个人信息犯罪1029人,2017年起诉4407人,2018年起诉5271人,呈明显增长趋势[②]。笔者以"侵犯公民个人信息罪刑事一审判决书"为关键词在裁判文书网上进行检索,发现2016年案件为275件、2017年案件为1059件、2018年案件为1841件、2019年案件为1981件,呈持续上升趋势。此外,没有进入司法视野的个人信息泄露事件频发。例如,12306信息泄露、携程信息泄露、网易邮箱信息泄露等。2018年还爆出了华住集团旗下包括汉庭、全季、美爵、桔子等酒店1.3亿条身份信息、2.4亿条开房记录在暗网中销售;[③]2019年又爆出欧瑞博(Orvibo)的数据库泄露涉及超过20亿条IoT日志,深网视界(AI安防)泄露250万人的人脸数据[④]等;同时,2019年12月,第三方机构南方都市报大数据研究院与南都个人信息保护研究中心联合发布了《2019个人信息安全报告》,该报告显示95.02%的受访者表示自己遭遇过信息泄露。[⑤] 以上表明传统个人信息刑事保护构架无法适应现今新信息技术时代对个人信息保护的需求[⑥]。个人信息犯罪就像一匹脱缰的"野马",在刑法面前肆无忌惮。

二、前置法仍待补强

作为空白罪状,侵犯公民个人信息罪的成立离不开前置法的适用。现行有效的"国家有关规定"主要包括2021年颁布的《个人信息保护法》、2012年全国人大常委会颁布的《关于加强网络信息保护的决定》、2016年《网络安全法》和2020年《民法典》等。这些前置法虽然规定时间并不久远,甚至

---

① 最高人民法院:《侵犯公民个人信息犯罪案件数量显著增长》,载中国新闻网,http://news.youth.cn/ jsxw/ 201705/t20170509_9707298.htm。

② 参见张军:《中国检察机关在依法惩治侵犯公民个人信息犯罪、加强个人信息司法保护上做了五方面工作》,载最高人民检察院官方微博2018年11月8日,https://www.spp.gov.cn/spp/gjwzb/201811/t20181108_398256.shtml。

③ 参见颜之宏:《"华住"开房记录成批泄露,个人隐私保护再上风口》,载新华网,http://www.xinhuanet.com/yuqing/2018-08/31/c_129943150.html。

④ 参见陈磊:《2019年国内外数据泄露事件盘点——个人信息保护刻不容缓》,载腾讯网2020年1月7日,https://www.freebuf.com/column/225216.html。

⑤ 参见袁勇:《个人信息安全年度报告(2019)显示:APP专项治理成效明显》,载中国经济网,http://www.ce.cn/xwzx/gnsz/gdxw/201912/18/t20191218_33915422.shtml。

⑥ 参见刘艳红:《象征性立法对刑法功能的损害——二十年来中国刑事立法总评》,载《政治与法律》2017年第3期。

《个人信息保护法》才新鲜出炉,但是它们规定的一些重要原则、制度却使得其作为前置法难以发挥个人信息刑事保护的作用。

(一)“知情同意”原则被架空

“知情同意”原则是传统个人信息保护的核心,它确立了自然人信息主体在个人信息法律保护制度中的绝对地位,赋予自然人对个人信息的控制权。我国“知情同意”原则的确立体现在《个人信息保护法》第 13 条、《关于加强网络信息保护的决定》第 2 条第 1 款[①]、《网络安全法》第 41 条第 1 款和第 42 条第 1 款[②]以及《民法典》第 1035 条中,但是“知情同意”原则在新信息技术飞速发展的当下难以逃脱被架空的命运。

1. “知情同意”的理论前提难以成立

“知情同意”原则源于德国创设的个人信息自决权。该权利赋予信息主体对自身的个人信息具有自由支配、控制的能力,故任何人要处理、使用个人信息必须征得信息主体的同意。这在法律逻辑上没有问题,但问题是个人信息不是物,信息主体能自由支配、控制它吗?答案是否定的。首先,个人信息天然具有社会属性,它是人们社会交往必不可少的。如果赋予个人完全的控制个人信息的自由,那么便会影响或者损害社会利益,进而影响社会的发展进步。所以,信息主体对于个人信息的自由必须受到限制。其次,信息主体并不能真正控制个人信息。在新信息技术下,一旦个人信息被收集,就会瞬间散布到世界任何角落里,被无数数据库、数据处理程序使用,不要说毫无技术背景的信息主体,即使是具有专业背景的信息主体也不知道自身个人信息会被什么人或机构所存储使用。所以,基于小数据时代思维构建的知情同意原则的理论前提在新信息技术背景下就是一个虚幻的“泡沫”。

2. “知情同意”原则使得企业和用户不堪重负

为了坚持“知情同意”原则,一方面,企业聘请专业人士制定冗长的隐私政策,但为了自身利益及刑事合规,该隐私政策往往很是晦涩,并且企业

---

① 第 2 条第 1 款　网络服务提供者和其他企业事业单位在业务活动中收集、使用公民个人电子信息,应当遵循合法、正当、必要的原则,明示收集、使用信息的目的、方式和范围,并经被收集者同意,不得违反法律、法规的规定和双方的约定收集、使用信息。

② 第 41 条第 1 款　网络运营者收集、使用个人信息,应当遵循合法、正当、必要的原则,公开收集、使用规则,明示收集、使用信息的目的、方式和范围,并经被收集者同意。第 42 条第 1 款　网络运营者不得泄露、篡改、毁损其收集的个人信息;未经被收集者同意,不得向他人提供个人信息。但是,经过处理无法识别特定个人且不能复原的除外。

还要设置频频向用户索权的程序；另一方面，对于冗长晦涩的隐私条款，带给用户的只是负担而没有选择的自由。以 App 为例，如果为了是否选用某 App 而阅读其隐私条款，带来的后果是：首先，要付出巨大的时间成本，“有研究表明，用户仅阅读一年中使用的网络服务的隐私声明就要花费 244 小时的时间”①。其次，依据该隐私声明选择放弃还是使用，并没有商讨隐私条款的余地。如果这款 App 是消遣类的，还是可以选择放弃的，但是如果是工作必需或管理所要求的，那么只能选择接受，否则会面临要么失业要么违法的严重后果。作为一个理性人，最佳选择是直接跳过隐私声明选择同意，所以“知情同意”除了带给双方负担外，别无用处。

（二）目的限定原则无法实现

所谓目的限定原则，就是信息使用者只能在收集、使用信息时被告知的目的范围内使用个人信息，超出目的使用则视为违法。此原则是为了防止个人信息被滥用而设置的。但该原则也是在小数据时代思维下设置的，在新信息技术下，个人信息作为生产要素，其价值就体现在后续的不断比对挖掘中，而这种比对挖掘在事前是无法预知目的的。“大数据时代，很多数据在收集的时候并无意用作其他用途，而最终却产生了很多创新性的用途”②。正是这种“没有目的”的数据分析，使得人们摆脱了“前见”的束缚，进而推动了创新和发展。③ 所以，在现行背景下，如果坚守目的限定原则，那么就要甘冒阻碍数字经济发展的巨大风险。即便是坚持个人信息自决权的德国，也不得不做出妥协，虽然要求告知数据主体以数据分析的具体目的，但是这种告知可以是框架性和方向性的，不必穷尽所有的细节。④

（三）对信息关联主体监管有待强化

在个人信息保护链条中，根据个人信息流转环节的不同，可以把信息关联主体分为个人信息主体、个人信息收集者、个人信息存储者、个人信息处理者、个人信息使用者等。在新信息技术下，数据挖掘及后续使用是个人信

① 范为：《大数据时代个人信息保护的路径重构》，载《环球法律评论》2016 年第 5 期。

② ［英］维克托·迈尔 – 舍恩伯格、肯尼思·库克耶：《大数据时代：生活、工作与思维的大变革》，盛杨燕、周涛译，浙江人民出版社 2013 年版，第 197 页。

③ 参见林洹民：《个人信息保护中知情同意原则的困境与出路》，载《北京航空航天大学学报（社会科学版）》2018 年第 3 期。

④ 参见林洹民：《个人信息保护中知情同意原则的困境与出路》，载《北京航空航天大学学报（社会科学版）》2018 年第 3 期。

息价值体现之所在。谁获利谁担责,但“在去中心化的个人信息生态系统中,多元信息处理主体的存在及与用户直接联系的缺失,使得对个人信息后续利用的第三方主体尤其是数据中间商的监管几近真空,数据中间商与第一方信息收集者的责任界定十分模糊,用户对后续流通环节的权利更是无从行使”①。随着个人信息的流动性增大,个人信息逐渐去中心化,后续控制者逐渐增多,而后续控制者并没有与个人信息主体的直接联系,这使对个人信息后续控制者的监管几近真空。当个人信息被泄露后,很难界定哪一方是责任主体。②

(四)监管机构权力分散

在《个人信息保护法》颁布之前,我国针对个人信息监管模式是分业监管。所谓分业监管就是根据行业划分,不同部门负责本部门个人信息监管。例如:网信办、电信主管部门监管电信和互联网领域的个人信息保护;工商行政部门监管消费领域的个人信息保护;中国人民银行监管征信领域的个人信息保护;邮政管理部门监管邮政、快递领域的个人信息保护。这种“九龙治水”的监管模式要么会出现某些领域的监管真空,要么会出现重叠监管以致相互推诿,导致监管无力的状况发生。学者们纷纷撰文称,应借鉴欧盟《一般数据保护条例》的规定设立独立的监管机构,但翻开新鲜出炉的《个人信息保护法》却有所遗憾,因种种原因,我国仍然没有规定独立的监管机构。在大数据时代,新信息技术飞速发展,个人信息打破行业壁垒呈动态流转态势,在这一过程中虽然会带来巨大的经济利益以及便利的生活,但也会出现海量个人信息泄露导致人身、财产的损害,进而可能给社会、国家安全带来危险,虽然《个人信息保护法》强化了国信办的主导监督功能,但实质上仍然是分业监管,这种监管模式面对上述局面力所不逮。

三、刑法茫然无措

在个人信息保护方面,刑法作为“急先锋”身先士卒,然而残酷的现实沉重打击了热情的刑法。“越打击越猖獗”像个魔咒一样困扰着刑法,挥之不去。如何破解这一难题,诸多学者发表建议,或提倡学习英美或提倡借鉴欧

---

① 范为:《大数据时代个人信息保护的路径重构》,载《环球法律评论》2016 年第 5 期。

② 参见黄东海、傒玉龙:《个人信息安全保护之“知情—同意”架构急需优化》,载《中国信息安全》2020 年第 4 期。

德或建议开创中国方案,不一而足。“各国的刑事法律规定首先都只能是从自己的国情出发,为自己的民族和国家的基本生存条件提供最高等级的法律保护”,而不能照抄照搬欧美所谓的先进经验。其实针对个人信息刑事保护,在任何一个国家都是一个新问题,并没有先进经验值得借鉴。要想引领数字经济潮流,必须在个人信息刑事保护领域提供中国智慧、中国方案。但是由于相关概念不清、基础理论研究欠缺,在既是机遇又是危机的当下,茫然是个人信息刑事保护的标签。

(一)基本立场有待与时俱进

从立法层面上看,我国对个人信息刑事保护持绝对保护的立场,其体现在如下方面:第一,从历次的立法说明看,对个人信息持绝对保护立场。《刑法修正案(七)》立法说明认为,“近年来,一些国家机关和电信、金融等单位在履行公务或提供服务活动中获得的公民个人信息被非法泄露的情况时有发生,对公民的人身、财产安全和个人隐私构成严重威胁。对这类侵害公民权益情节严重的行为,应当追究刑事责任”[①]。而《刑法修正案(九)》立法说明表示,“为进一步加强对公民个人信息的保护,修改出售、非法提供因履行职责或者提供服务而获得的公民个人信息犯罪的规定,扩大犯罪主体的范围,同时,增加规定出售或者非法提供公民个人信息的犯罪”。[②] 第二,从个人信息犯罪在刑法中所处的位置看,其是把个人信息作为权利客体而保护的。不论是出售、非法提供公民个人信息罪,非法获取公民个人信息罪还是侵犯公民个人信息罪都被安置在第四章“侵犯公民人身权利、民主权利罪”中,而这一章都是对公民人身权利或民主权利的保护,所以从所处位置也可以推断立法目的是保护个人信息的。第三,从立法内容上看,立法者通过犯罪行为的增设使得个人信息保护圈越来越大,个人信息流转变得越来越困难。之前只把“窃取、出售、非法提供”等行为规定为犯罪,修改后又将“购买、收受、交换、发布”等这些中性行为规定为犯罪行为,力图使个人信息固定化。

但随着新信息技术的发展,人们日益认识到,个人信息是基本生产要素,只有使其流动、使用才能迸发无穷的价值,否则其只是冷冰冰的毫无价

---

① 《刑法修正案(七)草案全文及说明》,载中国人大网,http://www.npc.gov.cn/zgrdw/huiyi/lfzt/xfq/2008-08/29/content_1447399.htm。

② 《关于〈中华人民共和国刑法修正案(九)(草案)〉的说明》,载中国人大网,http://www.npc.gov.cn/wxzl/gongbao/2015-11/06/content_1951884.htm。

值的数字。反观域外,除了一直都注重个人信息使用的美国外,像日本[①]、英国、韩国等国家也都纷纷转向注重个人信息的利用中去,所以学界呼吁改变个人信息刑事保护立场的声音日益增强。有学者认为,法律在强调个人信息保护的同时,也要注重保护限度,警惕保护过度膨胀,应以风险和功利视角的个人信息观取代传统的保护视角的信息观;[②]更有学者通过研究具体公共空间的监控场景提出,应采用公法框架规制个人信息的共享使用中的法律风险,允许有关主体在公共空间运用大规模监控手段收集、存储、处理个人信息,有助于挖掘个人信息的社会价值或使用价值,体现"个人信息保护的合理程度要置于其所处的环境中具体审视"的场景导向路径,实现个人信息保护从自主支配到有序共享的逻辑转换。[③]

(二)法益性质认识不一

对于个人信息犯罪法益一直争议不断,从时间顺序看,先后有个人法益说、超个人法益说和综合法益说,但这三种类型法益并不是被互相替代而是呈三足鼎立之势。早在《刑法修正案(七)》颁布后,关于个人信息犯罪的法益就成为讨论的热点。笔者曾对当时的 13 种观点进行归纳总结,把其分为单一法益和复数法益。但不论是单一法益还是复数法益,这些观点所认可的个人信息犯罪的主要法益本质就是个人法益说,而且属于单一的人身法益。[④] 随着新信息技术的发展,个人信息的商业价值凸显,并且成为新经济样态的基本要素,而且个人信息还关涉公共安全和国家安全,使得信息法益相关主体复杂化、涉众化和危险普遍化[⑤],从而有学者认为单纯的人身法益已经无法涵盖刑法所要保护的个人信息的利益了,故超个人法益说、综合法

---

① 例如,2017 年日本修改的《个人信息保护法》第 1 条规定,本法的立法目的在于,在高度信息通信社会的深化所带来的对个人信息的利用显著扩大的背景下,通过对个人信息之正当处理的基本理念、由政府制定基本方针及采取其他保护个人信息的措施等基本事项作出规定,明确国家和地方公共团体的职责等,并对个人信息处理业者应遵守的义务等作出规定,从而重视个人信息的正当且有效利用在促进新兴产业的创造、实现充满活力的经济社会和富足的国民生活上的作用以及其他个人信息的作用,保护个人的权利或利益。

② 参见高磊:《网络时代数据隐私的搜查干预——从滴滴顺风车司机抢劫、强奸、杀人案切入》,载《安徽大学学报(哲学社会科学版)》2019 年第 3 期。

③ 参见刘艳红:《公共空间运用大规模监控的法理逻辑及限度——基于个人信息有序共享之视角》,载《法学论坛》2020 年第 2 期。

④ 参见马改然:《个人信息犯罪研究》,法律出版社 2015 年版,第 63 ~ 65 页。

⑤ 参见皮勇、王肃之:《智慧社会环境下个人信息的刑法保护》,人民出版社 2018 年版,第 44 页。

益说应运而生。

现今，个人法益说、超个人法益说和综合法益说呈三足鼎立之势。其中持个人法益说的又可分为两类：一类是沿袭早期单一人身法益说，例如，"侵犯公民个人信息罪的法益本体是个人信息权，它具有很强的具体人格权属性，是个人对自己信息形象的一种控制权，且因很多个人信息并非基于财产利用之目的而不能被界定为财产权"①。另一类是双重人身法益说，例如，"个人信息权是一项含有隐私权内容但又超越隐私权的权利，它是兼有精神性权利与物质性权利的综合权利"②；"公民个人信息作为一种独立的新型权利受到刑法保护，个人信息权的法律内核是人身属性＋财产属性＋相关法益关联属性"③。持超个人法益说的认为，"公民个人信息不仅是一种个人法益，而且具有超个人法益属性，还需要从国家的角度进行解释。刑事立法宗旨以及侵犯公民个人信息犯罪的现实状况也表明了'公民个人信息'的超个人法益属性"④。持综合法益说的认为，"侵犯公民个人信息犯罪所侵犯的法益在内容上也出现了新的变化，被侵犯的个人信息法益不再仅为单一的法益，而是一种兼有个人人身法益和财产法益，包含个人法益、社会法益和国家法益的综合性法益"⑤。

（三）规制行为类型有待转变

"无论是附属隐私权或通信自由权的相关罪名来制裁的盗取个人信息行为，通过数据安全类罪名制裁的非法侵入他人系统获取个人信息行为还是通过个人信息专门犯罪制裁的非法提供、获取或泄露个人信息行为，其共同逻辑是通过聚焦制裁对个人信息的非法转移来实现对个人信息的保护。"⑥针对个人信息刑事保护的行为规制类型是非法转移型，不论是禁止出售、提供还是禁止窃取、购买、收受、交换，其本质都是意图把个人信息固

---

① 冀洋：《法益自决权与侵犯公民个人信息罪的司法边界》，载《中国法学》2019 年第 4 期。

② 刘艳红：《侵犯公民个人信息罪法益：个人法益及新型权利之确证——以〈个人信息保护法（草案）〉为视角之分析》，载《中国刑事法杂志》2019 年第 5 期。

③ 于冲：《侵犯公民个人信息罪中"公民个人信息"的法益属性与入罪边界》，载《政治与法律》2018 年第 4 期。

④ 曲新久：《论侵犯公民个人信息犯罪的超个人法益属性》，载《人民检察》2015 年第 11 期。

⑤ 参见敬力嘉：《大数据环境下侵犯公民个人信息罪法益的应然转向》，载《法学评论》2018 年第 2 期；皮勇、王肃之：《智慧社会环境下个人信息的刑法保护》，人民出版社 2018 年版，第 53 页。

⑥ 李川：《个人信息犯罪的规制困境与对策完善——从大数据环境下滥用信息问题切入》，载《中国刑事法杂志》2019 年第 5 期。

定在合法收集者手中,禁止其流转。之所以出现这种规制逻辑,其根本原因是囿于时代的局限,立法者没有认识到随着新信息技术的发展,个人信息已经从默默无闻的只具有管理作用的角色蜕变成数字经济社会中的基本生产要素,其价值“不再单纯来源于它的基本用途,而更多源于它的二次利用”①,通过其自由流转和大数据的深度挖掘可以产生巨大的价值。在亿级经济利益面前,欲望挣脱法律的牢笼,从而使得规制无效,出现越打击越猖獗的现象。有学者认识到这个问题,从而提出“应将滥用信息型行为纳入侵犯公民个人信息罪进行规制”②、“应该以非法利用行为为核心构建侵犯公民个人信息犯罪的行为体系”③。也有学者针对个人金融信息提出建议,认为“基于非法利用个人金融信息行为凸显的严重社会危害性、惩治侵财犯罪上游行为的需要,以及推进我国信息网络化发展的需要等,应强化对非法利用个人金融信息行为的刑法规制……在立法层面,应增设非法使用个人金融信息罪”④。虽然诸多学者认识到个人信息刑事保护应以规制非法利用为中心,但是目前还只是停留在学界呼吁阶段,只希望假以时日能够进入立法者的视野,从而为我国数字经济的发展保驾护航。

（四）定罪情节解释落后于时代

如前所述,由于新信息技术的发展,个人信息保护“应该更着重于数据使用者为其行为承担责任,而不是将重心放在收集数据之初取得个人同意上”⑤。具体到刑法领域,就是应该构建以规制非法利用行为为中心的刑事保护体系。但是立法不能朝令夕改,作为权宜之计,通过司法解释曲径通幽不失为良策,但《个人信息解释》却无法堪此大任。从某种程度上看,它不仅无助于个人信息的流通,反而起到了加剧阻碍其流通的效果。

1.对“知情同意”原则的彻底坚守,严重阻碍了个人信息的自由流通。“以其他方法非法获取公民个人信息”中的“其他方法”如何解释的问题一直

① ［英］维克托·迈尔-舍恩伯格、肯尼思·库克耶:《大数据时代:生活、工作与思维的大变革》,盛杨燕、周涛译,浙江人民出版社2013年版,第197页。

② 李川:《个人信息犯罪的规制困境与对策完善——从大数据环境下滥用信息问题切入》,载《中国刑事法杂志》2019年第5期。

③ 王肃之:《侵犯公民个人信息罪行为体系的完善》,载《河北法学》2017年第7期。

④ 李振林:《非法利用个人金融信息行为刑法规制强化论》,载《华东政法大学学报》2019年第1期。

⑤ ［英］维克托·迈尔-舍恩伯格、肯尼思·库克耶:《大数据时代:生活、工作与思维的大变革》,盛杨燕、周涛译,浙江人民出版社2013年版,第220页。

存在不同观点：有学者认为应强调“其他方法”和窃取的同质性，把那些中性的行为排除在外；[①]而有学者认为，除窃取之外的其他能够获取公民个人信息的方法都应纳入其中。[②]《个人信息解释》采取了第二种观点，把“购买、收受、交换”等中性行为都纳入其中，只要是未经被收集者同意，实施购买、收受、交换个人信息的行为都构成侵犯公民个人信息罪，这的确严密了法网，但因“知情同意”架构事实上失效，使得几乎所有的购买、收受、交换这些中性的行为都是非法的，从而在客观上严重阻碍了个人信息的自由流通。而关于“合法收集、非法提供”，虽然规定了匿名化作为违法阻却事由，但是，匿名化在现今的信息技术下已经成为一个不可能实现的神话，故而使得“提供”也事实上几乎不存在“合法提供”。

2. 个人信息成为保护其他法益的工具，其生产要素的地位被埋没。根据《个人信息解释》第 5 条的规定，判定“情节严重”所述要素包括：信息用途、信息数量、信息类型、违法所得数额、主观要素和预防刑要素等，抛开主观要素和预防刑要素，其他要素都是围绕针对人身权和财产权被侵害程度所设定的。例如，《个人信息解释》第 5 条第 1 款第 1 项“出售或者提供行踪轨迹信息，被他人用于犯罪的”，从文义来看，单纯出售或提供行踪轨迹信息并不构成“情节严重”，只有他人利用行踪轨迹信息实施犯罪后才构成“情节严重”，从而构成犯罪。暂且不论这种是否构成犯罪取决于他人行为的客观处罚条件是否符合刑法理论，只看该条规定就可以得出它保护的并不是个人信息本身或信息主体的权利，而是因个人信息泄露进而实施犯罪所侵害的或人身或财产的利益。而该条款第 3 项、第 4 项和第 5 项这一组规定更加印证了上述观点。第 3 项中“行踪轨迹信息、通信内容、征信信息和财产信息”这四项信息都是与人身、财产权益关系极其密切的，第 4 项更是以明确概括的词语“等其他可能影响人身、财产安全的公民个人信息”进一步阐释了利用个人信息保护人身、财产安全的立法意图。无怪乎有学者感慨，“个人信息保护法不是对个人信息自决权的承认和保护，而是作为人格或财产

---

① 参见王昭武、肖凯：《侵犯公民个人信息犯罪认定中的若干问题》，载《法学》2009 年第 12 期。

② 参见黄丽勤：《我国〈刑法〉对档案保护的新进展——论非法提供个人信息罪与非法获取个人信息罪》，载《档案与建设》2009 年第 6 期。

的前置保护机制,旨在防范抽象的人格侵害或财产侵害的危险”[①]。

3.信息数量的设定与时代不符。根据《个人信息解释》第5条第1款第3~6项以及第8项,信息数量入罪门槛最低为25条,最高为5000条。而根据第5条第2款第3项构成“情节特别严重”的信息数量最低为250条,最高为5万条。这入罪数量相对于当今大数据时代ZB[②]级别的数据量而言,就相当于一滴水相对于海洋,甚至有过之而无不及。如果说这只是理论上的推论,那司法实践中动不动就上百万条、千万条甚至上亿条[③]的案例可是真实存在的。这么少的信息数量使得入罪门槛很容易被突破。既然大数据时代数据的自由流通是社会交往和发展的前提和基础,那么侵犯个人信息入罪的数量就不宜规定得过少,从而限制信息的自由流通。[④]

4.信息类型没有与时俱进。第一,随着新信息技术的发展,个人信息的类型不断增加更新,其中最能体现个人信息识别性的如基因、虹膜、指纹、声纹等生物信息被挖掘出来。相对于手机号码、身份证号码等这些通常意义上被认为很重要的社会信息,生物信息更为重要。因为它不仅具有唯一识别性的特征,而且其一旦被泄露、滥用,轻则会伤害人身安全,重则会严重损害国家安全,所以刑法应给予其最高的关注。但可惜的是,这些至关重要的生物信息在司法解释中并没有得到应有的地位。第二,随着新信息技术的发展,间接个人信息数量激增且商业价值凸显,并且随着数据存储、比对及挖掘技术的发展,间接个人信息的边界日益模糊,所以“对间接识别信息的认定与限制应当慎重”。[⑤] 立法立场不论是重在保护还是重在利用,都应对间接个人信息进行限定,可惜的是这在司法解释中并没有显现。

---

① 杨芳:《个人信息自决权理论及其检讨——兼论个人信息保护法之保护客体》,载《比较法研究》2015年第6期。

② ZB即泽字节,1个泽字节约等于1024艾字节,而1个艾字节等于10亿GB,而一部数字电影才能压缩成1GB。

③ 参见《又一起侵犯上亿条公民个人信息案 我们该如何有效防止个人信息泄露?》,载搜狐网2018年10月4日,https://www.sohu.com/a/257667118_999072683;《河北警方破获一侵犯公民个人信息案 涉及公民数据上亿条》,载中央人民政府网,http://www.gov.cn/xinwen/2019-11/23/content_5454882.htm。

④ 参见王秀哲:《“侵犯公民个人信息罪”司法解释之局限性及其破解》,载《河南大学学报(社会科学版)》2018年第5期。

⑤ 参见金耀:《个人信息去身份的法理基础与规范重塑》,载《法学评论》2017年第3期。

四、程序法上困难重重

新信息技术下个人信息刑事保护不仅在实体刑法上面临挑战，而且在刑事诉讼程序上也面临着挑战，甚至是更大的挑战。个人信息犯罪作为网络犯罪的典型犯罪类型，其必然存在着网络犯罪程序法上的共性困境，除此之外，还面临着因自身特性而导致的新的挑战。

(一)对司法管辖的挑战

随着网络时代的到来，网络犯罪逐渐成为刑事犯罪的新常态。① 虽然迄今为止对网络犯罪的概念还没有达成共识，但有力学说认为网络犯罪一般分为两类，一是危害网络本身的犯罪，二是以网络为犯罪工具或犯罪空间的犯罪。② 因网络空间的虚拟性和无国界性，使得网络犯罪具有跨区域、跨国界、涉众性及多层级链条式等特征，这些特征都使得以物理空间为基础构建起来的传统刑法管辖规定面临巨大挑战。传统刑法管辖是以物理地域和自然人国籍为基点构建了属地、属人、保护和普遍管辖，但网络既消解了物理地域又隐匿了自然人国籍，从而使网络犯罪行为与传统刑法管辖失去了联系，"将物理空间的管辖权规则适用于网络空间就成了一道难题"③。虽然这些年为了应对挑战，我国就网络犯罪管辖问题发布了一些司法解释④，但效果并不理想。个人信息犯罪作为典型的网络犯罪，也同样面临着刑事管辖的挑战。

1. 传统管辖理论受到冲击

自国家成立以来，就确立了以地域为基础的管辖理论。但由于网络的虚拟性和无地域性，使得传统以地域为基础的管辖理论受到质疑。于是，针对网络犯罪管辖，许多新型管辖理论不断涌现，其中影响力较大的主要有新主权理论和管辖权相对理论。新主权理论缘起于互联网早期，以网络自由

---

① 参见李玉萍：《理顺网络犯罪案件的管辖入口》，载《人民法院报》2017 年 2 月 15 日，第 2 版。

② 参见李晓明、李文吉：《跨国网络犯罪刑事管辖权解析》，载《苏州大学学报(哲学社会科学版)》2018 年第 1 期。

③ 陈结淼：《关于我国网络犯罪刑事管辖权立法的思考》，载《现代法学》2008 年第 3 期。

④ 包括但不限于：最高人民法院《关于适用〈中华人民共和国刑事诉讼法〉的解释》，《公安机关办理刑事案件程序规定》，最高人民法院、最高人民检察院、公安部《关于办理网络犯罪案件适用刑事诉讼程序若干问题的意见》，最高人民法院、最高人民检察院、公安部《关于办理网络赌博犯罪案件适用法律若干问题的意见》，最高人民法院、最高人民检察院、公安部《关于办理电信网络诈骗等刑事案件适用法律若干问题的意见》。

主义理论为支撑，认为网络能给饱受权力欺压的人们提供一个完全自由、平等的自治空间，排斥国家权力的染指，故其“排斥国家对网络空间的司法管辖权，主张应当通过网络活动参与者的自律管理取代传统法院的管辖，以自我裁断代替司法救济[①]”。但随着网络的发展，网络自由主义理论的设想已然变成了乌托邦，网络不仅没有提供自由的空间，反而成为权力全景式监控的工具，而且网络也没有成为自律的祥和空间，反而成为犯罪的天堂。并且随着网络的进一步发展，这种局势越发明显。所以，新主权理论已然式微。而管辖权相对理论认为基于网络空间的独特性，“应在此领域内建立不同于传统规制的新的管辖权原则”[②]。并且基于网络空间，可以创设一套包括法律原理、法律制度和法律机关等在内的新的法律体系。但是该理论也受到批评，任何法律运行都需要主权国家的强制力保障，抛开现实的主权国家实施网络自治，要么会出现管辖权冲突要么会出现管辖权真空，根本不具有现实可操作性。

2. 具体管辖问题矛盾突出

为了解决网络犯罪管辖问题，我国颁布了一系列司法解释进行完善，其中主要关注的是地域管辖、指定管辖和并案处理。但这三方面仍然存在诸多问题。

(1)地域管辖存在现实困难

根据我国《刑事诉讼法》的规定，刑事案件由犯罪地的人民法院管辖。在传统物理空间，犯罪地很容易确定，但是在网络空间或利用网络实施的网络犯罪的犯罪地却难以用传统规制确定，所以只有通过一系列司法解释对网络犯罪的犯罪地进行明确。其原则就是最低联系原则，即所有与网络犯罪有关联的区域都视为犯罪地，其标准可概括为“人的所在地 + 设备所在地”[③]，例如，最高人民法院《关于适用〈中华人民共和国刑事诉讼法〉的解释》(以下简称《刑事诉讼法解释》)第 2 条规定，犯罪地指网站服务器所在地，网络接入地，网站建立者、管理者所在地，被侵害的计算机信息系统及其管理者所在地，被告人、被害人使用的计算机信息系统所在地，以及被害人财产遭受损失地。这种规定看起来规范且周延，但是运用于司法实践却面

---

① 吕国民:《国际贸易中 EDI 法律问题研究》，法律出版社 2001 年版，第 194 页。

② 王德全:《试论 Internet 案件的司法管辖权》，载《中外法学》1998 年第 2 期。

③ 参见孙潇琳:《我国网络犯罪管辖问题研究》，载《法学评论》2018 年第 4 期。

临着诸多困难。

第一,设备所在地。以网络服务器为例,即便掌握了服务器所在的物理空间,也只不过是抓住了物理网络层里面的一个可视的设备而已,它确实是互联网的一个层,却完全不是网络空间的任何外部表达、更无法由此获知所欲访问的网络空间的"地理范围",因为"地理"这个概念在网络空间内本就无法成立,[①]所以以网络服务器作为网络空间和物理空间的连接点仍然难以明确管辖权。尤其个人信息犯罪完全在网络空间完成,一个案件所涉设备包括起始终端设备、网络接入提供商服务器、节点计算机设备、网络融合服务提供商服务器、网络辅助设备、目标服务器、目标终端设备等,这更增加了明确管辖权的难度。结合近年来各地发布的网络犯罪典型案例来看,司法机关似乎没有以服务器所在地为标准确定管辖权,仍然以"人的所在地"为标准确定管辖权归属,[②]但以人的所在地为标准确定管辖也存在问题。

第二,人的所在地。网络犯罪属于涉众型犯罪,不仅犯罪人员遍布多省市,而且被害人也遍布多省市,从而导致每一个成员所在地法院都有管辖权,进而出现管辖权冲突的问题。尤其是个人信息犯罪不仅涉众,而且已经形成产业化,几乎所有案件所涉人员都很多,所以往往出现同一被告人被不同法院要求出庭受审,或已经接受审判后,又被其他法院审判的现象。入选"2017 年推动法治进程十大案件"的徐某玉案就属于所涉人员多、作案地域广的案件,侦查前期就遭遇管辖权冲突问题,要不是最高人民检察院公诉厅指导山东检察机关公诉部门介入侦查,该案很难在短时间内顺利结案。

(2)指定管辖变得无序

指定管辖一般包括指定侦查管辖和指定审判管辖。网络犯罪盛行之前,指定管辖适用并不常见,但随着网络犯罪的日益猖獗,指定管辖适用呈增长态势。刑事诉讼法的规定已经不能适应现实需求,于是有关网络犯罪的三个司法解释对指定管辖进行了阐释,但是在司法适用中指定管辖仍然呈无序状态。

第一,适用指定管辖的案件范围漫无边界。虽然在关于办理网络犯罪、网络赌博犯罪和电信网络诈骗犯罪的司法解释中,对指定管辖的案件进行

---

① 参见杨博:《大数据时代背景下个人信息权的民事诉讼保护研究》,载《研究生法学》2018 年第 1 期。

② 参见孙潇琳:《我国网络犯罪管辖问题研究》,载《法学评论》2018 年第 4 期。

了界定，但是物理设备无法表现网络空间和数据位域，大多数人仍然倾向于援用现有的管辖依据，厘定出管辖法院。[①] 而且包括个人信息犯罪在内的网络犯罪几乎都是跨区域、涉众型、多层级的案件，必然会出现管辖权竞合，指定管辖势在必行。也就是说，几乎所有的个人信息犯罪案件都可适用指定管辖，这使得特殊管辖类型变成了普遍管辖类型。

第二，适用指定管辖规定含混不清。《刑事诉讼法》第 26 条规定了指定管辖，但并没有规定范围和理由，《刑事诉讼法解释》也只是规定“必要时”或“特殊情况”，具体到网络犯罪的司法解释则是本着“有利于查清犯罪事实，有利于诉讼”的原则，这些含混笼统的规范指引，使得在司法实践中启动指定管辖随意性很大。而且关于指定侦查管辖，在《刑事诉讼法》中并没有规定，在司法实践中只是根据法理解释和实践经验，比照审判管辖适用。但是按照刑事诉讼的顺序，侦查在前，审判在后，用审判管辖制约侦查管辖无异于痴人说梦。[②]

第三，适用指定管辖优先部门立法与司法错位。依照法律规定和法理解释，应由审判管辖制约侦查管辖，但是由于这种规定不符合刑事诉讼法定顺序，所以在司法实践中出现了相反的现象。本来，基于司法的被动性，侦查机关是最先接触案件的，所以管辖问题侦查机关具有话语权，法律规定逆司法规律而定，必然得不到遵守。既然法律规定形同虚设，那么在司法实践中必然因各部门立场不同、利益不同产生矛盾。实践中公检法机关协商指定管辖的意见也并非总能达成一致，公检法机关互不承认相对方指定管辖的效力，甚至拒绝受理相对方指定管辖的案件等情形大量存在。[③] 并且在关于网络犯罪的三个司法解释中，2010 年和 2014 年的司法解释都是规定在重大案件指定管辖时，公安部商请最高人民法院、最高人民检察院共同指定管辖，但是到了 2016 年就变为由公安机关指定管辖后，向同级人民法院和人民检察院通报，这一变化使得公安机关在指定管辖中具有了绝对的话语权。

---

① 参见张涛：《个人信息权的界定及其民法保护——基于利益衡量之展开》，吉林大学 2012 年博士学位论文，第 68 页。

② 参见龙宗智、白宗钊、谭勇：《刑事诉讼指定管辖若干问题研究》，载《法律适用》2013 年第 12 期。

③ 参见周常志：《刑事案件指定管辖制度的完善》，载《人民检察》2008 年第 3 期。

(二)对证据法的挑战

证据被视为发现事实的窗口,作为事实碎片,将其拼接就能还原历史时空[①],呈现案件事实,在程序法上的重要性不言而喻。新信息技术下个人信息犯罪在程序上还面临着证据法上的挑战,包括取证难、举证责任分配不当和大数据证据认证难等。

1. 取证难

首先,新信息技术下个人信息犯罪案件几乎都是跨区域、涉众型的犯罪,虽然犯罪是在无区域性虚拟网络空间进行的,但是公安机关要侦办案件进行取证却是要在物理空间内跋山涉水、辗转几个甚至十几个省市到犯罪地去取证。例如,在"净网 2019"活动中,在邯郸警方破获的一起特大侵犯个人信息案件中,涉嫌买卖公民个人信息的人员达 134 人,涉及浙江、河北、湖南、北京等 20 多个省市。[②] 针对这种跨域广、人数多的案件,取证不仅要全国跑还要各个击破,耗时费力,导致取证效率低,而且相应的还使得取证成本升高。

其次,新信息技术个人信息犯罪案件具有跨度大、隐蔽性强等特点,侦破时犯罪行为往往已经持续几年甚至可追溯到个人信息犯罪设立之时。由于侦破的延时性,导致许多证据灭失或者被销毁。再加上人的遗忘天性,使得证人或犯罪嫌疑人的证言或口供正确性大打折扣。

最后,新信息技术下个人信息犯罪中主要证据类型——电子证据提取面临困难。第一,电子证据极易销毁,且销毁后很难再度固定。比如,呈现被泄露的个人信息的网页、贴吧、微信对话,表明买卖个人信息的 QQ 聊天记录、支付宝或微信转账记录以及窃取个人信息的网络痕迹等电子证据可在瞬间被清除。而且由于电子数据的"可变性"与"活态性",再度固定几乎无法成行[③],电子证据被清除后,除非借助于专业技术手段,否则是不可能被复原的。第二,现场固定证据技术和设备有待提高。即使案件及时侦破,没有延时性,现场对电子证据进行固定,也需要专业的设备和具备专业技术的专

---

① 参见刘译矾:《徜徉于哲学与法学之间——"事实与证据:哲学与法学的对话"国际研讨会综述》,载《证据科学》2016 年第 5 期。

② 参见《邯郸警方破获一起特大倒卖个人信息案件》,载河北法制网 2019 年 8 月 27 日, https://www.sohu.com/a/336795175_119684。

③ 参见杨博:《大数据时代背景下个人信息权的民事诉讼保护研究》,载《研究生法学》2018 年第 1 期。

业人才。但是现今侦查机关,要么没有配置专业设备,要么侦查人员不懂计算机专业技术,尤其是基层侦查机关,这种现象更突出。并且即使侦查人员具备专业知识,但由于知识产权的原因或某些犯罪分子具备反侦查能力,电子证据往往不能采用打印、复制等方式固定。某些电子数据无法借由平面打印技术获取,需要借助多维成像或立体打印技术方能得来,这大大增加了证据固定的技术难度。① 第三,电子证据易被篡改。电子证据是随着计算机网络技术的发展而新出现的证据类型,那么利用这些技术也能对电子证据进行篡改,而且篡改技术门槛并不高。并且随着一些诸如"微信截图生成器"App 的出现,根本不需要任何技术门槛,只需下载这些 App,按照指示步骤,就能把微信图片或聊天记录进行修改。②

2. 大数据证据认定难

随着大数据技术的发展,其被运用诸多领域,其中包括侦查领域,被称为大数据侦查。在运用大数据进行侦查过程中,出现了像"轨迹大数据""大数据资金分析保护""大数据比对"③这些大数据材料,且被判决书所采用,可见大数据作为证据已经或多或少地应用于案件事实的证明中④。在个人信息犯罪中,就存在着像个人信息流向数据、资金往来数据、手机或电脑数据等大数据证据,但作为最新的自发证据,其定位、属性和认定都存在诸多难题。

首先,大数据证据法律定位不明。大数据证据虽然能为证明案件事实起作用,甚至是关键作用,但是它并不像电子数据那样被法律所认可,成为法定证据。一般来说,大数据变身证据需要搜集汇总清洗数据,然后依据需求建模,最后计算得出结论,起证明作用的一般就是最后的结论。那么,这个大数据结论在证据法上如何定位呢? 各国法律界存在不同的理论争论和实务处理方法,主要包括鉴定意见说、专家辅助人意见说、证人证言说、书证物证说等。⑤还有学者认为,鉴于大数据证据的特殊性,应把大数据证据作为独立的法定证

① 参见刘品新:《电子证据的基础理论》,载《国家检察官学院学报》2017 年第 1 期。

② 参见杨博:《大数据时代背景下个人信息权的民事诉讼保护研究》,载《研究生法学》2018 年第 1 期。

③ 刘品新:《论大数据证据》,载《环球法律评论》2019 年第 1 期。

④ 徐惠:《大数据证据之证据属性证成研究》,载《中国人民公安大学学报(社会科学版)》2020 年第 1 期。

⑤ 参见刘品新:《论大数据证据》,载《环球法律评论》2019 年第 1 期。

据类型,而不是把其归入已有的证据类型中。[①]

其次,大数据证据的真实性难以保证。大数据证据真实性一般是指大数据本身是否真实和大数据分析结论是否真实两个方面的问题。第一,大数据本身的真实性无法保证。大数据体量之大已经远超我们人类的想象,面对这些海量数据,依据小数据时代精确性思维要保证每一个数据的真实性是无法做到的。大数据不仅让我们不再期待精确性,也让我们无法实现精确性。[②] 第二,大数据结论真实性也无法保证。大数据结论的基础大数据本身真实性无法保证,那么以这些海量数据为基础得出的结论的真实性自然也无法保证。而且在对大数据进行分析时,采取的是全样本而不是抽样,如果算法或算力出现问题,都会导致结论出现偏差。

3. 举证责任分配带来沉重负担

个人信息犯罪是情节犯,情节严重属于定罪要件。根据2017年颁布的《个人信息解释》,个人信息类型和数量是主要的定罪情节,例如,出售行踪轨迹信息的需50条以上而出售通信记录的则需500条以上。也就是说,行为人是否构成犯罪,取决于对个人信息类型和数量的认定。根据我国《刑事诉讼法》第51条规定,"公诉案件中被告人有罪的举证责任是由人民检察院承担,自诉案件中被告人有罪的举证责任由自诉人承担",那么认定个人信息类型和数量的责任就归属于检察机关。这本无可厚非,控方承担举证责任是世界通行的准则,这是保障人权的体现。但在新信息技术下,个人信息犯罪所涉信息数额少则上千条,多则上万条,百万千万条也不少见,甚至上亿条也时有发生。并且在这些海量信息中,真假混杂、重复计算的也不鲜见。经初步计算,十亿条信息鉴别真伪需要耗时1年半,花费百万元成本,[③]这无疑会给本来人员、经费紧张的公诉机关带来相当沉重的负担。于是,在司法实践中,一般采取抽样调查法,只要抽取样本中个人信息为真,那么就此推断所有个人信息为真[④],甚至有的抽样调查也省略,直接把查获的海量

---

① 参见徐惠:《大数据证据之证据属性证成研究》,载《中国人民公安大学学报(社会科学版)》2020年第1期。

② 参见[英]维克托·迈尔－舍恩伯格、肯尼思·库克耶:《大数据时代:生活、工作与思维的大变革》,盛杨燕、周涛译,浙江人民出版社2013年版,第56页。

③ 参见李翔:《侵犯公民个人信息罪司法适用疑难问题探究》,载《法律适用》2018年第7期。

④ 参见庄晓晶、林洁、白磊:《非法获取公民个人信息犯罪区域性实证分析》,载《人民检察》2011年第9期。

个人信息认定为真。[①] 这种做法显然有侵犯犯罪嫌疑人人权之嫌,违背了设立举证责任目的是为了诉讼正义的初衷。为了解决这个现实问题,《个人信息解释》第 11 条第 3 款规定,“对批量公民个人信息的条数,根据查获的数量直接认定,但是有证据证明信息不真实或者重复的除外”。很多人理解这是将关于个人信息真实性和是否重复的证明责任移转至辩方,[②]也就是举证责任倒置。但在个人信息犯罪案件中适用举证责任倒置是否可行,其理论基础、规范方式及规范内容都需要进一步探讨。

(三)对诉讼方式的挑战

个人信息犯罪就像绝大多数刑事案件一样在我国刑事诉讼中属于公诉案件,所有案件一律由公安机关侦查、检察机关起诉、法院审判。这本属常态,但由于个人信息犯罪的特殊之处,使得这种诉讼方式面临挑战。

首先,个人信息犯罪作为网络犯罪,极具隐蔽性,这使得侦查机关很难发现案件线索。第一,从行为人方面看,在网络虚拟空间,行为人利用后门、技术漏洞、网络爬虫等收集信息,利用木马、撞库、拖库等窃取信息,或利用QQ、微信、邮箱等平台买卖信息,除了引发严重的下游犯罪而被追溯发现或合法单位自查发现或爆发信息泄露丑闻外,这种没有实体作案现场的案件侦查机关很难发现。第二,从被害人方面看,由于个人信息具有共享性,不占有物理空间,所以即使个人信息被窃取、出售或泄露,信息主体也浑然不知,根本意识不到自身权益已被侵犯,更谈不上报案了。而且司法实践中,即使被害人发现信息被侵犯,也由于这种现象普遍见怪不怪而怠于报案。实践中,大多公民即使发现其个人信息被违法收集和使用,但由于复杂的网络技术与隐秘的信息收集、使用方式以及个人力量的不足,常常选择容忍而放弃维护自身权利。[③] 被害人报案这一案件发现线索在个人信息犯罪中所起效果微乎其微。

其次,个人信息犯罪作为具有专业技术含量的犯罪,给侦查机关的侦查带来了不少困难,从而消减了侦查机关的侦查热情。通常意义上说,个人信

① 例如有调查表明,在 74 份裁判文书中,只有一案中查证了涉案的公民个人真实信息数量,而在其他案件中,涉案的公民个人信息是否真实存在、是否重复等,公安司法机关均未进行核实。参见李玉萍:《侵犯公民个人信息罪的实践与思考》,载《法律适用》2016 年第 9 期。

② 参见刘品新:《论大数据证据》,载《环球法律评论》2019 年第 1 期。

③ 参见蒋都都、杨解君:《大数据时代的信息公益诉讼探讨——以公众的个人信息保护为聚焦》,载《广西社会科学》2019 年第 5 期。

息犯罪整体上不属于高科技犯罪，但是其中许多犯罪类型还是需要相对技术水平的，例如，黑客窃取个人信息、利用技术漏洞收集个人信息或在暗网上买卖个人信息等。司法实践中，相当一部分侦查人员并不具备侦破这些具有技术含量的个人信息犯罪案件所需的专业技术，往往花费大量时间精力而无功而返。

最后，个人信息犯罪作为证明困难的案例类型，也使得公诉机关对这类案件持消极态度。由于个人信息犯罪案件在证据法上的困境，公诉机关要么很难采集到有效证据，要么面对严格的刑事证明标准所提交的证据在法庭上不被采信，从而使得公诉机关对这类案件的努力付之东流，容易对这类案件持抵触态度。

总之，对个人信息犯罪采公诉形式并不利于对个人信息的保护。所以，有学者提出应对个人信息犯罪采取自诉形式[①]或者采取"以自诉为主，公诉为辅"的形式[②]。但根据前面的分析，背靠国家强制力的公诉机关尚且在个人信息犯罪面前捉襟见肘，那么弱小的个人进行自诉的后果就可想而知了。所以，在新信息技术飞速发展的今天，有学者提出应该把侵犯个人信息案件纳入公益诉讼中[③]，包括民事公益诉讼和行政公益诉讼，以补强刑事诉讼。

---

① 参见刘宪权、方晋晔：《个人信息权刑法保护的立法及完善》，载《华东政法大学学报》2009年第3期。

② 参见蔡军：《侵犯个人信息犯罪立法的理性分析——兼论对该罪立法的反思与展望》，载《现代法学》2010年第4期。

③ 参见屠春含、马方飞：《检察公益诉讼保护公民个人信息若干问题探析》，载《中国检察官》2020年第8期；蒋都都、杨解君：《大数据时代的信息公益诉讼探讨——以公众的个人信息保护为聚焦》，载《广西社会科学》2019年第5期。

第三章 新信息技术下域外个人信息刑事保护比较考察

当前,世界范围内针对个人信息刑事保护大体存在两种模式,一种就是以德国为代表的侧重个人信息权保护的统一刑事保护模式,另一种就是以美国为代表的侧重个人信息利用的分散刑事保护模式。这两种各有侧重的刑事保护模式源于各自针对个人信息保护的不同权利进路、文化传统和历史演进,其各有侧重各有优劣。德国的刑事保护模式基于信息主体更大权重,有利于基本人权的保护,而美国的刑事保护模式基于信息业者更大的发展空间,有利于数字经济的发展。我国应在文化传统、经济发展需求和人权保护等方面进行权衡后,选择适合我国的个人信息刑事保护模式。

第一节 欧盟对个人信息的刑事保护

欧洲大陆作为世界上最早保护个人信息的地区之一,和美国分庭抗礼。地区组织对个人信息的保护是一个逐渐发展完善的过程:从地区组织名称看,由欧洲共同体变为欧盟;从权利类型看,从从属于隐私权到成为一项全新的权利——信息自决权;从保护文件的类型看,从公约到指令再到条例,效力逐步提高。

一、欧盟个人信息法律保护之发展历程

1. 1981 年欧共体《保护自动化处理个人数据公约》

欧洲是最早把个人信息视为隐私的内设概念以隐私权对其进行保护的。二战后,鉴于希特勒在二战期间对个人信息的滥

用而导致对犹太人的大屠杀，欧洲人们在内心深处希望能掌控自身个人信息的渴望比任何地区的人们都强烈[①]。所以在战后不论在欧洲人权文献中还是在各国宪法中都有保护个人信息的类似规定。20世纪60年代，新兴的信息技术飞速发展，随着构建电子化政府和数据企业对个人信息的需求日益高涨，个人信息的财产属性日益凸显，经济价值被发掘出来。又由于个人信息的无形性、共享性，其在国家间的流通也日益增多。但是由于当时欧共体成员国对个人信息或单独立法或没有立法，法律的不统一极大阻碍了个人信息的跨境流通，进而影响了各国的经济发展。在这种背景下，针对个人信息统一立法的需要越来越强烈。于是，在1981年1月，欧共体成员国在法国共同签署了《保护自动化处理个人数据公约》。该公约具有里程碑意义，因为它是欧洲层面上第一个统一的个人信息保护方面的具有法律约束力的规定。[②] 该公约主要特征包括：第一，该公约对个人数据保护仍然是在隐私权框架下展开的，个人信息属于隐私权保护客体；第二，该公约确立了个人信息保护范围即自动化处理的个人信息，非自动化处理的不属于该公约的调整对象；第三，该公约首次对个人敏感信息、保护原则以及跨境传输等作了规定，这些规定部分传承到现今的《一般数据保护条例》中；第四，由于该公约属于非自动执行条约，所以其条文只能通过成员国转化为本国立法才有效力。但欧共体各成员国对该公约并不是特别积极，直到1989年才有7个国家批准了该公约。[③]

2. 1995年欧盟《个人信息保护指令》

由于1981年《保护自动化处理个人数据公约》并没有达到预期效果，各国良莠不齐的个人信息保护水平严重阻碍了欧盟内部的经济发展。为了扭转这一局面，欧洲委员会决定用“指令”这种效力更高的法律形式来制定一份草案。于是1990年《关于保护共同体个人信息及信息安全的指令草案》被提交欧洲理事会。同时，1993年成立的欧盟也迫切要求一个统一的个人信息保护法的出台。这双重力量的叠加加快了立法的进程，1994年发布的《欧洲与全球信息安全》和《对〈指令〉收益成本分析报告》这两份文件不仅使欧洲认识到构建统一的个人信息法律的必要性而且也使调整对象认识到

---

① 参见周汉华主编：《个人信息保护前沿问题研究》，法律出版社2006年版，第28页。

② 参见刘云：《欧洲个人信息保护法的发展历程及其改革创新》，载《暨南学报（哲学社会科学版）》2017年第2期。

③ 参见金晶：《欧盟〈一般数据保护条例〉：演进、要点与疑义》，载《欧洲研究》2018年第4期。

付出的成本并不高。所以,在清除上述阻碍后,1995 年 10 月,《个人信息保护指令》终于得以通过。该指令值得称道之处包括:第一,该指令的效力比较高,要求成员国在该指令通过的三年内必须把该指令转化为国内法使之得以实施;[①]第二,该指令为各成员国提供了个人信息保护的最低标准;第三,该指令提出的诸多原则在现今仍然适用,例如:正当处理原则、目的明确和限制原则、适当原则、准确原则、知情同意原则、保密和安全原则等;第四,该指令最具有价值的就是赋予数据主体各项数据权利,包括查阅权、更正删除权、反对权、免受完全自动化决定约束的权利和救济权;第五,有权利就有义务,该指令为数据控制者规定了相应的义务,包括通知义务、保密和安全保证义务、确保个人信息质量的义务、合法处理个人信息义务和报告义务;第六,该指令要求各成员国都要设立独立的个人信息保护机构;第七,为实现立法目的,该指令专门规定了跨境数据传输的要求和限制。但是该指令也存在缺陷,主要有四点:第一,确定欧盟数据保护法是否适用于特定处理行为的规制过于复杂,且具有很大的不确定性;第二,跨境数据流通的规定缺陷多,不利于全球性企业开展活动;第三,各国个人信息保护法之间不协调,造成许多法律之外的问题;第四,运行一段时间后,该指令也没有发挥预期的作用,反而加重了数据处理机关的负担,也没有给个人带来好处。[②]

3. 2016 年《一般数据保护条例》

1995 年《个人信息保护指令》颁布后的二十年间,信息技术以一日千里的速度发展,互联网由奢侈品成为必需品。几乎每一个人的个人信息都被信息企业"一网打尽",而且收集、处理个人信息的种类越来越多,包括许多像行踪轨迹、瞳孔虹膜等隐秘的信息,这使得本来就注重个体权利的欧洲人陷入深深的焦虑;但同时信息技术的发展不可阻挡且是第四次工业革命的支柱产业,谁掌控了该领域谁就是日后世界经济的领头羊,所以必须调和两者之间的矛盾,在夹缝中求生存。而 1995 年《个人信息保护指令》由于时代的局限性已经不能承担这样的重任,所以对其修改势在必行。

2009 年,《个人信息保护指令》的修改开始提上日程,并于这一年做了征询公众意见等基础性工作。2010 年,欧盟《个人数据保护综合方法》由欧盟

---

① 参见《个人数据保护:欧盟指令及成员国法律、经合组织指导方针》,陈飞等译,法律出版社 2006 年版,第 29 ~ 45 页。

② 参见周汉华主编:《个人信息保护前沿问题研究》,法律出版社 2006 年版,第 44 页。

委员会发布,该文件确定了欧盟个人数据保护指令改革的法律框架。其内容主要包括:加强个人信息权利、增强欧盟内部信息市场的统一、为信息跨境流通提供高效保护、促进信息保护机构间的合作和对涉犯罪的特殊信息进行专门保护等。经过两年的讨论、磋商后,欧盟委员会在 2012 年 1 月发布了欧洲议会和理事会《关于个人数据处理中个人权利保护及促进个人数据自由流通条例草案》和《关于制定有关机构为刑事侦查或刑事诉讼判决执行之目的处理个人数据过程中的数据保护及数据自由流通指令的意见》。又经过四年的讨论修改,2016 年 4 月 14 日欧盟《一般数据保护条例》终获通过,于 2018 年正式适用。①

《一般数据保护条例》的颁布意义重大,它不仅使欧盟市场具有了统一的个人信息保护规则,从而促进欧盟数字经济的发展,而且由于该条例不论立法技术还是立法内容都体现了高超水平,从而有望引领全球信息治理新潮流。该条例值得关注的包括:第一,法律效力。根据《欧盟运作方式条约》,条例对全体成员国具有法律约束力并在成员国国内直接适用。《一般数据保护条例》直接适用于成员国,如果与成员国原有的《个人信息保护法》相冲突,则该条例具有优先适用效力。但是成员国《个人信息保护法》也并非完全没有用武之地,《一般数据保护条例》中开放性条款和没有规定的内容都可仍适用本国法。第二,适用范围。《一般数据保护条例》把适用范围扩大到凡是实施对欧盟个人数据有影响力行为的主体,有学者将其归纳为属地 + 属人 + 保护等综合性的影响性普通原则。② 第三,原则性规定。《一般数据保护条例》在 1995 年《个人信息保护指令》的基础上扩充了原则性规定,强化了同意原则。第四,数据主体权利。《一般数据保护条例》在 1995 年《个人信息保护指令》基础上增加了数据主体的权利。其中包括在国内备受关注的被遗忘权,还有数据携带权、数据画像反对权以及被扩容的知情权和访问权。第五,数据从业者的义务。相比于 1995 年《个人信息保护指令》,《一般数据保护条例》对数据从业者科以更重的义务,包括数据处理活动记录义务、数据保护影响评估义务、数据泄露报告义务以及数据安全保障义务。第六,设立了统一机构。《一般数据保护条例》设立了欧洲数据保护

---

① 参见阮爽:《〈欧盟个人数据保护通用条例〉及其在德国的调适评析》,载《德国研究》2018 年第 3 期。

② 参见京东法律研究院:《欧盟数据宪章:〈一般数据保护条例〉GDPR 评述及实务指引》,法律出版社 2018 年版,第 35 页。

委员会，并要求成员国设立数据监督机构和数据保护官。第七，行政罚款。《一般数据保护条例》引起轰动的是对不遵守条例所引发的巨额行政罚款，其中最重的罚款可高达 2000 万欧元或企业上一财政年度全球年营业额的 4%。

4. 其他相关的法律规定

欧盟关于个人信息保护可分为三个层次。第一层次指的是为个人信息保护提供基础理论支持的法律规定，如欧盟《基本权利宪章》、欧盟《人权公约》等；第二层次包括《一般数据条例》《电子隐私条例》等对个人信息进行直接保护的派生法；第三层次包括像《网络犯罪公约》等对个人信息保护提供间接保护的例外规定。下面就介绍几个与本书主题联系密切的法律规定。

（1）2001 年《网络犯罪公约》

20 世纪 80 年代，随着信息技术的发展，在把人类带入全新世界的同时也伴随着副作用即网络犯罪的发生。因网络犯罪具有无国界、跨地域性，所以需要国际组织合作才能对其进行有力打击。1989 年 9 月，欧盟委员会审议通过了一份“关于与计算机相关的犯罪”的建议，要求成员国在国内立法时应考虑计算机方面的犯罪，这开启了欧盟委员会在网络犯罪方面的立法进程。[①] 而后，欧盟委员会在 1995 年又通过关于与信息技术相关的刑事诉讼程序问题的建议，至此关于网络犯罪的实体法和程序法都已经制定。万事俱备只欠东风，欧盟委员会于 1997 年成立了网络空间犯罪专家委员会，该委员会的任务就是起草一份完整的网络犯罪公约。

历时 3 年多，该委员会邀请 4 个非成员国先后举行了 10 多次会议，经过不断的协商与讨论，终于在 2001 年通过了《网络犯罪公约》及其《网络犯罪公约解释报告》。最初签约国为 30 个国家，而后不断有新的国家加入，到 2016 年缔约国已经增至 49 个。虽然该公约是欧洲委员会主导的，但是其成员国不仅只包括欧洲委员会成员国还包括其他一些非成员国，如美国、日本、加拿大、澳大利亚等。所以，《网络犯罪公约》是世界上第一个也是唯一一个关于网络犯罪的国际公约，为打击网络犯罪进行国际合作提供了法律支撑。该公约共 4 章由 48 条组成，主要内容包括：网络犯罪的实体规定、网

---

① 参见胡健生、黄志雄：《打击网络犯罪国际法机制的困境与前景——以欧洲委员会〈网络犯罪公约〉为视角》，载《国际法研究》2016 年第 6 期。

络犯罪的程序规定和网络犯罪的国际合作等。其中实体法部分主要包括两部分内容,一个是对计算机本身的犯罪,另一个是利用计算机进行的传统犯罪,例如,像伪造、诈骗、儿童色情和著作权等方面的犯罪。

(2)2013 年欧洲议会和欧盟理事会《关于惩治攻击信息系统行为指令》

虽然《网络犯罪公约》为世界范围内打击网络犯罪提供了法律支撑,但是由于公约并没有强制的法律效力,是否把其规定转化为国内法,只能靠缔约国自觉,所以其象征意义大于实际意义。但是自《网络犯罪公约》签署后的近 20 年来,网络犯罪却是愈来愈严重。为了实现《网络犯罪公约》宗旨,在打击网络犯罪时进行有效的国际合作,欧盟决定自立门户,于 2005 年通过了《关于惩治攻击信息系统行为的框架决议》,后又由于该框架协议规定的犯罪行为较少且法律效力仍不强,后在 2013 年又通过了欧洲议会和欧盟理事会《关于惩治攻击信息系统行为指令》。该指令主要内容包括:第一,明确规定了五种类型的犯罪行为,具体包括:非法侵入信息系统,非法干扰信息系统,非法干扰信息系统数据,非法截取数据和生产、销售、取得犯罪工具等;第二,规定了五类犯罪的最低刑罚标准,即最高刑罚不得低于 2 年有期徒刑;第三,针对这五类犯罪规定了普遍管辖权,即与犯罪有关联的国家都有管辖权;第四,规定了刑事司法协助中的信息交换机制和犯罪统计制度。①

(3)2017 年《电子隐私条例(草案)》

为解决电子通信部门中的数据保护问题,2002 年 7 月 31 日欧盟在《欧盟公报》上发布了《隐私与电子通信指令》。《隐私与电子通信指令》是对《个人信息保护指令》在公共通信领域的具体化,两者是特别法和一般法的关系。《隐私与电子通信指令》的主要内容包括:第一,通信秘密。其要求服务提供商必须采取适当技术和组织措施保证系统和服务安全。同时,成员国必须通过立法保证通信秘密,但是为了国家安全、公共安全或对刑事犯罪侦查、调查和起诉除外。并且,《隐私与电子通信指令》还要求成员国在公民通信秘密受到侵犯后,能提供必要的司法救济。第二,营销信息。营销信息其实就是广告信息,其表现形式包括:无人为干预的自动化呼叫系统、传真机和电子邮件。《隐私与电子通信指令》规定,发送广告信息必须征得用户明示的同意。但也有例外,即如果向已经建立了商业合作关系的企业发送

---

① 参见刘灿华:《欧盟网络犯罪刑事立法新动向——以〈关于惩治攻击信息系统行为的指令〉为中心》,载《净月学刊》2016 年第 6 期。

广告信息不需得到用户明示的同意,但一定在发送的同时提供取消发送的方式。第三,cookie 信息。2009 年欧盟通过修改《隐私与电子通信指令》对 cookie 收集信息做了规范,要求网络服务提供商利用 cookie 收集、存储、使用用户信息时,必须得到用户明示的同意,同时向用户提供拒绝同意的方式。

随着信息技术的发展,即时通信成为人们交流的主力军,以至于《隐私与电子通信指令》已经无法适应现今的通信,所以,对《隐私与电子通信指令》的修改迫在眉睫。于是,为了适应时代要求,欧盟委员会于 2017 年 1 月颁布了《电子隐私条例(草案)》。该《电子隐私条例(草案)》修改的主要内容包括:第一,效力提高。把过去的指令变为条例,这样就可以直接适用于成员国,而不需要转化为国内法。第二,补充保护。该《电子隐私条例》作为《一般数据保护条例》的特别法,共同为通信领域的个人数据提供有效全面的保护。第三,增加调整对象。给予即时通信 OTT 服务商和传统通信服务商一样的监管框架。第四,严格保护。禁止对电子通信数据进行收集、存储、使用、处理等行为,除了用户同意和例外情形外。总之,该条例根据发生巨大变化的通信形式,调整了给予电子通信数据保护的规制,为数字经济的发展提供强有力的法律支撑。①

二、欧盟个人信息间接和直接刑事保护之立法

众所周知,欧盟作为一个区域合作组织,因不具备国家主权和保障法律执行的国家机器,所以刑事立法权十分有限,而且即使是极其有限的刑事立法也存在诸多的限制。根据《欧盟运行条约》的规定,欧盟的刑事立法权,具备以下几个特征:第一,必须针对的是严重的跨国犯罪;第二,必须基于共同打击犯罪的需要;第三,犯罪类型只能是恐怖主义、非法贩毒、洗钱、贪腐、计算机犯罪、有组织犯罪等国际犯罪;第四,只能规定犯罪行为的定义和刑罚最低标准,不能规定具体的罪状和法定刑。而个人信息犯罪不符合犯罪类型的条件,所以在《一般数据保护条例》中并没有规定具体的刑事条文,但是却规定了要求成员国规定相应的刑事条款,而相关刑事条款的引证条款都出自《一般数据保护条例》,所以该《一般数据保护条例》对个人信息的刑事保护起到了间接保护的作用。《电子隐私条例》也和《一般数据保护条例》一

---

① 参见吴沈括、邢政、崔婷婷:《欧盟〈电子隐私条例〉(草案)研究》,载《网信军民融合》2019 年第 1 期。

样对个人信息的刑事保护起到了间接保护的作用。除此之外,像《网络犯罪公约》《欧洲议会和欧盟理事会关于惩治攻击信息系统行为指令》等里面都有相关的刑事条款对个人信息进行直接的刑事保护。

1.《一般数据保护条例》中的间接刑事保护

(1)总括性规定

第84条第1款:成员国应对违反本条例行为的其他处罚,特别是对不适用第83条规定的行政罚款的违法行为的处罚作出规定;并采取一切必要措施确保落实这些规定。该等处罚应当有效、与违法行为相称并具有惩戒性。

该条例前言第149条规定:成员国应能够按照本条例的规定和限制就违反本条例的行为制定刑事处罚规则,其中可允许违反本条例的所得利润。但因违反该国家规则而处以刑事或行政处罚的,不得违反欧盟法院对一事不再理原则所作的解释。

(2)对个人信息犯罪法益的规定

第1条第2款:本条例保护自然人的基本权利和自由,尤其是自然人的个人数据保护权。

(3)对个人信息犯罪的行为对象的规定

第4条第1款:个人数据是指已识别到的或可被识别的自然人的所有信息。可被识别的自然人是指其能够被直接或间接通过识别要素得以识别的自然人,尤其是通过姓名、身份证号码、定位数据、在线身份等识别数据,或者通过该自然人的物理、生理、遗传、心理、经济、文化或社会身份的一项或多项要素予以识别。

该款对“个人信息”的认定采取识别理论,并且对间接识别采用了绝对标准。

(4)对个人信息犯罪行为提供框架性规定

《一般数据保护条例》虽然把刑事立法权赋予了各成员国,但是却要求刑事处罚的前提是违反该条例的规定,所以该条例是成员国制定刑事条款不可超越的藩篱。刑法是保障法,在其他法律无法规制的情况下才动用。且个人信息犯罪属于法定犯,故犯罪行为应该是情节严重的行政违法行为。而行政违法行为规定在该条例第83条第4款和第5款中。根据第84条第4款的规定,数据控制者、处理者、认证机构和监督机构违法相关义务都可能构成行政违法,那么情节严重也有可能构成刑事违法。根据第84条第5款的规定,违法基本处理原则、侵犯数据主体权利、违法传输或跨境传输、不遵守监管机构命令等行为可能构成行政违法,那么情节严重也可能构成刑事违法。

2.《网络犯罪公约》中直接刑事保护

(1)第3条　非法拦截

当在计算机系统内,通过技术手段,对非公开传输的计算机数据的拦截是未经授权而故意进行时,包括来自含有该计算机数据的计算机系统中的电磁传播,每一签约方应采取本国法律下认定犯罪行为必要的立法的和其他手段。

(2)第4条　数据干扰

当对计算机数据的毁坏、删除、消耗、更改或限制是未经授权而故意进行时,每一签约方应采取本国法律下认定犯罪行为必要的立法的和其他手段。

(3)第11条　企图以及协助或教唆

当依据现有协定的第2~10条确定的任何犯罪的帮助或教唆是故意进行时,每一签约方应采取本国法律下认定犯罪行为可能是必要的立法的和其他手段。

根据本协定的第3~5条、第7条、第8条、第9.1.a和c条确定的犯罪的企图是故意实施时,每一签约方应采取本国法律下认定犯罪行为可能是必要的立法的和其他手段。

(4)第12条　法人责任

每一签约方应采取必要的立法的和其他手段确保对依据本协定确定的犯罪行为负有责任的法人代表能够被拘捕。该犯罪是通过任何自然人或者在法人机构中担任领导职位并作为法人有机的一部分的个人进行,并有利于其利益,且基于:a.法人代表的权力;b.代表法人作决定的负责人;c.在法人中行使控制权的负责人进行。

除了本条款第1款中已经提出的情况,在缺乏第1款中提及的由自然人进行的监督或控制且已经使得依据本协定确定的犯罪的实施成为可能的情况下,该违法行为如果是通过机构中的自然人的行动来为法人牟取利益,每一签约方应采取必要措施确保法人将负有责任。

根据签约方的合法规则,法人的责任可以是刑事,民事的或行政责任。该责任应不违背已经犯罪的自然人的犯罪责任。

(5)第13条　制裁和措施

每一签约方应采取必要的立法的和其他手段确保,依据第2条至第11条确定的违法行为得到有效的、成比例的与劝诫的法令的处罚,包括自由的剥夺。

每一签约方应确保,对依据本协定确定的犯罪行为负有责任的被拘捕的法人的个人应受到有效的、成比例的与劝诫的刑事或非刑事法令的处罚,包括罚款。

3. 欧洲议会和欧盟理事会《关于惩治攻击信息系统行为指令》中直接刑事保护①

(1)第6条　非法截取数据

通过技术手段截取非公开传输的计算机系统数据的行为。

(2)第7条　生产、销售、取得犯罪工具

每一签约方应采取本国法律下认定犯罪行为必要的立法的和其他手段,对于未经授权而故意进行:

a. 制作、出售、为使用而取得、输入、发行或其他方式利用:

i. 被设计或改装主要用于依据第2条至第5条确定的违法行为的装置,包括计算机程序;

ii. 可以实现进入计算机系统任何部分的功能的计算机密码、访问密码或类似数据,并将其用于实施第2条至第5条中确定的违法行为的意图;以及

b. 意图将其用于第2至第5条中确定的违法行为,而拥有上述第a.i或ii款中提及的物品。签约方可以通过法律规定能对此拥有物品行为定罪的拥有此物品的数量。

(3)第9条　刑罚限制

上述犯罪,最高刑罚应当不低于2年监禁。

(4)第10条　法人责任

当法人负责人以法人机构的身份为了法人的利益而实施上述行为时,法人应当负刑事或者非刑事性质的罚款或其他处罚。包括剥夺营业资格、停业整顿、永久关闭、出售资产或不能享受福利等;

① 参见刘灿华:《欧盟网络犯罪刑事立法新动向——以〈关于惩治攻击信息系统行为的指令〉为中心》,载《净月学刊》2016年第6期。

当法人负责人对其员工没有尽到监管责任,导致员工为了法人利益而犯罪时,法人应负责任。其责任的形式由成员国自行规定。

三、欧盟个人信息间接或直接刑事保护之评析

欧盟作为区域性合作组织,对于个人信息的法律保护一直处于世界领先地位。从1981年欧共体《保护自动化处理个人数据公约》到1995年欧盟《个人信息保护指令》再到2016年《一般数据保护条例》,欧盟一路高歌猛进,构建了一整套完善的保护个人信息的法律体系。同时,欧盟利用有限的刑事立法权,在对网络犯罪进行规制的同时也对个人信息犯罪进行了规制。

1. 欧盟个人信息保护法规可称为前置法的典范

虽然欧盟因为其地位所限,没有规定明确的保护个人信息的刑事条款,但是其前置法却一直领先世界潮流。国内诸多学者建议把欧盟的个人信息保护法规作为模板来制定我国的个人信息保护法。从我国刚刚颁布的《个人信息保护法》来看,它的确在一定程度上借鉴了欧盟《一般数据保护条例》。

2. 欧盟《一般数据保护条例》对成员国个人信息刑事保护有直接约束力

虽然该条例没有具体的个人信息刑事保护条款,但却在第84条用2款规定了强制性要求,要求成员国必须在2018年5月25日前把制定的刑事和行政处罚规范通知欧盟委员会,而且日后再有修订,也应立即通知欧盟委员会。例如,作为欧盟成员国之一的爱尔兰在2018年颁布的《2018年数据保护法案》就根据《一般数据保护条例》规定了具体的刑事条款,包括:①披露未经授权而获得的个人数据的,处5000欧元罚款或最高5年监禁;②对于公司的董事、经理、秘书或其他高级管理人员,如果确凿地经公司同意而纵容实施了犯罪,则承担个人刑事责任;③处理未经许可披露的个人数据,需承担个人刑事责任。[①]

3. 个人信息犯罪的行为对象范围扩大

对个人信息进行刑事保护的核心问题是确立个人信息的概念。欧盟《个人信息保护指令》适用的是识别理论,即身份可识别的人是指其身份可

---

① See Davinia Brennan: *Irish Government publishes Data Protection Bill* 2018, https://www.irelandip.com/ 2018/02/articles/ cyber-risk-data-privacy /irish-government-publishes- data-protection-bill – 2018/ #more –4451.

以直接或间接,特别是通过身份证件号码或者一个或多个与其身体、生理、精神、经济、文化或社会身份有关的特殊因素来确定的人。后这一理论被人们广泛接受。而《一般数据保护条例》虽然继续沿用了识别理论,但是却对其进行了扩展。其体现在立法理由第 26 条中:“在确定某一自然人是否可被识别时,应考虑控制者或其他人可能用于直接或间接识别该自然人的所有合理方式。在确定某一方式是否可能被合理用于识别该自然人时,应考虑所有客观因素,例如识别所需的成本和时间和处理数据时可以采用的技术及技术发展。”①也就是说,对间接识别的判断要考虑一切与其他数据相结合识别特定自然人的可能性,②所以,间接识别由过去的相对标准变为现在的绝对标准。可是如果间接识别采用绝对标准的话,根据现今的信息技术,几乎所有和个人有关的信息都可以和其他信息相结合而识别出某一个人来,那么这样一来,个人信息的概念外延是否过于宽广,从而在某种程度上使该概念被消解,这是一个不得不认真对待的问题。

4. 个人信息犯罪法益的内涵变得丰满

欧盟借鉴了德国关于信息自决权的规定,在《一般数据保护条例》中规定了个人数据保护权,并且在以前权能的基础上又审时度势的增加了几项新的权利。新增的权利包括:第一,被遗忘权(删除权)。根据《一般数据保护条例》第 17 条规定,数据主体有权要求控制者对其个人数据进行删除,并且在特定情形下③,控制者有义务及时删除个人数据。但为了公共利益,该权利将被限制。第二,数据可携带权。根据《一般数据保护条例》第 20 条规定,数据主体可要求数据控制者把自身的个人数据传输给自己或者把个人数据传输给其他数据控制者。此项权利也是信息自决权的体现。根据该条例第 83 条的规定,违反上述两项权利,可能受到巨额行政处罚。至于是否会受到刑事处罚,取决于各成员国的具体规定。

---

① 《欧盟〈一般数据保护条例〉GDPR》,瑞栢律师事务所译,法律出版社 2018 年版,第 7 页。

② 参见阮爽:《〈欧盟个人数据保护通用条例〉及其在德国的调适评析》,载《德国研究》2018 年第 3 期。

③ 特定情形包括:(a)就收集或以其他方式处理个人数据的目的而言,该个人数据已非必要;(b)数据主体根据第 6 条第 1 款(a)项或第 9 条第 2 款(a)项撤回同意,并且在没有其他有关处理的法律依据的情况下;(c)数据主体根据第 21 条第 1 款反对对数据进行处理,并且没有有关处理的压倒性合法依据,或者数据主体根据第 21 条第 2 款反对处理;(d)个人数据被非法处理;(e)为遵守欧盟或控制者所属成员国法律规定的法定义务,个人数据必须被删除;(f)个人数据是根据第 8 条第 1 款为提供信息社会服务而收集的。

5. 规定法人可以成为个人信息犯罪的主体

法人是否能成为犯罪主体，在英美法系和大陆法系国家一直存在不同观点。英美法系国家往往承认法人可以成为犯罪主体，例如美国以判例的方式认定法人属于犯罪主体；而大陆法系国家一直对法人成为犯罪主体持消极态度，例如大陆法系代表德国和日本一直没有在刑法典中承认法人是犯罪主体。欧盟成员国大都属于大陆法系国家，按理说欧盟法律对法人属于犯罪主体也应该持消极态度，但是在《关于惩治攻击信息系统行为指令》中却积极地承认了法人可以成为个人信息犯罪的主体，这实属难得。

欧盟对于个人信息的严格法律保护，与其法律传统和一直以来对个人权利和尊严的尊重有关，这是值得称道的。但是如此严格的保护却不利于如今信息时代的经济发展。根据 2018 年互联网趋势报告中，全球市值最大的 20 个互联网企业中竟然没有一个来自欧盟这个世界上主要的经济体。[①]这与欧盟对个人信息法律保护过于严格应该有联系。现今，世界主要经济体都在如何取得个人信息保护和利用的平衡上大费周章。有的国家为了在信息时代继续保持领先地位而采取了倾向于对个人信息的利用，如美国、日本等国家；有的国家为了能在信息时代复兴且迎合本国的文化传统，也采取了倾向于对个人信息的利用，如中国；有的国家或地区由于一贯的对于个人权利的过度关注而没清醒认识到个人信息的经济价值而采取倾向于对个人信息的保护，如欧盟、德国等。欧盟现今也意识到了自身的问题，为了能使自身依然在信息时代具有领先地位，其并没有像人们预想的那样采取倾向于个人信息利用的策略，反而对个人信息进行更加严格的保护，体现为巨额行政罚款和要求成员国制定严格的刑事条款。其原因可能是严格保护的历史惯性很难突然转向，再就是期望通过严格的个人信息的保护来打压英美法系国家和中国互联网企业的发展。这种策略是否会成功，只有假以时日才会知晓。

① 参见刘泽刚：《欧盟个人数据保护的“后隐私权”变革》，载《华东政法大学学报》2018 年第 4 期。

第二节　德国个人信息刑事法保护

德国作为大陆法系国家的典型代表,诸多法典堪称世界立法典范,个人信息保护立法也概莫能外。由于德国哲学大师康德所倡导的人格尊严深入人心,同时又基于对二战摧残人权的深刻反思,德国成为世界上最早对个人信息进行法律保护的国家。德国把个人信息权这种新型的权利作为一般人格权而予以保护,并且把其作为基本人权赋予了其崇高的宪法地位。

一、德国个人信息法律保护之发展历程

1. 1977 年《联邦数据保护法》

二战后,国家职能从消极"守夜人"开始向积极的福利社会谋取者进行转变,为了实现福利社会的构建,公民的个人信息是必不可少的基本要素,所以国家开始大规模采集公民个人信息。20 世纪 60 年代,计算机技术迅猛发展,为个人信息的采集提供了技术支撑。但随着人们对个人信息的认识不断深入以及 20 世纪 70 年代民主权利意识的高涨,人们发现个人信息不仅是一串串冰冷的数字,而且与自身的个人利益息息相关,于是要求对个人信息进行立法保护的呼声日益紧迫。德国作为深刻反思二战中由于践踏人权而承受的史无前例的痛苦的国家,在保护个人信息方面居于前列。1970 年,德国黑森州率先颁布了世界上第一部保护个人信息的地方立法《个人数据保护法》。该法共有 17 章,虽然明确了行政机关的个人信息保密义务,但主要侧重于建立第三方信息监管机构和信息保护委员制度,对人们所期望的个人信息保护并没有更多的有益措施。①

黑森州开启了个人信息保护立法的前奏,德国其他州也纷纷颁布本州的数据保护法。随后,德国国会也于 1970 年开始起草《联邦数据保护法草案》,并且很快在 1971 年向众议院提交。但是由于该草案严格限制私法主体的个人信息的采集和使用而被搁浅未获得通过,后直到联邦政府把其作为构建国家人口信息库项目的依据才得以重新启动,经过激烈的争议终于在 1977 年颁布生效。该法在世界范围内对于个人信息保护具有里程碑意义,它共有 6 章 47

---

① 参见李欣倩:《德国个人信息立法的历史分析及最新发展》,载《东方法学》2016 年第 6 期。

个条文,包括总则、公务机关的资料处理、非公务机关为自己目的资料处理、非公务机关为他人目的的营业性资料处理、罚则、过渡与例外条款等。[①] 该法采用了公私二元制的个人信息保护模式,侧重于防范国家公权力对个人信息的侵犯而对私营机关的管控不足,虽然确立了个人信息使用的同意原则,但囿于历史局限并未对个人信息的合理使用给予必要的关注。

2. 1990 年《联邦数据保护法》

由于 1977 年《联邦数据保护法》对个人信息处理持消极态度,随着网络技术的发展和个人电脑的普及,该法的弊端日益显现,无法适应时代的发展,所以对该法的修正势在必行,而直接促使该法修正的就是德国隐私权发展史上有名的人口普查案。1982 年,德国通过了《联邦人口普查法》。德国依据该法于第二年开展了全国范围内的人口普查,登记范围包括性别、职业、住址和工作单位等几乎全部个人信息。这引起了极度关注自身隐私和尊严的德国人的强烈反感,于是 100 多名公民以该法违宪为由向宪法法院提起诉讼,要求判决该法无效。后经过审理,宪法法院判决《人口普查法》部分条款违宪,其余条款修改后实行。其中最具有里程碑意义的是在该判决中确立了赫赫有名的"信息自决权"这一概念,即"在信息社会中,不可避免地存在个人信息的收集、处理和使用,任何人都有可能成为信息侵害的对象,因此,个人应享有信息自决权以对抗信息侵害"[②],至此对个人信息的保护具有了宪法基础,信息自决权成为德国宪法意义上的基本权利。

由于该案的影响力,德国开始对《联邦数据法》进行了修改,修改后的条款由原来的 6 章 47 条缩减为 5 章 44 条。虽然法条减少,但此次修法却是一次全新的修正。首先是立法理念发生了根本变化,由过去的防范政府对个人信息的侵犯转变为"保障人格权以免在数据流通中受到侵害"[③];其次是虽然其仍然采用了公私二元保护模式,但是由于信息自决权属于基本人权,根据"基本权第三人间接效力理论",基本权利虽不能直接适用于私法领域来约束第三人,但宪法的适用效力可对私法产生间接的辐射效应[④],整体上缩小了公私领域间个人信息保护的差异;最后是首次将国家安全机构对个人

---

① 参见齐爱民:《德国个人资料保护法简论》,载《武汉大学学报(人文科学版)》2004 年第 4 期。

② 李欣倩:《德国个人信息立法的历史分析及最新发展》,载《东方法学》2016 年第 6 期。

③ 王泽鉴:《人格权的具体化及其保护范围·隐私权篇(上)》,载《比较法研究》2008 年第 6 期。

④ 参见王丽萍、步雷:《信息时代隐私权保护研究》,山东人民出版社 2008 年版,第 167 页。

信息的收集和处理纳入该法的调整范畴。此次修改一改过去争议颇大的局面，得到了德国理论界和实务界较为一致的肯定。

3. 2001 年《联邦数据保护法》

鉴于个人信息保护在信息社会的重要性，20 世纪 90 年代在德国忙着修正《联邦数据保护法》的同时，欧洲共同体也提出了《数据保护指令草案》。经过四年的磋商和修改，欧盟终于于 1995 年 10 月签署了《关于涉及个人数据处理中的个人保护以及此类数据自由流动的第 95/46/EC 号指令》（以下简称《个人数据保护指令》）。根据《个人数据保护指令》的要求，欧盟成员国必须在 3 年内把《个人数据保护指令》的相关内容转化为国内法。但由于德国已有的《联邦数据保护法》已经规定了《个人数据保护指令》中的大部分内容，故德国对该《个人数据保护指令》采取了漠视的态度。直到最后时限即 1998 年，德国仍然没有按照《个人数据保护指令》对本国的《数据保护法》进行修正。不过此时由于信息技术的飞速发展，德国已经意识到本国的《数据保护法》应该进行修改，但并不是按照《个人数据保护指令》修改，而应该对《数据保护法》进行彻底修改。可彻底修改的草案一时无法达成共识，直到 2000 年欧盟起诉德国要求其应尽快落实《个人数据保护指令》为国内法。迫于压力，德国在仓促中按照欧盟指令的最低要求，于 2001 年完成了《联邦数据保护法》的修改。

此次修改主要表现为：首先是对立法理念进一步进行了更正，即确立了数据经济原则；其次是进一步增加了信息主体的权利，即信息收集也必须符合合法性原则和信息收集及处理应得到信息主体的同意；最后是建立了至今仍然沿用的私法主体认定标准，即信息行为是认定私法主体的标准。同时在欧盟《个人数据保护指令》颁布后的两年内，德国先后通过了《电信法》和《信息与通信服务法》，在这两部法中，德国将《个人数据保护指令》中有关交易性匿名、假名、信息记录程序、点击流信息处理等规定转化为国内法，在通信和互联网领域完善信息隐私保护。①

4. 2009 年《联邦数据保护法》

21 世纪以来，新一代信息技术的发展使得 2001 年修改的《联邦数据保护法》又落伍了。频频出现的个人信息泄露和大型数据公司滥用个人信息进行交易的事件，使民众忍无可忍。终于在 2008 年，德国柏林爆发了 2 万多民众参

---

① 参见李欣倩：《德国个人信息立法的历史分析及最新发展》，载《东方法学》2016 年第 6 期。

加的大规模的游行示威,要求政府加强对个人信息的保护。并且在这段时间中,欧盟分别于2002年和2006年通过了《关于隐私与电子通信的指令》和《数据留存指令》,对个人信息保护提出了新要求。① 在内外双重压力下,德国走上了个人信息保护现代化之路,分别在2003年、2005年、2006年和2009年对该法进行了修改。其中以2009年的修改最为重要,在这一年,德国联邦议会陆续通过了三个修正案,对《联邦数据保护法》进行了全面的修正。

其主要表现为:首先是继续贯彻信息经济原则,使其成为所有信息行为的基本原则。其次是进一步加强信息主体的权利,除了知情权外,还包括知悉权和修改权,并且是无条件适用的。同时还包括对广告的异议权以及在个人信息遭到侵害时要求赔偿的民事权利。再次是进一步强化自我监管,要求私法主体必须设立信息保护委员,同时对信息保护委员的人数、任期及职能进行了详细规定;最后是增加了个人信息泄露通知义务。个人信息控制者在涉及个人隐私信息(如个人地址、个人财产信息等)以及个人犯罪信息遭到泄露时,应该及时通知信息主体并向主管部门报告。

5. 2017年《联邦数据保护法》

随着个人信息成为现今社会第一资源,个人信息的重要性越发凸显,立法滞后性问题也一直存在。近几年来,德国分别在2015年和2017年对《联邦数据保护法》进行了小幅的修改。其主要表现为两点:一是对联邦数据保护和信息自由专员的修改。首先为了体现男女平等,在联邦数据保护和信息自由专员前加“男或女”;其次对联邦数据保护和信息自由专员的选举和独立性及法律地位进行了修改,包括宣誓誓词、联邦专员的性质、工作地点、联邦专员接受礼物以及联邦专员保密义务等。二是对视频监控中个人信息的保护。2017年在修改中规定在公共场所视频监控中涉及的个人信息,只有符合所追求之目的且信息主体权益并不优先的情况下才可以使用或处理,除此之外,只有在为了防止国家和公共安全或防止犯罪时才可以使用或处理。

纵观整个德国《联邦数据保护法》修改历程,笔者发现其为了更好地适应信息社会的发展在不断修改,却难以摆脱被抛弃的命运。其原因在于随着欧盟《一般数据保护条例》在2018年生效,作为欧盟成员国,根据欧盟条例的效力,该《一般数据保护条例》可以取代《联邦数据保护法》在德国直接

① 参见《德国联邦数据保护法2017年版译本及历次修改简介》,刘金瑞译,载方小敏主编:《中德法学论坛》第14辑(下卷),法律出版社2018年版。

适用。但由于该《一般数据保护条例》还为各成员国保留了一定特别立法的空间，所以 2018 年 5 月德国颁布了德国《数据保护调整和实施法》，该法对欧盟《一般数据保护条例》进行了符合本国国情的更细化的补充，包括扩大欧盟新条例下数据保护委托的适用范围，以及对企业员工的信息保护、视频监控、档案设置和受影响人权利方面等设置特别规定。①

二、德国个人信息保护之刑事立法

德国个人信息刑事保护采用的是双轨制立法保护模式，其相关法条分别规定在德国《刑法典》和《联邦数据保护法》中。虽然前述欧盟《一般数据保护条例》会取代《联邦数据保护法》在德国适用，但是关于刑事罚则部分，《一般数据保护条例》由于其法律地位并没有相应的规定，故这一部分仍适用《联邦数据保护法》。

1. 德国《刑法典》中相关规定

在德国刑法领域，针对个人信息的保护可以追溯到 1794 年的《普鲁士一般法》，该法以立法形式规定医生、外科医师和助产人员等特定职业人员就所知道的疾病和非犯罪相关的家族秘密，不得向任何人泄露，否则根据情节将给予 5～10 泰勒的罚金。该法首次以立法形式在国家层面规定对泄露个人信息的行为进行刑罚处罚，这一规定经 1851 年《普鲁士刑法》和《北德意志刑法》、1871 年《莱比锡刑法》沿用，后被 1975 年德国《刑法典》收纳，一直延续到 2017 年最新的德国《刑法典》中。该条是对德国宪法中"人类尊严"和"人格自由"的具体化，是对宪法一般人格权即个人信息自决权的刑法保护。② 除本条外，德国《刑法典》中还有一些保护个人信息的规定，这些法条分别在 1986 年、2007 年和 2015 年根据现实需要进行了修改，现将最新修改后的法条呈现如下：③

（1）第 202 条 a　窥探数据罪

任何人未经授权访问或者通过其他不是为其设置的被采取安全控制措

---

① 阮佳闻：《德国法律专家全面解析欧盟〈通用数据保护条例〉》，载国际在线，http://news.eastday.com/w/20180525/u1ai11464318.html19。

② 参见储陈城：《大数据时代个人信息保护与利用的刑法立场转换——基于比较法视野的考察》，载《中国刑事法杂志》2019 年第 5 期。

③ 参见皮勇：《论欧洲刑事法一体化背景下的德国网络犯罪立法》，载《中外法学》2011 年第 5 期；《德国刑法典》，徐久生译，北京大学出版社 2019 年版，第 148～152 页。

施以阻挡未经允许访问的数据的入口，获取了访问入口的控制，处以3年以下自由刑，可并处罚金。

第1款所述数据，仅指以电子或者其他不能直接提取的方式储存或传送的数据。

(2)第202条b 拦截数据罪

任何人未经准许利用技术手段，为自己或他人从不公开的数据传递或从数据处理设备的电磁辐射中截获不属于自己的数据，处2年以下自由刑或罚金刑。如果其他法条规定了更重的处罚，从其规定。

(3)第202条c 预备窥探和拦截数据罪

任何人预备进行第202条a或者第202条b规定的行为，只要其通过：(1)制作可以进入第202条a第2款规定的数据的密码或者其他安全代码，或者(2)编写计算机程序，实施该行为的目的是生产、为自己或者他人制作、出售、转让给他人、传播或者用其他方式使他人可以获得，将处以1年以下自由刑或者罚金刑。

对本罪行为，相应适用第149条第2和3款[①]的规定。

(4)第202条d 数据窝藏罪

将不向公众开放的数据(第202条a第2款)以违法行为使得他人得到、为自己或他人设法获取、转让给他人、传播或以其他方式使其他人得到的，处3年以下自由刑或罚金刑。

处罚不得重于其上游犯罪所得之刑罚。

本条第1款的规定不适用于为履行合法的公务或职位义务所为之行为。属于此等合法行为的尤其有：(1)公职人员及其受委托人的行为，其获知的数据仅是用于税务程序、刑事罚程序或秩序罚程序，以及(2)《刑事诉讼法》第53条第1款第1句第5项所述之人的职务行为，其接收、使用或公开数据。

(5)第203条 侵犯他人秘密罪

1.因下列各种身份而被告知或知悉他人的秘密，尤其是私生活秘密或企业、商业秘密，未被授权而加以泄露的，处1年以下自由刑或罚金：(1)医

---

① 第149条第2款：具备下列情形的，不依第1款处罚：(1)自动放弃预备行为的实施，阻止他人利用自己引起的危险继续预备或实施犯罪，或阻止犯罪结果发生的；(2)将仍保留或可用于伪造的工具销毁、使其不能使用、向当局报告或将伪造工具交给当局。

第149条第3款：并非因其行为避免了他人继续预备或实施犯罪，或阻止犯罪完成的，只要行为人主动真诚阻止他人继续预备或实施犯罪，视为已具备第2款第1项所述之先决条件。

师、牙医、兽医、药剂师或其他须经过国家规定的培训始可执业的医护人员；(2)国家承认的结业考试合格的职业心理学家；(3)律师、办理专利问题的律师、公证人、诉讼程序中的辩护人、会计师、审计员、税务顾问、税务代理人或者律师公司、专利代理公司、经济审查公司、账簿审查公司或税务顾问公司的机关或其成员；(4)婚姻、教育和青年问题顾问，以及由官方或团体、其他机构或公法上的财团法人所承认而设立的咨询机构之成员或顾问；(5)《怀孕冲突法》第 3 条和第 8 条规定的被承认的咨询机构的成员或受委托人；(6)国家承认的社会工作人员或社会教育人员；(7)私营的疾病、事故或人寿保险机构的职员，或私人医务所会计人员。

2. 因下列各种身份而被告知或获悉他人的秘密，尤其是私生活秘密或企业、商业秘密，未经授权而加以泄露的，处与第 1 款相同之刑罚：(1)公务人员；(2)从事特别公务的人员；(3)依职位代理法执行任务或职权的人员；(4)联邦立法机关或州立法机关所属调查委员会的成员，或其他委员会中不具有立法机关成员身份的人员或该委员会的协助人员；(5)依法忠诚履行其职位的公开聘任的专家；(6)在执行科学研究计划中依法正式负有认真履行保密义务的人员。因履行行政职务而执行有关他人的人或物之个别资料视同上述秘密；由于公共行政关系而将该个别数据交付其他当局或其他机构，且法律不加禁止的，不适用上述规定。

3. 如果本条第 1 款和第 2 款所述之人将其知晓的秘密告知其职业助手，或者为其工作做准备之人，不属于本条意义上的泄露他人秘密。本条第 1 款和第 2 款所述之人，可以将其知晓的秘密告知与其一起工作的人，但以后者知悉此秘密乃完成工作之必需为限；本规定同样适用于其他为本条第 1 款和第 2 款所述之人工作之人的助手。

4. 在履行职务或作为本条第 1 款和第 2 款所述之人的助手或被委托人而知晓他人秘密未被授权而泄露秘密的，处 1 年以下自由刑或罚金刑。具备下列情形之一的，处与前句相同之刑罚：(1)作为第 1 款和第 2 款所述之人未加注意而将其在从事工作时知晓的他人秘密告知其他协助工作之人，其他协助工作之人本身就属于第 1 款和第 2 款所述之人的，不适用本规定。(2)作为第 3 款所述协助工作之人未被经授权将其从事工作时知悉的他人秘密告知其他协助工作之人，且未要求后者保守秘密的；其他协助工作之人本身就属于第 1 款和第 2 款所述之人的，不适用本规定，或(3)本款第 1 句所述之人或本条第 1 款或第 2 款所述之人死亡后，从死者或从其遗物中获得秘密的人,未被授权加以公开的。

5. 行为人在关系人死亡后,未经授权而公开其秘密的,适用第 1 款至第 3 款的规定。

6. 行为人为获得报酬或意图使自己或他人获利,或损害他人的利益而公开此等秘密的,处 2 年以下自由刑或罚金。

(6)第 205 条第 1 款　相对的亲告罪

1. 犯第 202 条 a－d 的,告诉乃论,但刑事追诉机关认为因特殊的公共利益应当依职权进行追诉的除外。

2. 被害人死亡的,告诉权依第 77 条第 2 款转移给其亲属。本规定不适用于第 202 条 a、第 202 条 b 和第 202 条 d 规定之情形。秘密不属于被害人的私生活范围的,则犯罪行为的告诉权依第 203 条和第 204 条由其继承人行使。行为人在关系人死亡后犯第 203 条和第 204 条公开或利用他人秘密之罪的,相应适用本款第 1 句和第 2 句的规定。

(7)第 303 条 a　变更数据罪

1. 非法去除、掩盖、使其不能使用或变更数据的(第 202 条 a 第 2 款),处 2 年以下自由刑或罚金。

2. 犯本罪未遂的,亦应处罚。

3. 对于准备实施第一款犯罪行为的,适用第 202 条 c 的相应规定。

(8)第 303 条 b　破坏计算机罪

1. 任何人对他人具有重要意义的数据处理进行明显的干扰,有下列行为:(1)实施了第 303 条 a 第 1 款规定的行为的;(2)对第 202 条 a 第 2 款中的数据进行了其他有害的增加、输入或者传输,或者(3)对信息处理系统或者信息载体进行损坏、损伤、使其不能使用、移除或者改变,处 3 年以下自由刑或者罚金。

2. 对他人公司、企业或者政府机构的有重要意义的信息处理实施以上行为的,自由刑最高为 5 年或者处罚金。

3. 犯本罪未遂的,亦应处罚。

4. 有第 2 款规定的特别严重情节的,处 7 个月至 10 年自由刑。特别严重情节规定为,当行为人(1)导致大规模的财产损失,(2)以之为业或者作为团伙成员有组织地、持续进行破坏计算机,(3)以上行为损害了居民生活必需品或者服务供给或者联邦德国的安全。

5. 预备实施第 1 款规定的犯罪行为的,适用第 202 条 c 的相应规定。

2. 德国《联邦数据保护法》中的相关规定

德国《联邦数据保护法》制定以来历时四十多年不断的修改，其中罚则部分的条款属于引证罪状，需要根据前面条款的变化而变化，现以 2017 年的版本为准，来列数德国个人信息的刑事保护条款。该条款规定在《联邦数据保护法》第 5 编第 44 条中，包括两项，第 1 项关于实体法条款，第 2 项关于诉讼方式。虽然实体法条款只有一项，但是由于是引证罪状，要想了解法条的全貌，需要展开的法条比较多。更为复杂的是，引证的条款本身也是引证条款，故全景呈现是一个不小的工程。笔者采取的策略是先把总括的条文摘录在此，即《联邦数据保护法》第 44 条，然后把总结好后的具体条款逐条展现。[①]

第 44 条(1)　为了获取报酬，或者意图为自己或他人谋取暴利，或者意图损害他人利益而故意违反本法第 43 条(2)的规定者，应当判处 2 年以下监禁或者判处罚款。

第 44 条(2)　此种违法行为人仅在有人针对其提出控告的情况下才能对其控诉。控告可以由数据主体、联邦数据保护和信息自由专员以及监管机关提出。

(1)非法收集、处理个人数据罪

结合第 44 条(1)和第 43 条(2)①的规定，未经授权，为了获取报酬，或者意图为自己或他人谋取暴利，或者意图损害他人利益而故意收集、处理并非一般皆可得的个人数据，应当判处 2 年以下监禁或者判处罚款。

(2)非法持有个人数据罪

结合第 44 条(1)和第 43 条(2)②的规定，未经授权，为了获取报酬，或者意图为自己或他人谋取暴利，或者意图损害他人利益而故意为了以自动化程序方式检索数据为目的，持有并非一般皆可得的个人数据，应当判处 2 年以下监禁或者判处罚款。

(3)非法检索个人数据罪

结合第 44 条(1)和第 43 条(2)③的规定，未经授权，为了获取报酬，或者意图为自己或他人谋取暴利，或者意图损害他人利益而故意检索并非一般皆可得的个人数据，或者为自己和他人从自动化处理的操作中获取此类数据，应当判处 2 年以下监禁或者判处罚款。

---

① 参见《德国联邦数据保护法 2017 年版译本及历次修改简介》，刘金瑞译，载方小敏主编：《中德法学论坛》第 14 辑(下卷)，法律出版社 2018 年版。

(4)骗取个人数据罪

结合第44条(1)和第43条(2)④的规定,未经授权,为了获取报酬,或者意图为自己或他人谋取暴利,或者意图损害他人利益而故意以虚假陈述的方式,进行并非一般皆可得的个人数据的传输,应当判处2年以下监禁或者判处罚款。

(5)非法传输个人数据罪

结合第44条(1)和第43条(2)⑤的规定,未经授权,为了获取报酬,或者意图为自己或他人谋取暴利,或者意图损害他人利益而故意把数据传输给第三方,用于其他目的,应当判处2年以下监禁或者判处罚款。

(6)强迫使用个人数据罪

结合第44条(1)和第43条(2)⑤a的规定,为了获取报酬,或者意图为自己或他人谋取暴利,或者意图损害他人利益而故意使缔结合同仅依赖数据主体的同意,应当判处2年以下监禁或者判处罚款。

(7)非法以商业目的处理、使用个人数据罪

结合第44条(1)和第43条(2)⑤b的规定,未经授权,为了获取报酬,或者意图为自己或他人谋取暴利,或者意图损害他人利益而故意以广告、市场或民意研究为目的而处理或者使用数据,应当判处2年以下监禁或者判处罚款。

(8)非法结合个人数据罪

结合第44条(1)和第43条(2)⑥的规定,以未经允许的目的,为了获取报酬,或者意图为自己或他人谋取暴利,或者意图损害他人利益而故意将个人关联特征与特定信息进行结合,应当判处2年以下监禁或者判处罚款。

(9)侵犯数据主体知情权罪

结合第44条(1)和第43条(2)⑦的规定,为了获取报酬,或者意图为自己或他人谋取暴利,或者意图损害他人利益而故意在特殊保护的个人数据被侵犯时,未告知数据主体或者未恰当地、全面地告知或者未在规定的时间内告知,应当判处2年以下监禁或者判处罚款。

三、德国个人信息刑事法保护之评析

德国作为典型的法典化国家,对于个人信息刑事法保护采用了双轨制二元保护模式,对个人信息进行了全面的保护,其细致程度令其他国家难以望其项背,而且在个人信息保护上也一直引领欧盟甚至世界潮流。

1. 个人信息刑事法保护属于在世界范围内最早规定的国家之一

德国早在1794年《普鲁士一般法》中就有了关于保护个人信息的规定,

虽然当时是以保护隐私的方式存在的,但可以把其归为保护个人信息的雏形之规定,而后在历史长河中一脉相承,一直保留在现今的德国《刑法典》中。

2. 德国悠久的尊重人权传统孕育了个人信息刑事法保护的先进性

德国经过思想启蒙后,尤其是康德提出“人本身就是目的,而不是工具”的论断后,德国尊重人权和人格自由的氛围日益浓烈,成为世界上人格权理论最发达的国家之一。在这样的背景下,德国在“人口普查案”中提出了现今广为人们所提倡和认可的“信息自决权”。作为基本人权具体化的信息自决权成为大陆法系国家个人信息保护的基础概念,并且与英美法系国家的隐私权相对。在刑事领域,“信息自决权”作为个人信息犯罪的法益一出现就成为人们追捧的新宠,开启了对个人信息犯罪法益研究的大幕。

3. 德国个人信息双轨制刑事法保护模式值得称道

德国关于个人信息刑事法保护是由德国《刑法典》和《联邦数据保护法》共同完成的。根据前述,在德国《刑法典》中有 8 个条款而在《联邦数据保护法》中有 9 个条款,这 17 个条款构成了德国刑事法上保护个人信息的铜墙铁壁,形成了对个人信息犯罪的“非法获取——非法窝藏——非法使用”这一整个犯罪链条的完整制裁。为了遏制愈演愈烈的个人信息犯罪,德国在刑法典和附属刑法适用原则上并没有采取通用的特殊法优于基本法原则,而是采用特殊的从重原则。并且在诉讼方式上,德国并没有采取单纯的自诉或公诉,而是采用相对的自诉,即一般情况下采用自诉,但在关涉公共利益或为了防止犯罪应采公诉。

4. 前置法规定细致且对信息行为方式保护周全

作为个人信息刑事法保护的前置法,《联邦数据保护法》一直存在且不断地修改以适应瞬息万变的信息社会,这就为个人信息刑事法保护提供了坚实的基础。而且两部法律对信息行为进行了全方位的刑事保护,其中包括不得非法获取、不得非法持有、不得泄露、不得修改、不得非法处理、不得非法传输、不得非法使用、不得非法关联和不得隐瞒信息泄露等 9 种行为。

虽然德国个人信息刑事法保护堪称典范,但是也有其不足之处。其主要表现为二,其中之一是作为基本人权的“信息自决权”既是荣耀又是桎梏。因为在前信息时代,注重防范的是公权力机关和私权主体对个人信息的滥用,提出“信息自决权”赋予其崇高的宪法地位,有利于保护信息主体的权利,其进步意义不言自喻。但随着新一代信息技术的飞速发展,个人信息的商业价值日益凸显,单纯对其进行严格保护不利于信息社会的发展,而应在保护和利用之间求得平衡,甚至应更加侧重于利用。但德国《刑法典》和《联邦数据保护法》由于对信息自决权保护的惯性而并没有根据时代的变化提出保护立场的转变,反而在信息自决权保护之路上越走越远,出现了立法与司法的断裂现象。虽然在立法层面,德国个人信息刑事保护不论立法技术还是立法内容都是模范之作,对个人信息的严格刑事保护更是难得。但是在司法领域,对侵犯个人信息的刑事处罚却是很少。并且近年来德国鉴于刑法谦抑性原则,未将信息的高价值性和刑法的保护强化直接建立联系。同时,德国各界也为了避免损害企业的社会信用和利用个人信息的积极性,反对过度适用刑罚。①

第三节　日本个人信息刑事法保护

日本是一个善于学习的国家,法律领域也不例外。明治维新之前,日本学习的对象是中国,其法律体系脱胎于唐朝;明治维新后日本开启了法律的近现代进程,转而向欧陆国家像德国、法国、意大利等学习,编撰了一系列的成文法典,确立了日本的六法体系;二战后日本又把艳羡的目光投向英美,吸收了不少英美法系的精华。故而,日本法律呈现出两大法系"水乳交融"的奇幻景象,并且这景象中还留存着中华法系的影子。而关于个人信息法律保护即把这种法律特色体现得淋漓尽致。

一、日本个人信息法律保护之发展历程

1. 1988 年《关于对行政机关所持有的由电子计算机处理的个人信息保护法案》

日本个人信息法律保护具有先地方后中央的立法历程。20 世纪 70 年代地方自治团体和地方政府相继制定了关于个人信息保护的法律。其中最早的是 1973 年 6 月日本德岛市制定的《关于保护电子计算机处理的个人信息的条例》,1975 年东京都国立市制定了《计算机组织运营条例》。② 但这些都不是以保护个人数据为直接目的的,直到 1976 年 1 月《关于电子计算机处

① 参见储陈城:《大数据时代个人信息保护与利用的刑法立场转换——基于比较法视野的考察》,载《中国刑事法杂志》2019 年第 5 期。

② 参见池建新:《日韩个人信息保护制度的比较与分析》,载《情报杂志》2016 年第 12 期。

理之数据保护》和《关于地方公共团体委托电子计算机处理时的数据保护》的颁布，才真正开启了日本个人信息保护法制化之路。

为了促进个人数据国际顺利流通和个人信息保护，1980 年 9 月世界经合组织理事会颁布了《关于个人信息保护和个人数据跨国流通的指南建议书》，尽管该指南不具有法律约束力，但是由于其具有道义上的约束力，作为成员国的日本也不得不接受。1984 年日本福冈县春日市颁布的《个人信息保护条例》，可称得上是根据该指南将个人数据保护置于中心地位的首例。1985 年川崎市和岛本町也都制定了类似的《个人信息保护条例》。紧接着，1987 年 3 月，日本信息处理系统中心制定了《关于金融机构等保护个人数据的指南》。1988 年 4 月，日本向国会提交了用来规范公权力机关使用个人信息的法案，即《关于对行政机关所持有的由电子计算机处理的个人信息保护法案》（以下简称《1988 年法案》）。该法案于 1988 年 5 月 13 日正式委托日本众议院内阁委员会审议，并于 1988 年 11 月 18 日获得众议院批准，进一步于 1988 年 12 月 8 日召开的日本参议院正式会议上获得多数支持并通过，并于 1988 年 12 月 16 日正式颁布、施行。[①] 然而，被给予厚望的该法案却很令人失望。

虽然该法案在第 1 条"目的"中规定"以保证政务工作合理且顺利执行管理的同时，保护个人的权利利益为目的"，但纵观全文，体现的却是政务方面的便利优先于人权。而且该法案没有对敏感信息设置收集限制，而且对于信息主体权利的修改权、删除权和中止权与废除义务都没有规定，虽然对公开请求权有规定，但也是形同虚设，本来应该成为个人信息保护法核心的信息主体各项权利成了空架子。于是乎，有学者批评说该法案在整体上强调促进个人数据在行政机关相互之间的利用，与其说是个人数据保护法，还不如说是与所谓《电子计算机条例》等同。[②]

2. 2003 年《个人信息保护法》

20 世纪 90 年代，日本政府电子化程度越来越高，构建信息化政府日益迫切。而且福利国家理念确立后，为公民提供更好服务的前提是对公民个人信息的精准掌握，所以必然涉及对公民个人信息的收集、存储和利用，而这个过程也加大了对个人信息侵害的风险。同时，《1988 年法案》只是对公权力机关

---

① 参见池建新：《日韩个人信息保护制度的比较与分析》，载《情报杂志》2016 年第 12 期。

② 参见［日］小林麻理：《IT 的发展与个人信息保护》，夏平、王俊红、周伟民译，经济日报出版社 2007 年版，第 172 页。

进行了规制,而对非公机关和民间私营企业置之不理。虽然到了20世纪90年代末,超过七成的非公机关制定了相应的专门法,但规定都很零散且不具有可执行性,属于“无牙的法律”,而私营企业仍以行业自律为主。可随着信息化进程的深入,非公共部门尤其是私营大型网络公司却成为个人信息最大的持有者,仅仅依靠行业自律根本无法规制这些企业侵犯个人信息的行为。随着非公机构泄露个人信息事件频频公诸报端,例如,日本猎头公司临时雇员公司(Temp Staff)的一个内部职员窃取了该公司收集的9万名女性客户的个人信息,并以5万日元的价格卖给某网站,受害人提起诉讼,后以庭外和解方式结案,日本政府和民众清醒地认识到必须对个人信息保护进行完善。

1999年7月,日本高度信息通信化社会推进本部提出了《推进高度信息通信社会发展的基本方针》。在该方针的指引下,该部门下设机构个人信息保护研究部提交了一份《个人信息保护体系的存在方式》报告。该报告确立了日后《个人信息保护法》的基本框架,一改过去因部门性质不同而分别治理的混乱局面,建议对公共部门和非公共部门采用欧洲的统合方式进行规制,但同时也借鉴美国的分离方式,就特别领域制定单独法,并且鼓励非公共部门实施部门自律。2000年,该部向内阁总理大臣提交了《关于个人信息保护基本法大纲草案》,日本IT战略本部对此草案进行了一些修正。2001年3月《日本个人信息保护法》正式被提交到第151届国会会议审议。但由于该法与之前《1988年法案》出入较大,并且针对公权部门和非公部门处罚差异极大,而且加大限制了新闻自由,故受到了强烈的反对,导致其三次提交国会审议都未获通过。为获得支持,日本政府先后又制定了《关于独立行政法人等持有的个人信息保护法》《信息公开及个人信息保护审查会成立法》《关于行政机关持有的个人信息保护法》《关于实施个人信息保护法相关的法制配套法》四部法律来修正和完善之前的不足,经过三年不断地修正协商,终于在2003年5月以《个人信息保护法》为首的五联法获得通过。①

日本《个人信息保护法》是体现其博采欧陆和英美法系之长的结晶之作。该法由6章共59条及附则组成,其中这6章又分为基本法部分和一般法部分。基本法部分由前3章共14条组成,包括总则、国家及地方公共团体的义务和有关个人信息保护的实施方法等。这3章在立法上采取的是欧洲统合方式,并且在实施时间上以2003年5月为起点,因为这3章规制对象是

① 参见池建新:《日韩个人信息保护制度的比较与分析》,载《情报杂志》2016年第12期。

政府等公权力机关,这些机关曾长期受相关法律法规的规范,较民间企业更容易掌控,故不需要给予缓冲期而直接实施。一般法部分由后3章共45条组成,包括个人信息获得者的义务、杂则和罚则。这3章在立法上采取的是美国分离方式,并且在实施时间上晚于前3章,直到2005年4月才开始,原因在于这3章规制对象是民间企业而且规定严格,贸然实施可能会影响民间企业的发展,故给予2年的缓冲期以使企业进行自我规制从而符合法律规定。

3. 2017年《个人信息保护法》

虽然2003年《个人信息保护法》颁布时获得了好评,但是随着大数据、云计算、人工智能等新一代信息技术的迅猛发展,个人信息愈来愈重要。一方面政府和商业主体穷尽一切手段来收集、利用个人信息,另一方面信息主体想获得便利的各项服务又担心因个人信息被过度利用自身被反噬,与此同时,泄露个人信息案件又频频出现,于是如何平衡利用和保护个人信息成为迫切要解决的问题。而且世界上主要国家和组织又陆续修正了自身的个人信息保护法,例如2012年美国的《消费者隐私权利准则》、2013年经合组织的《隐私保护方针》、2015年德国《联邦数据保护法》和2016年欧盟的《一般数据保护条例》等,为了能与这些国家进行数据共享,日本也不得不修正本国的法律。

2015年,日本对2003年《个人信息保护法》进行了大幅修正,并决定于2017年5月30日开始施行。2017年《个人信息保护法》由原来的6章59条修改为7章88条,增加了"个人信息保护委员会"一章,同时对其他章节也进行了相应的修改。值得一提的是,2013年5月,日本颁布了《个人号码法》,其作为《个人信息保护法》的特别法,对个人号码进行了特别保护。

这两部法的修正主要体现在:第一,对立法目的进行了修改。增加了"在对个人权利利益加以保护的同时,还考虑到个人信息正确且有效的使用有助于增加经济产出、创造有活力的经济社会、丰富国民生活及其他有用之处"。[①] 这体现了在对个人信息利用和保护的天平上倾向于利用的立法目的。第二,对信息主体权利的修改。该法补充了信息主体的访问权和更正权,新增了删除数据权,并且赋予了个人号码主体更为严格的保护。第三,对信息使用者的权利和义务进行了完善。第四,采用了类似可选择退出(opt-out)规制,默认信息主体收集、使用个人信息的正当性,是该法目的的具体体现。第五,增设了个人信息管理机构"个人信息保护委员会",该委员会的职能

---

① 以下对法律原文的引用参见《个人信息保护法》,刘颖译,载《中国应用法学》2019年第2期。

是在保障个人信息合理利用的同时保护个人信息不受非法侵犯。但个人号码的主管机关不是个人信息保护委员会而是更高一级的内阁。第六,增加了个人信息跨境传输的限制规定,要求个人信息被跨境传输时必须得到信息主体同意,且被传输国的个人信息保护水平须和日本一致。

2017 年生效的《个人信息保护法》由于过于侧重个人信息利用而受到诟病,并且为了迎合 2018 年欧盟生效的《一般数据保护条例》,日本的个人信息保护委员会于 2019 年 4 月发布准备明年向例行国会提交的《个人信息保护法》修正案的中期汇总。其主要内容是:关于企业合法收集的包括地址、姓名等个人信息被广泛运用于广告和市场调查时,由现在的由运营商自主决定修正为在信息主体要求停止运用时,企业有义务同意;还有关于"被遗忘权"是否入法,应该进行认真讨论的决定。个人信息保护委员会于 2019 年 11 月 29 日发布了《个人信息保护法》征求意见稿,在 2019 年 12 月 13 日至 2020 年 1 月 14 日向公众征求意见,并于 2 月 12 日公布了收到的公众意见。在收到的 887 条意见中,主要是企业为了更好地与全球企业竞争,呼吁保持该法律的稳定性和灵活性,并且要求个人信息委员会在信息安全方面提供更多服务而不是不必要的干预。

二、日本个人信息保护之刑事立法

日本个人信息刑事法保护也是采取双轨制保护模式,但主要规定《个人信息保护法》《个人号码法》《关于禁止不正当存取信息行为的法律》等附属刑法或单行刑法中,日本《刑法典》只规定了很少一部分。这和日本立法传统有关,日本《刑法典》自 1907 年颁布以来,在前 80 年的时间里只修改了 10 次,被称为"像金字塔一样沉默"的法律。[①] 虽后来由于社会经济的日新月异,出现了立法活性化的现象,但修改的大都是总则和分则中的自然犯,对于新出现需要规制的行为大都以单行刑法或附属刑法的方式规定。

1. 日本《刑法典》中相关规定

(1)第 134 条　泄露秘密罪

医师、药剂师、医药品贩卖业者、助产士、律师、辩护人、公证人或者曾经从事此类职业的人,无正当理由,泄露由于处理业务而知悉的他人秘密的,处六个月以下惩役或者十万元以下罚金。

---

① 参见《日本刑法典》(第 2 版),张明楷译,法律出版社 2006 年版,第 2 页。

从事宗教、祈祷或者祭祀职业的人或者曾经从事此类职业的人，无正当理由，泄露由于处理业务而知悉的他人秘密的，与前项同。

(2)第 135 条　亲告罪

本章犯罪(包括第 134 条)，告诉的才能提起公诉。

(3)第 163 条之 2　不正当制作、提供使用、出让支付用磁卡罪

以使他人财产上的事务处理出现错误为目的，不正当制作供该事务处理使用的电磁记录，且该电磁记录构成信用卡或其他有关价款或者费用的支付用磁卡的，处十年以下惩役或者一百万元以下罚金。不正当制作构成提取存款使用的磁卡的电磁记录的，亦同。

以前项目的，将不正当制作的前项电磁记录提供给他人用于财产上的事务处理的，与前项同。

以第 1 项的目的，出让、出借或者进口以不正当制作的第 1 项的电磁记录作为其构成部分的磁卡的，与第 1 项同。

(4)第 163 条之 3　持有不正当电磁记录磁卡罪

以前条第 1 项的目的，持有前条第 3 项的磁卡的，处五年以下惩役或者五十万元以下罚金。

(5)第 163 条之 4　为不正当制作支付用磁卡电磁记录作准备罪

以供第 163 条之 2 第 1 项的犯罪行为使用为目的，取得该项的电磁记录的信息的，处三年以下惩役或者五十万元以下罚金。知情而提供该信息的，亦同。

出于前项的目的，保管不正当获取的第 163 条之 2 第 1 项的电磁记录信息的，与该项同。

出于第 1 项的目的，准备器械或者原料的，与该项同。

处罚本条第 1 项的未遂。

2.《个人信息保护法》中的相关规定

日本的《个人信息保护法》运行三十多年，历经几次修改，罚则部分变动亦很大。2003 年的罚则部分只有 4 条，而 2017 年增至 7 条。下以现行有效的 2017 年《个人信息保护法》为准，对其刑事规定进行呈现。该法罚则部分相对于德国《联邦数据保护法》的规定详细一些，在 7 个条款中，其中有两条属于叙明罪状，其他的仍属于引证罪状。为了呈现日本个人信息刑事法保护全貌，笔者针对引证罪状进行填充，使其成为叙明罪状的条款。①

---

① 以下对法律原文的引用参见《个人信息保护法》，刘颖译，载《中国应用法学》2019 年第 2 期。

(1)第82条

违反第72条的规定泄露或盗用秘密的,处2年以下有期徒刑或100万日元以下罚金。

(1.1)第72条　保密义务

委员长、委员、专门委员及事务局的职员不得泄露或盗用因职务而获得的秘密。在去职后,同样处理。

(1.2)第82条　泄露、盗用秘密罪

不论在职还是去职,委员长、委员、专门委员及事务局的职员泄露或盗用因职务而获得的秘密的,处2年以下有期徒刑或100万日元以下罚金。

(2)第83条　非法提供、盗用个人信息数据库罪

个人信息处理业者[如果其是法人(包括章程规定有代表人或管理人的非法人团体的情形),指的是其高管人员、代表人或管理人]或其员工、或者曾经是这些主体的员工,以为自己或第三人谋求不正当利益为目的,而提供或盗用其在业务处理过的个人信息数据库等(包括对其全部或某一部分的复制或加工)的,处1年以下有期徒刑或50万日元以下罚金。

(3)第84条

违反第42条第2款或第3款规定的命令的,处6个月以下的有期徒刑或30万日元以下罚金。

(3.1)第42条第2款

若接到前一款规定的劝告的个人信息处理业者等无正当理由而未采取该劝告中的措施,则个人信息保护委员会可以在其认为对个人的重大权利或利益的侵害已经迫近时,命令该个人信息处理业者等采取该劝告中的措施。

(3.1.1)第42条第1款

若个人信息处理业者违反第16条至第18条,第20条至第22条,第23条(第4款除外),第24条,第25条,第26条(第2款除外),第27条,第28条(第1款除外),第29条第2款或第3款,第30条第2款、第4款或第5款,第33条第2款或第36条(第6款除外)的规定,或者匿名加工信息处理业者违反第37条或第38条的规定,则个人信息保护委员会可以在其认为为保护个人的权利或利益而有必要时,劝告该个人信息处理业者等为中止该违法行为及纠正其他违法而采取必要的措施。

(3.2)第42条第3款

无论前两款规定如何,若个人信息处理业者违反第16条[①],第17条[②],第20条至第22条[③][④][⑤],第23条第1款[⑥],第24条[⑦]或第36条第1款[⑧]、第2款[⑨]、第5款[⑩]的规定,或者匿名加工信息处理业者违反第38条[⑪]的规

① 第16条 个人信息处理业者不得未事先取得本人的同意,而超出达到依照前一条的规定所特定的利用目所必要的范围,处理个人信息。个人信息处理业者在因合并或其他事由而从其他个人信息处理业者处承受业务并取得个人信息后,不得未事先取得本人的同意,而超出达到业务承受前该个人信息的利用目的所必要的范围,处理个人信息。前两款的规定不适用于下列情形:(1)以法令为依据的情形;(2)为保护人的生命、身体或财产而有必要,却又难以取得本人同意的情形;(3)为提高公众卫生,或者推进儿童的健康成长而有特殊必要,却又难以取得本人同意的情形;(4)有为国家机关或地方公共团体,或者受其委托的主体执行法令规定的事务而提供协助的必要,却又有可能因取得本人的同意而对该事务的执行造成障碍的情形。

② 第17条 个人信息处理业者不得以虚假及其他不正当手段获取个人信息。除下列情形外(前4条见第16条),个人信息处理业者不得未事先取得本人的同意,而获取需注意的个人信息:……(5)该需注意的个人信息已经被本人、国家机关、地方公共团体、第七十六条第一款各项规定的主体及《个人信息保护委员会规则》规定的其他主体公开的情形;(6)政令规定的、类似于前几项情形的其他情形。

③ 第20条 个人信息处理业者应当为防止其所处理的个人数据出现泄露、灭失或毁损以及其他对个人数据的安全管理而采取必要且适当的措施。

④ 第21条 个人信息处理业者在让其员工处理个人数据时,应当对该员工进行必要且适当的监督,以实现对该个人数据的安全管理。

⑤ 第22条 个人信息处理业者在将个人数据的处理全部或部分委托给他人的情形,应当对该被委托人进行必要且适当的监督,以实现对该被委托处理的个人数据的安全管理。

⑥ 第23条第1款 除下列情形外(见第16条),个人信息处理业者不得未事先取得本人的同意,而将其个人数据提供给第三人。

⑦ 第24条 除前一条第一款各项规定的情形外,个人信息处理业者将个人数据提供给处于外国的第三人时,应当事先就向处于外国的第三人提供个人数据而取得本人的同意。

⑧ 第36条第1款 个人信息处理业者在制作匿名加工信息(仅限于匿名加工信息数据库等的构成部分,以下相同)时,应当按照《个人信息保护委员会规则》规定的、为使无法识别特定个人以及无法恢复用于匿名加工信息的制作之个人信息而必要的标准,对该个人信息予以加工。

⑨ 第36条第2款 个人信息处理业者制作了匿名加工信息后,应当按照《个人信息保护委员会规则》规定的、为防止从用于匿名加工信息的制作之个人信息中删除的记述等及个人识别符号和依照前一款的规定进行的加工的方法之相关信息出现泄漏而必要的标准,为这些信息的安全管理采取必要的措施。

⑩ 第36条第5款 个人信息处理业者在制作匿名加工信息并由自己来处理该匿名加工信息时,不得为识别用于该匿名加工信息的制作之个人信息所涉及的本人,而将该匿名加工信息与其他信息相对照。

⑪ 第38条 匿名加工信息处理业者在处理匿名加工信息时,不得为识别用于该匿名加工信息的制作之个人信息所涉及的本人,而获取从该个人信息中删除的记述等、个人识别符号、以及依照第三十六条前一款、《关于保护行政机关所持有的个人信息的法律》[平成十五年(2003年)法律第58号]第四十四条之十第一款(包括准用于同条第二款的情形)或《关于保护独立行政法人等所持有的个人信息的法律》第四十四条之十第一款(包括准用于同条第二款的情形)的规定进行的加工的方法之相关信息,或者将该匿名加工信息与其他信息相对照。

定,则个人信息保护委员会可以在其认为因已存在侵害个人的重大权利或利益之事实而有必要采取紧急措施时,命令该个人信息处理业者等为中止该违法行为及纠正其他违法而采取必要的措施。

(3.3)第84条　拒不执行个人信息委员会命令罪

个人信息业者或匿名加工信息处理业者违反相关义务,在个人信息委员会发出要求履行义务的命令时拒不执行的,处6个月以下的有期徒刑或30万日元以下罚金。

(4)第85条　不提交正确个人信息处理报告、妨碍检查罪

有下列各项规定的情形之一的,处30万日元以下罚金:

(一)未提交第40条第1款规定的报告或资料、或提交了虚假的报告、或提交了虚假的资料,或者未对相关职员的询问做出答复、或做出了虚假的答复,或者拒绝、妨碍或回避检查;

(二)未提交第56条规定的报告,或者提交了虚假的报告。

(4.1)第40条第1款

个人信息保护委员会可以在前两节及本节规定的施行上所必要的限度内,要求个人信息处理业者或匿名加工信息处理业者就个人信息或匿名加工信息的处理提交必要的报告或资料,或者让其职员进入到个人信息处理业者等的事务所及其他必要场所,并对个人信息等的处理展开询问或检查账簿材料及其他物品。

(4.2)第56条

个人信息保护委员会可以在本节规定施行上所必要的限度内,命令认定个人信息保护团体就认定业务提交报告。

(5)第86条　域外管辖效力

第82条及第83条的规定对在日本以外实施了这两条规定的犯罪的主体同样适用。

(6)第87条　双罚制

法人的代表人,或者法人或自然人的代理人、职工及其他员工就该法人或自然人的业务实施了第83条至第85条规定的违法行为的,除处罚行为人外,对该法人或自然人也处各条的罚金刑。

在非法人团体适用前一款规定的情形,其代表人或管理人除在诉讼行为上代表非法人团体外,还准用以法人为被告或犯罪嫌疑人时的刑事诉讼的相关法律规定。

(7)第88条　不遵守个人信息委员会确认、使用名称、申报罪

有下列各项规定的情形之一的,处10万日元以下罚款:

(一)违反第26条第2款或第55条的规定;

(二)未进行第50条第1款规定的申报,或者进行了虚假的申报。

(7.1)第26条第2款

前一款[1]的第三人在个人信息处理业者进行同款规定的确认时,不得对该个人信息处理业者虚构确认的相关事项。

(7.2)第55条

非认定个人信息保护团体者不得使用"认定个人信息保护团体"这一名称或者与之类似的名称。

(7.3)第50条第1款

已获得第47条第1款认定的主体,若要终止该认定所涉及的业务,则应当依照政令的规定,事先向个人信息保护委员会申报。

3.《个人号码法》中的相关规定

2013年颁布的《个人号码法》,是对属于个人信息之一的个人号码(个人号码相当于中国的身份证号)进行的特别保护。该法共分为9章及附则,比当时有效的2003年《个人信息保护法》规定的要细致得多,其中一大特色是在罚则部分对个人号码进行了比对其他个人信息更为严格的刑事保护。[2]

(1)非法提供个人号码文件罪(第50条)

正在或曾从事个人号码业务的从业者,无正当理由向他人提供个人号码文件的,处4年以下有期徒刑或200万日元以下罚金或者并罚。

(2)非法提供、盗用个人号码罪(第51条)

正在或曾从事个人号码业务的从业者,为谋取不正当利益,提供或盗用个人号码的,处3年以下有期徒刑或150万日元以下的罚金或者并罚。

(3)泄露秘密罪(第52条)

从事提供信息网络系统业务者,泄露或盗用信息提供网络系统相关秘

---

① 第26条第1款　个人信息处理业者在从第三人处接受个人数据的提供时,应当依照《个人信息保护委员会规则》的规定确认下列事项。但是,对该个人数据的提供属于第23条第1款各项或者第5款各项规定的情形之一的,不在此限。(1)该第三人的姓名或名称与住所,以及该第三人为法人时,其代表人(该第三人为非法人团体且其章程规定有代表人或管理人时其代表人或管理人)的姓名;(2)该第三人获取该个人数据的过程。

② 以下法条参见王磊:《日本个人番号制度研究》,山东大学2014年硕士学位论文,第20页。

密的,处3年以下有期徒刑或150万日元以下的罚金或者并罚。

(4)非法获取个人号码罪(第53条)

利用欺骗、胁迫、盗窃、入侵等不正当手段获取个人号码的,处3年以下有期徒刑或150万日元以下的罚金。

(5)非法收集个人号码文件罪(第54条)

国家工作人员利用其职权,在其职权目的之外,收集记载有特定个人号码的文件的,处2年以下有期徒刑或100万日元以下罚金。

(6)拒不执行命令罪(第55条)

受个人信息委员会管辖的从业者,不执行个人信息委员会发布的命令的,处2年以下有期徒刑或50万日元以下罚金。

(7)妨碍个人信息委员会执行公务罪(第56条)

对个人信息委员会做出虚假报告,提出虚假资料并拒绝检查的,处1年以下有期徒刑或50万日元以下的罚金。

(8)非法获取个人号码卡罪(第57条)

利用欺骗等不正当手段取得个人号码卡的,处6个月以下有期徒刑或50万日元以下罚金。

三、日本个人信息刑事法保护之评析

日本像德国一样,对个人信息刑事法保护也采取了双轨制保护模式,并且大多规定在附属刑法中。日本立法机构通过高超的立法技术编造了一张严密的保护个人信息的刑事法网。

1. 立法目的很好地体现在刑事法条中

日本与欧盟国家立法理念并不同,其在坚持个人信息利用和保护平衡原则基础上倾向于对个人信息的利用,从而希望促进本国信息企业在第四次工业化浪潮中屹立潮头。为了贯彻这样的立法目的,日本对于从业者都使用了"间接罚",如《个人信息保护法》中的第84条。在该条中,对从业者进行刑罚处罚前设置了两个行政处理的前置程序,第一个是从业者没有按照个人信息委员会提出的劝告进行整改,第二个是在信息主体权益面临受侵害的危险时,个人信息委员会命令其实施整改措施,从业者仍然不听从命令,两个前置程序都符合后从业者才会受到刑事处罚。从这条可以看出,立法者给予了个人信息从业者两次改正的机会,也就是给他们提供了非常宽松的从业环境,这非常有利于从业者的发展。

2. 对敏感个人信息进行严格刑事保护

2013 年《个人号码法》对个人号码进行了单独立法,体现了日本对其的重视。对敏感个人信息进行严格刑事保护主要体现在两点上:第一是处罚模式上。不同于《个人信息保护法》间接罚模式,《个人号码法》大都采用了直接罚模式。第二是量刑幅度上。《个人号码法》的量刑明显重于《个人信息保护法》。违反《个人号码法》最高刑是并处 4 年有期徒刑和 200 万日元的罚金,而违反《个人信息保护法》的最高刑却是单处 2 年有期徒刑或者 100 万日元的罚金;违反《个人号码法》最低刑是单处 6 个月有期徒刑或 50 万日元罚金,而违反《个人信息保护法》的最低刑却是单处 10 万日元的罚金。例如,同样是为谋取不正当利益,提供或盗用的,如果是一般个人信息,处 1 年以下有期徒刑或 50 万日元以下罚金,而如果是个人号码的,则处 3 年以下有期徒刑或 150 万日元以下的罚金或者并罚,其幅度差距不可谓不大。

3. 法网严密,对个人信息流转的所有环节进行全方位的刑事保护

因日本侧重于个人信息的利用,但是在利用的同时也对信息主体权利给予保护,以维持有倾向性的平衡。针对个人信息收集—持有—使用—处理等全流程,都在贯彻上述理念的基础上,对个人信息进行了刑事保护。

4. 对负责个人信息主管机构给予了高度重视

2003 年《个人信息保护法》并没有设置统一的个人信息保护机构,而是各行业主管机构负责保护该行业的个人信息,类似于我国现今的状态。并且每个行业主管机构都颁布了本行业的个人信息保护法适用指南。2007 年日本就尝试建立专门的个人信息保护机构,但一直都没有实现。《个人号码法》颁布后的次年即 2014 年,基于保护个人号码的契机,日本成立了保护个人信息的专门机构——个人信息保护委员会。该委员会对违反《个人信息保护法》的从业者提出整改建议,如果还不整改,则发布要求整改的命令,同时该委员会接受用户投诉并进行调解等。对于个人信息保护委员会发布的命令,从业者若还不执行则构成犯罪,需要给予刑事处罚。

日本在个人信息保护方面的立法理念可以说很具有远见。在欧盟及其成员国在个人信息保护方面越来越严格,以至于严重影响了信息企业发展的同时,日本由于一开始就实施了侧重于对个人信息利用的方针,故使得日本信息企业的发展蒸蒸日上。例如,为了发展对医疗数据的运用,日本在《未来医疗基础法》中突破了《个人信息保护法》对收集信息的限制,不再要求必须获得信息主体的明示同意,只要采取妥当的匿名化处理就可以收集

信息。[①] 可以预见,在不久的将来,如果欧盟及其成员国不改变立法立场,那么就会在第四次工业化浪潮中处于下风,而日本或许会超越他们。与此同时,日本过于宽松的环境,在有利于本国信息企业发展的同时,也给外国信息企业带来了便利,并且使得对个人信息的侵害越来越严重。例如,2019 年日本约谈了谷歌、苹果、“脸书”、亚马逊四家美国 IT 企业巨头,对于他们肆意收集、使用个人信息提出了抗议。但由于《个人信息保护法》鼓励个人信息利用,故在此该法成为“无牙的法律”,日本不得不搬出《反垄断法》,认为这四家 IT 巨头对信息实行寡头垄断,滥用其优势地位,应对其“未经使用者同意的信息收集和泄露”进行管制。不得不说,这是日本《个人信息保护法》的缺陷所致。[②] 所以,如何取得保护和利用的平衡仍是日本个人信息刑事保护的时代课题。

第四节　美国个人信息刑事法保护

在个人信息保护方面,美国不论是权利类型还是立法模式都呈现出与大陆法系国家截然不同的发展进路。从权利类型来看,美国是从自身的隐私权不断扩张发展出了隐私信息权,故个人信息的保护一直处于隐私权的保护框架下;从立法模式来看,美国秉承了英美法系的立法传统即分散立法模式,并没有像大陆法系国家那样有一部统一的个人信息保护法。这种分散立法模式体现为不同面向:根据立法效力不同可以分为联邦层面的立法和州立法;根据规制对象不同可以分为针对政府立法和针对私人领域立法;根据规制领域不同可以分为针对所有领域的立法和针对特定领域的立法。

一、美国个人信息法律保护之发展历程

1. 联邦层面针对政府的立法

20 世纪中叶之后,美国凭借外籍科学家带来的超一流理论及技术和自身先进的制度迅速崛起为世界超级大国。在政务领域,美国利用当时先进

---

① 储陈城:《大数据时代个人信息保护与利用的刑法立场转换——基于比较法视野的考察》,载《中国刑事法杂志》2019 年第 5 期。

② 孙一帆:《日本如何应对非法个人信息搜集》,载搜狐网 2019 年 4 月 10 日,https://www.legalweekly.cn/fzsb/79.html。

的电子技术对个人信息进行收集、管理和利用，从而使得政府管控的个人信息呈几何式暴增。虽然政府为了管理，搜集、利用个人信息由来已久，但是最早利用电子技术来收集、利用和管理个人信息的国家应该非美国莫属。鉴于美国民众历来对政府不信任的传统及限制权力的民主架构，面对政府掌控的海量个人信息的保护法案《信息自由法》(FOIA)和《隐私法案》(PA)先后出台。

1966 年美国制定的《信息自由法》(FOIA)其实本质上并不是一部个人信息保护法，而是为实现"开放政府"而制定的，其最重大的意义为在法律层面建构了一个以公开为原则、不公开为例外之政府信息制度。但该法也涉及个人信息保护，主要表现为：第一，积极保护。信息主体对保存在政府机关的关涉自身的个人信息有知情权和查阅权，只要信息主体提出合理请求，政府就有义务提供。第二，消极保护。该法是以公开为原则，不公开为例外，涉及个人信息的例外是"如果公开将会对个人隐私造成明显不当侵犯时，就不应当公开"。

1974 年美国制定了《隐私法案》(PA)，该法是美国第一部专门保护个人信息的法律，但是它适用范围狭窄，仅适用于联邦政府部级以上机构。《隐私法案》被编入美国法典第 5 编第 552a 条。其主要内容包括两部分：①第一，信息主体的权利。(1)信息公开权。该权利规定在该法第二部分，任何机关都不得以任何方式向任何个人或其他机关提供其档案系统中的任何材料，除非有该档案内容相关者的书面申请或事前的书面同意为根据。(2)信息知情权。根据该法第四部分(一)，根据任何人提出的使用档案或档案系统中与其有关之材料的要求，允许其查阅档案并获得以其能理解之形式制作的该档案材料的全部或部分副本。(3)信息更正权。根据该法第四部分(二)，对档案中该个人认为不准确、不相关、不适时或不完全的部分应个人要求进行修改。第二，政府机关的义务。根据该法第五部分的规定，政府机关在进行与个人信息有关的职务行为时，应履行下列义务：(1)保存最少化义务。该法规定，仅在其档案保存那些与完成由法律或总统行政命令要求其完成的任务有关而且必需的信息材料。(2)向本人收集义务。该法规定，在收集的信息材料可能导致有关个人依联邦计划所获的权利、救济和特许权受到不利决定影响时，可在实际情况允许的最大程度内直接向该个人了

① 参见周汉华主编：《域外个人数据保护法汇编》，法律出版社 2006 年版，第 310 ~ 314 页。

解情况。(3)收集必要性义务。该法规定,在收集个人信息时,只有在确有必要时才可以收集,而且不得违反相关法律法规。(4)保密义务。该法规定,保存主体应该对个人信息保密,不得泄露,而且还应为保密采取必要的技术措施。(5)确保正确义务。保存主体对收集、保存的个人信息应保证其正确性,如不正确,应该及时予以更正。

2. 联邦层面针对特定领域的立法

为了更好地保护个人信息,美国分散立法的传统也适用于个人信息保护领域,其在金融、通信、医疗、儿童隐私等敏感领域进行了专门立法。

首先在金融领域,美国先后颁布了《公平信用报告法》(FCRA)和《金融服务现代化法案》(GLBA)。1970 年颁布的《公平信用报告法》(FCRA)是美国乃至世界上第一部保护个人信用信息的法律。它主要规范信贷业务中个人信息利用和保护问题,尤其是信息主体的权利和信用报告制定者、使用者的义务。其主要权利和义务包括:(1)知情权。消费者有权知道任何一家信用机关对自身信用报告的详情和依据,并有权获取其信用报告和副本。并且在因信用报告负面信息而受到不利诉讼或不利影响时,消费者可以要求信用报告机构免费提供信息报告。(2)更正权。信用机构必须提供正确、完整的个人信息,如果信息有误,应及时更正错误的信用信息。(3)申诉权。信息机构留存或提供的个人信用信息有误,信息主体有权进行申诉,信息机构应该及时受理并审查后改正。(4)有限提供义务。信用机构除了提供给信息主体信用报告外,在涉及公共利益或国家利益的情况下也有义务提供,但除此之外,不得提供个人信用报告。(5)有限收集义务。基于特定目的,信用机构可以收集个人信用信息,但敏感信息如宗教信仰、健康状况、犯罪记录等不得收集。除此之外,该法还规定了违法规定的民事责任、行政责任和刑事责任。

美国于 1999 年颁布《金融服务现代化法案》(GLBA),该法案针对金融机构所处理的"非公开个人信息"进行规定。该法提出了"非公开个人信息"概念,即可识别的个人金融信息,包括消费者向金融机构提供的,消费者参与的交易或服务中形成的,以及由金融机构获得的其他信息。该法案为了保护个人金融信息,对金融机构规定了严格的义务,包括:(1)告知义务。金融机构应当每年都要向信息主体以明示方式发送隐私政策,告知信息主体的具体权利和义务。(2)保密义务。除非得到信息主体的同意或法律支持,金融机构不得把其获得的非公开个人信息披露给任何第三方非关联机构。

(3)安全保障义务。金融机构应该根据自身机构的特点,在硬件和软件方面构建一个能全面维护个人金融信息安全的程序。[①] 同时,该法案还为保护个人金融信息制定了严格的刑事责任,并且要求各州也制定相应的法律且采取重法优于轻法的原则。

其次在健康领域,美国颁布了《健康保险流通与责任法案》(HIPAA)。1996 年颁布的《健康保险流通与责任法案》(HIPAA)旨为保护个人健康信息,不干预患者获取治疗、医疗运作或护理品质而提供强有力的法律保护。该法案的主要内容包括[②]:(1)保护客体—受保护的健康信息。受保护的健康信息包括健康信息和可识别的个人健康信息两种信息,其中健康信息是指以电子方式或非电子方式记录的任何涉及个人过去、现在或将来的身体或精神的健康资料以及付费或免费给个人提供的医疗保健的资料,而可识别的个人健康信息其实是可识别的个人所有信息。(2)患者的权利。①知情权。获知自己受保护健康资料的副本以及收到相关的隐私政策,知道自身健康资料的各种去向。②更正权。要求对记录有误的个人健康信息进行更正的权利。③自决权。要求限制使用或者披露自身的个人健康信息。④申诉权。当个人健康信息受到侵犯时,有进行申诉的权利。(3)医疗机构的义务。①保密义务。医院及医护人员对个人健康信息负有保密义务,如果泄露会受到严厉惩罚,包括民事罚款或刑事处罚。②安全保障义务。要求建立防止任何可预见的导致个人健康信息泄露的措施,其隐私保护标准在全球同业中被视为"金标准"。[③]

再次在通信领域,美国颁布了《电子通讯隐私法》(ECPA)。1986 年的《电子通讯隐私法》(ECPA)是基于随着计算机和通信技术迅速发展导致监听或监控变的便利,以至于个人通信隐私很容易受到侵犯的背景,为了保护个人通信隐私而制定的。该法的主要内容包括:(1)保护客体。该法的保护客体指的是电子或以无线电传递的私人信息。(2)规制对象的义务。①未经授权或符合特定情形,政府机关、个人和企业不得监听个人之间的通信内容。②未经授权或符合特定情形,任何组织和个人都不得访问存储于电子

---

① 个人信息保护课题组:《个人信息保护国际比较研究》,中国金融出版社 2017 年版,第 63 页。

② 林艳丰等:《说说美国的健康保险携带和责任法案(HIPAA)》,载中国医学论坛 2018 年 10 月 9 日,https://www.cmtopdr.com/post/detail/18db827f-483e-4113-b38f-130403cf6a99。

③ 个人信息保护课题组:《个人信息保护国际比较研究》,中国金融出版社 2017 年版,第 64 页。

系统中的信息或者拦截正在传输中的信息。

最后在儿童领域，美国颁布了《儿童在线隐私保护法》（COPPA）。随着网络的普及，儿童成为网络在线的一员，于是商家把目光投向了具有消费潜力的儿童。1998年公布的《儿童在线隐私保护法》（COPPA）旨在保护儿童的个人信息隐私，其主要内容包括：（1）保护客体。儿童个人信息是指一切能识别出该儿童或家长或与其他特征相结合能识别出该儿童或家长的信息，包括姓名、家庭住址、在线联系信息、IP地址、儿童图像或声音等。（2）规制对象。该法规制的是收集13岁以下儿童个人信息的网站以及在线服务运营商。（3）网站义务。①该法要求收集儿童个人信息之前必须征得家长的同意，如果家长表示反对，则禁止收集儿童个人信息；②家长要求更正儿童个人信息时，网站必须同意；③家长要求删除儿童的个人信息时，网站也必须删除，这应该属于被遗忘权的雏形。

3. 州立法

各州立法机关关于个人信息保护的立法汗牛充栋且很分散，在金融、医疗、消费者等领域都有涉及。现就有代表性的立法列举一二。

第一，关于马里兰州的《个人资料保护法》。该法于2008年生效，主要要求企业保护其所持有的个人信息。企业的义务包括：（1）当企业信息里包括个人信息时，企业应当把该信息销毁以避免外泄；（2）如果企业经客户同意保有其个人信息时，未经当事人同意，不得把个人信息泄露给第三方；（3）如果企业保有个人信息，应该采取必要措施保护个人信息以防外泄。

第二，加利福尼亚州的相关立法。加利福尼亚州在美国属于个人信息保护立法最先进的州。（1）被现今广为称道的数据安全事件通知制度最早是由加利福尼亚州在2002颁布的《加利福尼亚州安全事故通知法》中规定的。该法规定，任何合法持有公民个人信息的机构或个人，在个人信息遭到泄露后，应该第一时间通知信息主体。（2）2014年加利福尼亚州还规定了未成年人的“删除权”，要求为未成年人提供服务的网络服务商在未成年人提出要求删除与其有关的信息时，必须无条件为其删除。（3）与此同时，加利福尼亚州修订了《线上隐私保护法》，要求网络服务商必须以明示的方式告知用户其所拥有的个人信息隐私权，不得秘密搜集其个人信息。① （4）2018年加利福尼亚州

① 个人信息保护课题组：《个人信息保护国际比较研究》，中国金融出版社2017年版，第253页。

颁布了备受关注的加利福尼亚州《消费者隐私保护法案》,人们现今往往把它与欧盟的《一般数据保护条例》相提并论,其重要性和影响力可见一斑。该法案一改美国对个人信息采取宽松保护的一贯作风,对个人信息在隐私权框架下进行了严格保护。并且在可预见的未来,将引领美国其他州相关立法的风潮。该法案的主要内容包括[①]:(1)保护客体。个人信息是指能直接或间接识别、描述与特定的消费者或家庭相关或合理相关的信息。(2)消费者的权利。①被告知权。要求商家在收集消费者个人信息时应该以明示的方式告知消费者且要告知收集信息类型、目的和用途。②被遗忘权。消费者可以要求商家删除与其有关的个人信息。③拒绝权。消费者可以拒绝商家收集其个人信息,商家不得据此不提供相关服务。④诉讼权。在商家侵犯相关权利时,消费者有权提出诉讼并获得相应的赔偿。(3)商家的义务。根据上述的权利,商家有配合权利实现的义务。

二、美国个人信息保护之刑事立法

因美国采取的是分散立法的个人信息保护模式,所以关于个人信息的刑事立法分散在不同的法规中。美国关于个人信息保护的法规中,在责任这一部分,有的规定了民事责任、行政责任和刑事责任,而有的只规定了民事责任和行政责任,甚至有的只规定了民事责任,不一而足。虽然作为判例法国家,美国并没有统一的刑法典,可随着时代的发展,判例制度的缺陷日益显现,在司法实践中呈现无序的状态。为了缓解这种情况,美国法学会决意编撰一本刑法典,虽不具有法律效力,但是可以作为各州立法的参考典范,于是《模范刑法典》应运而生。所以,在研习个人信息刑事保护时,美国《模范刑法典》也值得关注。因语境不同,在美国并没有直接的个人信息犯罪的术语,与个人信息犯罪有关的概念是身份盗窃(identity theft),这也值得注意。下面就对与个人信息刑事保护的有关单行法规和《模范刑法典》中的相关内容予以介绍,以飨读者。

1. 直接针对个人信息刑事保护立法

直接针对个人信息刑事保护立法可分为三部分,一是联邦层面制定的,二是各州自行制定的,三是《模范刑法典》中所规定的。

---

① 参见吴沈括等:《〈2018年加州消费者隐私法案〉中的个人信息保护》,载《信息安全与通信保密》2018年第12期。

(1)联邦立法

第一,1998 年 10 月 30 日美国颁布的《防止身份盗窃及假冒法》是美国第一部专门用来规制身份盗窃的法律。该法后被编入美国法典第 1028 条,在这一条中共有 8 款关于身份盗窃的规定,但直接规定个人信息身份盗窃的只有第 7 款,其具体规定是:“身份盗窃是指未经合法授权,故意转移或使用他人信息,意图实施或参与实施违反联邦法的行为或者所意图实施或参与实施的行为构成州法或地方法上的重罪的行为。”

第二,2004 年美国国会公布了《身份盗窃刑罚加重法》,该法是根据身份被盗窃后被用于后续违法犯罪的严重程度而规定不同刑罚的。该法第 1028 条(A)(a)(1)规定,一般的加重情节的身份盗窃是指未经合法授权,故意转移、拥有或者使用他人信息,且会因以上行为可能被判处 2 年有期徒刑的行为。并且该法第 1028 条(A)(a)(2)规定,特殊的加重情节的身份盗窃是指未经合法授权,故意转移、拥有或者使用他人信息,且会因以上行为可能被判处 5 年有期徒刑的行为。①

第三,同样是 2004 年生效的《身份盗用惩罚措施法》规定,盗窃他人信件的,判处罚金数额为 2000 美元或监禁刑最高为 5 年;冒用他人身份申请信用卡的,可判处罚款 1000 美元或最高 5 年的监禁;而如果身份盗窃涉及金融机构的,罚款可高达 100 万美元或监禁最高可达 30 年。

(2)州立法②

第一,关于身份盗窃罪状的规定

在华盛顿州,华盛顿州修正法案中规定:“任何人以犯罪或帮助犯罪为目的,故意获取,持有,或者转让他人(不论该人是生是死)的身份或者资金信息,该行为人构成身份盗窃罪。”③而亚拉巴马州的法典规定:“如果行为人在没有获取被害人的授权、同意或许可的情况下,以欺骗该他人的利益为目的,获取、记录或得到有关该他人身份信息能有助于行为人获取该他人的经济来源、官方文件或者该他人的利益,则行为人的身份盗窃罪成立。”④相应地,加利福尼亚州的刑法典第 530 条(5)(a)规定:“如果行为人蓄意获取他人的身份信息,且基于不法目的而使用该信息,例如未经他人同意,而获取

---

① 参见马改然:《美国身份盗窃的最新发展趋势》,载《学术论坛》2012 年第 5 期。

② 参见马改然:《美国身份盗窃的最新发展趋势》,载《学术论坛》2012 年第 5 期。

③ Wash. Rev. Code § 9. 35. 020(1).

④ Ala. Code § 13A-8-192(a)(1)(2008).

或意图获取他人的信用卡、财物、服务、不动产或医疗信息等,则该行为人构成身份盗窃罪。"[①]得克萨斯州[②]的刑法典第32条51(b)(1)规定:"未经他人同意,基于伤害或欺骗他人的目的,获取、拥有、转移、或使用他人的身份信息,构成身份盗窃罪。"[③]亚利桑那州的修正法案规定:"如果行为人以获取或者使用他人或单位的身份信息为目的以便达到任何非法企图,或以获取或者使用他人或单位的身份信息为目的给该他人或单位造成损失(不论该他人或者单位最后是否实际上遭受任何经济损失)或者以获取或者使用他人或单位的身份信息为目的获取工作或继续工作,在未经该他人或单位的同意下,故意获取,购买,制造,记录,持有或者使用任何有关他人个人身份信息或者单位身份信息(该他人或单位包括真实存在的或者虚构的),行为人成立身份盗窃罪。"[④]

第二,关于身份盗窃刑罚的规定

加利福尼亚州刑法典第530.5条规定:"身份盗窃罪的监禁一般不超过一年,但是如果情节严重,可适用第1170(h)条的规定,可以被判处16个月,2年或3年监禁"[⑤]。密西西比州的密西西比法典第97－19－85条规定:"身份盗窃一般的监禁不超过一年"[⑥];在明尼苏达州,对于身份盗窃罪的处罚给予了比较细致的规定,根据情节的不同,监禁的时间也不同。第609.527条第3款(1)规定:"如果身份盗窃只关涉一个直接被害人且给被害人造成的直接和间接损失少于250美元,则可判处不超过90天的监禁。"第609.527条第3款(2)规定:"如果身份盗窃只关涉一个直接被害人且给被害人造成的直接和间接损失大于250美元但小于500美元,则可判处不超过1年的监禁。"第609.527条第3款(3)规定:"如果身份盗窃关涉两个或三个直接被害人且给被害人造成的直接和间接损失大于500美元但小于2500美元,则可判处不超过5年的监禁。"第609.527条第3款(4)规定:"如果身份盗窃关涉超过三个但少于七个直接被害人且给被害人造成的直接和间接损失大于2500美元,则可判处不超过10年的监禁。"第609.527条第3款(5)规定:"如果身份盗窃关涉八个或更

---

① Cal. Penal Code § 530.5(a)(Deering 2008).

② See Tex. Penal Code Ann. § 32.51(b)(1) (Vernon 2007).

③ Tex. Penal Code Ann. § 32.51(b)(1) (Vernon 2007).

④ Ariz. Rev. Stat. § 13－2008(A).

⑤ Penal Code Setcion 528－529.

⑥ MississippiI Code of 1972.

多的直接被害人且给被害人造成的直接和间接损失大于3500美元,则可判处不超过20年的监禁。"

加利福尼亚州的刑法典第530.5条规定可以适用罚金刑,但是并没有规定其数额限度,只是在第530.7d(2)条中规定了日罚金刑,即每天100美元。[①] 在密西西比州的密西西比法典第97－19－85条规定:"身份盗窃的罚金一般不超过5000美元。"[②]在明尼苏达州,就像规定监禁刑一样,也对罚金刑进行了细致的规定。第609.527条第3款(1)规定:"如果身份盗窃只关涉一个直接被害人且给被害人造成的直接和间接损失少于250美元,则可判处不超过1000美元的罚金。"第609.527条第3款(2)规定:"如果身份盗窃只关涉一个直接被害人且给被害人造成的直接和间接损失大于250美元但小于500美元,则可判处不超过3000美元的罚金。"第609.527条第3款(3)规定:"如果身份盗窃关涉两个或三个直接被害人且给被害人造成的直接和间接损失大于500美元但小于2500美元,则可判处不超过10,000美元的罚金。"第609.527条第3款(4)规定:"如果身份盗窃关涉超过三个但少于七个直接被害人且给被害人造成的直接和间接损失大于2500美元,则可判处不超过20,000美元的罚金。"第609.527条第3款(5)规定:"如果身份盗窃关涉八个或更多的直接被害人且给被害人造成的直接和间接损失大于3500美元,则可判处不超过100,000美元的罚金。"

(3)《模范刑法典》的规定

《模范刑法典》关于个人信息犯罪的规定列在第250.12条第(2)款中:"除法律许可外,行为人实施下列行为的,成立轻罪。(a)未经发送人或者接收人同意,秘密截获通过电话、电报、信件或其他通信方式传递的信息;但本项规定不适用于(i)通过在电话合用线或者分线上通常安装的设备偶然接听的行为,或者(ii)电话公司或者其用户为执行有关限制使用设备的规制或者其他正常的操作或使用而附随实施的截获行为;或者(b)行为人明知该信息为非法截获的,或者行为人在通信传送机构执行业务期间获得的,未经发送人或者接收人同意而将该信息的存在或内容泄露给他人。"[③]

---

① See Penal Code Setcion 528－529.

② MississippiI Code of 1972.

③ 美国法学会《美国模范刑法典及其评注》,刘仁文、王炜等译,法律出版社2005年版,第213页。

2. 间接针对个人信息刑事保护立法

(1)《隐私法案》

该法第9款刑事处罚规定:(一)任何由其工作或职位性质所决定,可以掌握或使用那些被本条或依据本条制定之规制或者规章禁止泄露包括个人识别信息之机关档案,而且明知泄露这种档案材料乃被禁止之行为的机关官员或雇员,如以任何方式向任何无权获得之个人或机关泄露上述材料,则应被判为轻罪并处以5000美元以下的罚金。(二)任何机关的官员或雇员如故意不按本条第5款第4项[①]规定之通知要求保管档案系统,则应被判处轻罪并处以5000美元以下的罚金。(三)任何人明知且故意以虚假身份向某机关申请得到或得到有关个人的档案材料,应被判为轻罪并处以5000美元以下的罚金。[②]

(2)《公平信用报告法》

该法规定:任何人明知和故意地借欺诈手段从消费者报告机构获得有关消费者的信息,应根据《美国法典》第18章规定,处罚款或处不超过2年的监禁,或并处罚款和监禁。消费者报告机构的职员或雇员明知却故意地向未被授权接受该信息的人提供本机构档案中的信息,应根据《美国法典》第18章的规定,单处罚款或2年以下监禁,或并处罚款和监禁。[③]

(3)《金融服务现代化法案》

该法规定:采取欺骗手段(如以提供服务为借口)而获取私人消费者金融信息的,属于联邦法律认定的犯罪行为,最长可以处5年监禁。[④]

(4)《健康保险流通与责任法案》

该法规定:明知的情况下违反HIPAA,获取或泄露可确定个人身份的健康资讯者,可面临50,000美元以下罚款和1年以下监禁。如果不当行为涉

---

① 第5款第4项:按照本款第11项的规定在《联合公报》上公布确定或修改有关档案系统的存在和性质的通知,该通知应包括:(1)该系统的名称和地点;(2)该系统中档案所涉及的人的种类;(3)该系统所保存的档案材料的种类;(4)该系统中档案的各种常规用途,包括使用者的种类和使用的目的;(5)与该档案的储存、可修改性、使用权控制、保留和处理等有关的机关政策和实务;(6)机关中负责该档案系统的官员的职衔和办公地址;(7)个人可据以要求获知该档案系统是否包括有关他的档案材料的机关程序;(8)个人可据以要求获知他怎样才能得到该档案系统中与其有关的档案材料及对档案材料内容提出异议的机关程序;(9)该系统档案中档案材料来源的种类。

② 参见周汉华主编:《域外个人数据保护法汇编》,法律出版社2006年版,第316页。

③ 参见王融:《大数据时代数据保护与流动规制》,人民邮电出版社2017年版,第40页。

④ 参见杨秀华:《欧美个人数据控制者义务和责任的比较研究》,武汉大学2017年硕士学位论文,第31页。

及"诈骗",刑罚可提高到 100,000 美元以下罚款和 5 年以下监禁。如果不当行为以销售、转让或使用可确定个人身份的健康资讯获取"商业优势、个人好处或恶意伤害"为目的,可处以 250,000 美元以下罚款和 10 年以下监禁。①

(5)《国家安全和个人数据保护法(草案)》

《国家安全和个人数据保护法(草案)》是 2019 年 11 月美国参议员乔希·霍利(Josh Hawley)提议制定的,现今还处于审议阶段。该法旨在打击将美国人的敏感信息流向威胁美国安全的国家,其中规定,"通过实施数据安全要求,加强外国投资审查及其他目的,保护美国人民的数据从而避免外国政府对国家安全构成侵害",所以对该法案应该引起重视。该法案关于刑事规定有:"技术企业故意违反第三章②或第四章③规定的视为违法。违反第(1)款规定的行为人应处以不超过 5 年的监禁,或根据《美国法典》第 18 编的规定处以罚款,两者可并处。"④

三、美国个人信息刑事法保护之评析

美国作为英美法系的代表,虽是判例法国家,但是随着社会的发展,普通法的缺陷越来越明显,美国呈现一种判例和法典相融合的现状。而在犯

① 参见林艳丰等:《说说美国的健康保险携带和责任法案(HIPAA)》,载中国医学论坛 2018 年 10 月 9 日,https://www.cmtopdr.com/post/detail/18db827f-483e-4113-b38f-130403cf6a99。

② 第三章 特别关注科技企业数据安全要求(一)一般要求。特别关注科技企业应遵守下列要求:(1)数据最小化。企业仅能收集为运营其网站、服务或应用所必需的最小限度的用户数据。(2)禁止次要用途。企业不得将上述第(1)款收集的用户数据用于运营其网站、服务或应用外的次要用途,包括投放定向广告、不必要的共享数据或滥用于面部识别技术。(3)访问及删除数据的权利。企业应允许个人访问企业获取的与其有关的所有数据;及永久删除企业直接或间接向其收集的数据。(4)禁止跨境传输。企业不得向特别关注国家传输用户数据或可结合数据破译所需的信息(包括间接通过第三方非特别关注国家传输)。(5)数据存储要求。企业不得将美国公民或居民处收集的用户数据或者可结合数据破译所需的信息存储在美国以外国家的服务器或者其他数据存储设备上。(6)报告义务。企业的首席执行官或同级别人员应遵守伪证罪的法律规定,每年至少一次向委员会、美国司法部长及各州检察总长提交关于本章规定遵守情况的报告。

③ 第四章 其他科技企业数据安全要求(一)一般要求。下列规定适用于运营或影响洲际或跨境贸易、提供网站或互联网应用程序等以数据为基础服务的非特别关注科技企业:(1)禁止跨境传输。企业不得向特别关注国家传输用户数据或可结合数据破译所需的信息(包括间接通过第三方非特别关注国家)。(2)禁止数据存储在特别关注国家。企业不得将从美国公民或居民处收集的用户数据或者可结合数据破译所需的信息存储在特别关注国家的服务器或者其他数据存储设备上。

④ 何渊:《美国〈国家安全和个人数据保护法〉草案中译本》,载微信公众号"数据法盟"2020 年 2 月 22 日,https://mp.weixin.qq.com/s/CezZEwDXNkec8mYD9Xs7kw。

罪领域,法典化有超越判例法的趋势,在新的个人信息犯罪领域更是如此。但是虽然法典化趋势明显,美国关于个人信息刑事保护仍然采取的是分散立法的保护模式,并没有一部统一的个人信息保护法适用于全国。

1. 美国开创了在隐私权框架下对个人信息进行保护的模式

与大陆法系国家不同,美国针对个人信息采取了不同的保护路径。美国并没有为个人信息这一新的客体创立新的权利类型,而是通过扩展隐私权的内涵,把其纳入隐私权的保护框架内。1977 年,美国最高法院在其著名的沃伦诉罗伊案(Whalen v. Roe)中确立了信息性隐私权,其含义包括:(1)自然人享有的控制其个人信息被披露的利益;(2)自然人所享有的独立作出某种免受政府影响的决定的利益。而后在 1989 年,克林顿政府对信息性隐私权作出了明确定义,所谓信息性隐私权指的是自然人所享有的对其个人信息以及能够被识别的个人信息的获取、披露和使用予以控制的权利。① 其实根据其定义,其内涵和德国的信息自决权的本质是一样的,两个国家作为不同保护路径的代表,虽然保护客体名称不同,但却是殊途同归。

2. 美国分散式立法模式值得称道

美国分散式立法模式虽然所包含的法规数目繁多,既有一般领域立法也有特定领域的立法,既有联邦层面的立法也有州层面的立法,对于司法适用和研究并不便利,但是也有其优越性,那就是灵活性强。个人信息毕竟是一新生事物,对于它的法律属性以及法律定位,尤其是对于它的保护原则都处于不断摸索过程中。随着对它研究的深入,可能之前对它的定位、法律属性和保护原则的认识都有偏颇,那就需要对其相关的立法进行修正,那么美国这种分散立法的模式就比较容易变动。而且个人信息的价值随着信息技术的发展、数字经济的崛起是越来越大,那么对其侵害所负法律责任就应该变得越大,相应的刑事责任也应该加强,美国这种立法模式对其进行修改也比较容易。

3. 对于特定领域的个人信息进行严格保护

根据上述的刑事立法规定可以看出,美国对于特定领域的个人信息保护相当严格,例如,针对金融领域的个人信息,如果构成犯罪,最长可判处 5 年监禁,而针对健康领域的个人信息,如果构成犯罪,最长可长达 10 年监禁。

---

① 参见何渊:《信息性隐私权是如何在美国产生和发展的》,载微信公众号“数据法盟”2018 年 12 月 13 日,https://mp.weixin.qq.com/s/iRa0T_6kUPFVsZ-fnimamA。

根据美国《模范刑法典》的规定,10 年监禁属于二级重罪的刑期,与非预谋杀人刑期相当,其处罚严厉性可见一斑。

4. 美国个人信息保护原则和模式有所变化

过去美国对个人信息保护采取的宽松政策导致像“脸书”等互联网巨头对个人信息的侵害日益严重,这不仅损害了信息主体的权益,而且也对美国的信息安全乃至国家安全造成严重威胁。并且由于欧盟对个人信息保护越来越严格,其对美国的互联网巨头的发展和数字经济的发展也带来了不利的影响。所以,美国两党、民众以及主要科技公司就在联邦层面制定统一的隐私信息保护立法达成共识。[①] 2020 年 2 月 13 日,美国纽约州参议员柯尔丝滕 · 吉利布兰德(Kirsten Gillibrand)参加了国会隐私辩论会,并提议制定《数据保护法》,且提议设立专门的联邦数据保护局。联邦数据保护局像欧洲数据保护委员会一样,是一个具有规制制定权限独立执法实体,负责保护个人隐私并限制个人数据的收集、披露、处理和滥用。[②] 所以,我们可以预计在不远的将来,美国可能会制定一部统一的个人信息保护法并且在立法原则上更倾向于对个人信息的严格保护。

第五节　英国个人信息刑事法保护

英国作为老牌的英美法系国家,在个人信息保护方面独具特色。早在 20 世纪 60 年代,互联网刚刚兴起的时候,英国就敏锐地意识到个人信息的重要性,在其国内出现了要求立法的呼声。但判例法的传统使得立法愿望落空,只是对零星出现的案例进行名誉侵权保护。但英国后来成为欧共体成员国,作为成员国就得接受欧共体(欧盟)公约、指令、条例的规制。所以,在 1981 年欧共体《保护自动化处理个人数据公约》、1995 年欧盟《个人信息保护指令》和 2016 年《一般数据保护条例》相继出台之后,英国为了履行成员国的义务也相继制定了关于保护个人信息的成文法。于是,在个人信息保护方面,英国这个典型的普通法国家却呈现出明显的成文法国家的特征。

---

① 参见魏书音:《从 CCPA 和 GDPR 比对看美国个人信息保护立法趋势及路径》,载《网络空间安全》2019 年第 4 期。

② 参见林洁琼:《美国拟制定〈数据保护法〉设立专门数据保护局》,载微信公众号“数据法盟”2020 年 2 月 24 日,https://mp. weixin. qq. com/s/Lf0QJDh97TErJoI3apyYJA。

一、英国个人信息法律保护之发展历程

1. 1974 年《消费信贷法》

虽然英国在加入欧共体之前并没有关于个人信息一般保护的成文法，但是却有在特定领域的立法，譬如 1974 年的《消费信贷法》。这部法针对的是手工处理的与个人信用交易相关的个人数据。该法与个人信息保护有关的主要内容包括[①]：(1)保密权。该法第 174 条规定，未经本人同意禁止公开个人信息，但搜查犯罪、审判所需的公开不受此限。(2)公开请求权。征信机关根据消费者提交的书面请求，必须在 7 天内向本人公开所有的本人的信息。(3)更正权。如果消费者认为征信机关中保存的个人信息有误且对个人不利时，有权以书面形式提出更正申请。如果情况属实，征信机关则必须在 28 天进行更正。(4)异议权。如果对征信机关更正不服，有权在更正结果接收后 28 内提交异议理由书，请求更正自己的信息。(5)罚则。如果征信机关违反上述规定，则可能面临 2 年以下监禁或罚款或两者并科。

2. 1984 年《数据保护法》

成为欧共体成员国后，受 1981 年欧共体《保护自动化处理个人数据公约》的规制，英国在 1984 年制定了第一部个人信息保护法即《数据保护法》。该法与 1974 年《消费信贷法》相互补充，构建了比较严密的保护个人信息法律制度。该法的主要内容有：(1)保护客体。个人数据是指利用这些信息或数据用户所拥有的其他信息识别出一个活着的人，这些信息还包括对这个人的评价以及数据处理者或其他人对这人的意图。[②] (2)规制对象。在数据保护登记官处登记的拥有个人数据的使用者和提供与个人数据相关服务的计算机服务商的经营者。(3)数据主体的权利。①同意权。在收集个人数据时，应该事前征得信息主体的同意。②公开请求权。此权利适用前述《消费信贷法》。③访问权。本人有权要求在合理期间内访问数据使用者拥有的本人的数据，并有权提供复印件。④更正、删除权。个人有权要求数据拥有者更正错误的个人数据或删除拥有的个人数据。⑤损害赔偿权。当数据主体因数据不正确而遭受损害时，有权向数据拥有者提出损害赔偿，且举证

① 参见[日]小林麻理：《IT 的发展与个人信息保护》，夏平、王俊红、周伟民译，经济日报出版社 2007 年版，第 18 页。

② 参见胡裕岭：《英国：数据被泄露可获精神赔偿》，载《检察风云》2018 年第 1 期。

责任由数据拥有者承担。(4)行政监管。该法设立了数据保护登记官,并赋予了强制处分权限、登记注销通知权限和禁止转移通知权限等。(5)罚则。违反该法一般被处以罚款,但还可采取没收、废除、注销数据资料等措施。

3. 1998 年《数据保护法》

鉴于 1995 年欧盟《个人信息保护指令》的要求,同时随着信息科技的发展,1984 年《数据保护法》也落伍于时代,故英国在 1998 年制定了新的《数据保护法》。所以,该法是在 1984 年《数据保护法》的基础上应欧盟《个人信息保护指令》的要求而制定的。该法的主要内容是:(1)扩展了个人数据的范围。虽然个人数据的定义仍采用了 1984 年《数据保护法》的定义,但是却把存储数据的介质从自动化存储改为"自动化 + 非自动化"。(2)根据欧盟指令规定了八大原则,分别是正当、合理处理数据原则,合目的原则,合理持有原则,保持数据正确原则,保留数据合理期限原则,处理数据符合数据主体权利原则,保障数据安全原则和合法跨境传输数据原则等。(3)数据主体权利。关于数据主体权利和 1984 年《数据保护法》没有太大区别,不再赘述。

除此之外,在 1998 年《数据保护法》的基础上,英国还出台了一系列的二级法规辅助该法的实施,包括 2000 年和 2001 年数据主体查阅请求(个人医疗信息、个人教育数据和社会工作)法规及其修订案,2001 年数据保护通知法规,2002 年数据保护关于处理敏感性个人数据命令和指针,2000 年数据保护国际合作令,2000 年公司财务数据豁免令,2000 年数据保护指定实践法规、消费者个人信用(信用提供代理)法规等。①

4. 2018 年《数据保护法》

随着新信息技术的飞速发展,个人信息的重要性日益凸显,相应地,对个人信息的侵害也越来越严重,英国同样也不例外。近些年,英国因各种原因导致信息泄露现象很严重,达到触目惊心的地步。同时,虽然英国已经于 2016 年公投脱欧,但在正式脱离欧盟之前,英国作为欧盟成员国还应遵守相关的义务。根据欧盟《一般数据保护条例》的要求,欧盟成员国应该保障在 2018 年 5 月之前使该条例在本国生效,与该条例相悖或该条例未详尽的或赋予成员国自行立法的,成员国都应给予积极回应。英国为了履行该条例所规定的义务,并且为了在脱欧后仍与欧盟保持"强大的未来数据关系",需

① 参见王融:《大数据时代数据保护与流动规制》,人民邮电出版社 2017 年版,第 65 页。

要制定新的数据保护法从而使欧盟《一般数据条例》能够在英国落地。①

2017 年 8 月,英国发布了《新的数据保护法案:我们的改革计划》,这份报告宣称英国为了强化信息时代个人数据的保护并积极响应欧盟的《一般数据条例》,决定制定一部新的数据保护法案。2017 年 9 月 13 日,英国新的《数据保护法案(草案)》出台。经过近一年的讨论并进行了修正后,2018 年 5 月 23 日,英国 2018 年《数据保护法》获得了女王批准成为正式的法令,并同时宣布 1998 年《数据保护法》失效。2018 年《数据保护法》制定目的有四:一是为了使数据保护法适应不断发展的数字时代;二是为了让人们能够控制自己的数据;三是为了修法能支持英国企业和组织的发展;四是确保为英国脱欧后做好准备。

2018 年《数据保护法》共有七部分 215 条,内容庞杂。本书就其适应欧盟《一般数据保护条例》的亮点和对 1998 年《数据保护法》修正的主要内容进行介绍:(1)儿童同意有效的年龄。根据该法第 9 条,在英国儿童能够接受信息服务的年龄是 13 周岁而不是欧盟《一般数据保护条例》中的 16 岁,即年满 13 周岁的儿童在接受信息服务中的同意是有效的,不需要征得其监护人的授权或同意。英国之所以采取最低同意年龄,是基于自身对儿童数字教育的自信以及为了更早地让儿童参与数字经济的发展从而不至于落后于时代。(2)信用咨询机构的义务。根据该法第 13 条,信用咨询机构仍沿用 1974 年《消费信贷法》所规定的定义及权利,并且依据《一般数据保护条例》还加重了信息披露义务。(3)数据主体权利。在原有数据主体权利的基础上,该法又增设了不受自动化决策影响的权利、干预自动化决策的权利、反对加工的权利以及被遗忘权等。总之目的是保护人的尊严及确保数据主体对自身数据拥有更强大的控制权。(4)数据控制者和处理者的义务。该法在前法的基础上把数据处理者列入义务主体,因为随着信息技术的发展,数据处理环节成为最重要的一环且对个人信息的侵害也最严重。该法还设专章即第四章规定了两者的义务,包括一般义务、与安全有关的义务、与个人数据泄露相关的义务以及数据保护官员等。该法还特别强调,数据控制者应当采用适当的技术和组织措施以更好地履行义务,必须考虑技术的最新发展、实施的成本,数据处理的性质、范围、情境和目的以及数据处理过程

---

① 参见胡裕岭:《英国:数据被泄露可获精神赔偿》,载《检察风云》2018 年第 1 期。

中可能产生的危及个人权利和自由的风险。① (5)情报部门相关规定。欧盟《一般数据保护条例》把基于国家安全处理个人数据的立法权赋予了各成员国。《数据保护法》为此单设一部分即第四部分做了独立的数据保护规定。这一部分对数据主体权利、数据控制者和处理者的义务都进行了详细的规定,重要的是规定了基于国家安全进行数据处理的豁免情形。

二、英国个人信息保护之刑事立法

英国作为判例法国家并没有真正意义上的刑法典,也没有类似美国那样的《模范刑法典》,所以关于个人信息刑事保护只能在成文的《数据保护法》中寻找。因1984年《数据保护法》过于时代久远,于今已没有借鉴意义,所以在此不再赘述。而1998年《数据保护法》虽然也已被2018年《数据保护法》所取代,但是其刑事规定仍具有借鉴意义,而且通过呈现于两部法中的刑事规定,可以发现英国个人信息刑事保护发展的脉络,对我国个人信息刑事保护具有参考价值。

虽然英国以成文法的形式制定了《数据保护法》,但立法内容、规制及技术与大陆法系的德日等国大相径庭。以刑事规定为例,在德日这些国家的成文法中,大多在成文法的最后一部分以罚则的形式把关于本法中的刑事条款集中规定在一起。而英国《数据保护法》却是把刑事规定分散规定在不同的章节中,故需要细细寻找。

1. 1998年《数据保护法》中的刑事规定②

(1)第21条第1款　未经登记处理个人数据罪

该条款规定:数据控制人违反第17条第(1)款规定的,即属犯罪。

(1.1)第17条第(1)款

该条款规定:根据本条的下列规定,只有有关数据控制人的条目记载于第19条规定的由专员设置的登记簿中[或依据第19条第(3)款做出的通知规定,可以视为载于其中],才能够进行数据处理。

(2)第21条第2款　未尽变更通知义务罪

该条款规定:未履行根据第20条第(1)款做出的通知规章所规定的义

---

① 张继红:《英国2017年〈数据保护法案〉评介及启示》,载程卫东、李以所主编:《欧洲法律评论》第3卷,中国社会科学出版社2018年版。

② 以下对法律原文的引用参见《个人数据保护:欧盟指令及成员国法律、经合组织指导方针》,陈飞等译,法律出版社2006年版,第339~477页。

务的,即属犯罪。

(2.1)第20条第(1)款

该条款规定:就第(2)款规定的目的而言,通知规章应当规定作为数据控制人记载于登记簿条目中的人员,有义务在规定的情况下,按照规定的时间和形式,向专员通报关于可登记事项或根据第18(2)(b)条所采取的措施。

(3)第22条第6款　未尽可评估处理义务罪

该条款规定:数据控制人违反了第(5)款规定的,即属犯罪。

(3.1)第22条第(5)款

该条款规定:根据第(2)款[①]发给专员的通知所规定的可评估处理应当进行,除非(a)自专员收到通知后,已经过28日,或者(b)在该期间结束之前,数据控制人收到专员根据第(2)款就处理问题的通知。

(4)第24条第4款　未提供相关事项罪

该条款规定:数据控制人未履行第(1)款规定的义务的,即属犯罪。

(4.1)第24条第(1)款

该条款规定:根据第(3)款的规定,如果是在下列情况下处理个人数据(a)根据第17条第(2)款或第(3)款,该条第(1)款不适用于数据处理,或者(b)数据控制人没有就第18条规定的该数据处理的相关事项予以通知,数据控制人必须在收到书面请求后的21日内,免费向请求人提供相关事项的书面信息。

(5)第47条第1款　未履行信息专员通知罪

该条款规定:未履行执行通知、信息通知或特殊信息通知的,即属犯罪。

(6)第47条第2款　对信息专员的通知作虚假陈述罪

该条款规定:据称履行信息通知或者是特殊信息通知的人(a)故意做出实质错误的陈述,或者(b)因重大过失而做出实质错误的陈述,即属犯罪。

(7)第55条第3款　非法获取或披露个人数据罪　非法允诺披露个人数据罪

该条款规定:违反第(1)款规定的,即属犯罪。

---

① 该款规定:在收到数据控制人根据第18条或依照第20条制定的通知规章发出的通知后,专员应审查下述事项(a)通知所涉及的处理是否为可评估处理,以及(b)如果是的话,则可评估处理是否有可能符合本法的规定。

(7.1)第55条第1款

该条款规定:未经数据控制人的同意,不得明知或轻率地(a)获取或披露个人数据或个人数据中的信息,或者(b)保证将个人数据中的信息披露给其他人。

(8)第55条第4款　非法出售个人数据罪

该条款规定:将违反第(1)款的规定取得的个人数据又行出售的,即属犯罪。

(9)第55条第5款　非法许诺出售个人数据罪

该条款规定:许诺出售个人数据的,如果符合下列情形,即属犯罪(a)其已经获取数据的行为违法了第(1)款的规定,或者(b)其随后获取数据的行为违反了该款的规定。

(10)第56条第5款　强制提供个人数据罪

该条款规定:违反第(1)款或第(2)款规定的,即属犯罪。

(10.1)第56条第1款

该条款规定:不得在下列活动中(a)雇佣他人作为雇员,(b)继续雇佣他人,或者(c)与他人签订的为其提供服务的合同,要求他人或第三方向其提供或出示相关记录。

(10.2)第56条第2款

该条款规定:与向社会或社会某一部门提供(不论付款与否)产品、设施或服务的人员,不得以提供或许诺提供产品、设施或服务为条件,要求他人或第三方向其提供或出示相关记录。

(11)第59条第3款　信息专员披露个人数据罪

该条款规定:违反第(1)款的规定,明知或轻率的披露信息的,即属犯罪。

(11.1)第59条第1款

该条款规定:曾任或现任专员工作人员或代理人的人员不应披露下列信息(a)专员根据或基于本条所取得;(b)涉及已确认或可确认的个人或企业;(c)在披露之时以及之前公众尚未从其他途径得知的信息,除非是由合法机关进行的披露。

(12)附录9　第12条　妨碍或者不协助执行搜查令罪

该条款规定:任何人(a)蓄意妨碍任何人执行根据本法发出的搜查令,(b)无合理辩解而未能给予任何执行该搜查令的人其为执行搜查令而合理要求的协助，(c)就(e)或(f)段的规定作出声明，该人知道第1款在实质方面属虚假的，或(d)轻率地就该规定作出声明，而该规定在实质上属虚假，即属犯罪。[①]

2. 2018年《数据保护法》中的刑事规定[②]

(1)第119条第6款[③]　妨碍信息专员检查或不协助检查罪

该条款规定：这是一种犯罪行为，(a)故意阻挠任何人行使第(1)款所赋予的权力，或(b)无合理辩解而不给予行使该项权力的人合理要求的任何协助。

(1.1)第119条第1款

该条款规定：如有需要，为了履行英国的国际义务，信息专员可检查个人数据，但需符合第(2)款的限制。

(1.2)第119条第2款

该条款规定：只有在以下情况下，才可行使第(1)款下的权力，(a)全部或部分通过自动化方式处理，或(b)不是通过自动方式处理的，并且构成了归档系统的一部分，或者旨在构成归档系统的一部分。

(2)第132条第3款[④]　非法披露个人数据罪

该条款规定：任何人明知或轻率地披露违反第(1)款的资料，即属犯罪。

(2.1)第132条第1款

该条款规定：担任或曾经担任专员的人员、专员的工作人员或专员的代理人不得披露以下信息，除非披露符合法律规定：(a)专员根据数据保护法或者信息法规或者为数据保护法或者信息法规的目的而获得或者被提供的；(b)涉及已识别或可识别的自然人或企业，以及(c)在披露时不能从其他来源向公众提供或者预先提供。[⑤]

(3)第144条[⑥]　对信息通知作虚假陈述罪

该条款规定：对一个人来说，回应信息通知是一种犯罪行为：(a)作出该

---

① 参见Data Protection Act 1998，载https://www.fakongjian.com/tools/laws/189-uk/17925-1471756626.html，最后访问日期：2020年3月3日。

② 参见Data Protection Act 2018，载http://www.legislation.gov.uk/ukpga/2018/12/pdfs/ukpga_20180012_en.pdf，最后访问日期：2020年3月3日。

③ See Article119，Para 6，Data Protection Act 2018.

④ See Article132，Para 3，Data Protection Act 2018.

⑤ 参见李爱君、苏桂梅主编：《国际数据保护规则要览》，法律出版社2018年版，第207页。

⑥ See Article144，Data Protection Act 2018.

人知道在要项上属虚假的陈述,或(b)轻率地做出在实质性方面虚假的声明。

(4)第148条第2款[①] 妨碍信息专员查阅罪

该条款规定:意图阻止信息专员查看或被提供或被指示查看全部或部分信息、文件、设备或材料,采取下列行为的属于犯罪:(a)销毁或以其他方式处置、隐藏、阻止或(在相关情况下)伪造全部或部分信息、文件、设备或材料,或(b)导致或允许销毁、处置、隐藏、阻止或(在相关情况下)伪造全部或部分信息、文件、设备或材料。

(5)第170条第1款 非法获取、披露或保存个人数据罪

该条款规定:主体明知或轻率地(a)未经数据主体同意,获取或披露个人数据;(b)未经数据主体同意,将获得的个人数据向他人披露;(c)获得个人数据后,未经个人数据主体同意而保存数据。[②]

(6)第170条第4款 非法出售个人数据罪

该条款规定:任何人如在犯第(1)款罪行情况下出售获得的个人数据,即属犯罪。

(7)第170条第5款 非法允诺出售个人数据罪

该条款规定:在以下情形下如果允诺出售个人数据即属犯罪:(a)在第(1)款规定的情形下获取数据;或者(b)在这种情形下继续获取数据。

(8)第171条第1款[③] 重新识别匿名化个人数据罪

该条款规定:未经做出匿名化处理的数据控制者的同意,行为人明知或轻率地重新识别该个人数据,即属犯罪。

(9)第171条第5款[④] 处理重新识别个人数据罪

该条款规定:行为人明知或轻率地实施下列情形处理个人数据,即属犯罪。(a)未经负责数据重新识别的控制者同意;(b)重新识别为第(1)款所规定罪行的情形。

(10)第173条第3款[⑤] 损毁个人数据以阻止数据披露罪

该条款规定:第(4)款中所列的任何人为了防止披露提出请求人有权获

---

① See Article148, Para 2, Data Protection Act 2018.

② 参见李爱君、苏桂梅主编:《国际数据保护规则要览》,法律出版社2018年版,第228页。

③ See Article171, Para 1, Data Protection Act 2018.

④ See Article171, Para 5, Data Protection Act 2018.

⑤ See Article173, Para 3, Data Protection Act 2018.

得的全部或部分信息而更改、污损、屏蔽、删除、销毁或隐藏信息，均属犯罪。

(10.1)第173条第4款

该条款规定：这些人是：(a)数据控制者，以及(b)由数据控制者雇佣的人、管理者以及受其指令约束的人员。

(10.2)第173条第1款

该条款规定：第(3)款适用于以下情况：(a)在行使数据主体访问权时提出请求，以及(b)提出请求的人将有权接收响应该请求的信息。

(11)第184条第1款和第2款[①]　禁止要求提供相关记录罪

该条款规定：一个人(P1)要求另一个人向其(P1)提供或允许其(P1)查阅与以下事项有关的相关记录属犯罪：(a)P1招聘了一名雇员，(b)P1继续雇佣某人或(c)向P1提供服务的合同。

该条款规定：一个人(P2)要求另一个人向其(P2)提供或允许其(P2)访问相关记录是犯罪，如果(a)P2是参与向公众或部分公众提供或提议提供货物、设施或服务的；(b)该要求是向他人或第三方提供或提议提供货物、设施或服务的。

(12)(附件15)第15条第1款[②]　妨碍或不协助执行搜查令罪

该条款规定：对行为人来说是一种犯罪：(a)有意阻碍某人执行根据本附表发出的搜查令，或(b)在无合理理由的情况下，未能给予执行该搜查令的人执行该搜查令所需的协助。

(13)(附件15)第15条第2款[③]　向搜查令执行者作虚假陈述罪

该条款规定：对行为人来说这是一种犯罪：(a)回应第5(2)(c)或(d)或(3)(c)或(d)段的要求而作出声明，而该人知道该声明在要项上是虚假的，或(b)轻率地对这种在实质上是错误的要求作出回应。

(13.1)(附件15)第5条第2款c和d[④]

该条款规定：根据第1段签发的搜查令必须授权专员或专员的职员或工作人员：(c)要求场所内的任何人对在场所内发现的任何文件或其他材料以及使用场所内的设备能够查看的任何信息进行解释，以及(d)如第149(2)条所述，要求处所内的任何人提供为确定控制器或处理器是否发生故障或

---

① See Article184, Para 1.2, Data Protection Act 2018.

② See Article15, Para 1, Schedule15, Data Protection Act 2018.

③ See Article15, Para 2, Schedule15, Data Protection Act 2018.

④ See Article5, Para 2, Schedule15, Data Protection Act 2018.

正在发生故障而合理需要的其他信息。

(13.2)(附件15)第5条第3款c和d①

该条款规定:根据第2段签发的搜查令必须授权专员或专员的职员或工作人员:(c)要求场所内的任何人对在场所内发现的任何文件或其他材料以及使用场所内的设备能够查看的任何信息进行解释,以及(d)要求场所内的任何人提供合理要求的其他信息,以确定控制器或处理器是否遵守或正在遵守数据保护法规。

三、英国个人信息刑事法保护之评析

英国三部个人数据保护法都与欧盟息息相关。第一部即1984年《数据保护法》是在和欧盟处于“热恋期”受1981年《保护自动化处理个人数据公约》影响而制定的;第二部即1998年《数据保护法》是在和欧盟处于“甜蜜期”应1995年《个人信息保护指令》要求而制定的;第三部即2018年《个人数据保护法》是在和欧盟处于“分手期”受2016年《一般数据保护条例》规制而制定的。2018年《数据保护法》是本着和欧盟“和平分手”后仍能享受互惠互利数字经济红利,并且该法也能在本国日后持续有效而不至于在“脱欧”后失效的目的而制定的,所以该法既不同于欧盟及欧盟其他大陆法系成员国的法律,也不同于英美法系盟国美国的法律。作为2018年《数据保护法》的一部分,其关于个人数据刑事保护也独具特色。

1. 统一立法、分散罪状条款别具一格

不同于美国,英国在个人数据保护方面受欧盟的制约而制定了统一的《数据保护法》。但是《数据保护法》内部的法条架构却与欧盟及其其他成员国的法律大相径庭。就以上述13个刑事条款来说,这些刑事条款并没有统一规定在“罚则”中,而是分散规定在相应的不同部分中。并且这些刑事条款只有罪状,没有具体法定刑,反而在最后一部分集中一节予以规定。

2. 立法集实体法和程序法于一体

不论是1998年《数据保护法》还是2018年《数据保护法》都是既规定了罪状条款也规定了刑事诉讼程序。以2018年《数据保护法》为例,分别在三部分规定了13个罪状条款,并且在该法的最后一部分规定了刑事诉讼程序。根据该法第197条规定,该法的犯罪行为可由信息专员或检察长提起诉讼,

---

① See Article5, Para 3, Schedule15, Data Protection Act 2018.

诉讼时效一般为 3 年;根据该法第 196 条规定,该法的犯罪行为诉讼一般适用简易程序,但也可适用公诉程序。

3. 构建了严密的刑事法网,犯罪类型齐全

英国在个人信息流转的各个环节设立了相应的罪名,并且随着时代的变化与时俱进地增删相关罪名。根据司法实践中个人信息流转,可分为收集—存储—处理—使用这四个环节,而且在整个流转过程中还不可或缺地存在监管,这可以独立为一个环节即监管环节。在这 5 个环节中,英国《数据保护法》都规定了相应的罪名。例如:在收集环节规定了非法获取个人数据罪、禁止提供相关记录罪;在存储环节规定了非法保存个人数据罪;在处理环节规定了非法出售个人数据罪、非法允诺出售个人数据罪、处理重新识别个人数据罪;在使用环节规定了重新识别匿名化个人数据罪、损毁个人数据以阻止数据披露罪;在监管环节规定了妨碍信息专员检查或不协助检查罪、对信息通知作虚假陈述罪、妨碍信息专员查阅罪、妨碍或不协助执行搜查令罪、向搜查令执行者作虚假陈述罪等。从前述的总结看,这 5 个环节的罪名构成了严密的刑事法网,使得个人信息犯罪无处遁形,尤其是在监管环节规定的罪名最多,这也体现了英国认为对个人数据的使用重于对个人数据的单纯保护,故其对个人数据的使用进行了严格的监管,这些都是值得称道且借鉴的地方。反观我国刑法,虽然数次修正,但是在犯罪类型方面却是很不完善,尤其是缺失监管环节的罪名,使得立法表面上看似严厉,实际上却可能会流于形式,故而司法实践中出现了立法越严厉犯罪越猖獗的矛盾现象。而且,通过从 2018 年、1998 年这两部《数据保护法》对比来看,其罪名与时俱进地进行了增删。其表现为三方面:一是根据信息技术的发展,把新技术导致的犯罪增加进来。例如,增设了 2018 年重新识别匿名化个人数据罪、处理重新识别个人数据罪。二是扩张了信息专员的权力,对个人数据的全流程加强了监管。例如,把 1998 年不符合时宜的未经登记处理个人数据罪、未通知变更事项罪删除,增设了妨碍检查或不执行检查罪、对搜查令执行者作虚假陈述罪等。三是加强风险社会中个人数据的保护,把预备行为犯罪化,例如非法允诺出售个人数据罪。

4. 对个人信息犯罪惩罚力度有待加强

英国除了在 1974 年《消费信贷法》中规定过监禁刑,其他三部《数据保护法》都只规定了罚金。以 2018 年《数据保护法》为例,根据第 196 条规定,犯第 119 条、第 173 条和附件 15 第 15 条的,英格兰和威尔士可处以罚金,而

苏格兰或北爱尔兰可处以不超过标准等级5级的罚金;犯第132、144、148、170、171和184条的,经简易程序英格兰和威尔士可处以罚金,而苏格兰或北爱尔兰可处以不超过法定最高限额的罚金;经公诉程序,可处以罚金。这种过缓的刑罚,无法起到威慑的作用,再加上英国司法实践中真正适用《数据保护法》的案例是少之又少,所以英国个人信息犯罪愈来愈猖獗。英国试图为个人信息犯罪配置监禁刑,但是经过多次努力都没有成功,以至于为了有效地惩戒个人信息犯罪分子,英国检方不得不依据其他能够判处监禁刑的罪名来进行起诉。[①]

5. 规定了法人责任和替代责任,有利于个人信息的刑事保护

英美法系国家历来承认法人责任,在个人信息犯罪领域也不例外。以2018年《数据保护法》为例,根据第198条规定,法人团体或法人团体的董事、经理、秘书或类似官员或声称以这种身份行事的人,犯有本法罪行,可被起诉并受到相应处罚。现今从事个人信息业务的法人有的富可敌国,运用行政处罚手段根本无法遏制其个人信息犯罪行为,故承认该领域的法人犯罪,可以运用更严厉的刑事处罚手段来惩罚他们,以期能取得较好的社会效果。同时,该法还规定了替代责任,这种责任属于无罪过责任,类似于严格责任,即指一个人虽然无罪过,但是基于其地位或职位,要对其他实施危害行为的人负责任。英国利用这种类似人身依附关系来督促从事个人信息业务的法人负责人应本着谨慎、负责的态度来管理下属,从而减少个人信息犯罪行为。这种独具特色的制度虽不具有借鉴意义,但是仍有参考价值。

---

① 参见陈梦寻:《中英个人信息犯罪比较研究》,载《重庆邮电大学学报(社会科学版)》2019年第6期。

第四章 实证视角新信息技术下个人信息刑事保护之对策

如前所述,新信息技术下个人信息刑事保护面临诸多困境,如何破解这些困境是本书的重中之重。本书拟从实证和规范两个视角来分别研究阐述破解之道。本章首先从实证视角通过样本案例来展开研究。所有样本案例均来自中国裁判文书网。本书按两个时间段来检索:第一时间段是 2015 年 11 月 1 日至 2017 年 5 月 31 日,此时间段是《刑法修正案(九)》生效而《个人信息解释》未生效之时;第二时间段是 2017 年 6 月 1 日至 12 月 31 日,此时间段是《个人信息解释》生效后。之所以选这两个时间段的案例,原因有二:一是之前时间段的司法案例统计已有学者或数据公司研究,可以直接拿来参考;二是这两个时间段都具有非常意义,一个是《刑法修正案(九)》颁布后《个人信息解释》颁布前,一个是《个人信息解释》颁布后,两个时间段通过修法和司法解释使得侵犯公民个人信息罪的条文实质上有了很大的变化,在司法实践中也必然有体现。而且通过对两个时间段的案例进行对比也许能解答上述困境的缘由。在中国裁判文书网的高级检索中,本书选择了"案件名称"—"案件类型"—"文书类型"—"审判程序"—"裁判日期"这 5 项为检索条件,依次设置为:"侵犯公民个人信息罪"—"刑事案件"—"判决书"—"一审"—"2015 年 11 月 1 日至 2017 年 5 月 31 日"和"侵犯公民个人信息罪"—"刑事案件"—"判决书"—"一审"—"2017 年 6 月 1 日至 2017 年 12 月 31 日",符合条件的案例共有 461 个。剔除空白和重复的 28 个,共得到有效样本 433 个。本书按照地区、时间、行为类型、信息类型、信息用途、信息数量、获利情况、犯罪主体、年龄、学历、是否惯犯、是否再犯、量刑等 13 项对样本案例进行了内容提取,为该研究提供了实证数据。但由于案例的上传具有滞后性和选择性，以及本书检索及统计也可能存在瑕疵，所以这些实证数据的精准性必然达不到理工科所要求的程度，但本书尽力使其达到社会科学所要求的程度。

第一节　案例样本下个人信息犯罪的现实检视

本书利用自身统计的数据，同时借鉴相关学者的研究成果，以求能客观地呈现个人信息犯罪的司法现状。

一、个人信息犯罪的整体状况

1. 该类案件数量呈上升趋势，尤其《个人信息解释》颁布后这一特征更为明显

因本书统计的时间段为 2015 年 11 月 1 日到 2017 年 12 月 31 日，按照年份来统计的话，因为 2015 年时间过短，不具有统计意义，故只统计了 2016 年和 2017 年的。从表 4－1 可见，2016 年案件为 119 件，而 2017 年为 311 件，案件数量增长了 2.6 倍。如果按照本书分别检索的时间段统计，从表4－2可见，2015 年 11 月 1 日到 2017 年 5 月 31 日这一段时间案件数量为 182 件，而 2017 年 6 月 1 日到 2017 年 12 月 31 日的案件数量为 251 件。从时间上看，前一时间段是 1 年 7 个月，而后一时间段为 6 个月，前者是后者的 2 倍多，如果案件呈均态增长的话，那前者案件积累的数量应该远远超过后者，但事实却是令人大跌眼镜，后者不仅不比前者少，反而比其多 1.3 倍。那就说明，在《个人信息解释》颁布后，个人信息犯罪案件呈爆发式增长的态势。但审结的案件骤然增长，并不代表司法实践中此类案件真正的增多，可能侦查机关加大对该类案件的打击力度，使犯罪黑数减少，从而案件数量增多。所谓"没有刑法就没有犯罪"，也可能由于出台了新的司法解释，使得过去模棱两可的行为被确定为犯罪，抑或我国司法解释把过去不被认定为犯罪的行为也认定为犯罪，从而导致案件数量增多。关于个人信息犯罪，公安部于 2016 年①、2017 年②都开展了打击整

① 参见公安部：《公安机关强力打击整治网络侵犯公民个人信息犯罪》，载中国政府网 2016 年 9 月 26 日，http://news.163.com/16/0926/10/C1SOJ4QO00014PRF.html。

② 参见公安部：《打击整治黑客攻击破坏和网络侵犯公民个人信息犯罪专项行动取得阶段性战果》，载中国政府网 2017 年 7 月 18 日，http://www.gov.cn/xinwen/2017－07/18/content_5211559.htm。

治侵犯公民个人信息犯罪专项行动，所以第一种因素不存在。而《个人信息解释》对“其他非法获取方式”进行了具体的列举，把“交换、收集”“为了合法经营而购买”等过去有争议或不认为是犯罪的行为都认定为犯罪，这无疑增加了审结案件的数量。但根据本书统计，这一部分的增长量并不是很多（后面犯罪类型中会详细解读），故无法因此否定此类案件呈增长态势的判断。

表 4－1　个人信息犯罪案件数量（按年份）

单位：件

年份	案件数
2016	119
2017	311

表 4－2　个人信息犯罪案件数量（按时间段）

单位：件

时间段	案件数
2015.11.1～2017.5.31	182
2017.6.1～2017.12.31	251

2. 该类案件多集中在东部沿海地区，但重庆市 2017 年下半年案件数量骤然增多

从表 4－3 可见，东部地区的案件数量最多高达 254 件，占比约 58%；中部地区最少 55 件，仅占比约 13%；而西部地区仅次于东部地区 124 件，占比约 29%，竟然是中部地区的 2.3 倍。这个统计结果和其他学者或数据公司统计的不太相同，从东部地区案件数量比重来看，其他研究者得出的数据都远超 58%，高达 70%[①]或 80%[②]。但更为不同的是西部地区的占比，有学者统计其占比只有 3%[③]，有些学者并没有统计具体的比例，但都认可该类案件的数量和地区经济发达程度是一致的[④]，即西部地区作为经济最不发达的地区该类案件的数量应该是最少的。为什么本书的结论不同呢？是案例样本有问题还是该类案件分布真的发生了变化？经过分析发现，本书检索的案例样本的时间与其他学者或数据公司的不一样，其他的样本时间或 2013 年

① 参见国双司法大数据：《侵犯公民个人信息类刑事案件大数据分析报告》，载搜狐网 2017 年 6 月 26 日，http://www.useit.com.cn/thread-16617-1-1.html。

② 参见叶小琴、赵忠东：《侵犯个人信息犯罪的生成机制与防控对策研究——以 2014－2016 年的 650 份刑事判决书为样本》，载《太原理工大学学报（社会科学版）》2017 年第 2 期。

③ 参见叶小琴、赵忠东：《侵犯个人信息犯罪的生成机制与防控对策研究——以 2014－2016 年的 650 份刑事判决书为样本》，载《太原理工大学学报（社会科学版）》2017 年第 2 期。

④ 参见韩起祥、程明伦：《大数据时代侵犯公民个人信息类刑事犯罪的特点及对策》，载《法治吉林建设研究》2018 年第 1 期。

至2016年、2014年至2016年或2013年至2017年6月,而本书的是2015年11月至2017年12月。也就是本书案例样本起点时间比其他样本晚,结点也比其他的晚至少半年的时间。但这不能说明案例样本有问题,那是该类案件分布发生变化了吗？通过进一步的比对,本书发现西部地区的重庆市案例数量的异动是导致本书结论有异的原因。从表4-4可见,在2015年11月至2017年5月这一时间段,重庆市案例数量是5件;而在2017年6月至12月这一时间段就飙升至72件,短短半年案件数就是前一时间段的14倍。同样的结论被以律典通案例数据库为样本进行分析的报告所证实,在这一报告中,在2017年个人信息犯罪28个省市排名中,重庆市跃居第6名。[①] 这是否就可以改变过去的结论,认为西部地区该类案件数量超过中部地区了呢？本书认为还不能,因为其他西部地区的省市案件数量并没有异动,现在仅凭重庆市的变化而重新改变案件分布图为时过早。

表4-3 个人信息犯罪地区分布

单位:件

经济地区	案件数
东部	254
中部	55
西部	124

表4-4 重庆市个人信息犯罪数量对比

单位:件

时间段	重庆市案件数
2015年11月~2017年5月	5
2017年6~12月	72

二、个人信息犯罪的具体要素状况

(一)个人信息犯罪的行为对象

1. 该类犯罪所涉的个人信息数量呈增长趋势

根据国双司法大数据的统计,2013~2016年案件中平均涉及的公民个人信息

---

① 参见《2017年侵犯公民个人信息类犯罪大数据——你的信息都去哪了?》,载搜狐网2017年9月26日,https://baijiahao.baidu.com/s?id=1594446301170650194&wfr=spider&for=pc。

为70万余条,其中案件涉及最多的个人信息是3.4亿条。而从表4-5可见,2015年11月至2017年12月这一时间段中,涉及公民个人信息是百万条以上的案件数是30件,千万条以上的案件数是7件,亿条以上的案件数是5件,而且涉及公民个人信息数量最高的案件是10亿条。并且,通过对该样本的两个时间段对比,涉"亿"的案件数在《个人信息解释》颁布之后比之前多了3件,且前时间段的那1件涉及的公民个人信息数量是6亿条,而后时间段4件中涉及的最高数是10亿条。

表4-5　个人信息犯罪所涉不同个人信息数量案件数

单位:件

时间段	涉"百万"案件数	涉"千万"案件数	涉"亿"案件数
2015年11月~2017年5月	19	3	1
2017年6~12月	11	4	4

所以,不管是该样本整体和之前的样本对比,还是该样本内部后时间段和前时间段对比,都呈现了涉案的公民个人信息数量增长的趋势,且涉"亿"的案件数量增长最快。

2.该类犯罪涉"隐私个人信息"的案件数量虽占比低但呈增长趋势

隐私个人信息和一般个人信息属于理论上的分类,但是《个人信息解释》针对行踪轨迹信息、通信内容、征信信息、财产信息、住宿信息、通信记录、健康生理信息及交易信息等可能影响人身、财产安全的公民个人信息规定了更严厉的惩罚,而这些信息都可以归为个人隐私,所以可以认定立法层面上也认可隐私个人信息和一般个人信息的分类。从表4-6可见,2015年11月至2017年5月涉"隐私个人信息"案件数是41,而涉"一般个人信息"的案件数是139,涉"隐私个人信息"案件数占比23%;而2017年6月至12月涉"隐私个人信息"案件数是79,而涉"一般个人信息"案件数是172,涉"隐私个人信息"案件数占比31%。从中可以得知,虽然涉"隐私个人信息"案件的占比较低,但后一时间段涉隐私个人信息案件数不管是案件数量上还是占总案件比例上都呈上升趋势。

表4-6　个人信息犯罪所涉不同类型个人信息案件数

单位:件

时间段	涉"隐私个人信息"案件数	涉"一般个人信息"案件数
2015年11月~2017年5月	41	139
2017年6~12月	79	172

(二)个人信息犯罪的行为类型

1. 非法获取后出售的行为类型占比最大,表明此类犯罪职业化趋势越来越明显

国双司法大数据和韩起祥教授的统计都认为合法获取后出售的占比最大,分别为56.9%①和61.33%②,而他们的统计样本分别是2013年至2016年和2013年至2017年6月;而从表4-7可见,在2015年11月至2017年12月这一时间段中,合法获取后出售占比锐减到11%,而非法获取后出售占比为57%。这就表明此类犯罪已经由过去兼职赚外快模式转变为专职贩卖模式,从而对社会的危害性越来越大。

表4-7 个人信息犯罪行为类型统计

单位:件

时间段	合法获取后出售	非法获取后出售	提供	交换	窃取	购买	收受
2015年11月~2017年5月	21	104	4	4	1	46	0
2017年6~12月	24	119	55	17	7	26	5

2. 交易型犯罪中出售型和购买型案件数量不匹配,大多购买行为被出售行为所吸收

从表4-7可见,出售型犯罪总计268件,而购买型犯罪总计仅有72件。作为对向犯,有出售就有购买,而且刑法把这双方的行为都认定为犯罪,那么两种犯罪的数量应大体持平,但数据显示却相差3.7倍。根据对案例样本的分析,发现其原因在于把购买后出售的行为都归于出售型而适用于第253条之一的第1、2款而不再适用第3款,进而也表明,绝大多数罪犯获取个人信息的目的是出售牟利。

3. 提供型和交换型明显增多,意味着某些个人信息价值被稀释

从表4-7可见,提供型犯罪数量前段时间是4件,而后段时间是55件,后段时间是前段时间的13.75倍;交换型犯罪数量前段时间是4件,而后段时间是17件,后段时间是前段时间的4.25倍。人是逐利的,能把一种东西

① 参见国双司法大数据:《侵犯公民个人信息类刑事案件大数据分析报告》,载搜狐网2017年6月26日,http://www.useit.com.cn/thread-16617-1-1.html。

② 参见韩起祥、程明伦:《大数据时代侵犯公民个人信息类刑事犯罪的特点及对策》,载《法治吉林建设研究》2018年第1期。

无偿提供给对方，不管基于什么目的，至少说明这个东西价值小，即意味着某些个人信息经过多次转手被共享后，价值逐渐被稀释。

4. 窃取型增长较快，对新的个人信息有需求

从表 4－7 可见，单纯窃取型前段时间的数量是 1 件，而后段时间的数量是 7 件，增长 6 倍，这还不包括窃取后出售的行为，这种行为都被归入了非法获取后出售类型中。根据前述，一方面合法获取后出售的个人信息数量在减少，而另一方面黑市上对新的个人信息的需求旺盛且出价高，这就使得窃取行为的增长较快。而且这一趋势也和公安部的调查相一致，据公安部统计，近两年"黑客入侵网站非法窃取公民个人信息犯罪活动增多"。①

（三）个人信息犯罪的犯罪主体

1. 公职人员占比逐渐减少，非公职人员逐渐增多，总体犯罪人数呈增长趋势

从表 4－8 可见，2015 年 11 月至 2017 年 5 月公职人员犯罪有 21 人，而非公职人员犯罪有 175 人，总计人数有 196 人，公职人员占比 11%，非公职人员占比 89%；2017 年 6 月至 12 月公职人员犯罪有 20 人，而非公职人员犯罪有 234 人，总计人数为 254 人，公职人员占比 8%，非公职人员占比 92%。后段时间的犯罪人数比前段时间的犯罪人数还多 58 人，这表明总体犯罪人数呈快速增长趋势。同时公职人员犯罪在此类犯罪中占比小且呈下降趋势，表明随着惩罚力度的不断加大，其对公职人员的效果最明显，而对非公职人员的效果不佳。

表 4－8　个人信息犯罪不同身份犯罪主体统计

单位：人

时间段	公职人员	非公职人员
2015 年 11 月～2017 年 5 月	21	175
2017 年 6～12 月	20	234

2. 犯罪主体年龄主要集中在 20～30 岁，"90 后"占比大且呈增长趋势

从表 4－9 可见，前段时间"85 后"有 113 人，占比 57%；后段时间"85 后"有 215 人，占比 75%；两段时间总计"85 后"有 328 人，占比 67%，即小于 30 岁的犯罪人超过了六成。其中，"90 后"前段时间有 65 人，占比 33%，后

① 参见公安部：《打击整治黑客攻击破坏和网络侵犯公民个人信息犯罪专项行动取得阶段性战果》，载中国政府网，http://www.gov.cn/xinwen/2017－07/18/content_5211559.htm。

段时间有 121 人,占比 42%,两段时间相比较可见“90 后”犯罪人呈增长趋势。同时,根据表 4 -9,该类犯罪随着年龄的增长犯罪人数越来越少,故该类犯罪可以称为青少年犯罪。

表 4 -9　个人信息犯罪人年龄统计

单位:人

时间段	1990 年后出生	1985 ~ 1989 年出生	1980 ~ 1984 年出生	1970 ~ 1979 年出生	不详
2015 年 11 月 ~2017 年 5 月	65	48	20	10	55
2017 年 6 ~ 12 月	121	94	30	12	31

3. 犯罪主体中高学历占比少,初中学历占比最高,大专学历的增长明显①

从表 4 -10 可见,前段时间大学学历的有 20 人,占比 10%;初中学历的有 58 人,占比 29%;小学学历的有 5 人,占比 3%。而后段时间大学学历的有 28 人,占比 10%;大专学历的增长到 72 人,占比 25%;初中学历的有 49 人,占比 17%;小学学历的有 7 人,占比 2%。两段时间合计初中学历的占比最大,是 22%,其次是大专学历占比是 19%,大学学历占比是 10%,小学学历的占比最低是 2%。结合其他学者的研究结果,前段时间的学历比例与其他学者的研究结果相一致,而后段时间大专学历的激增,使得学历结构发生变化。这是否表明该类犯罪主体的学历结构真的发生了变化,从现有的数据来看还不能得出肯定的答案。因为,其一,案例样本中学历不详的比例太高;其二,没有相关结果相佐证,但这是不得不重视的一个现象。

表 4 -10　个人信息犯罪人学历统计

单位:人

时间段	大学	大专	高中	中专	初中	小学	不详
2015 年 11 月 ~ 2017 年 5 月	20	21	17	17	58	5	60
2017 年 6 ~ 12 月	28	72	36	31	49	7	69

4. 犯罪主体绝大多数属于惯犯

从表 4 -11 可见,前段时间惯犯有 190 人,占比 98%;后段时间惯犯有

① 因统计表中学历“不详”所占比例大,故本部分结论是否客观真实有待商榷。

240 人，占比 96%；两段时间合计惯犯有 430 人，占比 97%。这足以表明此类犯罪惯犯占绝大多数，这些惯犯或以此类犯罪的收入作为自己生活的重要来源成为职业犯，或形成实施此类犯罪的习性，成为此类犯罪的常习犯。

表 4－11　个人信息犯罪惯犯统计

单位：人

时间段	惯犯	偶犯
2015 年 11 月～2017 年 5 月	190	4
2017 年 6～12 月	240	10

三、个人信息犯罪的量刑状况

1. 该类犯罪量刑整体上较为轻缓，尤其 2017 年《个人信息解释》出台之前的时间段尤为轻缓

从表 4－12 可见，两个时间段拘役暂缓执行的有 26 件，有期徒刑暂缓执行的有 177 件，总计为 203 件，缓刑率占比 42%，接近一半。而且两个时间段的单处罚金有 16 件，拘役有 47 件，一共占比 13%，这都是轻微刑。并且 2015 年 11 月至 2017 年 5 月时间段判处有期徒刑（实刑）有 136 件，占比 68%，即将近七成的案件都判处了有期徒刑（实刑），但是实际判处的有期徒刑的刑期却是轻缓的，平均只有 12 个月。

表 4－12　个人信息犯罪量刑统计

单位：件

时间段	罚金	拘役（缓刑）	拘役（实刑）	有期徒刑（缓刑）	有期徒刑（实刑）
2015 年 11 月～2017 年 5 月	4	3	13	43	136
2017 年 6～12 月	12	23	8	134	113

2.《个人信息解释》颁布后量刑幅度明显加重

根据表 4－13，2015 年 11 月至 2017 年 5 月时间段判处 3 年以上有期徒刑暂缓执行的只有 2 件，同时判处 3 年以上有期徒刑实刑的只有 1 件；而 2017 年 6 月至 12 月时间段判处 3 年以上有期徒刑暂缓执行的激增至 48 件，同时判处 3 年以上有期徒刑实刑的激增至 57 件。并且判处的最高刑期，前段时间是 3 年，而后段时间是 5 年。同时根据本书统计，前段时间有期徒刑实刑的平均刑期是 12 个月，而后段时间有期徒刑实刑的平均刑

期增至28个月,增长了2倍多。

表4-13 个人信息犯罪重刑统计

单位:件

时间段	3年以上有期徒刑(缓刑)	3年以上有期徒刑(实刑)
2015年11月~2017年5月	2	1
2017年6~12月	48	57

总之,案例样本表明:个人信息犯罪呈高发态势,尤其是《个人信息解释》颁布之后;犯罪主体多为青少年且绝大多数为惯犯;受惩罚的犯罪行为多为非法获取后出售,其他行为处罚较少;量刑呈加重态势。

第二节 案例样本所呈现的个人信息犯罪高发的原因剖析

一、经济层面的原因

(一)信息社会使个人信息成为生产要素之一,自身的无穷价值催生了侵犯公民个人信息犯罪的高发

自人类诞生构建社会以来,从生产力角度可分为农业社会、工业社会和信息社会。"信息社会"一词最早由日本学者梅棹忠夫在1964年提出,之后被人们广为接受并使用。相对于已成为过去式、概念清晰的农业社会、工业社会而言,信息社会迄今还并没有定型,仍然处于不断发展成熟过程中。其与农业社会、工业社会的本质区别是什么,尚没有清楚的认识。[①] 但达成共识的是,信息技术革命开启了信息社会,随着信息技术的飞速发展,带动了社会方方面面的变化,所以信息社会是与农业社会、工业社会等相对而言的一种技术社会形态。在工业化社会之后,以信息科技的发展和应用为核心的高科技社会,是信息、知识起主导作用的知识经济社会。[②] 给一种新的社会形态冠名为信息社会就足以表明,"信息"在信息社会中无与伦比、独一无二的地位。不过在不同阶段,信息有不同的含义。在计算机时代,信息可以等同于数据,就是一堆二进制数字;也可以理解为一种技术。等到互联网出

---

① 参见孙伟平:《信息社会及其基本特征》,载《哲学动态》2010年第9期。

② 参见孙伟平:《信息社会及其基本特征》,载《哲学动态》2010年第9期。

现后,信息成为互联网时代最重要的资源,可以与农业社会的土地、工业社会的资本相媲美。但它们的性质却截然不同,信息既不是物质也不是能量,它不是本体论上的,而是认识论上的范畴。它是物质与主体相互作用所形成的意义,是我们看出来、听出来和想出来的东西,而不是本来就有的东西,对信息只能做认识论的解读而不能做本体论的解读。① 同时,也可以把信息认为是无形资本或是权力,掌握它就可以掌控经济发展的脉动。随着互联网的快速普及,无数人都被网络进去,在网络空间遨游,留下海量的数据,尤其是移动互联网普及之后,这种现象更为普遍,同时随着大数据、云计算等新信息技术的出现,处理数据的能力大大增强。至此大数据时代出现了,满足了“4V”特征即数据的多样性(variety)、数据具有价值但价值低(value)、数据体量大(volume)和数据处理速度快(velocity)。所以,大数据并不是仅仅指处理的数据量庞大,而是指一种新的数据或信息搜集、处理和应用模式②,故称之为一个新的时代并不为过。大数据的核心是预测,它是把数学算法运用到海量的数据上来预测事情发生的可能性,③而预测的基础则是数据即信息,所以信息在大数据时代变得越发重要了。而大数据预测依赖的技术是个性化技术,作为大数据时代最重要的技术,其依赖的基础信息就是个人信息,所以个人信息在大数据时代占据了“舞台”的极其重要位置。总之,在这三个时代,信息从技术到内容,重要程度由弱变强,作为信息一部分的个人信息重要性也日益凸显。因为重要,拥有它就可以获得利润,故信息不仅成为资本追逐的对象也成为犯罪分子青睐的对象。

(二)互联网企业无规则地搜集海量个人信息,这些信息成为个人信息犯罪高发的诱因

在互联网和移动互联网成为人们工作和生活不可或缺的必备品的时代,特别是在以大数据、物联网、云计算、人工智能等新信息技术为背景的被称之为“工业 4.0”的产业革命中,数据信息逐渐取代了用户活跃度和流量,成为核心的价值取向和互联网平台竞争的主要资源。④ 为了使企业具有更强

---

① 参见肖峰:《重勘信息的哲学含义》,载《中国社会科学》2010 年第 4 期。

② 参见丹陶:《大数据“ABC”》,载《中国记者》2014 年第 3 期。

③ 参见[英]维克托・迈尔－舍恩伯格、肯尼思・库克耶:《大数据时代:生活、工作与思维的大变革》,盛杨燕、周涛译,浙江人民出版社 2013 年版,第 16 页。

④ 参见朱巍:《尊重公民隐私权是信息时代的底线》,载《光明日报》2017 年 11 月 30 日,第 12 版。

的竞争力,不论是百度、阿里、腾讯等这些互联网巨头企业还是一些小型的互联网企业都在搜集用户的个人信息。这种搜集行为一本万利,只要拥有网络平台,个人信息就会源源不断地进来,不管体量有多大,现有的信息技术都能储存。而且还运用大数据技术,把初次搜集的个人信息进行加工二次运用,成为新类型的个人信息。互联网企业这种无节制搜集、存储、加工个人信息的行为,使得这些个人信息成为犯罪分子觊觎的对象。一旦被黑客入侵或犯罪分子采取其他方式窃取,这些海量的个人信息就会流入信息黑市中,对其的出售、提供、收受、交换等行为都构成了个人信息犯罪。被搜集的海量个人信息的每一次泄露,就像给个人信息黑市注入了新鲜的"血液",使得黑市中的犯罪分子再次活跃起来,形成一次个人信息犯罪的新高潮。例如,2018 年 8 月 20 日堪称"史上最大规模数据窃取案",犯罪分子非法窃取了 30 亿条用户个人信息,而这些个人信息分别来自百度、腾讯、阿里、今日头条等全国 96 家互联网企业。虽然案件被侦破,但 30 亿条用户个人信息却无法收回,已经流入信息黑市中,接下来就是新一轮个人信息被买卖,个人信息犯罪的高潮又会再现。

(三)个人信息只生不灭、共享的特性也催生了个人信息犯罪的高发

前已述,信息既不同于物质也不同于能量,它具有新型的特质。不论是物质还是能量,它们都具有占有的唯一性和排他性。但信息却具有共享性、非排他性,在同一时空下,它可以同时被多人所知晓且不会随着时间的流逝而价值受损。作为信息的重要成员——个人信息同样也具有这种特质。在犯罪领域,在有犯罪对象的具体犯罪中,犯罪对象的命运大体有三种,或灭失或损坏或物归原主。有些犯罪对象在犯罪行为完成后就灭失或损坏,例如,故意杀人或故意伤害或故意毁坏财物,而有的犯罪对象在犯罪被侦破后可能完好无损地返回原主。而个人信息犯罪出现后,犯罪对象有了第四种结局——共享。作为犯罪对象的个人信息,不论犯罪行为发生还是犯罪已被侦破,它的命运只有一个就是被更多的人所知晓。所以,即使案件告破,被泄露的个人信息仍然留在信息黑市中,还会不断地被买卖。而随着被泄露的个人信息越来越多,旧的不去新的又源源不断涌来,信息黑市中的个人信息只会越来越多,而又因为个人信息不具有唯一性,相同的个人信息可以同时被不同的犯罪分子去交易。展现在我们脑海中的场景就是:不设限的人到越来越大的黑市信息池中去捞取相同或不同的个人信息去不断地交易,个人信息越来越多且被越来越多的人所知晓,那结果就是个人信息犯罪越来越高发。

二、文化层面的原因

信息社会与农业社会、工业社会不同之一就是它通过信息技术尤其是新信息技术开创了全新的空间即网络空间(Cyberspace)。这个由 20 世纪 80 年代科幻作家威廉·吉布森(William Ford Gibson)发明的词汇,自产生后就被广泛使用,但它现在的含义已经与初创时大不一样。现在一般指是以信息科技为基础构建的虚拟空间,其成为和物理空间、心理空间并列的第三空间,亦是与海、陆、空、天并列的第五空间,足以表明其在现今社会的重要性。随着网络空间的产生和普及,我国网民的人数节节攀升,根据第六届世界互联网大会发布的《中国互联网发展报告 2019》可知,截止到 2019 年 6 月,我国网民规模已达 8.54 亿人。这些网民游走穿梭于网络空间和物理空间,在行为方式、思想观念、生活方式等方面与过去只生活在物理空间中发生了翻天覆地的变化,进而产生了一种新的文化形态——网络文化。“网络文化”是“文化”发展到信息时代的必然产物。[①] 相对于传统文化,网络文化有其不能及的优点。推崇技术革新、人人平等等理念,但这并不是它的贡献,因这些在十七八世纪的启蒙时代就被提出,而它的贡献在于运用技术手段来实现这些理念,尤其在一些不发达国家。但这并不是本书的重点,本书所关注的是它的负面影响即网络亚文化。作为犯罪学中亚文化的属概念,网络亚文化并不是指网络文化本身,而是指其中某些带有消极因素,甚至是带有反社会倾向的文化成分。[②] 也就是说网络亚文化是网络文化中与越轨、犯罪有关的文化成分。而本书对这些文化成分总结为:包括黑客亚文化、消费文化和隐私观念虚无。

(一)黑客亚文化对个人信息犯罪的影响

黑客(hacker)一词源自美国,最初是特指美国麻省理工人工智能实验室里计算机技术高超的程序员,后泛指拥有超级计算机技术的精英。他们的任务就是纠错、改进和创造计算机软件系统。所以,黑客最初虽不能完全被认定为褒义词,但至少是中义词。当时的黑客信奉“利维原则”,其内容包

---

① 参见朱家安:《论网络文化对现代人传统道德观的影响》,载《中国教育学刊》2014 年第 4 期。

② 参见芦琦:《网络社会中的法律文化及网络亚文化问题探析》,载《华东政法学院学报》2006 年第 3 期。

括:①对计算机的使用应该是不受限制和完全的;②所有的信息都应当是免费的;③怀疑权威、推动分权;④计算机使你的生活变得更好;⑤任何人都可以在计算机上创造艺术和美;⑥应该用黑客的高超技术水平来评判黑客而不是什么正式组织用他们的不恰当标准来判断。[①] 从他们信奉的"利维原则"可以归纳出,当时的黑客文化包含技术优于一切、信息免费、认同民主精神、反抗权威、道德优越感。后来个人计算机(PC)发明并被免费推广以及windows及office不断地被破解就是黑客文化实践的产物。后到了20世纪80年代,随着计算机互联网商业价值凸显和软件版权保护的出台,部分黑客经受不住巨大商业利益的诱惑,放弃了前辈信奉的"信息免费"原则,利用计算机技术获取巨额利润。甚至还有部分黑客利用计算机技术窃取信息或破坏计算机系统,通过出售或勒索获取不正当利益。至此,黑客变得复杂起来,分化出了骇客等类型,而骇客就是前述第三种利用计算机技术获取不正当利益的黑客类型。此时,黑客文化相应地也出现了变化,最大的变化就是"信息免费"理念。正宗的黑客仍然遵守其本真含义即运用计算机技术获取政府利用权力或企业为了利润而垄断的信息,免费让民众使用以获取声誉;而骇客却利用计算机技术从政府或企业那里"免费"获取信息,民众使用采取收费模式,但自己却认为是正当的。至此,黑客亚文化从黑客文化中变异出来了。而在中国,黑客文化即等于黑客亚文化,这与"黑客"这词的"原罪"有关。其原因有二,一是把hacker翻译成黑客,这属于音译无可厚非,但黑客这词本身具有贬义。在中国文化的语境中,人们自然而然地就将其与"夜行客"一类形象混淆,产生了强盗、窃贼之类的联想;[②]二是黑客一词是20世纪90年代传入中国的,传入时就以计算机犯罪分子的形象出现,让人们误以为这就是其本真含义。所以,在中国,黑客文化其实就是骇客文化也称为黑客亚文化。其表现为蔑视权威,认为技术可以改变一切,具有强烈的反叛精神,最为重要的是对自己非法入侵计算机或窃取信息的行为道德化,认为这是正当的且认为这才是真正的黑客精神。受这种黑客亚文化的影响,黑客进入政府或企业的计算机系统窃取公民个人信息的行为在他们眼里并不是犯罪,不仅不是犯罪反而是他们价值的体现,以致这种现象频频出现。

---

① 参见严耕、陆俊:《网络悖论——网络的文化反思》,国防科技大学出版社1998年版,第292页。

② 参见杜宇、杨昂:《黑客现象及其法文化意蕴》,载《学术交流》2000年第6期。

（二）消费文化对个人信息犯罪的影响

中华民族一直以勤劳节俭著称于世，但这个形象却被慢慢改变。改革开放以来，随着经济政策的改变，生产力得到了解放，人们的劳动热情大增，并且随着科技的发展，机械化生产程度越来越高，故而使得物质产品极大丰富。在满足了人们基本的衣食住行外，产品还有剩余。于是，亚当·斯密"勤俭节欲型"的经济理论不再受欢迎，而凯恩斯提倡消费的理念大行其道。"节俭和储蓄固然是一种美德，但不利于社会发展；浪费和奢侈固然是道德劣行，但对社会有好处。"①提倡消费、拉动内需成为政府和商家的共识。于是不论从商业产品宣传还是官方媒体报道都在培养人们消费的理念，并且还配套相应的各项措施，比如信用卡大量发行、分期付款等。慢慢地，消费不再是过去为了满足自身的需求的单纯的购买行为，而是对自身欲望的满足，并且这些欲望往往并不是自身所必需的，而是被培养出来的。所以，消费不再是一种权利，而是一种义务和责任，并且也是一种符号，成为一个人展示自我、身份和地位的象征。尤其伴随着信息技术的飞速发展，现代传媒传播方式的改变，消费俨然已经构建起了一整套全新的符号话语体系，生活在其中的每一个人都笼罩在消费文化的阴影下。在乡村社会和工业城市这些传统的身份认同的符号体系崩塌后，消费成为个体身份认同的捷径。不同的消费水平，彰显不同的阶层。网络的炫富者成为人们艳羡的对象，要想进入富人圈子，奢侈消费是有效的途径。而消费的前提是要有足够的金钱，所以在这种消费文化的浸淫下，快速获得金钱的欲望比以往任何时代都强烈。在这种时代背景下，整天沉浸在网络中的无所事事的青少年们，发现贩卖个人信息是快速获得金钱的一个"不错"的选择。

（三）隐私观念薄弱对个人信息犯罪的影响

虽然我国在法律层面上确立了隐私权，但隐私意识并没有真正深入人心，它只存在于少数人的观念中，对于广大民众来说它是陌生的存在。深究原因大概是其属于舶来品，与依然有强劲影响力的传统文化观念不相符。学界普遍认为我国传统文化中没有隐私的生存空间，这种观点有失偏颇。一般认为隐私源于人的羞耻心，其最早表现为对身体敏感部位的遮掩，以及后来的对两性行为的隐藏。我们可以把最早期的隐私概括为对身体的隐

① 周笑冰：《消费文化及其当代重构》，人民出版社2010年版，第166页。

私,这一层面上的隐私我国传统文化是肯定并提倡的。我们传统文化所欠缺的是后期西方社会发展出来的形而上的隐私即不受打扰的安宁、独处的空间、不被披露的个人信息等。我们可以把这一层面上的隐私概括为交往的隐私,交往的隐私在中国传统文化中是没有存在空间的。首先,传统中国信奉“德治”,选拔德行优良的人成为官员,且要求臣民也要过一种道德的生活。那如何考察“道德的人”呢?道德往往是思想层面上的,而要评判一个人是否是道德的人,就要深入他生活的方方面面,或者让他全景展示自己的生活,这必然包括对他私生活的考评。而考评者可以是围绕在他身边与其相识的任何人,包括上级官员、家人、邻居等。生活在这种模式下的人们,是不能拒绝他人对你的考评的。因为一旦拒绝,他就会被扣上鬼鬼祟祟、不光明磊落的“帽子”。人们就会认为他在暗地里干某些见不得人的勾当,他就被认定为不道德的人,那他在这个社会就丧失了立足之地更不要说建功立业了。其次,家国同构的理念也使得隐私空间无法生存。传统文化把家庭中基于天然的差序格局扩展到了国家层面,所以,家长基于自然的优势对子女身心有绝对的控制权,这导致子女根本就没有隐私的可能,同时这种关系扩展到了统治者和被统治者之间,形成“父母官”和子民之间的关系,那在社会层面上,众多子民隐私的空间也被“父母官”剥夺了。虽然现代社会传统文化的影响已经严重被削弱,但交往隐私的薄弱却影响深远。尤其到了网络时代,技术让窥探更为便利,这进一步瓦解了隐私的空间。在这种隐私薄弱的环境下,以数字方式存在的个人信息在大多数民众观念中根本就不是隐私,而在犯罪分子眼中它只是能换取金钱的符号。

三、个体层面的原因

根据前述案例样本,个人信息犯罪的主体绝大部分年龄在20~30岁,所以可以称之为青少年犯罪。故个人层面的原因就从青少年视角来分析。

(一)青少年网民道德体系尚未建构是引发个人信息犯罪高发的诱因

根据人们主要活动场所的不同,人类社会的发展轨迹是乡村社会、城市社会,然后是信息网络社会。其中,乡村社会是一个熟人社会,城市社会是一个陌生人的社会,网络信息社会则是一个匿名的社会。[①] 根据龚群教授的

① 参见龚群:《网络信息伦理的哲学思考》,载《哲学动态》2011年第9期。

观点,这也是一个道德程度逐渐降低的过程。网络社会具有匿名性、虚拟性,每一个活跃其中的人就像穿上了隐身衣,只是一个数字化符号的存在。在这种情况下,过去借由肉体规制意志的道德体系已然崩塌。而网络空间是一个全新的空间,没有任何道德观念可以传承。且网络社会与传统物理社会也截然不同,亦没有任何道德体系可以借鉴。人性中固有的恶性一直都存在冲破道德防线展示自我的强烈冲动,而天生就蕴涵着反对道德约束基因的网络空间正好给其提供了广阔的舞台,两者一结合,俨然使网络空间成为作恶的"天堂"。再加上由于现代社会的飞速发展,快速的生活节奏、贫富差距大、房价居高不下等都导致人们面临着巨大的压力,为了缓解这些压力,人们就需要一个发泄的空间,而网络空间正是一个理想的空间。

但网络空间毕竟并没有代替传统物理空间,它只是和物理空间并存的一个人为空间。对于那些极少甚至不上网的老年人来说,网络空间对于他们而言就像是遥不可及的星空一样,所以他们不属于这里讨论的对象。而40岁以上的中年人,虽然许多也是资深网民,但是能规制他们行为的道德体系已然在网络社会出现之前建构,所以网络空间的道德虚空对他们的影响并不太大。而青少年作为"网络原住民",传统物理空间的道德体系对其的规制大大弱化,而网络空间的道德体系对于他们自身的道德观念的形成是至关重要的。但是现今网络空间的道德体系不仅没有建立起来,还充斥着前文所述的黑客亚文化、消费主义及隐私观念虚无等这些亚文化,这对于青少年道德体系的建构无异于雪上加霜。并且网络文化中的数字化、多媒体和虚拟技术提供的各种超现实的图像和声音为人的感官系统提供了丰富的感性刺激,感官刺激削弱甚至有可能取代人们的思维意识功能,使人们的大脑沦为各种现成的、缺乏思考的知识图片和声像的信息接收器,导致人们大脑的感性思维和理性思维功能逐渐退化,加剧了人们道德理性的丧失,[①]这进一步瓦解了青少年所形成的脆弱的道德观念。面对网络上盛行的个人信息犯罪,应该起到防御作用的道德体系没有建立起来,就长驱而入地进入了青少年的行为体系。

(二)青少年自身的身心特性也是个人信息犯罪高发的诱因

前已述,青少年之所以成为该罪的主体,是和他们的"天然优势"即与网

---

① 参见张元、丁三青、李晓宁:《网络道德异化与和谐网络文化建设》,载《现代传播(中国传媒大学学报)》2014年第4期。

络相伴成长有密切关系。除此之外,和他们自身的身心特性也有关系。

青少年时期属于一个人发展的重要阶段,这个阶段有其独特的心理特征和身心需求,而这些往往成为其实施该罪的诱因。第一,青少年猎奇心强,再加上精力旺盛,所以对一切新鲜的事物都抱有无穷的热情。这一心理是把"双刃剑",如果把其用在正当事物上,那就会成为栋梁之材;而如果把其用在不正当事物上,则会贻害无穷。恰恰有些青少年把其用在窥探他人的网站或个人信息上,所以相应的犯罪就产生了。第二,青少年模仿性强,受黑客亚文化影响,把黑客视为偶像,模仿骇客的行为入侵他人网站或窃取公民个人信息。第三,青少年自我实现的意识强烈,向往自由的生活,但前提是要有经济基础。而那些没有受过良好的高等教育的青少年,要想在这个社会谋取一个高薪的职业可能十分困难。但为了满足自己的自我实现的心理,就不得不铤而走险,去实施回报高且风险小的犯罪,而个人信息犯罪符合这种犯罪的特征。这正与前述该罪的罪犯学历低相符。第四,青少年自制力差,对于低成本高收益的犯罪行为易于上瘾。个人信息犯罪全程在网络上实施,犯罪对象都是一些符号,只需点一点键盘,犯罪行为就已完成。这种犯罪,侦查难度大且道德负罪感近乎无,所以属于低成本犯罪,但是收益却高。从心理角度说,每一次犯罪的成功实施,就会给人带来胜利的快感,获得自我认知的肯定,并且犯罪所得换取的物质利益亦能给身心带来愉悦的体验,这都起到了阳性强化作用。而不去犯罪,自我认知的可能无法获得,进而会产生挫败感,而也无物质利益愉悦身心,造成身心的痛苦,为了对抗这种挫败和痛苦,不得不再次去实施犯罪,这起到了阴性强化作用。在这一阳一阴的双重作用下,犯罪成瘾的特性就形成了。而青少年的自制力无法抵抗这种成瘾的心理,所以导致其一而再再而三地实施该罪。这也就解释了为什么前述样本分析得出该罪几乎都是惯犯的原因。

四、法律层面的原因

(一)前置法的缺陷导致个人信息犯罪防御机制根基不牢

人们期盼已久的《个人信息保护法》终于在 2021 年 8 月颁布,其与《民法典》《网络安全法》《数据安全法》等有关法律规定一起形成相当完善的个人信息犯罪的前置法。《个人信息保护法》的颁布虽然填补了个人信息犯罪最重要的前置法的缺位,而且随着它的颁布,很多积弊已久的问题也迎刃而解,但是通过对其条文的研究,遗憾地发现仍然存在不少问题,从而使个人信息犯罪防御机制的根基不够牢固。

首先,促使控制个人信息的企业形成自律的相关机制有待强化。企业自律就像是个人道德,如果形成企业自律,则无需外部的法律规制,其也不会损害个人信息。但企业要自律,是要付出高昂的管理成本的。而且如果没有自律环境,只有自己自律,而其他企业不自律,那么“劣币驱逐良币”,自律的小企业很难存活。现状就是如此,根据《2017 年个人信息保护年度报告》可知,平台隐私政策透明度的分布都是陡峭的金字塔型,即透明度高的极少,透明度低则占到绝大多数,超过总数的 80%,互联网金融类和购物类的占比甚至高于 90%。[①] 在本身没有行业自律的传统,也没有外部强制规制,并且自律还会给自身带来不利后果的情况下,控制个人信息的企业就没有动力采取保护个人信息的相关措施。但有学者一定会认为,以上是《个人信息保护法》颁布之前的现状,随着《个人信息保护法》的落地,这一问题会得到有效的解决。虽然《个人信息保护法》在第五章规定了促使行业自律的措施,如要求制定合规制度、设立个人信息保护负责人、定期进行合规审计等,但这些都由于没有独立的监管机关而大打折扣,容易沦为没有牙齿的法条。

其次,民法领域的第一道防线没有形成。为了很好地保护一客体,应先对其进行民事确权,把其明确规定为一项权利,让民众知晓其不容侵犯,并且相应的规定其受侵犯后应承受的法律后果,进行民事归责。可惜的是,关于个人信息,我国在民法上并没有这么做。虽然 2017 年 3 月通过的《民法总则》(已失效)第 111 条规定:“自然人的个人信息受法律保护。任何组织或者个人需要获取他人个人信息的,应当依法取得并确保信息安全,不得非法收集、使用、加工、传输他人个人信息,不得非法买卖、提供或者公开他人个人信息。”但这只是行为规制,并没有确权,也没有相应的法律归责,属于“没有牙齿的法律”。被寄予厚望的 2020 年 5 月 28 日通过的《民法典》只是把《民法总则》第 111 条规定原封不动地拿过来,并没有作任何变动。虽然在第四编第六章新增了六条关于个人信息保护的条款,但是这些条款也并没有明确对个人信息进行确权。而这在之前司法实践中体现得比较明显,例如,最高人民法院发布的第一批涉互联网典型案例中庞某鹏案,该案原告

---

① 参见南都个人信息保护研究中心:《2017 个人信息保护年度报告》,载每日科技网 2018 年 1 月 30 日,http://www.newskj.org/yw/20180130108980.html。

庞某鹏通过“去哪儿网”购买东航的机票后，就收到了与所购航班机票相关的疑似诈骗信息的短信，于是起诉两公司泄露个人信息，要求赔偿。该案一审由北京市海淀区法院审理，庞某鹏败诉。二审由北京市第一中级人民法院审理，以两公司侵犯隐私为由要求向庞某鹏赔礼道歉三天，驳回其他诉讼请求。该案表明在民事领域，关于个人信息的保护，只能把其属于隐私的那一部分归入隐私中，用隐私权对其进行间接保护。

最后，行政领域的第二道防线仍需严密。《个人信息保护法》出台之前，与个人信息保护有关的法律法规中，大部分都属于行政法规，但这些行政法规除了少数几部有明确的法律后果的规定，例如，《居民身份证法》第 19 条规定，“国家机关或者金融、电信、交通、教育、医疗等单位的工作人员泄露在履行职责或者提供服务过程中获得的居民身份证记载的公民个人信息……尚不构成犯罪的，由公安机关处十日以上十五日以下拘留，并处五千元罚款，有违法所得的，没收违法所得”，大部分都是一些原则性、宣誓式的条款，例如，2016 年修订的《旅游法》第 52 条规定：“旅游经营者对其在经营活动中知悉的旅游者个人信息，应予以保密。”新颁布的《个人信息保护法》第七章规定的法律责任在很大程度上解决了这一问题，但仍存在问题，需进一步严密。其表现为：(1)我国《行政诉讼法》《行政复议法》等法律中，没有给予对侵犯公民个人信息处理不当行为的行政救济规定；(2)《个人信息保护法》仍然没有回应学界呼声设立独立的监管机构，虽然明确了国家网信部门负责统筹协调监督工作，但仍然规定不同类型的个人信息由不同部门管理，那国家网信部门和其他部门之间的分工权限到底如何界定，仍是一大问题。如果日后没有相关细则出台，其实质上仍和过去没有太大区别。

(二)《个人信息解释》颁布及不当解读、刑法规定不完善是导致个人信息犯罪高发的因素

根据前述案例样本的分析，个人信息犯罪在《个人信息解释》颁布后呈激增状态，且案例多惩罚的是非法获取后出售的行为，其他犯罪行为惩罚的较少。那么从刑法层面上，导致个人信息犯罪高发的原因如下：

其一，由于《个人信息解释》的颁布，使其过去一些模棱两可或不被认定为犯罪的行为也认定为犯罪。例如，“购买、收受、交换”公民个人信息的行为，在该解释出台之前，是否属于“非法获取行为”在理论上一直有争议，其中有力观点认为这些行为不属于“非法获取行为”，例如，“非法获取”的行为手段应与窃取具有大致相同的危害性，因而，除窃取之外，通过骗取、利诱、

胁迫、抢夺、抢劫、恐吓、非法侵入他人计算机系统等法律明文禁止的手段而获取的,均可视为“非法获取”[①];非法获取公民信息罪的典型犯罪手段——“窃取”则表明,本罪要求信息获取手段本身必须具有非法性。也就是说,抢夺、抢劫、诈骗、胁迫等方法可以成为“其他方法”的核心内容,但那些具有中性或合法性特征的方法(如赠与、购买、交换)便无法当然地视作“其他方法”的组成部分。[②]《个人信息解释》把“购买、收受、交换、收集”等行为解释为属于“非法获取行为”,司法机关把该解释适用于司法实践中,扩大了犯罪圈,相应的案件数量一定会上升。再就是,在司法实践中,配合《个人信息解释》的颁布,公安部开展了针对个人信息犯罪的专项行动,加大了对该类犯罪的打击力度。作为犯罪黑数很高的犯罪,加大打击力度,自然犯罪数量就会大幅上升。

其二,作为源头犯罪行为——窃取公民个人信息,由于犯罪成本低,收益高,所以犯罪数量呈上升趋势。根据本书的案例统计,在《刑法修正案(九)》后到《个人信息解释》颁布之前,窃取公民个人信息案件只有1件,占所有案件比例勉强为0.01%。在《个人信息解释》颁布后窃取类案件增至7件,占所有案件的比例为0.03%。虽呈增长态势,但数量极低。其实由于该类犯罪行为侦查难度极大,故犯罪黑数很高,进入司法视野一件,其背后相应地可能会有十件、百件甚至万件。这一现象根据本书的样本能得到证实,在黑市中交易的个人信息,一是来源于合法获取后出售、提供,二是来源于窃取。而根据案例样本,公职人员犯罪比例呈下降趋势,也就是表明随着国家加大惩罚力度,公职人员犯罪成本加大,犯罪比例下降。这也就意味着通过公职人员出售或提供的进入黑市的公民个人信息数量减少了,但是根据样本显示黑市中的个人信息交易量并没有减少,反而增加了。那就表明通过窃取方式流入黑市的个人信息数量在增加,窃取公民个人信息的犯罪行为在增长。由于这种犯罪是个人信息犯罪的源头犯罪,其他出售、提供、购买、收受、交换等行为都有赖于它给提供新的个人信息。也就是说,一次窃取所泄露的公民个人信息,通过不断地买卖、交换等行为,可能会引发成百上千件案件的发生。

---

① 王邵武、肖凯:《侵犯公民个人信息犯罪认定中的若干问题》,载《法学》2009年第12期。

② 参见张玉洁:《论“非法获取公民个人信息罪”的司法认定——基于190件案例样本的分析》,载《华东政法大学学报》2014年第6期。

其三,非法收集行为没有受到实际的规制。虽然《个人信息解释》第 4 条中规定:"在履行职责、提供服务过程中收集公民个人信息的,属于刑法第二百五十三条之一第三款规定的'以其他方法非法获取公民个人信息'",但就本书所收集的案例中,几乎没有一例是因收集公民个人信息而获罪的。这并不是说司法实践中没有非法收集公民个人信息的行为,恰恰相反,在司法实践中几乎所有的互联网企业都在收集公民个人信息。虽然有些企业表明了"隐私条款",但要求用户同意获取个人信息的条款隐藏在众多的条款中,往往看不到,或者即使看到,这也是霸王条款,用户要想获得服务不得不同意对方收集其个人信息。如果说这些行为不构成非法收集,但那些没有明示隐私条款的行为就属于非法收集,这些企业没有一个因此受到刑事追究。没有收集,就没有泄露。之所以有海量的个人信息进入黑市,就是因为有众多的企业搜集了海量的个人信息。

其四,对单位违反监管职责没有有效的刑罚条款,所以持有海量个人信息的单位没有尽到保护个人信息应尽的职责。近些年来,泄露公民个人信息的报道此起彼伏,例如 12306 信息泄露、携程信息泄露、网易邮箱信息泄露等,近期又爆出华住集团旗下包括汉庭、全季、美爵、桔子等酒店 1.3 亿条身份信息、2.4 亿条开房记录在暗网中销售[①],这些报道出来后,大部分企业要不保持沉默要不声称是谣传,即使事后被证明是真的,也没有企业因此受到刑事处罚。虽然刑法有相关条款即《刑法修正案(九)》新增的第 286 条之一拒不履行信息网络安全管理义务罪,但该罪入罪门槛较高,它要求经监管部门责令采取改正措施而拒不改正,致使用户的公民个人信息泄露,造成严重后果的才构成犯罪。根据前述,我国目前统一的监管部门不存在,不同领域的主管部门的监管职责也不明确甚至没有规定,导致事前很难做出责令改正的决定,没有这个前置条件,那单位即使没有尽到管理义务导致公民个人信息泄露也不构成该罪。所以导致众多单位尤其是规模以上的单位有恃无恐,进而也没有外部压力要求其采取有力措施保护其持有的公民个人信息,例如,2017 年全国人大常委会开展网络安全执法检查后所做的执法报告中提到,有的互联网公司和公共服务部门存储了大量个人信息,但数据库的安

① 参见颜之宏:《"华住"开房记录成批泄露　个人隐私保护再上风口》,载新华社网,http://www.xinhuanet.com/yuqing/2018-08/29/c_1123349689.htm。

防技术严重滞后,容易被不法分子窃取和盗用。① 故很多单位被黑客采取撞库、拖库等攻击手段窃取海量公民个人信息,从而导致个人信息流入黑市。

第三节 防控个人信息犯罪机制的构建

根据菲利的犯罪饱和论,“自然的和社会的环境,借助于行为人先天遗传的和后天获得的个性倾向及其他偶然的刺激,必然决定一个国家某一时期的犯罪在质和量上的程度”。② 所以,在信息时代,个人信息犯罪一定会存在,我们的目标只是把其数量控制到最低的程度。那么,针对经济方面的防控机制就是空白的,因为如果在这方面采取防控措施的话,最有效的就是采取相关措施阻止信息社会的发展甚至采取极端措施使社会倒退到非信息社会,不要说事实上有没有这样的措施即使有也断不能采取这样的措施“开历史的倒车”,违背历史发展的规律。所以,我们的防控机制是建立在信息社会发展的基础上,在道德、技术、法律层面上构建的,其目标不是消灭个人信息犯罪,而是通过构建一个完善有效的机制把其控制在一个合理的低数位。

一、构筑能发挥实效的网络道德体系

道德和法律是维护良好社会秩序必要之两端。面对全新的虚拟网络空间,法律由于其自身的滞后性对于维护网络空间秩序表现出力所不逮,以至于网络上越轨、犯罪行为丛生。在这种情况下,道德必须要发挥其应有的规范作用。但残酷的现实是,由于网络空间与传统物理空间截然不同,传统物理空间行之有效的道德并不能自然延伸至网络空间,以至于道德在网络空间中表现得也差强人意。其实就网络空间的特性来说,道德是能够在其中为维护良好的秩序“大展身手”的。之所以得出这样的判断是因为,“由于虚拟世界是以成员之间的‘归属感’为基础的,因此即便是不成文规则也会产生较为刚性的约束效果。可以认为,重视网络伦理的基础功用,是完善网络

---

① 参见《华住5亿用户信息疑似泄露,专家建议尽快制定个人信息保护法》,载《法制日报》2018年9月11日。

② [意]恩里科·菲利:《犯罪社会学》,郭建安译,中国人民公安大学出版社2004年版,第43页。

治理体系的必由之路”。[①] 既然如此,那现今的任务就是构建一套行之有效的网络空间的道德规范体系,这些道德规范通过教化内化为网民的行为习惯后,那防治包括个人信息犯罪在内的网络空间犯罪的第一道防线就形成了。而网络道德体系包括网络道德的原则、网络道德的具体内容和网络道德的实现途径等,下面详述之。

(一)网络道德原则

网络道德原则是指人们在网络空间中应当遵守的基本行为准则,是具体网络道德行为的理论依据。其应包括无害原则、公正原则、尊重原则和补偿原则。

1. 无害原则

作为伦理体系中的最低道德标准,无害原则应成为网络道德原则的底线。作为“不得伤害”的绝对命令,它要求行为者在事先存有无害他人的意图,由此意图出发,审慎考虑其行为可能对他人造成的伤害,并以此及时调整自身的行为。[②] 斯皮内洛对无害原则进行了具体的阐释,即“人们不应该用计算机和信息技术给他人造成直接的或间接的伤害”[③]。根据无害原则,黑客入侵窃取个人信息行为就违反了该原则,应受到道德谴责。个人信息流转的全过程包括收集、处理、交易和应用,尤其是大数据挖掘等行为都应避免给他人造成直接或间接的伤害。

2. 公正原则

公正是人类道德追求的永恒目的之一,每一个社会主体都希望得到公正的对待。网络空间中的主体也不例外,每一个网民都期望有平等的待遇。而且由于网络空间的平面化、无中心去权威化,好像每一个网络主体都受到了公正的对待,但这只是一个假象。由知识权力谱系控制下的网络空间巨大的数字鸿沟就是网络主体不平等的生动体现。公正原则要求网络数字资源公平发布权和公平分配使用权,同时要求信息控制者对所掌控信息的安全保障。故对开放信息渠道的所有阻挠、压制行为都是不道德的,对没有尽到保管义务导致信息泄露也是不道德的。

---

① 何明升:《中国网络治理的定位及现实路径》,载《中国社会科学》2016 年第 7 期。

② 参见沙勇忠:《基于信息权利的网络信息伦理》,载《兰州大学学报》2006 年第 5 期。

③ [美]理查德·A. 斯皮内洛:《世纪道德:信息技术的伦理方面》,刘钢译,中央编译出版社 1999 年版,第 56 页。

3. 尊重原则

尊重是伦理道德中一个重要原则，其源于康德的伦理学——人永远是目的而不是手段。网络空间中，肉体人是缺位的，但这并不意味着就不需要尊重原则。作为数字人生存的网络空间，同样需要尊重原则，要像尊重肉体人一样尊重数字人。而数字人是由个人信息组成的，尊重数字人就要尊重个人信息，所有对个人信息的不当行为都是不道德的。

4. 补偿原则

补偿原则是通过差别对待来实现真正的平等，是一种弱者道德原则。根据罗尔斯的正义理论，由于每一个人都可能在社会中处于最不利的地位，所以人们在行动的时候所遵循的普遍的伦理原则，都是从社会中潜在的最小受惠者的角度出发加以考虑的。[①] 在网络社会，那些技术精英们在网络开发和应用中获得了巨大的利益，根据补偿原则，他们就有义务去帮助那些在网络空间中处于最不利地位的人们。所以，互联网企业和相关知识精英们利用自己的优势地位欺压处于数字链底层的网民们是不道德的。

（二）网络道德的内容

根据上述原则制定出具体的网络道德内容，让我国8亿多网民都知晓并遵守，这是网络道德体系构建中关键的一环。但遗憾的是，就本书所掌握的资料中只是关于此的泛泛之谈并没有关于此的详细阐释。“他山之石，可以攻玉”。美国计算机伦理协会曾制定“计算机伦理十诫”，其内容是：(1)你不应当用计算机去伤害别人；(2)你不应当干扰别人的计算机工作；(3)你不应当偷窥别人的文件；(4)你不应当用计算机进行偷盗；(5)你不应当用计算机作伪证；(6)你不应当使用或拷贝没有付过钱的软件；(7)你不应当未经许可而使用别人的计算机资源；(8)你不应当盗用别人的智力成果；(9)你应当考虑你所编制的程序的社会后果；(10)你应当用深思熟虑和审慎的态度来使用计算机，[②]这些浅显易懂的戒律，事实证明在美国运行是有效的，值得我们借鉴。我国2013年国家网信办和中国互联网协会曾发布网络的“七条底线”，包括：(1)法律法规底线；(2)社会主义制度底线；(3)国家利益底线；(4)公民合法权益底线；(5)社会公共秩序底线；(6)道德风尚底线；(7)信息

---

① 参见关友杏：《网络道德失范与网络伦理的构建》，载《学术交流》2006年第4期。

② 参见王正平：《计算机伦理：信息与网络时代的基本道德》，载《道德与文明》2001年第1期。

真实性底线。[①] 这七条底线的优点在于大而全，缺陷在于有些空洞不易于内化为行为准则。我们不妨在此基础上借鉴美国的“计算机伦理十诫”再结合我们中国国情制定具有中国特色的“网络道德七诫”。该七诫应包括：(1)不得在网络上损害国家利益；(2)不得利用网络伤害他人；(3)不得利用网络侵犯隐私；(4)不得利用网络窃取信息；(5)不得利用网络散布不实信息；(6)不得利用网络技术编造有害程序；(7)不得利用网络优势欺凌。

(三) 网络道德的实现路径

徒法不足以自行，道德也是。有了具体的网络道德规范，还需要采取有效的措施使之能在网络中发挥有效的规范作用。本书认为应采取以下措施：

首先，运用有效方法使网络道德规范广为人知。要想让人们规范自己的网络行为，形成普遍的、共同的网络道德自觉，就必须让其知道什么是应该做的，什么是不应该做的，那么进行网络道德规范宣传就是必须且必要的。第一，应由政府牵头，运用可掌控的各类媒体进行宣传，使真正和潜在的网络主体对网络道德规范有清晰的认知；第二，要求网络运营商在提供入网服务时必须要对申请入网者进行网络道德规范的宣讲；第三，最重要的是通过学校进行网络道德规范的教育。根据前述的样本分析，绝大多数个人信息犯罪的罪犯都是初中以上学历，这表明我国中小学在网络道德规范教育方面乏力。中小学阶段正是一个人价值观形成的重要时期，所以这一阶段是进行道德教育的关键时期。虽然教育部早在2000年就颁发了《中小学信息技术课程指导纲要》，但实践中并没有真正实施。本书建议应在这一时期的思想品德教育课本中专门增加一节“网络道德规范”，对学生进行网络行为引导。同时，大部分大学生都是网络主体，为了强化其在中小学所学习的网络道德规范，对其继续进行网络道德教育也是必要的，建议在《思想道德修养》课中增加网络道德内容。

其次，采取相关措施保障网络道德的遵守。网民知道网络道德规范，并不必然会遵守，因此需要锻炼网络主体的道德意志。黑格尔曾言，“理智的工作仅在于认识这个世界如此，反之，意志的努力即在于使得这个世界成为应如此”。要让网络主体在网络活动中果断、坚决、勇敢、坚持不懈地践行网

---

① 张元：《网络虚拟社会的道德困境与规范建构》，载《理论月刊》2017年第9期。

络道德,必须锻炼网络主体的道德意志。① 而网络意志的锻炼需要外在的强制力量。第一,把网络道德列入重大的升学考试中,如中考、高考,使学生们不得不认真学习网络道德知识;第二,在与计算机或网络有关的资格考试中纳入网络道德内容,强制人们去学习网络道德。比如,在全国专业技术人员计算机应用能力考试中可以增加对网络道德内容的考试;第三,成立网络道德委员会,对网络主体尤其是互联网企业进行考核审查,实施"主体道德—市场准入(退出)"整体联动机制,限制有"道德污点"经营主体的市场活动范围。② 第四,实施网络道德培训制度。例如,在各类一年一度的职业培训中,应增加网络道德培训的内容,强化网络主体道德意志的坚守。第五,鼓励组建民间志愿组织,对网络进行巡逻检查,与网络不道德行为进行斗争。可借鉴的有美国志愿者发起的网络安全组织——"网络天使"、新加坡的"网络妈妈和爸爸"等组织。

最后,强化网络主体自身的道德自律。"普遍规范的作用,离不开个体的德性;规范唯有化为个体的内在德性,才能实际地影响个体的行为。"③网络道德的宣传、外部强化,如果不能内化为自身的行为规范,那网络道德也无法发挥作用。依靠网络主体自身的自律,才能真正使网络道德内化为自己的外在行为规范,这也是实现网络道德的根本之路。而要变"要我做"为"我要做",传统的一些道德修养方法还是很有借鉴意义的,比如"慎独"。"慎独"是儒家所提倡的一种道德修养方式。历代大儒们都曾对其进行过阐释,备受推崇的是朱熹的论述,他说:"君子慎其独,非特显明之处是如此,虽至微至隐,人所不知之地,亦常慎之。小处如此,大处亦如此;显明处如此,隐微处亦如此。"④也就是说,在没有任何外界管控的情形下,自己说话行事,也应完全符合道德要求,不做任何违反道德的事。并且越是别人看不到的地方,法律法规无暇顾及的地方,越是谨小慎微,绝不越雷池一步,完全做到"从其所欲不逾矩"。这种道德修养方法,强调的是越是无人监督就越要坚定自己的道德信念,按照道德规范行事。如果人们在网络空间能够做到"慎独",即使没有任何外界的强制,也能完全遵守网络道德,那就是一副理想的

---

① 范虹:《网络主体的道德意识培养》,载《伦理学研究》2005 年第 1 期。

② 赵丽涛:《网络空间治理的伦理秩序建构》,载《中国特色社会主义研究》2018 年第 3 期。

③ 杨国荣:《伦理、道德与哲学——李泽厚、杨国荣关于伦理学问题的对话》,载《中华读书报》2014 年 6 月 11 日,第 9 版。

④ 朱熹:《四书章句集注》,中华书局出版社 1983 年版,第 18 页。

场景。而且由于网络的虚拟性、匿名性,外界的管控效力大打折扣,“慎独”就显得更有意义。

二、构建坚固的网络技术防御体系

个人信息犯罪是由于网络信息技术的发展而产生的,解铃还须系铃人,同样地对于该类犯罪的防控也需要网络信息技术的不断创新发展。“人类依靠技术途径与仪器工具系统的支持超越自然物种的限制”,[①]技术带来的犯罪最终还是要依靠技术消解,而技术的创新终究需要技术人才来实现,所以网络技术防御体系的构建既包括网络技术的创新也包括网络人才的培养。

(一)网络技术防范

根据前述,个人信息犯罪中的源头行为是收集和窃取,所以在这两个环节加强技术防御就能大大减少该类犯罪的发生率。而最应该发展的技术是对个人信息的匿名,该技术如能发挥实效,既有利于个人信息的应用又使得窃取失去动力,并且还保护了个人隐私。故下面从这三方面介绍相关网络技术。

1. 防止不当收集的技术

第一,现今,互联网企业为了更多地掌控个人信息,都实施全方位 Web 数据挖掘。当用户上网浏览 Web 服务器时,服务器会产生 Server Logs、Error Logs 、Cookie Logs 等日志文件,这些日志是 Web 访问信息挖掘的主要数据源。[②] 为了防止 Web 挖掘工具挖掘个人信息,可以安装隐私软件,使用户能够以匿名的形式访问 Web 服务器,例如 Surf Anonymously、Cookie Busters 等软件。[③] 这样即使互联网企业收集个人信息,也只是匿名的个人信息,并不能识别具体的个人。第二,为了防止互联网企业收集个人信息,还可安装反追踪软件。当用户浏览网页时,反追踪软件可在页面上显示对话框,提示用户是否允许网络追踪。如不允许,可以选择谢绝跟踪选项,如现在在美国使用的 Do Not Track(DNT)反追踪软件。除此之外,还有洋葱路由器托尔,该

---

① 刘大椿:《技术何以决定人之本质》,载《东北大学学报(社会科学版)》2006 年第 1 期。

② 参见[美]Margant H. Dunham:《数据挖掘教程》,郭崇慧等译,清华大学出版社 2005 年版,第 170 ~ 181 页。

③ 曹玉平:《数据挖掘中的信息伦理问题研究》,载《情报理论与实践》2008 年第 5 期。

路由器由美国军方开发,后转为民用。托尔路由器能够使网民的 IP 地址被隐藏,从而使得个人信息不能被收集。而且该路由器自身没有"后门",从不收集网民个人信息。[①] 第三,加密软件也能有效防止个人信息被收集,如 Disconnect. me 软件。该软件的功能是可以让用户自己监控和阻止网站收集个人信息,一旦发现网站收集个人信息,该软件就把个人信息进行加密处理。而且该软件自身未经允许,不会收集用户的任何个人信息。

2. 防止泄露技术

第一,可采取入网访问控制,即控制哪些网站可以由哪些人来访问。要达此目的,可采用对访问者的 IP 地址进行区分,还可以用 RADIUS 等对访问者的身份进行认证。并且还可以对 FTP、RPC、TFTP 等复杂的协议采用特定的逻辑来监视和过滤数据包。[②] 除此之外,还可以采用网络地址翻译技术,将 IP 源地址和目的地址在内网进出时进行改变,防止非法访问者利用 IP 探测技术发现真实的地址,从而进行攻击窃取信息。第二,可采取防火墙技术,它是防止黑客入侵的有效屏障。可采用的有效技术主要有:①数字签名技术,该技术主要是防止木马攻击。木马攻击是黑客常用的攻击手段,它能隐藏在他人的电脑中,进而能够控制他人的电脑,可以实施包括窃取他人信息在内的非法行为。而防止木马的有效方法就是采取数字签名技术,即在文件生成时,对每一个新生成的文件进行数字签名,从而在运行文件时如果发现没有数字签名,则意味着该文件中极大可能含有木马,则应进行查杀。[③] ②入侵检测技术。该技术是一种对网络传输进行即时监视的技术,在出现可疑传输时会发出警报进行警告或主动采取措施来进行安全防护。[④] 这是一种主动防护的技术,能够很好地防止黑客的再次入侵。但它毕竟属于事后防护,无法防御黑客的首次攻击,只是在黑客入侵后对网络实施了攻击才发出警报,同时它的误报率也比较高。鉴于它的这些缺陷,我们现在开始研制入侵检测技术的升级版即入侵防御系统。该系统检测范围加大,可以检测到防火墙的 OSI 模型中的第 7 层数据包,而且会在有不正常流量时第一

---

① 参见王忠:《大数据时代个人数据隐私规制》,社会科学文献出版社 2014 年版,第 53 页。

② 参见智勇、黄奇:《网络环境下的信息安全》,载《中国图书馆学报》2002 年第 2 期。

③ 参见赵红言、许柯等:《计算机网络安全及防范技术》,载《陕西师范大学学报(哲学社会科学版)》2007 年 S2 期。

④ 参见李文:《网络安全技术的现状与发展趋势——评〈网络安全与技术〉》,载《高教探索》2017 年第 8 期。

时间发出警报而不是等到黑客入侵后。像四叶草信息技术有限公司的Bugfeel,就可以进行实时检测漏洞,在黑客入侵前就发现漏洞并进行修复,很有效地防止黑客入侵。③TEE 技术,即 Trusted Execution Environment 可信执行环境。它是一种与设备上的 Rich OS 并存的运行环境,并给其提供安全服务。TEE 技术是基于硬件隔离的安全技术,其就像是银行的保险柜一样,给各类数据信息提供相对隔离的环境。目前,TEE 技术主要应用在手机支付上,用于保护用户的金融信息安全。[①]

3. 防止被识别的技术

防止被识别的技术就是对个人信息进行匿名化,该技术就是切断原始信息中信息所有者和敏感信息的一一对应关系,从而产生既能满足个人隐私保护需求又能保障信息可用的匿名信息集。目前关于匿名化技术主要有以下几种:第一,泛化和抑制技术。这是匿名化技术领域出现最早且适用最广的技术。所谓泛化是指用更抽象、更概括的数据或数据区域来代替原始数据值,而抑制是将待发布数据表中的某些属性值或记录删除。[②] 就泛化技术而言,最早使用的是"全域泛化",但由于此技术导致信息流失太大,故后来研究者提出了"局部泛化",即相同的属性值不全部被泛化,有一部分值不变,但仍然会有信息损失。第二,聚类技术。该技术在数据挖掘中应用最为广泛。该技术的运作原理是,先把所有的数据集分为若干簇,然后把簇内和簇间分别记录为相关和不相关,而后对每一个簇内记录做泛化处理即把准标识符泛化为相同的属性值,生成等价类,完成匿名化。第三,分解与置换技术。该类技术的思路与前两类技术通过改变原始数据不同,而是通过对数据表中的数据进行交换或损坏从而达到匿名化。具体来说,分解技术就是不修改准标识符属性和敏感属性的值,而是采用有损连接的思想来减弱两者的关联实现匿名化。而置换技术则是把分好组的数据表内的敏感属性随即交换,打乱顺序后再拆分数据表,而后对外发布。[③]

---

① 参见《物联网时代,用 TEE 技术为个人信息上把"安全锁"》,载搜狐网 2018 年 6 月 6 日,http://www.sohu.com/a/234283699_353595。

② 参见王波、杨静:《数据发布中的个性化隐私匿名技术研究》,载《计算机科学》2012 年第 4 期。

③ 参见刘湘雯、王良民:《数据发布匿名技术进展》,载《江苏大学学报(自然科学版)》2016 年第 5 期。

(二)网络技术人才培养

作为由技术构建出来的与物理空间相比肩的网络空间,其安全问题也终须技术来解决。但技术的发明、发展和完善离不开技术人才,没有技术人才一切都是空谈。作为网络大国,2018 年我国网民数量已经超过 8 亿,占全球网民的 1/5。而根据《第十一届网络空间安全学科专业建设与人才培养研讨会》的报告,我国网络安全技术人才年培养规模在 3 万左右,现已培养的信息安全专业人才总量不足 10 万。相对于如此庞大的网民数量,我国网络安全技术人才缺口巨大。具体到防御个人信息“黑灰产”的技术人才更是少之又少,处于稀缺状态。现在,“黑灰产”的市场规模和网络安全市场规模相当,都堪称千亿,那么整个业界的技术支持配比应该是 1∶1,①这样才能有效地把“黑灰产”控制在最低规模,但就现状来说这还是一个遥不可及的理想。所以对网络技术人才的培养是亟待解决的大问题。

1. 传统学校培养

我国网络技术人才的培养直到 2015 年 6 月教育部批准增设“网络空间安全”一级学科才正式起步,但由于设立时间短且没有先例可循,大部分设立此专业的学校也是依托信息、计算机等专业来培养,甚至有些学校都是两个专业一套人马,没有一整套根据该学科特色打造的教育制度。为了能够更好更快地培养网络技术人才,应从以下几方面着手:第一,针对学生,高校应制定明确的培养目标、设计科学的课程安排。例如,为了适应大数据时代的到来,需要全方位的网络技术人才的培养,所以可以制定“以培养优秀的本科生为基础,着重培养硕士、博士为主的高端人才”②的培养目标。对于课程安排,除了基础专业课程外,鉴于网络技术人才所可能具有的能量,应同时开设网络道德和相关的法律课程,从而保证其学成后不实施危害国家、社会及个人的行为。再就是就生源而言,除了传统的考试制度以外,可以考虑通过一些专业竞赛把那些偏科严重但具有此专业天赋的人才选拔出来,让其进入高校接受全面的教育,防止误入歧途。第二,针对教师,没有好的师资,人才培养就沦为空谈。应采取一切有效激励机制吸引国内外有才华的人加入教师队伍。不应唯学历论,

---

① 《中国网络安全人才之“怪现状”》,载搜狐网 2018 年 1 月 15 日,https://www.sohu.com/a/217055807_472906。

② 李建华等:《网络空间安全一级学科内涵建设和人才培养思考》,载《信息安全研究》2015 年第 2 期。

对那些真正有专才的产业界人士也应伸出橄榄枝。同时,也应聘请互联网企业的专业人士作为兼职教师,以弥补专业教师实践经验之不足。另一方面,因为网络知识日新月异,作为教师一定要掌握最新的知识动态,所以定期的培训必不可少。或可考虑讲师认证制度,每年都需参加讲师认证资格考试,考试合格后才可持证上岗。[①] 第三,针对学科而言,应构建健全的人才培养机制。首先,应设立国家级重点实验室,专门集聚顶级人才对前沿性和关系国家安全及国计民生的问题进行研究。其次,鼓励高校和企业合作,使得理论和实践能很好地结合,提高学科的实用性。同时,也应鼓励国内高校与国外高校或研究机构实施研究生联合培养,这样使得学生能掌握国外一手的先进知识。最后,高校应提议国家相关部门设立各类专门保障项目,使得学生能衣食无忧地安心学习、教师能以百倍激情投入到教学科研中。

2. 职业培训与资格认证

职业培训与资格认证也是网络技术人才培养的重要组成部分,相比学校培养,其有自身独特的优点:①针对性强。培训机构为了能在市场中生存,密切关注行业需求,针对现实需求设立相关课程,以吸引更多的人来进行培训。②灵活性强。体现为培训形式多样、培训时间不限、培训知识更新快。③容纳性广。培训对象不像学校一样需要考试筛选,任何人都可以报名参加。实施个别化培训,针对不同人群实施不同的培训方案,从而使得有需求的人都能参加培训。所以,职业培训与资格认证能弥补学校培养的不足,使得更多的人掌握网络技术,从而满足我国日益增长的对网络技术人才的需求。但实践中有关网络技术人才的培训与资格认证还处于起步阶段,各方面都不成熟,可考虑借鉴比较成熟的比如法律职业资格或注册会计师职业资格培训与认证对其进行完善。第一,相关部门应确立该行业的资格认证和资格考试标准。绝大多数培训都是源于国家层面的资格考试,否则人们没有足够的动力去参加培训。所以,要想使职业培训承担起网络技术人才培养的大任,必须有国家层面的职业资格认证考试,就像法考或注册会计师考试一样。工信部或网信办可以作为主管机构,制定考试大纲、考试资格、考试时间等一整套考试制度,同时规定从事什么职业需要通过该资格考试。有了这个顶层设计,培训机构就应运而生了。第二,应确立培训机构认

① 参见杨良斌等:《大数据背景下网络空间安全人才培养机制与模式研究》,载《情报杂志》2016 年第 12 期。

证制度及培训教师的资格审核制度。为了能够更好地培养网络技术人才，应对培训机构的资质进行认证，只有符合要求的才能允许开展培训。对于培训教师应实施严格的资格审核，不仅应具有扎实的专业知识还应具有良好的网络道德，这样才能培养出合格的网络技术人才。第三，国家层面应提供相应的政策和优惠措施促进培训市场的发展、成熟，使其能真正在培养网络技术人才方面发挥其应有的作用。比如，可以提供税收优惠政策，对于培训机构进行一定程度的减免税；或提供贷款支持，对于培训机构提供低息贷款；还可以实施奖励政策，对于培训效果好的机构可以给予现金激励。同时，国家还可以提供平台，实现培训机构和高校的对接，让高校的资深教师到培训机构去讲学，或对培训机构的讲师进行培训，进而提高培训机构教师的专业水平。

三、构建全面系统的法律防控体系

如前述，目前我国关于个人信息权保护仍没有形成有效系统的法律体系。作为防控失范行为最有效的规范手段——法律，在构建防控个人信息犯罪体系中是最重要且最后的一环。如果此道防线无法有效构建，那整个防控体系就像是没有牙齿的工具，无法发挥真正的效用。要想使该法律体系发挥实效，必须要层次分明、层层推进，即要构建民法保护体系、行政法保护体系和刑事法保护体系等三道法律防控体系。但刑事法保护体系要在下章详细阐述，故在此只探讨民法和行政法保护体系。

（一）民法保护体系

要想建构个人信息的民法保护体系，首要的任务是明确个人信息在民法中的定位，是一种权利、法益抑或由于其独特性无法得到民法保护，下面详述之。

1. 民事确权

在民事领域，无论理论上还是立法层面，个人信息是否能作为一种权利来保护并没有达成一致的意见。在理论上，早期学者都认可个人信息应该作为一种权利来保护，如周汉华①、齐爱民②等学者。而后王利明教授对个人

① 参见周汉华：《个人信息保护法及立法研究保护（专家建议稿）》，法律出版社 2006 年版，第 84 页。

② 参见齐爱民：《拯救信息社会中的人格——个人信息保护法总论》，北京大学出版社 2009 年版，第 97 页。

信息作为个人信息权来保护进行了明确、权威性的阐释,[①]许多学者纷纷响应此观点。但是近几年却出现了不同的声音,有学者从个人信息事实上根本无法能被用户所掌握以及为了更好地利用个人信息促进信息社会的发展为由,否认对个人信息作为一种人格权来保护,例如,有学者建议可把个人信息作为一种框架性权利来保护,"将个人信息权界定为框架性权利有利于平衡大数据时代个人信息保护与个人信息合理利用之间的关系,推动经济发展和促进社会进步,增进人类的福祉"[②];甚至有学者认为"个人信息保护并非着眼于信息主体对其信息享有某种程度的控制,从而征引出一项权利,而是旨在对信息的搜集、使用或处理过程进行监管和规制,以确保个人信息能够安全地进行流转。从本质上而言,这是一种秩序性的利益,而民事主体对于秩序性利益的享有无法通过权利行使予以类型化。这是个人信息之上无法成立权利最根本的缘由。"[③]

在立法层面,2020 年颁布的《民法典》第 111 条对个人信息进行了明确规定,"自然人的个人信息受法律保护。任何组织或者个人需要获取他人个人信息的,应当依法取得并确保信息安全,不得非法收集、使用、加工、传输他人个人信息,不得非法买卖、提供或者公开他人个人信息",但这一规定是否明确了个人信息权,学者们意见不一。根据杨立新教授的研究,目前有三种观点,分别是:法益说、近似人格权说和人格权说。[④]

本书认为,作为信息社会的基本构成要素,个人信息应该作为一项权利进行民法保护,所以本书赞同理论界的主流观点,应在民法上明确设立个人信息权。作为特殊的民事权利,个人信息权既具有人格属性也具有财产属性,那么是人格属性具有主导地位而财产属性具有从属地位,还是相反,财产属性具有主导地位而人格属性具有从属地位呢?本书认为,个人信息权中人格属性居于主导地位,财产属性居于从属地位。第一,个人信息权依存于个人信息,而个人信息是自然人信息化征表。如果没有肉体的自然人,那

---

① 参见王利明:《论个人信息权的法律保护——以个人信息权与隐私权的界分为中心》,载《现代法学》2013 年第 4 期。

② 任龙龙:《个人信息民法保护的理论基础》,载《河北法学》2017 年第 4 期。

③ 梅夏英、杨晓娜:《个人信息保护的理论及立法问题》,载《社会治理法治前沿年刊》2013 年第 00 期。

④ 参见杨立新:《个人信息:法益抑或民事权利——对〈民法总则〉第 111 条规定的"个人信息"之解读》,载《法学论坛》2018 年第 1 期。

个人信息就失去了依存的对象，也就不存在依附于其上的权利。所以，肉体的存在是个人信息权的前提，如果没有生物的人，个人信息权也将化为乌有。那么，与生物人不可分离的人格权也就内化为个人信息权中第一位的权利，具有主导地位。第二，个人信息权中财产属性居于从属地位，是特殊人格权。因为个人信息这样的人格标识是人格要素通过文字、图像等媒介在外界所表现出的可识别性的符号，是人格要素的外化载体。人格权的客体并非人格标识，而是人格要素，因此，人格标识只不过是一些标表型人格权客体的外化符号，两者之间是一种间接关系，不同于人格权和人格要素间的直接关系。所以，人格标识在后天环境中衍生的财产利益具有从属性。并且，作为特殊的人格权，个人信息权的财产属性虽然居于从属地位，但是却不可或缺，其确权的最大意义就在于能够更好地维护人格尊严。因为如果不经本人同意，对个人信息进行任意商业使用，是对其人格的漠视和对人权的侵犯。

针对设立框架性权利或无法在民法上进行权利保护的观点，本书持反对意见。这些学者的主要理由是设立个人信息权进行绝对权保护会阻碍信息社会的发展，可是社会发展的最终目的是更好地实现人的尊严和人的自由，如果以牺牲人的尊严和人的自由来换取社会的发展，那这到底是社会发展还是社会退步呢？答案不言而喻。所以，人的尊严和自由是信息社会发展不可逾越的底线。

2. 民法保护

既然已经确立了个人信息权，那么如果个人信息权遭到侵犯，在民法上如何保护呢？目前民法学界普遍认为应依据《民法典》来保护，但具体到归责原则、构成要件、因果关系等又有不同的观点。例如，杨立新教授认为应采取传统的侵权责任理论来保护，①而叶名怡教授认为应采取新型侵权理论来保护。② 本书认为，鉴于我国一直以来对个人信息保护处于空白而后转为弱保护状态，导致个人信息自动化处理的深度和广度都不够且相关部门和企业处于“野蛮生长”状态，从而对个人信息权的侵害极其严重。同时，再加上我国网络实名制度的严格执行，更加加剧了对个人信息权的伤害。在这

① 参见杨立新：《个人信息：法益抑或民事权利——对〈民法总则〉第 111 条规定的“个人信息”之解读》，载《法学论坛》2018 年第 1 期。

② 参见叶名怡：《个人信息的侵权法保护》，载《法学研究》2018 年第 4 期。

样的国情背景下,我国应与时俱进,根据大数据时代新特征结合我国个人信息的国情,宜采取新型的侵权法理论来保护个人信息权。所以,本书赞同叶名怡教授的观点。首先,应确立三元归责原则体系,即根据不同的侵权主体对其适用不同的归责原则。①公务机关对个人信息进行自动化处理导致的侵权应适用无过错责任。原因是相对于个人信息权主体,公务机关处于绝对的支配地位,个体无论如何都无法与公务机关相抗衡,同时自动化处理本身就会给个人信息权带来"自动化危险",所以为了能使个体维护自身的个人信息权就应适用无过错责任。只要个人信息权主体能证明公务机关自动化处理个人信息给自身带来了损害,那么公务机关就需承担侵权责任。并且这在立法上也有依据,即《网络安全法》第 74 条第 1 款,该条规定:"违反本法规定,给他人造成损害的,依法承担民事责任。"②非公务机关对个人信息进行自动化处理导致的侵权应适用过错推定责任。一方面非公务机关相对于个体有明显的优越性,个体在财力、技术和诉讼能力、证明能力上远远弱于非公务机关;但另一方面相对于公务机关,非公务机关缺少国家强制力作为后盾,在数据采集、处理等方面弱于公务机关,故相应地对于其归责原则采取过错推定比较合适。只要个人信息权证明非公务机关有违法行为,而非公务机关无法证明自己没有过错时,就可以让其承担民事责任。③未采用自动数据处理系统的数据处理者,应适用传统的过错责任。不过鉴于目前自动化处理的普及性,如果无法证明其不是非自动化处理,一般推定其采用了自动化处理,所以一般过错责任适用的概率很小。其次,因果关系判断应采取推定原则。鉴于大数据自动化处理过程的复杂性,在个人信息收集、处理、转移和使用的各个环节都可能导致侵权行为发生,在这种情况下,要求个人信息权主体证明损害行为和损害结果直接有因果关系,无异于痴人说梦。所以,在此种情况下,宜采用因果关系推定原则,即只要个人信息控制者能证明其无论如何都不应对侵权结果负责,否则就应承担侵权责任。也就是在大数据自动化处理场景下,如果不能查明是多个个人信息控制者中哪一个造成损害,那所有的个人信息控制者都应承担民事责任。最后,侵权责任的具体形态多样化。①针对已经造成实害的损害,应承担损害赔偿责任。损害赔偿责任包括金钱赔偿和非金钱赔偿。金钱赔偿针对的是造成财产损失和精神损害的情况,赔偿数额可根据最高人民法院《关于审理利用信息网络侵害人身权益民事纠纷案件适用法律若干问题的规定》、《民法典》和最高人民法院《关于确定民事侵权精神损害赔偿责任若干问题的解释》等三部规范性文件中相关条款确定。而非金钱赔偿包括赔礼道歉、消除影响和恢复名誉等责任形式。②针对已经造成侵害但并没有实害的情况，应根据《民法典》第1167条承担预防性侵权责任。根据个人信息权内涵的信息更正权、信息锁定权和被遗忘权，为了防止侵权风险转化为实害结果，个人信息权人有权要求信息控制者采取停止侵害和消除危险的责任措施，具体表现为要求信息控制者针对不正确的信息进行及时更正、要求信息控制者针对所采集的信息进行锁定即暂停信息处理和要求信息控制者针对个人信息权人过时的、不恰当的且继续保留会导致其社会评价降低的信息进行删除。[①]

（二）行政法体系保护

随着众望所归的《个人信息保护法》的出台，其与《数据安全法》《网络安全法》等相关的行政法规一起构筑起个人信息犯罪的行政法保护体系。但不可否认的是，《个人信息保护法》仍存在一些问题有待改进。

1. 立法目的

在我国，几乎所有的法律开篇明义都在第1条规定了立法目的。在周汉华、齐爱民两位教授的专家建议稿中，都在第1条明确了《个人信息保护法》的立法目的，虽然两位在表述上有细微差别，但核心思想是一样的，即都是保护个人信息权利，保障个人信息合理利用。[②] 也就是理论上所说的立法目的是维护个人信息保护和利用的平衡。但绝对的平衡是不存在的，所谓的平衡必定是有倾向性的平衡，比如欧盟以及欧盟各国制定《个人信息保护法》也是力求个人信息保护和利用的平衡，但公认的观点是在平衡的前提下倾向于个人信息权利保护的，而相反地，美国却是在平衡的前提下倾向于个人信息利用的。具体到我国，前述两位学者也是在平衡的前提下倾向于个人信息权利保护的，即把个人信息权作为一种绝对权来保护。

但这种倾向性在近几年受到了质疑，质疑的原因是一个公认的事实，即在大数据时代个人根本无法控制自己的个人信息且个人信息的利用是一个国家能否在新的社会类型——信息社会中占据一席之地的关键。于是，学

---

① 参见叶名怡：《个人信息的侵权法保护》，载《法学研究》2018年第4期。

② 参见周汉华：《个人信息保护法及立法研究保护（专家建议稿）》，法律出版社2006年版，第1页；齐爱民：《中华人民共和国个人信息保护法示范法草案学者建议稿》，载《河北法学》2005年第6期。

者们纷纷撰文表达了这种转向,但仍然是坚持个人信息保护和利用的平衡,但也不否认保护个人信息的倾向性,只不过是要对过去单一的对个人信息权作为绝对权的模式进行改进。张新宝教授认为应把个人信息进行分类,对敏感个人信息优先保护而对一般个人信息优先利用;[①]范为教授认为应依托场景的风险管理理念建构"个人信息保护法",目标是防范个人信息滥用,保障个人信息合理利用;[②]周汉华教授认为应通过激励相容机制使个人信息保护成为信息控制者的内在需求,从而实现个人信息保护和利用两者的平衡;[③]高富平教授认为应实现从个人控制到社会控制的转变,从而达到对个人信息保护和利用的平衡。[④] 本书赞同这种基于时代背景改变的转向,各位学者理论上的建构也各有千秋,但综合考虑理论和实践,本书认可张新宝教授的立法思路。在最新公布的《个人信息保护法》第 1 条[⑤]明确规定的立法目的中即体现了这种转向的思路。

2. 立法原则

对《个人信息保护法》所应遵循的原则并没有定论,本书选取重要或有争议的两个原则来阐释。

(1) 目的明确原则

目的明确原则是指个人信息被收集时,收集者必须要有明确目的,禁止超出目的范围而收集、处理和利用个人信息。此原则适用于公务机关和非公务机关,尤其是公务机关更应严格遵守。本书认为目的明确原则应成为该法遵守的首要原则,因为该原则使得人民对公务机关的行政行为即收集、处理、利用个人信息行为有明确的认知,而更重要的是该原则能防止公务机关权力的滥用。同时,该原则也能很好规制大数据时代非公务机关对个人信息的滥用,保护信息主体的权利。在非公务机关和个人信息主体之间关于个人信息的行为应属于民事行为,本着契约自由的原则,本不应对非公务机关的行为进行法律上的限制。但是由于在非公务机关和信息主体之间不

---

① 参见张新宝:《从隐私到个人信息:利益再衡量的理论与制度安排》,载《中国法学》2015 年第 3 期。

② 参见范为:《大数据时代个人信息保护的路径重构》,载《环球法律评论》2016 年第 5 期。

③ 参见周汉华:《探索激励相容的个人数据治理之道——中国个人信息保护法的立法方向》,载《法学研究》2018 年第 2 期。

④ 参见高富平:《个人信息保护:从个人控制到社会控制》,载《法学研究》2018 年第 3 期。

⑤ 参见《个人信息保护法》第 1 条:"为了保护个人信息权益,规范个人信息处理活动,保障个人信息依法有序自由流动,促进个人信息合理利用,制定本法。"

论财力还是能力都存在明显的差距，所以为了保护弱势的一方，可依据前契约说明义务来要求非公务机关遵守目的明确原则；同时，非公务机关作为优势一方，为了能以较低的成本，消化契约风险，进而达到最大的经济效果，亦可依据优势风险承担理论让非公务机关遵守目的明确原则。[①]《个人信息保护法》第 6 条就明确规定了目的明确原则。

(2)同意原则

同意原则是指对个人信息的收集、处理和利用等各个环节都需要得到信息主体的同意，即同意是对个人信息处理的正当性基础。这是对个人信息权作为绝对权保护时代普通遵守的原则，该原则赋予个人信息主体对个人信息的绝对控制权，要求使用者必须经信息主体的同意。但时至今日，该原则受到诸多学者的质疑，其认为该原则在大数据时代已经落伍，成为阻碍信息社会发展的一个桎梏。[②] 有学者建议信息处理者的信息处理行为无需事先得到信息主体的同意，但应确保信息主体的知情权，并在损害发生时承担严格责任，并提出"宽进严出 + 删除权"的个人信息保护策略。[③] 本书认为虽然严格单一的同意原则的确不适应大数据时代，但是取消同意原则也未免过于激进。本书认为应在区分个人信息的基础上适用同意原则，即针对敏感信息依然适用同意原则，而针对一般信息可放宽对同意原则的适用。新颁布的《个人信息保护法》即体现了本书这种依据不同类型的个人信息可适用不同的同意标准。[④]

3. 行政监管机制

为了真正实现个人信息保护和利用的平衡，就需要有一套系统的行政监管制度。在借鉴国外有益经验的基础上再结合我国国情，宜建立国家、行业和公民三位一体的监管机制。

---

① 参见吕信莹：《个人资料保护法上目的拘束原则之探讨》，台北，台湾论证出版股份有限公司 2012 年版，第 89 ~ 90 页。

② 参见范为：《大数据时代个人信息保护的路径重构》，载《环球法律评论》2016 年第 5 期；任龙龙：《论同意不是个人信息处理的正当性基础》，载《政治与法律》2016 年第 1 期。

③ 参见任龙龙：《论同意不是个人信息处理的正当性基础》，载《政治与法律》2016 年第 1 期。

④ 《个人信息保护法》第 14 条规定："基于个人同意处理个人信息的，该同意当由个人在充分知情的前提下自愿、明确作出。法律、行政法规规定处理个人信息应当取得个人单独同意或者书面同意的，从其规定。"第 30 条规定："个人信息处理者处理敏感个人信息的，除本法第十七条第一款规定的事项外，还应当向个人告知处理敏感个人信息的必要性以及对个人权益的影响；依照本法规定可以不向个人告知的除外。"

(1)国家层面上应建立统一的监管机构

目前世界范围内制定统一个人信息法的国家针对行政监管机构的设立大体有三种模式,第一种是设立统一的监管机构,例如,丹麦设立了信息保护局负责监管;法国设立国家信息处理与自由保护委员会负责监管。第二种是分别设立不同的监管机构,对公务机关和非公务机关进行监管。例如,德国针对公务机关关涉个人信息的行为由资料保护委员会负责监管,而针对非公务机关关涉个人信息的行为设立资料保护人制度。第三种是监管机构和行业自律相结合。例如,日本针对公务机关关于个人信息的不法行为是由相关的主管部门通报给总务大臣来处理,而非公务机关的由行业协会来处理。具体到我国,"就我国目前的机构设置现状来看,可以考虑以现有的国家互联网信息办公室为平台,适当整合信息产业、工商管理等部门的部分职能,建构该专门管理机构。"[①]该统一的监管机构的主要职权有:①制定相关的行政规章和细则,规范不同主体针对个人信息的行为。②依法行使登记、行政许可等行政职权,对符合条件的个人信息处理进行登记,对符合条件的行政许可申请予以准许等。③受理举报,采取行政强制措施。通过受理举报或例行检查中发现违反个人信息法的行为,可采取查封、扣押、冻结等强制措施。④受理与个人信息有关的行政复议申请,做出行政复议决定。遗憾的是新颁布的《个人信息保护法》并没有规定统一独立的监管部门,而只是强化了网信办的监督职能,其他相关部门仍具有在各自部门的监督职权。这规定在该法的第 60 条:"国家网信部门负责统筹协调个人信息保护工作和相关监督管理工作。国务院有关部门依照本法和有关法律、行政法规的规定,在各自职责范围内负责个人信息保护和监督管理工作。"

(2)培育行业自律

行业自律就像个体道德,一旦养成,就不再需要外部监管。但就像人本身具有恶一样,企业自身也有不择手段牟利的冲动,所以行业自律需要在外部监管压力下慢慢形成,而且为了维持行业自律也需要外部监管时时在场。作为一种新兴行业,个人信息业还处于"野蛮生长"阶段,所以行业自律在该行业有很大的空间。一方面,在政府指导下,个人信息业者可成立行业协会,根据国家相关的个人信息法律结合自身的业务及实践经验,制定更能被

---

① 张新宝:《从隐私到个人信息:利益再衡量的理论与制度安排》,载《中国法学》2015 年第 3 期。

行业所遵守的行业细则；另一方面，加强行业道德建设，制定个人信息业道德规范，适当适用奖惩机制促使行业道德得到有效的遵守。

(3)鼓励公民参与监督

随着我国管制型政府向服务型政府的转变，公民参与监督也是一种重要的行政监督方式。尤其个人信息保护，与每一个人权益息息相关，公民有参与监督的需求，而且网络的发展也给公民提供了参与的条件。一方面，公民可以通过参与立法，使个人信息保护法的制定能更好地保护公民的权益；另一方面，在法律运行过程中，执法部门和信息业者应该设立便捷高效的交流渠道，使公民能够方便地举报、投诉，进而规范两者的行为。

4. 行政救济

无救济则无权利，只认可了个人信息权如果没有相应的救济手段，则信息主体的权利也无法得到真正的保障。非公务机关侵害个人信息权，可以通过民事手段予以救济，而公务机关侵害个人信息权，则需要行政手段予以救济。《个人信息保护法》应规定，信息主体针对行政机关的违法行为，有权提出行政复议或行政诉讼；已经被确认为违法的行政行为，如给信息主体造成损害的，应当赔偿公民的损失。遗憾的是，新颁布的《个人信息保护法》并未作出有关规定。

(1)行政复议

行政复议不仅能有效地监督行政机关的具体行政行为，而且也能有效地制约行政权力的扩张，是一项重要的行政救济制度。针对公务机关就个人信息公开、更正或停止使用等方面的决定违法的，信息主体可以向同级信息主管部门申请行政复议。虽然行政复议快捷高效，但是也有其劣势，即在行政复议时信息主体的权益可能受到二次伤害，故信息主体应慎重考虑在信息权益受到侵害时，是申请行政复议还是提起行政诉讼。同时，因为个人信息行政复议案件专业性强，主管机关可以聘请该领域的专家参与行政复议，以便能更好地维护信息主体的权益。

(2)行政诉讼

行政诉讼是行政复议之外另一行政救济手段。作为三大诉讼之一，行政诉讼是直接体现司法权对行政权制约和监督的诉讼制度。通过中立第三方——法院的审判，既维护了公民的合法权益，又促使行政机关依法行政，起到了司法审查的监督功能。信息主体不服行政复议决定的，可以向人民法院提起行政诉讼。通过人民法院对个人信息案件的审理，纠正行政机关对个人信息的违法行为,维护了信息主体的合法权益,进而促进了信息社会的和谐有序的发展。

(3)行政赔偿

行政赔偿是行政相对人针对行政机关及其人员行使职权遭受损害时,可以提起的一种救济制度。行政机关的信息处理行为违法,给信息主体的合法权益造成损害的,可以提起行政赔偿,要求行政机关依法承担赔偿责任。关于个人信息权受侵害所实施的行政赔偿,有两点应注意:第一,鉴于个人信息权属于具有财产属性的人格权,所以行政赔偿中应包含精神赔偿金。个人信息权既然具有双重权利属性,一旦受侵害,信息主体的精神和财产都将受到损害,所以在进行物质赔偿的同时也应进行精神赔偿。而关于精神赔偿金的数额,可以依据《国家赔偿法》的相关规定计算,如若困难,亦可依据《民法典》的相关规定计算。第二,关于个人信息权受损害行政赔偿的归责原则宜适用无过错原则。本来行政相对人面对行政机关就处于弱势地位,大数据时代,关于个人信息的行政行为,信息主体的弱势地位更为明显。作为极其弱势的一方,要让其证明行政机关的违法行为存在主观过错,可能会导致信息主体的权利无法得到救济。所以建议采取无过错责任,只需信息主体证明行政机关没有尽到应尽的义务导致损失即可。

第五章　规范视角新信息技术下个人信息刑事保护之对策

新信息技术重塑了个人信息，个人信息也促进了新信息技术的发展，两者交织进一步深化了时代转型，不仅包括经济基础也包括上层建筑，不仅指生活方式也指思维方式。基于前期信息时代构建的法律体系已经无法适应新信息技术时代的发展，改变已刻不容缓。马克思曾说，"社会不是以法律为基础，那是法学家的幻想。相反，法律应该以社会为基础。法律应该是社会共同的，由一定的物质生产方式所产生的利益需要的表现，而不是单个人的恣意横行"。[①] 所以，有必要从规范视角研究因新信息技术发展而出现的不同利益需求及相关主体，再结合刑法目的及基本原则，探究新信息技术下个人信息刑事保护应有的理念及立场，进而在此基础上构建新信息技术下个人信息刑事保护体系及配套机制的完善。

第一节　新信息技术下个人信息刑事保护立场

当前，随着全世界范围内风险社会的到来，作为世界上最大的发展中国家，我国自然也被裹挟其中，并且我国改革开放也已到了攻坚期和深水区，过去被高速发展所掩盖的深层次的利益和矛盾逐渐爆发出来，社会中存在一些失范现象。为了应对这一困境，深受刑法工具主义思想影响的我国对刑事立法寄予厚望。于是，刑事立法活跃期的序幕就此拉开，而个人信息刑事保

---

① 《马克思恩格斯全集》（第6卷），人民出版社1961年版，第291~292页。

护就是其成果之一。纵观不断修正的个人信息刑事保护的立法,呈现一幅犯罪圈不断扩大、处罚不断加重的图景,但立法予以达到的预防效果却没有实现,反而是愈打击愈猖獗。究其原因,刘艳红教授的论断一语中的:“对于立法者而言,某项立法的颁布重要的不是实际有效地控制某种犯罪,而只是出于政治或政策层面的考虑,对国民所关切的某个领域的安全问题做出必要的应急反应;它们体现的是立法者对国民渴望安全心态的安抚,以及通过快速反应体现出国家与民众同在的姿态,这种姿态会在短时间内迅速取得国民认同的心理效果,并为国民营造出安全感。”①所以,个人信息刑事保护只不过是象征性立法,其目的是安抚人们焦虑的心情和营造安全感,这严重偏离了保护法益的刑法目的,以致其刑事保护立场一开始就是错的。只有确立正确的刑事保护立场,才能实现保护法益的刑法目的,所以有必要另辟蹊径去探寻。

现今,关于个人信息刑事保护立场的理想状态是达到保护和利用的平衡,但是当两者存在矛盾、鱼和熊掌不可兼得时,立场总是有所倾向的。立法法条所体现的是绝对保护的立场,而诸多学者所提倡的是利用的立场。②那么,在新信息技术迅猛发展的既定事实下,我国的个人信息刑事保护到底应采取哪种立场才能更有利于实现刑法目的呢?

根据利益法学的观点,立法的本质是发现。所以为了有效地遏制个人信息犯罪,有必要透过纷扰的社会现象,去深入探究围绕个人信息的各方利益主体以及各自的利益需求,在相互冲突的利益之间,寻找一个平衡各方利益的“黄金分割点”③,“尽可能多地满足一些利益,同时使牺牲和摩擦降到最小限度”④。本书就利用利益衡量理论这一方法论,从应然层面去探究个人信息刑事保护应有的立场。

---

① 刘艳红:《象征性立法对刑法功能的损害——二十年来中国刑事立法总评》,载《政治与法律》2017 年第 3 期。

② 参见皮勇、王肃之:《智慧社会环境下个人信息的刑法保护》,人民出版社 2018 年版;李川:《个人信息犯罪的规制困境与对策完善——从大数据环境下滥用信息问题切入》,载《中国刑事法杂志》2019 年第 5 期;敬力嘉:《大数据环境下侵犯公民个人信息罪法益的应然转向》,载《法学评论》2018 年第 2 期;储陈城:《大数据时代个人信息保护与利用的刑法立场转换——基于比较法视野的考察》,载《中国刑事法杂志》2019 年第 5 期。

③ 何建辉:《立法:利益表达的过程》,载《甘肃社会科学》2007 年第 5 期。

④ [美]E. 博登海默:《法理学:法律哲学与法律方法》,邓正来译,中国政法大学出版社 1999 年版,第 400 页。

一、利益衡量理论之引入

利益衡量，系指对双方的利益进行估量后，考虑应置重于哪一方的利益。[①] 利益衡量作为一种法律解释的方法论，其思想源于 20 世纪初期产生于德国的自由法学运动及在反对概念主义和形式主义基础上发展起来的利益法学。[②] 利益衡量理论多见用于民法领域，张新宝教授就用这一理论来构建私法领域中个人信息保护。[③] 那么，适用于实然层面的利益衡量理论能适用于应然层面吗？一般适用于私法领域的利益衡量理论能适用于刑法领域吗？利益衡量能与法益衡量等同吗？利益和法益等价吗？我们将带着这些疑问，开启探索之旅。

(一)利益法学

利益法学乃是兴起于欧洲大陆的一场法学理论运动，它是在社会学法学基础上形成的结果，并且得到了众多人士的支持和追随。[④] 德国学者菲利普·黑克(Philipp Heck)被公认为利益法学的创始人，而美国的罗斯科·庞德(Roscoe Pound)则是继受者。

1. 产生背景

利益法学的诞生，乃是为了反对 19 世纪与 20 世纪之交支配德国法律思想的概念主义和形式主义。[⑤] 概念法学在 19 世纪末 20 世纪初在德国占据统治地位，其认为实定法是没有任何缺陷的，具有逻辑自洽性，只要进行合适的逻辑推理，就能得到正确的结论。但概念法学把实定法视为圭臬、只注重逻辑推理的形式主义和教条主义的学派观点根本无法适应 20 世纪初期资本主义大变革的时代，其最主要的体现就是德国《民法典》的适用。1900 年开始生效的德国《民法典》被视为概念法学的杰作，但是在它的适用过程中才发现它并不像概念法学所宣称的那样只需要进行逻辑推理就能得出正确

---

① 参见张斌：《现代立法中利益衡量基本理论初论》，载《国家检察官学院学报》2004 年第 6 期。

② 参见杨炼：《论现代立法中的利益衡量》，载《时代法学》2010 年第 4 期。

③ 参见张新宝：《从隐私到个人信息：利益再衡量的理论与制度安排》，载《中国法学》2015 年第 3 期。

④ 参见[美]E. 博登海默：《法理学：法律哲学与法律方法》，邓正来译，中国政法大学出版社 1999 年版，第 150 页。

⑤ 参见[美]E. 博登海默：《法理学：法律哲学与法律方法》，邓正来译，中国政法大学出版社 1999 年版，第 150 页。

的判决,诸多抽象的法律概念、原则需要法官解释,并且面对复杂多变的社会关系出现了诸多的法律漏洞,而面对这些概念法学无能为力,于是利益法学应运而生。

2. 思想渊源

利益法学的主要法律渊源是耶林(Rudolph von Jhering)的目的法学。德国法学家耶林反对历史法学主义和法律实证主义,而是赞同边沁的功利主义法学,在此法学渊源基础上创立了目的法学。耶林的目的法学主要观点包括:

第一,耶林法律哲学的核心概念是目的。他认为,目的是全部法律的创造者。每条法律规制的产生都源于一种目的,即一种实际的动机。法律是根据人们欲实现某些结果的意志而有意识地制定的。虽然他承认法律制度中有些内容是根植于历史的,但是他认为法律在很大程度上是国家为了有意识地达到某个特定目的而制定的。① 所以,黑克认为:"耶林提出了一条原理并予以证明:创造法律者,不是概念,而是利益和目的。在这个意义上,耶林可算是目的论研究方法,同时也是利益法学的创立者。"②

第二,耶林反对历史法学派认为权利不需要斗争就会自然形成的观点,他认为法律的产生是为权利(内容是利益)而斗争的结果。③ 耶林论断:"当现行法由利益支配之时,新法要强行出台,经常非经跨世纪的斗争不可。这种斗争达到顶峰,利益便采取既得权的形式。"④

第三,耶林认为法律的目的不是单一的,它是个人目的和社会目的的一种平衡。他认为个人的存在既属于自身也属于社会,法律其实就是个人和社会为了实现一种共同的文化目的而达成的一种合作关系的体现。"使个人的劳动——无论是体力的还是脑力的劳动——尽可能对他人有助益,从而也间接地对自己有助益,亦即使每种力量都为人服务,这就是每个文明的民族都必须解决和应对的问题,并且根据这个问题来调整它的整个经济。"⑤

---

① 参见[美]E. 博登海默:《法理学:法律哲学与法律方法》,邓正来译,中国政法大学出版社2004年版,第115页。

② [德]菲利普·黑克:《利益法学》,傅广宇译,载《比较法研究》2006年第6期。

③ 参见黄辉明:《利益法学的源流及其意义》,载《云南社会科学》2007年第6期。

④ [德]鲁道夫·冯·耶林:《为权利而斗争》,胡宝海译,中国法制出版社2004年版,第2页。

⑤ [美]E. 博登海默:《法理学:法律哲学与法律方法》,邓正来译,中国政法大学出版社2004年版,第115页。

3. 具体观点

利益法学主要阐释的是关于利益、利益的分类、利益法学的性质及作用以及利益衡量的运用等问题。

(1)利益的概念

要说耶林法律哲学的核心概念是目的,那么利益法学的核心概念是利益。黑克认为所谓利益是指人们在生活中所产生的“各种欲求”。这种欲求是指人们“实际的需要,而且还包含着那些在受到刺激时,可能进一步向前发展的隐藏于人们心目中的潜在动机。因此,利益不只意味着各种欲求,而且还包含着欲求的各种倾向。最后,这一术语还包括使各种欲求得以产生的诸多条件。[①] 而庞德认为所谓利益是指“从当今角度看,利益可以看作是人们——无论是单独地还是在群体或社团中或其关联中——寻求满足的需求、欲望或期望。因此,在借助政治组织机构调整人们的关系或规范人们的行为时,必须考虑到这些需求、欲望或期望。”[②]也就是说,不论是黑克还是庞德都认为利益法学中的利益是在最宽泛意义上使用的,“在涉及所有利益和生活理想的意义上,利益一词对于法学才是有用的”。[③]

(2)利益的分类

黑克只是提出对利益划分是制定和解释法律的要素之一,但却没有阐释应该如何对利益进行划分。而庞德对利益进行了分类,他把利益分为三类,包括:个人利益、公共利益和社会利益。第一,个人利益是指直接涉及个人生活并以个人生活名义所提出的主张、要求或愿望,它包括人格利益、家庭利益和物质利益。其中人格利益指身体健康、意志自由、名誉、隐私和言论自由等;家庭利益指个人基于法律地位在家庭中所应享有的利益;物质利益指财产利益、合同利益、雇佣利益等[④]。第二,公共利益是指涉及政治组织社会的生活并以政治组织社会名义提出的主张、要求和愿望。它包括国家作为法人的利益以及作为社会利益保卫者的利益。第三,社会利益是指涉及文明社会的社会生活并以这种生活的名义提出的主张、要求或愿望。社

---

① See Philipp Heck, *The Jurisprudence of Interests* , Harvard University Press, 1948, p. 130. 转引自黄辉明:《利益法学的源流及其意义》,载《云南社会科学》2007 年第 6 期。

② 路艳娥:《庞德利益学说解读及其启思》,载《武汉理工大学学报(社会科学版)》2010 年第 1 期。

③ [德]菲利普 · 黑克:《利益法学》,傅广宇译,载《比较法研究》2006 年第 6 期。

④ 参见张忠利:《论庞德的社会学法学思想》,载《吉林大学社会科学学报》2000 年第 6 期。

会利益是庞德最为看重的利益，他认为社会利益是基于人类的本性而产生的体现文明的标志，包括一般安全利益、个人生活方面的利益、保护道德的利益、保护社会资源的利益以及经济、政治和文化进步方面的利益等。①

(3)利益法学的性质和作用

利益法学是实用法学的一种方法论，它要确定的是法官在判决时应该遵循的原则。② 而这个原则就是利益衡量。利益法学虽然反对概念法学，但是它却承认法律规范是立法者为解决种种利益冲突而制定的原则和原理，这必须得到遵守。但同时利益法学也认为基于利益的多元性和复杂性以及立法者的有限理性，法律规范是有缺陷的，所以利益法学"并不希望法官仅仅在字面上遵循法律的规定，更重要的是法官能熟谙法律中包含的利益，并且在处理案件时，尽量使自己所做的利益判断能够与立法者在法律中表现出来的利益保持一致"。③ 总之，利益法学认为自身只是一种法律解释的方法论，但为了更好地实现判决的社会效果，应该打破概念法学的禁锢，从法律之外引进利益概念以及利益衡量方法作为法官审理案件的方法。

(二)利益衡量理论

1. 利益衡量的方法

利益法学最重要的贡献就是提出利益衡量理论，那么如何才能实现利益衡量呢？黑克提出了利益衡量的两大原则，一是法官必须依据宪法，受现行实定法的约束，而不能突破法律规范任意衡量；二是法官应努力发现立法者所欲保护的利益，并把该利益作为优先利益在具体个案中得到保护。但原则过于抽象，具体如何衡量仍是个问题。而后，利益法学的另一个学者惹尼认为，实现利益衡量的方法是"认识所涉及的利益、评价这些利益各自的分量、在正义的天平上对它们进行衡量，以便根据某种社会标准去确保其间最为重要的利益的优先地位，最终达到最为可欲的平衡"。④ 惹尼的方法虽然衡量标准还是有些抽象，但是毕竟是一个比较明确、可行的标准。

---

① 参见[美]E. 博登海默：《法理学：法律哲学与法律方法》，邓正来译，中国政法大学出版社2004年版，第156页。

② 参见[德]菲利普·黑克：《利益法学》，傅广宇译，载《比较法研究》2006年第6期。

③ 参见吕世伦：《法理的积淀与变迁》，法律出版社2001年版，第553页。

④ [美]E. 博登海默：《法理学：法律哲学与法律方法》，邓正来译，中国政法大学出版社2004年版，第152页。

2. 利益衡量是否能适用于立法应然层面

那么,这个适用于司法实然层面的利益衡量理论能适用于立法应然层面吗?答案是肯定的。首先,从利益衡量理论本身可以推导出肯定答案。利益衡量理论认为,"法官在阐释法律时,应摆脱逻辑的机械规则之束缚,而探求立法者于制定法律衡量各种利益所为之取舍,设立者本身对各种利益业已衡量,而加取舍,则法义甚明,只有一种解释之可能,自须尊重法条之文字。若有许多解释可能性时,法官自须衡量现行环境及各种利益之变化,以探求立法者处于今日立法时,所可能表示之意思,而加取舍。斯即利益衡量。换言之,利益衡量乃在发现立法者对各种问题或利害冲突,表现在法律秩序内,由法律秩序可观察而得之立法者的价值判断"。[①] 从此论断得出,法官利用利益衡量方法其实是化身为立法者,以立法者的视角对各种利益进行衡量并最终得出应该保护的利益,那么利益衡量最终落脚点是立法者,所以把利益衡量理论运用于立法应然层面是可行的并且必要的。其次,立法是认识利益、表达利益的过程,要调整好各种不同的利益,首先要了解和认识利益[②]。"利益法学派认为,利益衡量之作用,可发生于立法,亦可发生于法律适用。"[③]"对相互对立的利益进行调整以及对它们的先后顺序予以安排,往往是依靠立法手段来实现的。"[④]并且,现今社会利益日益多元化和复杂化,出现了主体需求的无限性与利益资源的有限性的矛盾,而解决这一矛盾的手段就是依靠立法中的利益衡量。所以,无论是依照利益衡量理论自身还是立法本质,都能得出利益衡量理论能适用于立法应然层面。

3. 利益衡量是否能适用于刑法

这个一般适用于民法领域的利益衡量理论能适用于刑法领域吗?答案也是肯定的。第一,刑法中存在法益衡量,法益衡量是结果无价值论用于解决是否实质违法的一种判断方法。而基于法益概念在其违法论中的核心地位,日本学者在解读这种复合论时,往往下意识地以法益概念来替代其中的利益概念。可以说,对利益衡量与法益衡量不加区分,是日本结果无价值论

---

① 杨仁寿:《法学方法论》,中国政法大学出版社 1999 年版,第 175 ~ 176 页。

② 参见郭道晖:《论立法中的利益分配与调节》,载胡旭晟主编:《湘江法律评论》第 2 卷,湖南人民出版社 1998 年版。

③ 高金桂:《利益衡量与刑法之犯罪判断》,台北,元照出版公司 2003 年版,第 61 页。

④ [美]E. 博登海默:《法理学:法律哲学与法律方法》,邓正来译,中国政法大学出版社 2004 年版,第 415 页。

的特点。[①] 第二,利益衡量等同于法益衡量这一观点得到我们刑法理论的普遍认可。利益等同于法益,利益衡量的概念被认为可以直接被法益衡量概念所代替。张明楷教授就赞同这种观点。[②] 第三,在刑法文献上,法益衡量与利益衡量是交互使用的概念,甚至在宪法及行政法领域也是如此,且学说及实务上也不经意地混合使用,学说上也认为不必严格加以区分。[③] 所以,在刑法领域,可以把利益衡量等同于法益衡量来适用。

4. 利益衡量的具体步骤

利益法学只是提出了利益衡量的方法,但是具体如何操作并没有提及。而庞德在对利益进行分类的基础上提出了利益衡量的具体步骤。庞德认为,要想通过法律调节利益从而实现法律秩序目的,必须运用如下三步骤:第一,承认某些利益,这些利益或是个人利益、公共利益或是社会利益;第二,明确界定某些界限,在这些界限范围内这些利益将得到法律承认或获得效力;第三,穷尽一切手段保障在上述明确界定的范围内得到承认的利益。[④] 在这个步骤的基础上,民法领域提出了符合自身学科的三步骤:第一,确定冲突的双方利益,如果是权利则容易认定,如果是没有权利化的一般利益,则需要通过公序良俗、诚实信用原则予以确定。第二,对双方的法益予以评价。先对双方法益进行抽象评价,然后是对双方法益在具体场合进行评价。第三,衡量双方的法益,在特定的价值体系框架内,判断哪一方的法益具有全部或部分的优先地位。[⑤]

(三)利益衡量理论在刑法中的具体适用

根据前述,利益衡量理论是可以适用于刑法中的立法和司法领域的,但是毕竟每个部门法都有自身不同的目的和定位,在具体适用过程中仍需要仔细推敲。

1. 刑法适用中的具体步骤

根据庞德以及民法领域的三步骤,本书认为在刑法领域适用利益平衡也是三步骤:第一,确定冲突的利益,并且经过审慎的评价后,判断其是否属

① 参见劳东燕:《法益衡量原理的教义学检讨》,载《中外法学》2016 年第 2 期。

② 参见张明楷:《行为功利主义违法观》,载《中国法学》2011 年第 5 期。

③ 参见高金桂:《利益衡量与刑法之犯罪判断》,台北,元照出版公司 2003 年版,第 60 页。

④ 参见[美]罗斯科·庞德:《法律史解释》,邓正来译,中国法制出版社 2002 年版,第 32 页。

⑤ 参见[德]霍尔斯特·埃曼:《德国民法中的一般人格权制度——论从非道德行为到侵权行为的转变》,载梁慧星主编:《民商法论丛》第 23 卷,法律出版社 2002 年版,第 415 页。

于刑法中的法益。第二,对属于刑法的法益进行评价。先对其进行抽象评价,然后在具体场景中对其进行具体评价。第三,衡量双方法益,依据一定的价值评价体系,判断哪一个属于优先保护的法益。

2. 具体步骤中需要解决的问题

(1)利益如何成为法益

虽然利益和法益会混用,但是不得不承认,利益毕竟不同于法益。根据张明楷教授的观点,法益是指根据宪法的基本原则,由法所保护的、客观上可能受到侵害或者威胁的人的生活利益。其中由刑法所保护的人的生活利益,则是刑法上的利益。① 所以,法益是利益,但利益不一定是法益。社会生活中的利益,无论是涉及个人、社会或国家的利益,并非全然为法律保护的客体,更非全数由刑法来加以保护。就法规范之法益保护的目的而言,刑法的创设须受到最后手段性原则及补充性原则之拘束。利益,须经由审慎的评价后,方有可能成为刑法所保护的法益。② 所以,利益要成为刑法中的法益,必须要符合刑法谦抑性原则。

(2)衡量冲突法益的评价标准

当两个或两个以上的法益发生冲突时,应该如何进行衡量呢?第一,衡量冲突利益的基本观念。本书赞同"调和论"的衡平观③,依据利益衡量论,当两个或多个利益发生冲突时,并不是只需保护优先利益而弃冲突利益于不顾,而是"尽可能多地满足一些利益,同时使牺牲和摩擦降低到最小限度"④。也就是利益权衡的思想并非相权衡利益的相互排除,而是以利益保障最大化为目的。⑤

第二,衡量冲突利益的准则。由于现代社会利益的多元化和复杂化,的确并不存在一个普遍的被公认的利益次序表。但是却存在一些被大多数人认可的准则,其中包括:①博登海默认为,人的确不可能凭据哲学方法对那些应当得到法律承认和保护的利益做出一种普遍有效的权威性的次序安排。然而,这并不意味着法理学必须将所有利益都视为必定是位于同一水

---

① 参见张明楷:《法益初论》,中国政法大学出版社 2003 年版,第 167 页。

② 参见高金桂:《利益衡量与刑法之犯罪判断》,台北,元照出版公司 2003 年版,第 69 页。

③ 参见蔡琳:《论"利益"的解析与"衡量"的展开》,载《法制与社会发展》2015 年第 1 期。

④ [美]E. 博登海默:《法理学:法律哲学与法律方法》,邓正来译,中国政法大学出版社 2004 年版,第 415 页。

⑤ 参见[德]齐佩里乌斯:《法学方法论》,金振豹译,法律出版社 2009 年版,第 102 页。

平上的，亦不意味着任何质的评价都是行不通的。例如，博登海默认为生命利益高于财产利益、健康利益高于享乐或娱乐的利益，在合法的战争状态下国家利益高于人的生命、财产利益，生态利益高于一时的经济利益等。[①] ②受习惯、社会观念、国家政策、科学技术发展等因素的影响，上述利益次序可能会发生变化。同一利益在某一时期可能被认为是优先保护的利益，而在另一时期可能会被认为是次要保护的利益。③具体到刑法领域，因刑法既是善良人的大宪章又是犯罪人的大宪章，所以有学者论断，“人性尊严无论是作为价值出现，还是作为各项基本权利的上位性元权利存在，都禁止对其作相对化的处理。换言之，人性尊严具有绝对性，在任何时候，都不允许基于利益衡量的考虑而削减或牺牲人性尊严。它构成刑法中利益衡量的边界……这一要求既适用于立法层面的利益衡量，也适用于法适用层面的利益衡量”。[②] 的确，人性尊严是值得优先保护的，但是却不能绝对化。因为刑法同时也具有维护社会公共利益和国家利益的功能，所以在特定情形下，优先保护社会公共利益或国家利益也存在可能。例如，在德国，联邦宪法法院也曾在一裁判中表明，“（联邦共和国的安全）位阶如此之高，至少在公开国家秘密极有可能危害联邦共和国的安全时，无论如何均应让步”。[③]

总之，在刑法领域进行法益衡量时，应秉持“调和论”衡平观，尽量满足各方的利益而不能绝对支持一方利益而置另一方利益于不顾。在利益衡量时，人性尊严被置于优越地位，但是也应考虑习惯、社会观点、国家政策、科学技术等因素，在特殊情况下，公共利益或国家利益也可能被置于优先地位。

二、利益衡量理论在新信息技术下个人信息刑事保护中的适用

根据上述研究，利益衡量理论适用于新信息技术下个人信息刑事保护应分三步走：首先，应分析围绕个人信息的各方利益；其次，判断这些利益是否属于刑法中的法益；最后，根据衡量准则，确定新信息技术下个人信息刑事保护值得优先保护的法益，从而明确新信息技术下个人信息刑事保护的最终立场。

---

① 参见［美］E. 博登海默：《法理学：法律哲学与法律方法》，邓正来译，中国政法大学出版社 2004 年版，第 415 页。

② 劳东燕：《法益衡量原理的教义学检讨》，载《中外法学》2016 年第 2 期。

③ ［德］卡尔·拉伦茨：《法学方法论》，陈爱娥译，商务印书馆 2015 年版，第 24 页。

(一)新信息技术下个人信息的利益主体及其利益表达

随着新信息技术的发展,围绕着个人信息的利益主体呈现多元化,并且随着利益主体地位的变化,对利益表达也相应地发生变化。

1. 个人信息的利益主体

在前信息时代,个人信息的利益主体包括信息主体和政府,随着信息技术的发展尤其是新信息技术的发展,信息业者亦成为个人信息的利益主体,所以个人信息的利益主体包括:信息主体、信息业者和权力机关。

(1)个人信息利益主体之一:信息主体

个人信息与信息主体是识别与被识别的关系,个人信息是信息主体的征表,是依存信息主体而存在的。在前信息时代,这种征表表现为纸质化,而在信息时代则表现为电子化。个人信息指向信息主体,能够显现个人的生活轨迹,勾勒出个人人格形象,作为信息主体人格的外在标志,形成个人"信息化形象"。[①] 所以,个人信息是数字化的信息主体。随着新信息技术的发展,网络空间中的个人信息就像是物理空间中的信息主体一样,具有网络人格,进行各种社交活动。散落在网络空间中的信息轨迹被不断地聚合、积累,量变达到质变,一个个完整的"人体剖面图"呈现出来,不仅呈现外部行为,而且还呈现内部思想。所以,信息主体以个人信息的方式完全呈现在世人面前,甚至包括连自身都无法意识到的潜意识。

(2)个人信息利益主体之二:信息业者

在前信息时代,是不存在信息业者的。而后的网络时代,网络空间被视为真正自由的天堂,无政府主义和自由主义的圣地,真实的个人以隐匿的身份在网络空间肆意的表现,在"没有人知道电脑面前是不是一只狗"的时代也没有信息业者生存的空间。及至信息时代,营销者敏锐地觉察到个人信息的商业价值,利用个人信息,可以由过去盲目、碰运气式的空投广告变为有的放矢的定向投放,销量自然上升。随着网络的发展,人们的各种需求都以网络痕迹这种间接个人信息的方式散落在网络空间中,利用新信息技术,以实时的速度对这些间接个人信息进行聚合、清洗、比对,将符合需求的商品第一时间推送到人们面前,个性化定制完成,个人信息的商业价值迸发。

---

① 参见张新宝:《从隐私到个人信息:利益再衡量的理论与制度安排》,载《中国法学》2015 年第 3 期。

(3)个人信息利益主体之三:权力机关

自从组建权力机关以来,个人信息就是管理所必需的。在古代,虽然受收集、存储条件的限制,权力机关对个人信息的掌控远弱于现代,但是仍然是个人信息最全面的掌控者甚至是垄断者。人口普查作为各国政府各个时期获取人口资料、掌握国情国力最基本的调查方法,已经有几千年的历史。①可以说,不掌控个人信息,权力机关就无法生存下去。及至现代,随着新信息技术的发展,权力机关依靠强制力及历史惯性再伴随着技术的加持,对个人信息的掌控达到了史无前例的程度。通过对个人信息强有力的掌控,利用依托个人信息的大数据预测功能,从而使得行政能力提高、效率提升,进而实现精准从政,例如,对贫困户进行精准扶贫、对犯罪分子进行精准打击等。但这只是自身纵向对比的结论,如果从横向来说,目前权力机关对个人信息的掌控力是弱于古代的。从量上来说,权力机关对于直接个人信息的掌控应该是最强的,但是对于间接个人信息的掌控却远远弱于信息业者;从质上来说,权力机关对于静态个人信息的掌控是最强的,但是对动态个人信息的掌控也弱于信息业者。虽然不能说信息业者对个人信息的掌控能与权力机关分庭抗礼,但是却已经撼动了权力机关对于个人信息垄断者的地位。

2. 个人信息利益主体的利益表达

(1)信息主体的利益表达

既然如前所述个人信息是"人格剖面图",不仅能呈现人的外部行为,还能呈现人的内部思想,那么可以毫不夸张地说,个人信息所承载的人格利益相比肉体的人有过之而无不及。而且个人信息还影响甚至决定人格形成的发展走向。事实上人格的形成除了由于自己自由选择外,很大程度上受外在权力的影响。② 在网络时代,这种外在权力不再由政府所独享,网络服务提供者也可以成为权力主体。"在网络空间中,私权力得以产生和维系除了传统的经济资源,更显著地体现在技术资源、平台资源和信息资源方面。这种资源必然有着一般资源所具备的价值性和稀缺性的特点,更重要的是这种资源优势还具有转化为支配力和影响力,进而带来法律关系变更的能力。"③网络服务提供者一方面掌控个人信息,一方面又有使资本最大化的强

---

① 参见鲁礼新:《人口与环境简论》,黄河水利出版社 2010 年版,第 54 页。

② 参见邱文聪:《从资讯自决与资讯隐私的概念区分——评〈电脑处理个人资料保护法修正草案〉的结构性问题》,载《月旦法学杂志》2009 年第 5 期。

③ 周辉:《技术、平台与信息:网络空间中私权力的崛起》,载《网络信息法学研究》2017 年第 2 期。

烈本能,所以网络服务提供者就有把个人信息作为资本最大化工具的天然冲动,并且此种冲动已经成为现实。个人作为目的性的存在,只有消除个人对“信息化形象”被他人操控的疑虑和恐慌,保持其信息化人格与其自身的一致性而不被扭曲,才能有自尊并受到他人尊重地生存与生活。因此,个人信息对于信息主体的人格尊严和自由价值,应当是个人信息保护立法中首要考虑的因素。[①] 并且,个人信息具有财产属性,这已经得到公认[②],那么,作为个人信息的主体也应该主张对个人信息享有财产权益。所以,信息主体所涉利益既包括人格尊严也包括财产权益。

(2)信息业者的利益表达

伴随着大数据时代的到来,个人信息的商业价值依托大数据被挖掘出来,并且伴随着移动互联网、云计算、区块链、人工智能等新信息技术的飞速发展,其商业价值进一步凸显,其经济地位从被誉为“新石油”“黄金”变为“生产要素”,其经济价值不言自明。在这一过程的初期,信息业者对静态直接个人信息形成了事实上的占有,并且在同行业中主张专有占有。例如,2015 年北京微梦(新浪微博)公司诉淘友(脉脉软件)不正当竞争案[③]和汉涛公司(大众点评)诉百度公司不正当竞争案[④],这两个案件名义上是不正当竞争案,但实质上是对直接个人信息的争夺。

而后,随着大数据挖掘的迅猛发展,静态的直接个人信息的商业价值逐渐衰弱,而动态的间接个人信息的商业价值日益凸显。因为动态的间接个人信息能更快更完整地捕捉人们最新的甚至潜意识的物质或精神上的需

---

① 张新宝:《从隐私到个人信息:利益再衡量的理论与制度安排》,载《中国法学》2015 年第 3 期。

② 邢会强:《大数据交易背景下个人信息财产权的分配与实现机制》,载《法学评论》2019 年第 6 期。

③ 该案案情如下:微梦公司诉称二被告绕开其开放接口,非法大量抓取微博平台的用户数据,非法获取并使用脉脉注册用户手机通讯录联系人与新浪微博用户的对应关系,损害微梦公司的合法权益,构成不正当竞争。请求判令二被告停止侵权并赔偿经济损失。一审法院认定二被告构成不正当竞争,判决停止不正当竞争,消除影响,赔偿经济损失 200 万元及合理费用 20 余万元。

④ 该案案情如下:汉涛公司是大众点评网的经营者。大众点评网为网络用户提供商户信息、消费评价、优惠信息、团购等服务,积累有大量消费者对商户的评价信息。百度公司在其经营的百度地图和百度知道中大量使用了大众点评网的点评信息。汉涛公司认为百度公司的行为替代了大众点评网向用户提供内容,百度公司由此迅速获得用户和流量,攫取汉涛公司的市场份额,削减汉涛公司的竞争优势及交易机会,给汉涛公司造成了巨额损失。其行为违背公认的商业道德和诚实信用原则,构成不正当竞争,遂诉至法院请求判令百度公司停止不正当竞争行为,消除影响并赔偿损失。百度公司认为双方不存在竞争关系,且百度公司对信息的使用方式合理,不构成不正当竞争。一审判决百度公司构成不正当竞争,赔偿汉涛公司 300 万元及合理费用 23 万元。

求,而这种需求是千百年来市场主体孜孜以求的最为核心的竞争力,谁掌握了它,谁就能实现市场利润最大化,从而称霸市场。因间接个人信息商业价值而产生的真金白银的收益都归属了信息业者,这从不论世界首富还是中国首富都是信息业者就是明证。除了收益归属于信息业者外,间接个人信息的产权信息业者也认为用户间接个人信息的产权应归其所有,例如,淘宝诉美景公司不正当竞争案①就是对间接个人信息产权的争夺。

总之,信息业者利用自身新信息技术的优势以及所掌控的网络私权力,在事实层面强制性地占有了不论是直接个人信息还是间接个人信息,并且强势地要求得到规范层面的认可。

(3)权力机关的利益表达

个人信息是权力机关产生和生存的必要条件,没有个人信息,权力机关就无法行使自身为民众提供公共服务的基本职能。对个人信息掌握得越充分越全面,行政效率就越高效。权力机关对个人信息的需求是天然、内在的且无止境的。只不过,在古代,受收集和存储条件所限,权力机关对个人信息的需求并不能充分满足,相应的权力机关提供的公共服务也不充分。及至现代,随着计算机技术的发展,收集和存储个人信息的条件大幅度提高,权力机关对个人信息的收集变得活跃起来。但是由于人们权利意识的觉醒及提升,限制权力机关收集个人信息的呼声经过争取被纳入法律中。像德国 1977 年《联邦数据保护法》、美国 1974 年《隐私法案》等这些早期的个人信息保护法都是针对个人信息限制权力机关权力的。

所以本书不赞同这样的观点:“不同于传统隐私权保护中权力机关超然的中立地位,在个人信息保护和利用中,权力机关积极加入其中,具有了利用者和管理者的双重身份角色:一方面,权力机关作为社会管理和社会福利的承担者,公共安全、公共管理和公共福利的推进都离不开对居民个人信息的掌握;另一方面,出于对行政效率的追求,也会不断促使权力机关积极探

① 该案案情如下:淘宝公司系“生意参谋”零售电商数据产品的开发者和运营者,该数据产品主要为淘宝、天猫商家的网店运营提供数据化参考服务、帮助商家提高经营水平,淘宝公司对该数据产品享有竞争性财产权益。美景公司运营其“咕咕生意参谋众筹”网站,以提供远程登录服务的方式,招揽、组织、帮助他人获取“生意参谋”数据产品中的数据内容,并从中获取利益。法院认为,美景公司未付出劳动创造,将涉案数据产品直接作为获取商业利益的工具,构成不正当竞争,判令美景公司停止侵权并赔偿经济损失。

索个人信息利用的限度和价值。"[①]权力机关在一开始就不处于中立超然的地位，它一开始就是既要利用个人信息又要保护个人信息。只不过，随着新信息技术的发展，对个人信息的收集、存储、利用变得容易起来，而且利用以新信息技术为依托的大数据挖掘技术对于提高公共管理、公共福利变得明显起来，所以使人们产生一种假象，即这种利用是随着新信息技术的发展而新产生的需求，其实这是权力机关一产生就存在的。

总之，权力机关对个人信息一直扮演着双重角色即既是利用者也是保护者。在古代，由于目的的正当性、利用条件的有限性及人们权利意识的缺乏性，使得权力机关一直以个人信息保护者的身份被人们认知，其利用者身份被隐匿。及至现代，伴随计算机技术、网络技术和新信息技术的发展，在权力的加持下，权力机关利用者的角色凸显。

(二)新信息技术下个人信息所涉法益

那么，上述信息主体、信息业者和权力机关这三方所主张之利益是否能得到刑法的保护，从而上升为法益呢？"所谓法益，是一种社会生活之利益，含个人利益及公共利益，这种社会生活之利益，须经刑事政策上之价值判断，评价为极具重要性，方值得以刑法加以保护。由于刑法是以刑罚为手段来保护法益，亦附带侵害性，基于刑法之最后手段性原则，非极具重要性之利益，不得经由刑法加以保护，否则，即违反理性原则及正义理念。"[②]所以，利益要上升为法益必须符合刑法谦抑性原则，即必要性原则。同时，"刑法既是宪法之下位阶的法律，因而有义务依宪法价值秩序去创造法益、保护法益"[③]，所以利益上升为法益还必须符合合宪性原则。而且，根据张明楷教授的观点，利益要成为法益，还要求具有可侵害性和与人关联性。故利益要成为法益需要同时符合必要性、合宪性、可侵害性和与人关联性。那么，上述三方利益都需要接受这四项原则的检验，从而确定其是否属于刑法应予以保护的法益。

---

① 张新宝：《从隐私到个人信息：利益再衡量的理论与制度安排》，载《中国法学》2015年第3期；雷丽莉：《权力结构失衡视角下的个人信息保护机制研究——以信息属性的变迁为出发点》，载《国际新闻界》2019年第12期。

② 高金桂：《利益衡量与刑法之犯罪判断》，台北，元照出版公司2003年版，第42页。

③ 高金桂：《利益衡量与刑法之犯罪判断》，台北，元照出版公司2003年版，第76页。

1. 必要性原则

日本著名刑法学者平野龙一曾指出:“即使行为侵害或威胁了他人的生活利益,也不是必须直接动用刑法。可能的话,采取其他社会统制手段才是理想的。可以说,只有在其他社会统制手段不充分时,或者其他社会统制手段(如私刑)过于强烈、有待之以刑罚的必要时,才可以动用刑法。”[①]所以,要成为刑法上的法益,必须是在其他社会治理手段譬如道德说教、民事或行政制裁都无法充分保护的时候才可以。在我国个人信息保护上,一开始采取的是先刑后民的模式,违反了必要性原则,所以这些年来备受诟病。的确,先刑后民体现了我国对刑法的过于依赖,从而产生了象征性立法的不良效果。但是,我们不能贸然否定涉个人信息的利益不值得刑法保护的结论,这需要具体探讨。

第一,对信息主体利益的检验。前已述,信息主体所涉包括人格尊严和财产权益。康德曾言,“不论是谁,在任何时候都不应把自己和他人仅仅作为工具,而应该永远视为自身就是目的”即“人是目的”[②],这是人格尊严的哲学基础。黑格尔认为,“做一个人,并尊敬他人为人”是现代法的精髓[③]。所以,人格尊严是人之为人的根本,是人作为社会关系的基本前提。[④] 没有人格尊严,就丧失了作为人的根本,而法律的终极目的就是保障人权,既然人格尊严如此之重要,理所当然值得一切法律保护,其中也必然包括刑法。而信息主体的财产权益,由于单个人的个人信息价值稀薄且通过免费享用网络服务事实上可视为一种价值交换,其作为一种利益通过民法予以保护足矣,不需要动用刑法保护。

第二,对信息业者利益的检验。根据前述,在新信息技术下,间接个人信息对信息业者的商业价值越来越大。而且对这些间接个人信息的收集、存储以及经过算法加工、清洗、脱敏、聚合、计算等技术处理形成有价值的数据产品的过程中,信息业者都投入了大量的人力和物力,按照“谁付出劳动,

---

① 参见陈兴良:《刑法的价值构造》(第2版),中国人民大学出版社2006年版,第301页。

② [德]伊曼努尔·康德:《道德形而上学原理》,苗力田译,上海世纪出版集团2005年版,第53页。

③ 参见贺麟:《黑格尔哲学讲演集》,上海人民出版社2011年版,第46页。

④ 参见王利明:《人格权法中的人格尊严价值及实现》,载《清华法学》2013年第5期。

谁享有产权”的汗水原则和创造者归属原则①,信息业者对间接个人信息主张产权也无可厚非。只有承认信息业者对其拥有产权,有恒产才有恒心,这样才能使这些数字经济的引领者们迸发出无穷的能量,为数字经济的发展做出贡献。故有民法学者提出应创设知识产权新类型——数据专有权来保护信息业者对这些间接个人信息的权利。既然这种利益如此重要,不仅关涉信息业者的权益,而且还关系着数字经济的发展,进而影响着我国在新的经济样态中是否能引领世界经济这种重大的国际问题,所以足以值得动用刑法来保护。但同时也应注意,信息业者并不拥有完全的产权,信息主体也同样因劳动对间接个人信息具有财产权益,只不过在份额上要小于信息业者。按照传统劳动观点,信息主体对个人信息无需付出劳动,尤其是对间接个人信息更是如此,所以不应对其主张财产权益,本书不赞同这种观点。“劳动形态是一个历史范畴,不同社会形态下的劳动具有不同的性质和内涵”②,在大数据时代,个人信息是新的财富形式,它具有价值,它是信息主体的行为创造的,该个人行为就是大数据时代的“劳动”,与农工业时代的“劳动”不可同日而语。间接个人信息的产生需要信息主体付出成本,其中包括终端损耗、网络流量成本以及时间成本等,而这种耗费人的时间成本和硬件成本、网络流量成本而又创造个人信息的行为就是“劳动”。③

第三,对权力机关利益的检验。权力机关拥有权力,对于个人信息的需求利益不需要法律保护,仅依靠自身所掌握的权力就能满足。由于权力天然的扩张性,所以权力机关对个人信息的需求利益不仅不需要法律保护,还需要法律对其进行限制。但不能由此得出结论说权力机关基于个人信息的利益就无需法律予以保护了。前已述,权力机关对于个人信息具有双重身份,一是收集、利用身份,一是管理者身份。基于收集利用身份所涉个人信息利益依据权力就可满足,不仅不需要法律保护还需要限制。但是基于管理者身份所涉个人信息利益却与上不同,具体来说是基于管理者职责所涉个人信息利益属于公共利益,因为“除了对涉及重大事项的公共利益可能由人民的代表机关甚至全民公决做出判断外,绝大多数关涉公共利益的行动

---

① 参见刘双阳:《衍生数据刑法保护的多重考察——兼论财产权客体的时代变迁》,载《科技与法律》2020 年第 3 期。

② 何云峰:《挑战与机遇:人工智能对劳动的影响》,载《探索与争鸣》2017 年第 10 期。

③ 参见邢会强:《大数据交易背景下个人信息财产权的分配与实现机制》,载《法学评论》2019 年第 6 期。

都是由行政机关主导的”,[①]例如,为了侦破案件维护公共安全而强制收集犯罪嫌疑人的个人信息,在一个复杂的社会中,有许多相互冲突的利益需要调整,公共福利也必须加以保护以免受反社会的破坏性行为的侵蚀”[②],所以这里的公共利益是需要法律保护的,并且权力机关以管理者所涉个人信息的公共利益也是影响信息安全、社会安全甚至国家安全的重大利益,故值得刑法予以保护。

总之,信息主体的人格尊严、信息业者的产权和权力机关的公共利益都符合必要性原则,故都值得刑法给予保护。

2. 合宪性原则

什么样的利益上升为法益,取决于立法者的选择。但立法者不是随心所欲地选择的。从法律上说,立法者的选择必须具有宪法的根据,因为宪法具有最高的效力,任何法律的制定都必须符合宪法的原理,而不能与宪法相抵触。宪法要求刑法保护的利益,应当成为刑法上的法益。[③] 所以,信息主体的人格尊严、信息业者的财产权益和权力机关的公共利益要想成为法益,必须要有宪法上的根据。首先,信息主体人格尊严的宪法依据。根据我国《宪法》第 38 条规定,“中华人民共和国公民的人格尊严不受侵犯。禁止用任何方法对公民进行侮辱、诽谤和诬告陷害。”从该条可以看出,人格尊严被明确规定在《宪法》中,我国每一个公民都应该享有人格尊严,所以,信息主体的人格尊严成为法益是有宪法依据的。其次,信息业者的财产权益。根据我国《宪法》第 7 条“国有经济,即社会主义全民所有制经济,是国民经济中的主导力量。国家保障国有经济的巩固和发展”、第 11 条“在法律规范范围内的个体经济、私营经济等非公有制经济,是社会主义市场经济的重要组成部分。国家保护个体经济、私营经济等非公有制经济的合法的权利和利益”和第 13 条“公民的合法的私有财产不受侵犯。国家依照法律规定保护公民的私有财产权和继承权”的规定,可以得出我国《宪法》明确规定了应保护国有经济和私营经济者财产权益。所以,不论信息业者是国有企业还是私营企业,其财产权益的保护都有宪法的依据。最后,权力机关的公共利益。在我国《宪法》中明确规定保护“公共利益”的规定在第 10 条和第 13

---

① 范旭斌:《论公共利益与个人利益的平衡》,载《云南社会科学》2009 年第 6 期。

② [美]E. 博登海默:《法理学:法律哲学与法律方法》,邓正来译,中国政法大学出版社 2004 年版,第 385 页。

③ 参见张明楷:《法益初论》,中国政法大学出版社 2003 年版,第 167 页。

条，并且限定在土地、私有财产征收、征用领域中，那么像个人信息等其他领域的公共利益的保护就没有宪法依据吗？答案是有的。根据我国《宪法》第51条的规定，“中华人民共和国公民在行使自由和权利的时候，不得损害国家的、社会的、集体的利益和其他公民的合法的自由和权利”，该条款中的“国家的、社会的、集体的利益实际上就是指公共利益”①，而该条款其实规定的是“基本权利的行使不得侵犯公共利益”②，这就是针对任何领域公共利益保护的总括性的规定。所以，权力机关针对个人信息的公共利益保护是有宪法依据的。

总之，信息主体的人格尊严、信息业者的财产权益和权力机关的公共利益三方利益都具备上升为法益的合宪性原则。

3. 可侵害性

根据张明楷教授的观点，法益作为犯罪所侵害或威胁的利益，必须具有可侵害性。因此，法益必然是在现实中可能受到事实上的侵害或威胁的利益，如果不可能遭受侵害或者威胁，也就没有保护的必要。③ 所以，利益要成为刑法中的法益，则必须要具有可侵害性。而可侵害性则必然是一种事实的或因果的现象。故该要求的本质是把价值或价值观这类纯精神的东西排除出法益。因为这些纯精神的东西如果被视为法益的话，则会使得刑法处罚边界变得模糊不清或者使得刑法保护目的无法实现。而信息主体的人格尊严、信息业者的财产权益和权力机关的公共利益这三者都不属于纯精神的东西，而是客观的、实在的，所以他们都具有可侵害性。

4. 与人关联性

法的价值是以法与人的关系作为基础的，法对于人所具有的意义，是法对人的需要的满足和人关于法的绝对超越的指向。④ 所以，法就是关于人的法。而作为法的一种——刑法，那也必然与人有关联。刑法的目的显然是为了保护人的利益，故只有人的利益才能称为法益，只有人的利益才值得刑法保护。⑤ 人格尊严和财产权益无疑都是人的利益，都与人有关联性。这不证自明。关键是权力机关的公共利益是否具有与人关联性。公共利益的价

---

① 胡锦光、王锴：《论我国宪法中“公共利益”的界定》，载《中国法学》2005年第1期。
② 胡锦光、王锴：《论我国宪法中“公共利益”的界定》，载《中国法学》2005年第1期。
③ 参见张明楷：《法益初论》，中国政法大学出版社2003年版，第165页。
④ 参见卓泽渊：《法的价值归宿》，载《检察日报》2000年1月14日，第3版。
⑤ 参见张明楷：《法益初论》，中国政法大学出版社2003年版，第166页。

值理念是个人尊严的保护,凡是被纳入公共利益范畴体系内部的利益都是个人利益高度概括化的体现。公共利益源于个人利益,同时为个人利益的实现服务。自第二次世界大战后,各国赋予公共利益更多的个体理性的因素,以防止"公共性"脱离个体的正当利益。① 所以,公共利益可以转化为个人利益,具有与人关联性。

根据上述分析,信息主体的人格尊严、信息业者的财产权益和权力机关的公共利益这三种利益都经过了必要性原则、合宪性原则、可侵害性和与人关联性的检验,都可以上升为值得刑法保护的法益。

(三)个人信息刑事保护立场之确立

既然三方利益都是值得刑法保护的法益,但如果三方利益都存在冲突,那么就有必要利用利益平衡理论来进行分析,从而确立个人信息刑事保护的最佳立场。

1. 个人信息刑事保护的利益平衡分析

在这三方利益中,最大的冲突就是信息主体基于人格尊严要求对个人信息进行严格的保护和信息业者基于财产权益要求对个人信息进行自由地使用。同时,信息主体基于人格尊严要求对个人信息进行严格保护和权力机关基于公共利益要求对个人信息的自由使用之间也存在冲突。除此之外,信息业者基于财产权益要求对个人信息的自由使用和权力机关基于公共利益要求限制对个人信息的使用之间也存在冲突。在资源的有限和需求的无限之间冲突是必然的,法律就是为解决冲突而生。秉持利益衡平理论"调和论"衡平观,寻找最大满足各方利益的最佳平衡点是本研究的目的。

(1)人格尊严和信息自由

在信息时代早期,就存在个人信息的人格尊严和信息自由的冲突。但是当时冲突的本质是意志与行为的自主性的冲突,"两个价值在指向上却呈现出针锋相对之势:一者在人格自由与尊严的大旗下强调本人对其个人信息的自决;另一者则在社会事务参与和自我价值实现等界标内主张对他人个人信息加以自由传输以及利用"②。在这种法域下,由于人格尊严不仅能对抗公权力还能对抗私权利,比信息自由更具有法价值,所以应该具有保护

① 参见韩大元:《宪法文本中"公共利益"的规范分析》,载《法学论坛》2005年第1期。

② 齐爱民、李仪:《论利益平衡视野下的个人信息权制度——在人格利益与信息自由之间》,载《法学评论》2011年第3期。

优先性。

随着新信息技术的发展,个人信息的商业价值凸显,信息自由也从意志与行为自主性转变为信息业者的产业利益,从而人格尊严与信息自由的冲突其实转变为人格尊严与产业利益之间的冲突,那么,这两者之间的冲突的利益平衡点在哪里呢?

①人格尊严亟须保护。前已述,个人信息是数字化的人,并且随着新信息技术的发展,对间接个人信息的收集、清洗、聚合所形成的动态用户画像,不仅能展现物理人的行动、兴趣爱好、消费习惯等外在的东西还能展现人的思想。如果长期对间接个人信息进行用户画像并依此进行定向推送,那么还会影响甚至决定一个自然人人格的形成。如果对此不加以规制,那么物理人经由数字人变成了任人操控的工具,这完全背离了我们孜孜以求的“人是目的不是工具”的依法治国的理念。并且随着新信息技术的发展,信息业者开始拥有“私权力”,虽然它的强制力弱于公权力,但是它却充盈弥漫于整个网络空间,时时展现它的强制力。例如,单位基于工作需要要求下载某款App,在下载过程中,该App要求你开通通讯录、位置、相机等应用权限,如果拒绝,则无法下载。作为一个理性人,为了保住工作生存下去,不得不进行妥协,开放该App所要求的一切权限,这就是权力的体现。像这种类似的情况,应该每一个网络用户都经历过。如果不加以规制,信息主体和信息业者的地位会越来越悬殊。信息业者一边拥有私权力,一边拥有资本,权力要求无限扩张,资本要求无限追逐利润,两者结合,信息主体就有被沦为客体的极大危险。人类奋斗几千年所追求的是成为一个人并尊重他人为人而不是成为客体,沦为奴隶。所以,人格尊严亟须保护。

②信息自由所承载的产业利益也需要保护。信息业者基于信息自由所要实现的产业利益,不仅仅是指经济利润,而是由于“个人信息不再专属于个人的人格或财产利益,而是具有社会属性或使用价值的重要资源”①甚至已经被国家认可为和土地一样重要的生产要素,作为大数据产业重要组成部分的信息业的发展直接关系着数字经济的发展。并且还对社会治理、国家管理、人民生活等产生重大影响,而这些利益的实现都需要信息的自由流动。所以,信息自由也需要大力保护。

---

① 刘艳红:《公共空间运用大规模监控的法理逻辑及限度——基于个人信息有序共享之视角》,载《法学论坛》2020年第2期。

③人格尊严具有更高的位阶，应优先保护，但在必要时，特定权能也应做出退让。既然两者都极其重要需要保护，且存在此消彼长的关系，而且两者属于异质利益，寻找平衡历来是理论的难点，如何在产业利益和个人利益之间寻求理性平衡，将是互联网法律规制中的一个永恒命题。[①] 本书认为依据利益衡量理论，人格尊严具有更高位阶，应优先保护，但在必要时，特定权能也应做出退让。理由如下：第一，我国经济发展的最终目的是人民生活水平和质量的提高。而且边沁有言，经济发展的目的是让人更幸福。既然经济的发展都是为人所服务，那么在两者存在冲突时，人格尊严必然优于产业利益。第二，将产业利益纳入法律制度之中，本质上是基于"成本—效益"的实用主义理念，然而实用主义在很多场合需要让位于权利。[②] 所以，信息主体的人格尊严应该优先于信息业者的产业利益。第三，信息自由所承载的产业利益虽然对数字经济的发展不可或缺，但是其代表的最终仍然是信息业者的利益，这是一种行业利益。而信息时代，信息业者所要求的信息自由并不是单个人的信息，而是批量信息，少则千条多则以亿计，这些批量信息所汇集的利益可称得上是公众利益，那么在公众利益面前，行业利益应该退居其后。第四，只有在保护人格尊严基础上的信息自由才能真正促进数字经济的发展。因为信息业者为了实现信息自由，就不得不进行技术完善，提供隐私保护水平，而在此基础上，信息主体也愿意交付自身信息供信息业者使用，从而实现双赢。第五，在特定条件下，为了实现个人信息的社会价值以促进数字经济的发展、国家治理和人民生活水平的提高，在信息使用者的合法利益满足合法性、现时性、特定性和必要性等条件时，体现人格尊严的"同意"可让位"知情"。[③] 即使在对人格尊严保护最为严格的德国，也出现了这种必要时退让的规定。"近些年来，这种个人全面控制个人信息使用的立法模式，越来越不适应现实经济社会发展的需要，表现为德国《联邦数据保护法》不断增加个人信息自决权的例外规定，比如对广告个人信息使用、征信个人信息使用等方面的规定，都已经在不同程度上对个人信息控制模

---

① 参见吕炳斌：《论网络用户对"数据"的权利——兼论网络法中的产业政策和利益衡量》，载《法律科学（西北政法大学学报）》2018 年第 6 期。

② See Peter Swire, *Social Networks, Privacy, and Freedom of Association: Data Empowerment vs. Data Protection*, North Caro-lina Law Review, Vol. 90:5, p. 67(2012).

③ 参见高富平：《个人信息使用的合法性基础——数据上利益分析视角》，载《比较法研究》2019 年第 2 期。

式做出了修订。"[①]例如,德国《联邦数据保护法》第13条(2)③项[②]、第19a条(2)②项[③]等。

(2)人格尊严和公共利益

如何衡量人格尊严所呈现的个人利益和公共利益之间的冲突,是个人利益优先还是公共利益优先,存在三种观点:第一,个人利益本位论。该说以新自由主义为代表,认为在个人利益和公共利益产生冲突时,个人利益处于优先地位,其不必对公共利益进行退让。第二,公共利益本位论。该说以社群主义为代表,认为在个人利益和公共利益产生冲突时,公共利益处于优先地位。第三,对立统一论。该说以马克思主义为代表,认为个人利益和公共利益虽存在冲突,但是本质上是统一的,两者相互制约相互依存。本书赞同对立统一论,在哲学层面上,个人利益和公共利益的确是对立统一的,那么,这种对立统一如何落实到法学领域呢?从现实情况看,各国普遍赋予立法、司法、行政组织基于公共利益的自由裁量权,并使公共利益成为国家权力限制公民个人权利的合法性基础。[④] 的确,在现代"公共利益限制个人利益具有一定的正当性,但是公共利益限制个人利益不能毫无边界"[⑤],其边界就是个人利益的最低价值目标——生存,即任何个人和组织不得剥夺他人生命,即使是为了公共利益也不行。[⑥] 也就是说,当个人利益和公共利益面临冲突时,一般情况下,公共利益具有优先性,但是如果关涉个体生命时,个人利益具有优先性。个人信息所涉人格尊严,虽然极其重要,但毕竟不同于物理人的生命,所以在个人信息领域,当人格尊严和公共利益面临冲突时,公共利益应优先于人格尊严。德国就采取此原则,例如德国《联邦数据保护法》第13条(2)款规定,收集特殊种类的个人数据只有在下列情形下才是被允许的:①此类收集是法律明文规定的,或者为保护重大公共利益所必需;……⑤此类收集为避免公共安全的重大威胁所必需;⑥此类收集为避免

---

① 《德国联邦数据保护法2017年版译本及历次修改简介》,刘金瑞译,载方小敏主编:《中德法学论坛》第14辑(下卷),法律出版社2018年版。

② 收集特殊种类的个人数据只有在下列情形时才是被允许的:……③此类收集为保护数据主体或者第三方的至关重要的利益所必需,而数据主体出于身体或法律上的原因无法表示同意。

③ 在下列情形下,(数据控制者)不必进行告知:……②对数据主体进行告知需要付出不合理的代价。

④ 参见余少祥:《论公共利益与个人权利的冲突与协调》,载《清华法学》2008年第2期。

⑤ 翟月玲、袁桂林:《公共利益限制个人利益的合理边界》,载《学术界》2013年第11期。

⑥ 参见钟云萍:《论宪法中公共利益与个人利益的衡量》,载《求索》2009年第2期。

公共福利的重大损害或保护公共福利的重大利益所必需；⑦此类收集为医疗预防、医疗诊断、健康保健或者公共卫生服务的管理所必需；⑧此类收集为科学研究目的所必需，实施研究计划的科研利益远超过拒绝数据收集给数据主体的利益，并且该研究的目的不能通过其他方式实现，或者要实现只能付出不成比例的代价。[①] 除此之外，类似规定还规定在第14条（2）⑥、⑦、⑨项，第28条（2）②b）、③项等。

（3）信息自由和公共利益

信息自由所承载的产业利益与公共利益之间也存在冲突，那么在两者存在冲突时，哪一方优先呢？信息业的产业利益属于行业利益，是一部分人认可和享有的利益。行业利益所追求的是利润最大化。而公共利益具有公共性、重要性和现实性，是一定的社会群体存在和发展所必需的并为群体中不确定的多数人所认可和享有的利益。这种利益具有消费的非竞争性和受益的非排他性，即增加新的受益者并不会减少原有受益者的利益。[②] 所以，为了最大多数人的最大利益，在产业利益和公共利益发生冲突时，公共利益具有优先性。欧盟《一般数据保护条例》就采取此原则。例如，该条例第2章第10条规定，有关刑事定罪和罪行的，或有关基于本条例第6条第1款的安全措施的个人数据处理应该仅在公权力的控制下开展，或者被欧盟或成员国法律授权为保护数据主体的权利和自由而提供保护措施的处理情况下开展。任何刑事定罪的综合登记都必须处于官方机构的控制之下。

2. 个人信息刑事保护立场

根据上述分析，在三方利益衡量语境下，一般情况下，人格尊严具有优先性。但在面对公共利益时，人格尊严须退让，同时满足特定条件时，面对信息自由时，人格尊严也须退让。也就是说，在个人信息保护方面，秉持利益衡平理论"调和论"衡平观，最大程度满足各方利益的最佳平衡，不需要对信息主体的人格尊严进行绝对保护，只需对其进行相对保护。

而根据第二章第三节三（一）的研究，我国现行《刑法》对个人信息采取的是绝对保护立场。这种绝对保护立场是小数据时代和信息时代前期只保护信息主体人格尊严理念下的产物，其已经无法适应新信息技术下个人信

---

① 参见《德国联邦数据保护法2017年版译本及历次修改简介》，刘金瑞译，载方小敏主编：《中德法学论坛》第14辑（下卷），法律出版社2018年版。

② 范旭斌：《论公共利益与个人利益的平衡》，载《云南社会科学》2009年第6期。

息成为基本生产要素这一新定位。随着新信息技术的发展,隶属于数据的个人信息作为生产要素在数字经济中的地位越来越重要,而其价值的充分发挥有赖于对信息业者信息自由的充分保障,“大数据的价值不再单独来源于它的基本用途,而更多源于它的二次利用”,①“信息与数据的融合与利用是互联网与大数据的本质所在,允许此类用户行为信息与数据的融合与‘化学反应’,可以给商家和消费者带来双赢”,②所以,应充分尊重信息业者的信息自由,而不应对其进行完全的限制。

基于对信息主体人格尊严绝对保护立场所制定的刑法条文所呈现的法律效果就是把个人信息困在信息主体抑或首次合法收集者手中,不允许其移动,可是由于所欲实现的法律效果并没有转化为现实,司法实践中的个人信息犯罪愈来愈严重,立法者就误以为是围困个人信息的笼子扎得不够严密,于是,就修正法条对其进行更为严格的围困,意图达到预防和打击个人信息犯罪的目的,最终事与愿违,笼子扎得越紧个人信息犯罪越猖獗。出现此种立法目的无法实现的现象,其根源就在于对个人信息的刑事保护立场一开始就是错误的。所以,应该在认清个人信息所处时代背景、法律属性及经济地位的基础上,秉持“调和论”衡平观,对个人信息刑事保护采取在保障人格尊严基础上充分实现信息自由的相对保护立场。诚如有学者所说,“根据法秩序统一原理,既然个人信息权益在民法上都无法取得绝对性保护的地位,传统刑法理论对个人信息权益的绝对保护也是不适当的”。③

那么,坚持在保障人格尊严基础上充分实现信息自由的相对保护立场,就应适度限制体现信息主体人格尊严的信息主体对个人信息的控制权,相应地适度放宽信息业者基于信息自由对个人信息的使用,“在大数据时代,我们需要设立一个不一样的隐私保护模式,这个模式应该更着重于数据使用者为其行为承担责任,而不是将重心放在收集数据之初取得个人同意上”,④同时基于“谁使用谁负责”的准则,信息业者在使用的同时也应该尽到

---

① [英]维克托·迈尔-舍恩伯格、肯尼思·库克耶:《大数据时代:生活、工作与思维的大变革》,盛杨燕、周涛译,浙江人民出版社2013年版,第197页。

② 丁晓东:《用户画像、个性化推荐与个人信息保护》,载《环球法律评论》2019年第5期。

③ 张忆然:《大数据时代“个人信息”的权利变迁与刑法保护的教义学限缩——以“数据财产权”与“信息自决权”的二分为视角》,载《政治与法律》2020年第6期。

④ [英]维克托·迈尔-舍恩伯格、肯尼思·库克耶:《大数据时代:生活、工作与思维的大变革》,盛杨燕、周涛译,浙江人民出版社2013年版,第220页。

保护个人信息安全的义务，进而保护信息主体的人格尊严，“数据使用者也要为……保护措施承担法律责任，诸如强制执行、罚款甚至刑事处罚”。[①] 所以，在刑法领域就应该修正现行的以“禁止移动”为核心的刑法条文，而变为以“禁止滥用”为核心的刑法条文。[②]

第二节 新信息技术下个人信息刑事保护体系构建

在明确个人信息刑事保护立场的基础上，结合前文对其面临的挑战和实证的研究并借鉴国外有益经验，开展对新信息技术下个人信息刑事保护体系的构建，主要包括：法益之确立、罪名体系之完善和新型保护模型之构建。

一、法益之确立

随着新信息技术的迅猛发展，以及2015年《刑法修正案（九）》对个人信息犯罪的修正，之前针对个人信息犯罪法益的观点已与时代发展和法条规定不相符合。现今，伴随着新信息技术对个人信息的形塑，个人信息属性及承载的利益变得日益复杂，关于个人信息犯罪的法益亦是众说纷纭，争议不断，并且还没有有力学说的出现。本书力图呈现个人信息犯罪法益各种观点的全貌并对其进行评析，而后在充分考虑新信息技术背景，秉持个人信息相对保护的刑事立场下，确定个人信息犯罪的法益。

（一）个人信息犯罪法益观点呈现

目前，关于个人信息犯罪法益观点大体可以分为两类，一是个人法益，二是超个人法益，并且超个人法益又有不同观点。

1. 持个人法益的观点

（1）个人信息权说1。该说认为侵犯公民个人信息罪的保护法益是个人法益，但不是以隐私权为代表的个人法益，而是网络信息时代作为新型权利

---

① ［英］维克托·迈尔-舍恩伯格、肯尼思·库克耶：《大数据时代：生活、工作与思维的大变革》，盛杨燕、周涛译，浙江人民出版社2013年版，第221页。

② 参见李川：《个人信息犯罪的规制困境与对策完善——从大数据环境下滥用信息问题切入》，载《中国刑事法杂志》2019年第5期。

的个人信息权。个人信息权是一种新型的综合性权利,可以有效体现对公民人格利益以及信息的财产利益的综合保护。①

(2)个人信息权说2。该说虽然也称为个人信息权,但是与第一种观点不同之处在于该说的个人信息权是归属于个人的具体人格权,具有完全的私人属性,是个人对自己信息形象的一种控制权,且因很多个人信息并非基于财产利用之目的而不能被界定为财产权。②

(3)个人信息权说3。该说也称个人信息权,但是该个人信息权的法律内核包括人身属性、财产属性、相关法益关联属性。③

(4)人格尊严与个人自由说。该说认为侵犯公民个人信息罪所保护的法益应为人格尊严与个人自由,个人隐私只是人格尊严的组成部分。④

(5)信息专有权。该说认为侵犯公民个人信息罪的法益既不是个人法益也不是公共法益,而应是建立在个人信息自决基础上对个人信息权益进行间接保护的信息专有权,是信息法定主体处分个人信息的权利。⑤

2. 持超个人法益的观点

(1)超个人法益说1。该说认为,公民个人信息不仅是个人法益,而且具有超个人法益属性。这是最早提出侵犯公民个人信息罪的法益是超个人法益的观点。⑥

(2)超个人法益说2。该说基于个人信息的公共性和社会价值也认为侵犯公民个人信息罪的法益为超个人法益。⑦

(3)信息安全管理秩序说。该说认为,侵犯公民个人信息罪的法益是公共法益,主要法益是信息安全管理秩序,而自然人的个人信息法益是附属保

---

① 参见刘艳红:《侵犯公民个人信息罪法益:个人法益及新型权利之确证——以〈个人信息保护法(草案)〉为视角之分析》,载《中国刑事法杂志》2019 年第 5 期。

② 参见冀洋:《法益自决权与侵犯公民个人信息罪的司法边界》,载《中国法学》2019 年第 4 期。

③ 参见于冲:《侵犯公民个人信息罪中"公民个人信息"的法益属性与入罪边界》,载《政治与法律》2018 年第 4 期。

④ 参见高富平:《出售或提供公民个人信息入罪的边界——以侵犯公民个人信息罪所保护的法益为视角》,载《政治与法律》2017 年第 2 期。

⑤ 参见敬力嘉:《大数据环境下侵犯公民个人信息罪法益的应然转向》,载《法学评论》2018 年第 2 期。

⑥ 参见曲新久:《论侵犯公民个人信息犯罪的超个人法益属性》,载《人民检察》2015 年第 11 期。

⑦ 参见郭泽强、张鑫希:《走出侵犯公民个人信息罪的法益保护之迷思——超个人法益之提倡》,载《天府新论》2020 年第 3 期。

护的法益。①

(4)自主使用说。该说认为,个人信息不仅涉及信息主体的自主使用利益,同时也承载着信息控制者的正当使用利益。②

(5)社会信息管理秩序说。该说认为,公民个人信息只是法益中的物理内容,当其被赋予社会信息管理的外衣时,其内涵才得以全部阐释,将侵犯公民个人信息罪的法益确立为社会信息管理秩序,并将其作为扰乱社会秩序的一种罪名来进行更为合理的设置。③

(二)个人信息犯罪法益观点评析

由于新信息技术的迅猛发展,使得个人信息的属性及所承载的利益复杂多变,而且在这一问题上,全世界都处于同一起跑线上,并没有什么先进理论可资借鉴。学者们依凭自身的学术功底、理论素养及国际视野对个人信息犯罪法益进行了与时俱进的研究,从而得出相同、相似或迥异的观点,不论什么观点,面对全新的课题都是极其有价值的。不过,在特定的时间和空间内,反映事物本质的观点往往具有唯一性。本书认为上述观点都值得商榷,分析如下:

1. 对个人法益的评析

(1)个人信息权说,三种观点虽然名称相同但却内涵不一,可具体分为单一内涵说、复合内涵说和复杂内涵说。三种观点的共性是都把个人信息犯罪法益界定为个人法益,都准确把握住了个人信息的人格属性,这是值得肯定的。但是该说没有认识到在新信息技术下个人信息属性和承载利益的变化及复杂性,对个人信息的认识停留于信息时代前期,甚至停留于前信息时代。单一内涵说只认识到了个人信息的人格属性,没有认识到其财产属性,复合内涵说和复杂内涵说虽然进了一步,认识到了个人信息的人格属性和财产属性,并且认可其为一种全新的权利类型,但是仍然没有认识到个人信息的公共属性。

(2)人格尊严与个人自由说,此说最为不可取。人格尊严与个人自由可

---

① 参见皮勇、王肃之:《智慧社会环境下个人信息的刑法保护》,人民出版社 2018 年版,第 71 页。

② 参见刘双阳、李川:《大数据时代个人信息法益刑法保护的应然转向——以规制非法使用个人信息为重点》,载《重庆大学学报(社会科学版)》2020 年第 5 期。

③ 参见凌萍萍、焦冶:《侵犯公民个人信息罪的刑法法益重析》,载《苏州大学学报(哲学社会科学版)》2017 年第 6 期。

以说是个人信息承载的利益，属于宪法上的一般人格权，要想成为刑法中的法益，必须具化为具体人格权才可以，否则就过于抽象、宽泛，不符合法益所要求的规范性和实证性。

(3)信息专有权说，此说认识到了个人信息属性的复杂性，力求对其实行全面保护，但是又无法摆脱个人信息属于个人法益的传统观念，故出现了自相矛盾之处。一方面承认个人信息犯罪属于集体法益，但另一方面又认为信息专有权是处分个人信息的权利，属于合法持有者。最终该说既没有保护信息主体的个人权益，也没有保护个人信息所能带来的公共利益，而只是保护了信息业者对个人信息的使用权益。

2. 对超个人法益的评析

(1)超个人法益说，该说的两个持有者，首次提出者其实并没有认识到新信息技术下个人信息属性的复杂性，而是凭借敏锐的学术洞察力运用法教义学方法分析得出的结论，在钦佩的同时也不得不遗憾地承认该超个人法益说只是提出观点，并没有深入探讨其时代背景和具体内涵。超个人法益说2弥补了首次提出者的缺陷，对该学说提出的时代背景和理论支撑进行了深入探讨，但是超个人法益本身是一个抽象、概括的词语，作为具体犯罪的法益不仅不符合法益本身所要求的具体、规范，而且也无法起到法益的构成要件解释机能。

(2)自主使用说。该说认识到了对个人信息进行使用可以迸发巨大商业价值，有利于数字经济的发展，符合我国的产业政策，所以赋予“使用”以最重要的地位。其目的是改变目前对个人信息过度保护的立法，侧重对个人信息的使用。这种观点是符合目前新信息技术背景的，但是把个人信息犯罪法益界定为自主使用却是不规范的。因为“‘法益’的词源是德语中的‘法律性财货’。所谓‘财货’，不仅其本身实际存在，同时，因为对人有用而被赋予某种价值，那么，所谓‘法益’，就是以具有经验性可把握之可能的实体、对人的有用性为理由，而需要法律保护的对象。刑事立法，只有在有助于保护此意义上的‘法益’的限度之内，才能为被正当化。”①而“使用”是一种行为并不是一个实体，所以它不应被认定为法益。

---

① 刘艳红：《侵犯公民个人信息罪法益：个人法益及新型权利之确证——以个人信息保护法(草案)为视角之分析》，载《中国刑事法杂志》2019年第5期；[日]松原芳博：《刑法总论重要问题》，王昭武译，中国政法大学出版社2014年版，第12页。

(3)信息安全管理秩序说和社会信息管理秩序说,这两种学说虽然名称不同,但实质是一样的。两种学说都认识到了新信息技术下个人信息的三重属性及承载的三种利益,但在进行利益衡量时,却都把公共利益认定为唯一,而忽视了信息主体的个人利益,这样不仅违背了"超个人法益只有在能够回溯至个人利益的情况下才具有刑法上的可保护性"①这一原理,而且在法教义学上也使得单个人的个人信息无法得到刑法保护,进而使得具有人格属性的个人信息完全物化,成为信息业者和权力者的工具。

(三)本书个人信息犯罪法益之观点

上述观点各有利弊,本书都不完全赞同。本书认为,基于时代背景、个人信息三重属性及承载的三重利益、法益要求、刑法目的、产业政策等因素,个人信息犯罪的法益应为双重法益,其中个人信息安全为主要法益而个人信息权为次要法益。

1. 单一个人信息权法益无法满足时代要求

本书已经阐述新信息技术对个人信息的形塑,使得个人信息具有巨大的商业价值和公共属性,以小数据时代和信息时代前期为时代背景构建的以单一个人信息权为法益的个人信息刑事保护已经无法适应现实需求,故必须与时俱进确立符合新信息技术发展时代背景下的个人信息刑事保护法益。

个人信息权的本质就是信息主体对个人信息的控制权。在小数据时代,设立个人信息权就是为了限制国家公权力对个人信息的滥用,进而保护人格尊严。在这个时代,个人信息尤其是私密信息由信息主体掌控,那么个人通过对个人信息源头的掌控和个人信息权的赋权就能对个人信息形成一种贯穿始终的掌控力,就像放风筝一样,不管个人信息飞得多远,那根无形的风筝线始终控制在信息主体手中。然而,这一状态随着信息技术尤其是新信息技术的发展而被打破。

信息技术激发了个人信息的商业价值,并由此催生了信息业者。信息业者所代表的信息行业的出现使得个人信息权的控制力大打折扣甚至形同虚设,理由如下:第一,信息主体无法控制个人信息的流向。个人信息一旦被信息业者收集,就像进入了"黑洞",在"黑洞"中个人信息如何被聚合、清

---

① 冀洋:《法益自决权与侵犯公民个人信息罪的司法边界》,载《中国法学》2019 年第 4 期。

洗、筛选，又如何被运用于不同领域，不要说大部分不具有专业技术知识的信息主体对此一无所知，即使是具有专业技术知识从事该行业的信息主体也无法掌控自己信息的流向。个人信息一旦进入信息流转链条，就像进入了浩瀚无垠的太空，要想按自己的意志力控制它的流向，无异于痴人说梦。第二，信息主体甚至无法控制是否进入信息流动链条。有学者认为，信息主体无法控制个人信息流向，但是还是能决定是否进入信息流动链条的，“他们只能决定自己的个人信息是否进入到信息流动链条中，而不能支配其走向”①，事实果真如此吗？答案是否定的。先不要说面对公权力信息主体无法控制个人信息是否进入信息链条，即使是面对平等主体——信息业者，信息主体也无法控制个人信息是否进入信息链条。也许有人会说，怎么不能控制，我只要与网络进行切割，不与网络发生联系就可以。但问题是，在当今时代，除了儿童和退休人员，其他为生计奔波的人怎能与网络切割呢？网络已经成为现今人们生活、工作的载体，离开它，生活、工作可能就无法正常运行。而只要与网络相联系，其他直接个人信息还可以掌控使其不进入信息链条，但是网络痕迹、位置信息等间接个人信息却是信息主体无法掌控的。而根据本书的阐述，随着新信息技术的发展，直接个人信息商业价值衰退，间接个人信息商业价值凸显。信息业者对间接个人信息的需求远大于直接个人信息，在资本、利润的驱动下，信息业者对间接个人信息的搜集变得不可控制。

2. 个人信息被侵害的特征呼唤个人信息安全法益

在司法实践中，个人信息被侵害呈现出与小数据时代和信息时代前期不一样的特征，这些特征要求信息安全法益的确立。首先，个人信息被侵害呈现聚集性。单个普通人的信息是没有价值的，或者价值微小与成本核算后不足以盈利。一般所说的个人信息具有巨大的商业价值，指的是成千上万的个人信息聚集在一起，利用基于不同目的的算法计算后得出有规律性的结果、预测，把这些结果、预测运用于商业领域才会获取巨大利益。在司法实践中的个人信息犯罪案件，所涉个人信息少则上千，多则以万计，在新信息技术背景下，所涉个人信息以百万、千万计的甚至成为常态，且以亿计的案件也不在少数。如此庞大的个人信息聚集在一起被窃取或泄露，所侵害的法益并不是个人信息权所能涵摄的。每一条个人信息都体现着人格利益，当数以百万计甚至亿计的个人信息被侵害时，就意味着以百万计甚至以

① 敬力嘉：《大数据环境下侵犯公民个人信息罪法益的应然转向》，载《法学评论》2018 年第 2 期。

亿计的人格利益被侵害,量变引起质变,这些聚集的人格利益就转变为公共利益。其次,个人信息被侵害的危害后果主要是一种危险。个人信息被侵害会导致民众的焦虑或恐慌,之所以会有这种现象,是因为犯罪分子会通过被泄露的个人信息实施精准诈骗、精准伤害甚至精准杀人等危害人身、财产的犯罪行为,但这只是一种可能性并不一定必然发生。但这种可能性使信息主体置身于一种危险状态中,而这种状态会导致民众焦虑或恐慌。所以,为了消除这种焦虑或恐慌才对个人信息犯罪进行立法和进一步修正,这都体现在两次的立法说明中。虽然其是被学者所诟病的"象征性立法",但却是真实的立法目的,其所要保护的就是个人信息安全。

3. 基于利益衡量确立双重法益和次序

前已述,个人信息具有三种属性并承载三种利益,而这三种利益都可以成为刑法中的法益。并且本书确立了在保障人格尊严基础上充分实现信息自由的相对保护立场,那么如何设置个人信息犯罪的法益才能符合这一刑事立场呢?本书认为,以个人信息安全为主要法益,以个人信息权为次要法益的双重法益符合这一刑事立场。理由如下:第一,根据本书的研究,相对保护立场是一般情况下人格尊严优先保护,但是在面对公共利益和符合条件的信息自由时,人格尊严须退让。而在目前倾向于保护信息行业的产业政策和信息行业不断进行自我完善面前,对信息行业所设立的条件比较容易达到,故公共利益和符合条件的信息自由就成为主要保护的利益,而人格尊严退居其后。第二,那么既能涵摄公共利益又能涵摄信息自由的法益应该是什么呢?本书认为,个人信息安全是最合适的。因为个人信息安全的含义就是可以对个人信息进行使用,但是使用者一定要保证所使用个人信息的安全,这样才能既能发挥个人信息的商业价值或公共管理价值又能消除民众的焦虑或恐慌,立法目的就能实现。并且在关于《刑法修正案(九)(草案)》的说明中,针对第 253 条之一即侵犯公民个人信息犯罪修改所做的说明中使用了"维护信息网络安全"的表述,这也说明修改后的侵犯公民个人信息罪所要保护的法益是个人信息安全。第三,由于将侵犯公民个人信息罪的法益界定为笼统的"公民人格尊严与个人自由"已经显得滞后,其虽非错误但并不确切,《民法典》第 111 条确立之后则没有必要再借助抽象的一般人格权,[①]所以在刑法领域,本书将信息主体的人格尊严转变为个人信

① 参见冀洋:《法益自决权与侵犯公民个人信息罪的司法边界》,载《中国法学》2019 年第 4 期。

息权。那么为什么还需要对个人信息权进行次要保护呢？本书认为，虽然在新信息技术背景下，信息主体对个人信息的控制权已经形同虚设，所以即使法律上赋予其控制权也无法实现，反而有损法律尊严，那理性的选择就是在当前条件下放弃赋权或等技术成熟后对信息主体进行赋能。但个人信息毕竟是个人形象的电子化，还会影响人格的形成，如果任由信息业者或公权力者对其进行自由使用，那么个人信息所能识别的物理的信息主体就可能会成为信息业者获取利润的工具或成为公权力实现政治目的的工具，这是现代文明社会所不允许的，这完全违背了“人是目的而不是工具”这一法治国家的思想基础。所以，如果信息业者或公权力对个人信息的使用有违这一思想基础的时候，就可以以违反个人信息权为由对其进行刑事归责。所以，本书的个人信息权并不是通常意义上的信息主体对个人信息的控制权，而是免受被奴役的权利。

二、现有罪名体系之整合与补正

本书曾对个人信息犯罪的罪名体系进行过研究，[1]但该研究是在新信息技术未到来之时基于《刑法修正案（七）》所进行的实然层面的研究，故得出的结论是个人信息犯罪罪名体系包括：出售、非法提供公民个人信息罪，非法获取公民个人信息罪和窃取、收买、非法提供信用卡信息罪这三个罪名。现今，上述三罪名构成的罪名体系已然落伍。在新信息技术迅猛发展的时代背景下，基于《刑法修正案（九）》个人信息犯罪罪名体系又应该包括哪些罪名呢？并且为了实现信息安全的规范目的，又需要增补哪些罪名？根据个人信息犯罪的法益，个人信息罪名应被放置于哪一章节合适呢？本部分针对这些问题展开。

（一）包含的罪名

在已有的罪名中，个人信息犯罪包含哪些罪名目前有两种观点，第一种观点认为个人信息犯罪包括侵犯公民个人信息罪和拒不履行信息网络安全管理义务罪；[2]第二种观点认为个人信息犯罪包括伪造、变造、买卖身份证件

① 参见马改然：《个人信息犯罪研究》，法律出版社 2015 年版，第 34 页。

② 参见李川：《个人信息犯罪的规制困境与对策完善——从大数据环境下滥用信息问题切入》，载《中国刑事法杂志》2019 年第 5 期；皮勇、王肃之：《智慧社会环境下个人信息的刑法保护》，人民出版社 2018 年版，第 23 页。

罪,使用虚假身份证件罪,泄露案件信息罪,侵犯公民个人信息罪和拒不履行信息网络安全管理义务罪①。

本书认为这两种观点都值得商榷。对犯罪进行分类研究虽然起源于犯罪学领域,但是在刑法领域也很常见,如腐败犯罪、毒品犯罪、计算机犯罪、网络犯罪等。这些分类也没有严格的标准,或犯罪手段相同、或犯罪对象相同、或犯罪场域相同。同样地,个人信息犯罪也并非法定概念,其从名称上看起来就像是毒品犯罪一样以犯罪对象相同为标准归类的,但是依据《关于〈中华人民共和国刑法修正案(九)(草案)〉的说明》,侵犯公民个人信息罪和拒不履行信息网络安全管理义务罪都放在"(三)维护信息安全"下面来进行说明,而且拒不履行信息网络安全管理义务罪的犯罪对象也不仅仅是个人信息,所以在新信息技术背景下,个人信息犯罪应该是以法益相同为标准进行归类。根据此标准,第一种观点缺少窃取、收买、非法提供信用卡信息罪,而第二种观点同样缺少窃取、收买、非法提供信用卡信息罪,但是还多出伪造、变造、买卖身份证件罪,使用虚假身份证件罪,泄露案件信息罪这三个罪名,这两个罪名犯罪对象虽然属于个人信息,但是它们的法益却不是个人信息安全,伪造、变造、买卖身份证件罪,使用虚假身份证件罪这两个罪名被放置于扰乱公共秩序小类罪中,依据《关于〈中华人民共和国刑法修正案(九)(草案)〉的说明》其侵害的是社会诚信公共秩序,"它们所欲保护的主要是一种超个人法益,其所要维护的主要是个人权益之外的宏观经济秩序和社会秩序"②,而泄露案件信息罪被放置于妨害司法罪小类罪中,其侵害的是司法秩序,故这三个罪名不能归类于个人信息犯罪中。

故本书认为个人信息犯罪在已有罪名中包括:侵犯公民个人信息罪,窃取、收买、非法提供信用卡信息罪和拒不履行信息网络安全管理义务罪。

(二)应增设的罪名

非法使用个人信息的行为是否应入罪,有三种不同的观点。第一种认为不应该入罪,例如,"要求任何包含个人信息的数据分析都需要征得个人同意,实际上是难以操作的,对非法使用公民个人信息行为不纳入刑法规制范围也是一种现实选择"。③ 第二种观点认为应入罪,但不需要增加新罪名,

---

① 参见汪东升:《个人信息的刑法保护》,法律出版社 2019 年版,第 131 页。

② 刘仁文:《论非法使用公民个人信息行为的入罪》,载《法学论坛》2019 年第 6 期。

③ 张勇:《公民个人信息刑法保护的碎片化与体系解释》,载《社会科学辑刊》2018 年第 2 期。

通过对侵犯公民个人信息罪进行解释即可包容进去。例如,“行为人个人非法使用信息,这种情形一般情况下不构成犯罪。但是信息数据巨大,或者造成非法严重后果……就应当考虑入罪。而我国刑法,则不一定要对上述四种行为设计出新的罪名,完全可以在继续使用‘侵犯公民个人信息罪’或相关犯罪的罪名罪状同时,完善其罪状、罪责即可”。[①] 第三种观点认为应入罪,并且应增设新罪名。例如,“在完善侵犯公民个人信息罪时,应当将非法利用个人信息行为规定为该罪危害行为的一种,并且以其为中心完善该罪的危害行为体系”;[②]“从应然看,为维护罪刑法定原则,以刑法修正案的方式来实现非法使用公民个人信息行为的入罪更为妥当”[③]。本书赞同第三种观点,但是理由有所不同。本书理由如下:

1. 时代所需

我国立法之所以没有规定非法使用个人信息罪,其根本原因还是受小数据时代或信息时代前期思维所限。在这种思维下,非法使用个人信息行为是不值得刑事处罚的。理由如下:①在这种思维支配下,非法使用个人信息侵犯的是信息主体的人格权益,通过民法或行政法就可以对其权益进行保护,根本没必要动用刑法。例如,企业使用员工信息报税,或使用教师信息拨打电话,咨询是否发表论文等。②在这种思维支配下,认为非法使用个人信息行为或是其他犯罪的手段行为,或是不可罚的事后目的行为,故不需要单独成罪。比如,在网络诈骗案件中,使用个人信息实施诈骗行为,其属于诈骗行为的手段行为,完全能被诈骗罪所涵摄;或者窃取个人信息后使用,其使用行为属于事后目的行为,可以被窃取行为所涵摄等。

但是在新信息技术迅猛发展的今天,非法使用个人信息行为就有必要入刑了。理由如下:①在新信息技术背景下,个人信息作为生产要素商业价值激增,“大数据的价值不再单独来源于它的基本用途,而更多源于它的二次利用”,[④]“信息与数据的融合与利用是互联网与大数据的本质所在,允许

---

① 何能高、许双燕:《个人信息保护新型路径研究——以刑法保护为侧重点》,载《中国人民公安大学学报(社会科学版)》2019 年第 2 期。类似观点还可参见陈文昊:《侵犯公民个人信息罪中的“外围”立法与解释进路》,载《重庆邮电大学学报(社会科学版)》2018 年第 3 期。

② 皮勇、王肃之:《智慧社会环境下个人信息的刑法保护》,人民出版社 2018 年版,第 234 页。

③ 刘仁文:《论非法使用公民个人信息行为的入罪》,载《法学论坛》2019 年第 6 期。

④ [英]维克托·迈尔-舍恩伯格、肯尼思·库克耶:《大数据时代:生活、工作与思维的大变革》,盛杨燕、周涛译,浙江人民出版社 2013 年版,第 197 页。

此类用户行为信息与数据的融合与‘化学反应’,可以给商家和消费者带来双赢”。[①] 在对个人信息进行商业化利用过程中,受资本无限逐利的本能驱使,再加上并没有相配套的法律规范,导致整个过程处于丛林法则支配之下,非法使用个人信息牟利无疑是诱发当前个人信息泛在泄露以及违法交易激增的根源,其也已成为整个侵害个人信息犯罪产业链的核心环节。[②] ②在新信息技术背景下,个人信息的属性已经由个人属性扩展为个人属性、财产属性和公共属性的综合体,对个人信息的非法使用已经无法只通过民法或行政法予以规制。掌握海量个人信息的公司不仅能进行个性化推荐、精准推销,甚至还能影响选举等政治事件的走向。[③] 如果不对其使用个人信息的行为加以刑事规制,一旦被具有某种企图的人或团体非法利用,其社会危害性难以估量。③在新信息技术背景下,间接个人信息变得泛在化、易收集且通过大数据分析能时时反映信息主体的第一需求,故其商业价值远远高于直接个人信息,成为资本的新宠。又由于信息业者在其中付出了高比例的劳动,故掌控了对间接个人信息的话语权。单个间接个人信息无异于沙漠里的一粒沙或海洋里的一滴水,实在微不足道,但是如果不加限制地任其收集、分析,长年累月就会影响或操控信息主体人格的形成,使信息主体成为信息业者的棋子,这是现代文明社会所坚决禁止的,所以一定要严格限制间接个人信息的使用场景。

2. 本书刑事立场的要求

上文论述了时代背景层面上非法使用个人信息入刑的必要性,那么在刑法层面上是否同样具有必要性呢?本书认为存在必要性。因为本书确立了个人信息相对保护的立场,该立场要求变以“禁止移动”为核心的刑法条文为以“禁止滥用”为核心,而禁止非法使用就是禁止滥用的本真含义。

在刑法领域增设非法使用个人信息罪,其必要性表现为:①非法使用个人信息行为无法被现今的个人信息犯罪体系所囊括。《刑法》第 253 条之一作为个人信息犯罪的核心法条,虽然在 2015 年《刑法修正案(九)》中对其进行了修改,但修改的内容只是把特殊主体改为一般主体,并且提高法定刑,

---

① 丁晓东:《用户画像、个性化推荐与个人信息保护》,载《环球法律评论》2019 年第 5 期。

② 参见刘双阳、李川:《大数据时代个人信息法益刑法保护的应然转向——以规制非法使用个人信息为重点》,载《重庆大学学报(社会科学版)》2020 年第 3 期。

③ 参见《Facebook 和剑桥分析公司事件始末》,载腾讯网,https://new.qq.com/omn/20180328/20180328G1JI45.html。

而对犯罪行为类型却没有变动，其始终只是包括非法出售、提供和非法获取。获取是个人信息的从无到有，出售和提供是公民个人信息在合意双方乃至多方主体之间的流动，使用则是单方主体对公民个人信息的操控，是一种单向的流动。[①] 所以，无论使用什么解释方法，都不能把本质不同的“使用”解释为“获取、出售或提供”。②对个人信息安全法益具有直接性。当前主张把非法使用个人信息行为入罪的一种有力观点认为不论是非法出售、提供还是非法获取，都是对法益的间接侵害或者不侵害法益，而非法使用个人信息却是对法益的直接侵害，所以更应该入罪。本书虽然赞同非法使用个人信息行为入罪，但却认为上述论述值得商榷。例如，有学者指出，“在非法获取、出售和提供公民个人信息案中，因行为所涉及的个人信息量巨大，其所造成的损害具有间接性和群体性的特点，且难以和具体的被害人建立起直接联系”[②]；或有学者认为“无论是非法获取、出售还是提供公民个人信息的行为，其本质上只是公民个人信息自身的物理流转和空间变换，由一方主体转换至另一方主体，由一个空间转移至另一个空间，不管变换如何频繁，其始终只是对形式进行的侵害，对于形式所包裹的法益并未造成直接的侵害”[③]，这种观点其实很好反驳，其关键点就是对个人信息犯罪法益的认识，如果认为本罪的法益是个人信息权，那么无论是非法出售、提供还是非法获取，其实都是未经信息主体同意而对个人信息的处分，都侵害了信息主体对个人信息的控制权即个人信息权，而如果认为本罪的法益是本书所认可的个人信息安全，那么上述论述就是合理的。③对个人信息安全法益侵害最严重。不论是非法获取抑或非法出售、提供，其本质就是使无权持有个人信息的主体持有。但是在新信息技术背景下，单纯持有个人信息并不能带来任何收益，虽然个人信息曾被誉为“新石油”“黄金”，但是其毕竟不同于石油、黄金。最大不同之处就在于石油、黄金具有稀缺性及保值性，持有者单纯持有就能带来收益，而个人信息具有共享性、实时性、变动性，如果不把持有的个人信息使用出去，那么海量的个人信息甚至在瞬间就会变得一文不值，所以众多学者达成的共识就是必须让个人信息流动起来即共享出去，才能发挥其价值。但这种流动、共享也就是使用应该是有序的，如果无序那

① 参见刘仁文：《论非法使用公民个人信息行为的入罪》，载《法学论坛》2019 年第 6 期。

② 参见王肃之：《被害人教义学核心原则的发展——基于侵犯公民个人信息罪法益的反思》，载《政治与法律》2017 年第 10 期。

③ 刘仁文：《论非法使用公民个人信息行为的入罪》，载《法学论坛》2019 年第 6 期。

么就会带来严重的社会危害性，所以非法使用对个人信息安全的侵害是最严重的。

3. 域外亦有相关规定可资借鉴

不论是对个人信息使用相对宽松的英美法系国家还是对个人信息使用相对严格的大陆法系国家，都对非法使用个人信息进行了刑事规制。

（1）美国的相关规定

美国并没有统一的《个人信息保护法》，也没有统一的刑法典规定个人信息犯罪，但是在联邦法、州法律和行业法规中都有类似规定。根据本书第三章的考察，美国 2004 年国会颁布的《身份盗窃刑罚加重法》第 1028 条（A）（a）就有相关规定，“该法第 1028 条（A）（a）（1）规定，一般的加重情节的身份盗窃是指未经合法授权，故意转移、拥有或者使用他人信息，且会因以上行为可能被判处 2 年有期徒刑的行为”。并且该法第 1028 条（A）（a）（2）规定：“特殊的加重情节的身份盗窃是指未经合法授权，故意转移、拥有或者使用他人信息，且会因以上行为可能被判处 5 年有期徒刑的行为。”[①]

在得克萨斯州和亚利桑那州也有相关规定，得克萨斯州的《刑法典》第 32 条 51（b）（1）中规定，“未经他人同意，基于伤害或欺骗他人的目的，获取、拥有、转移、或使用他人的身份信息，构成身份盗窃罪”。在亚利桑那州，该州修正法案规定，“如果行为人以获取或者使用他人或单位的身份信息为目的以便达到任何非法企图，或以获取或者使用他人或单位的身份信息为目的给该他人或单位造成损失（不论该他人或者单位最后是否实际上遭受任何经济损失）或者以获取或者使用他人或单位的身份信息为目的获取工作或继续工作，在未经该他人或单位的同意下，故意获取、购买、制造、记录、持有或者使用任何有关他人个人身份信息或者单位身份信息（该他人或单位包括真实存在的或者虚构的），行为人成立身份盗窃罪”。[②] 同时，在健康保险领域也有类似规定，《健康保险流通与责任法案》规定，如果不当行为以销售、转让或使用可确定个人身份的健康资讯获取“商业优势、个人好处或恶意伤害”为目的，可处以 250,000 美元以下罚款和 10 年以下监禁。[③]

---

① 马改然：《美国身份盗窃的最新发展趋势》，载《学术论坛》2012 年第 5 期。

② 马改然：《美国身份盗窃的最新发展趋势》，载《学术论坛》2012 年第 5 期。

③ 参见林艳丰等：《说说美国的健康保险携带和责任法案（HIPAA）》，载中国医学论坛 2018 年 10 月 9 日，https://www.cmtopdr.com/post/detail/18db827f-483e-4113-b38f-130403cf6a99。

(2)英国的相关规定

英国虽然已经脱欧,但是在个人信息保护方面,欧盟《一般数据保护条例》对其仍有效力,故根据《一般数据保护条例》的规定,2018 年英国对 1998 年的《数据保护法》进行了修改,制定了新的《数据保护法》。在这部《数据保护法》中,英国对新信息技术背景下对个人信息的非法使用进行了细化规定,例如禁止重新识别和处理重新识别的个人信息。具体规定如下。

①第 171 条第 1 款——重新识别匿名化个人数据罪,该款规定:"未经做出匿名化处理的数据控制者的同意,行为人明知或轻率地重新识别该个人数据,即属犯罪。"①

②第 171 条第 5 款——处理重新识别个人数据罪,该款规定:"行为人明知或轻率地实施下列情形处理个人数据,即属犯罪。(a)未经负责数据重新识别的控制者同意;(b)重新识别为第(1)款所规定罪行的情形。"②

③第 173 条第 3 款——损毁个人数据以阻止数据披露罪,该款规定:"第(4)款③中所列的任何人为了防止披露提出请求人有权获得的全部或部分信息而更改、污损、屏蔽、删除、销毁或隐藏信息,均属犯罪。"④

(3)德国的相关规定

作为欧盟核心国的德国,为了履行欧盟《一般数据保护条例》所赋予的义务,在 2017 年对《联邦数据保护法》又进行了修改,以实现《一般数据保护条例》国内法的转化。在这部《联邦数据保护法》第 44 条规定了罚则部分,但由于该条属于引注罪状,故其中包含了多个犯罪行为,根据本书第三章的分析,共包括 9 个罪名,其中有两个罪名涉及非法使用个人信息,即:①非法以商业目的处理、使用个人数据罪,即未经授权,为了获取报酬,或者意图为自己或他人谋取暴利,或者意图损害他人利益而故意以广告、市场或民意研究为目的而处理或者使用数据,应当判处 2 年以下监禁或者判处罚款。②非法结合个人数据罪,以未经允许的目的,为了获取报酬,或者意图为自己或他人谋取暴利,或者意图损害他人利益而故意将个人关联特征与特定信息进行结合,应当判处 2 年以下监禁或者判处罚款。

---

① Article171, Para 1, Data Protection Act 2018.

② Article171, Para 5, Data Protection Act 2018.

③ 该条款规定:这些人是:(a)数据控制者,以及(b)由数据控制者雇佣的人、管理者以及受其指令约束的人员。

④ Article173, Para 3, Data Protection Act 2018.

故德国的非法利用个人信息的罪名包括非法以商业目的处理、使用个人数据罪和非法结合个人数据罪。有学者认为德国非法利用个人信息的罪名是《联邦数据保护法》第 42 条,以牟利或者损害他人为目的,未经授权处理不能公开访问的个人数据处两年以下监禁刑,并认为这里的"处理"和欧盟《一般数据保护条例》的"处理"[①]含义一样,包括"使用"[②],本书认为该观点不正确。虽然《联邦数据保护法》是《一般数据保护条例》的国内转换法,但是根据《一般数据保护条例》的规定,各成员国都有一定的自主权,并不需要完全照搬。根据《联邦数据保护法》第 3 条(4)的规定,处理指对个人数据的存储、修改、传输、封存和删除;在特定情形中,不用考虑上述各环节是否同时适用。而第 3 条(5)规定,"使用"指任何处理方式之外的个人数据的利用。所以德国《联邦数据保护法》中的"使用"明显和欧盟《一般数据保护条例》不同。

(4)日本的相关规定

日本的《个人信息保护法》也是历经修改,为了适应新信息技术迅猛发展的背景,日本于 2017 年对《个人信息保护法》进行了修改,其中有两个罪名涉及非法使用个人信息。

①第 82 条泄露、盗用秘密罪,该条规定:"不论在职还是去职,委员长、委员、专门委员及事务局的职员泄露或盗用因职务而获得的秘密的,处 2 年以下有期徒刑或 100 万日元以下罚金。"

②第 83 条非法提供、盗用个人信息数据库罪,该条规定:"个人信息处理业者或其员工,或者曾经是这些主体的员工,以为自己或第三人谋求不正当利益为目的,而提供或盗用其在业务中处理过的个人信息数据库等(包括对其全部或某一部分的复制或加工)的,处 1 年以下有期徒刑或 50 万日元以下罚金。"

总之,世界范围内有诸多国家都把非法使用个人信息入罪,而且这些罪名都规定于附属刑法《个人信息保护法》中,这给予我国的启示是:为了适应新信息技术背景,应该把非法使用个人信息入罪。

(三)应置于的章节

在新信息技术背景下,个人信息犯罪的法益已经由过去的个人法益转

---

① 参见《一般数据保护条例》第 4 条第(2)项:"处理是指对个人资料或者个人资料档案执行任何操作或者系列操作,不论是否通过自动化的方法,例如收集、记录、组织、结构化、储存、改编或者变更、检索、查阅、使用、传输揭露、传播或者以其他方式使之得以调整、限制、删除或者销毁"。

② 参见刘仁文:《论非法使用公民个人信息行为的入罪》,载《法学论坛》2019 年第 6 期。

变为超个人法益，即以个人信息安全为主要法益，而个人信息权为次要法益。那么随着法益的变化，个人信息犯罪仍然被置于侵犯公民人身权利、民主权利一章中就不符合我国以法益为标准进行归类的原则。目前，关于个人信息犯罪应被放置于哪个章节有三种观点：

第一种观点认为，虽然个人信息管理秩序属于公共法益，我们认为侵犯公共信息安全罪也不宜直接规定在《刑法》第二章"危害公共安全罪"中，因为侵犯个人信息犯罪不具有危害公共安全罪的在场性特征，难以对公共安全构成现实、紧迫的威胁或者危害……故宜放置第六章"妨害社会管理秩序罪"中。①

第二种观点认为，把网络犯罪归类于《刑法》的"妨害社会管理秩序罪"章节中，既不利于法律规范的完整性，也不利于司法实践中对网络犯罪的认定处罚……为了适应在互联网时代惩治网络犯罪、维护网络安全的需要，我认为应当对《刑法》有关计算机犯罪和网络犯罪的法律规定予以整合，增设"网络犯罪"专节，对相关罪名进行规定。②

第三种观点认为，刑法中的"公共安全"主要包括了破坏社会基础设施的犯罪和破坏公用设施的犯罪，随着网络已经成为社会运行发展的基础工具，网络本质上已经成为社会基础设施。因此，将部分犯罪由"妨害社会管理秩序罪"这一犯罪群调整至"危害公共安全罪"这一犯罪群，或者在"危害公共安全罪"一章中设立有关计算机犯罪的独立罪种已经具有必要性和可行性。③

上述三种观点，虽然第二种观点和第三种观点没有明确指明个人信息犯罪，但是个人信息犯罪作为网络犯罪的一种，这两种观点应该可被适用于个人信息犯罪，故个人信息犯罪可被放置的章节包括：妨害社会管理秩序罪、独立成章和危害公共安全罪。

本书赞同第三种观点，应把个人信息犯罪放置于第二章"危害公共安全罪"中，其理由除了第三种观点所陈述的外，还包括：①"危害公共安全罪"这一章的法益并不要求都是对不特定人或多数人人身、财产造成现实、紧迫的威胁或危害。以破坏广播电视设施、公用电信设施罪为例，该罪并不直接侵

---

① 参见皮勇、王肃之：《智慧社会环境下个人信息的刑法保护》，人民出版社 2018 年版，第 234 页。

② 参见陈兴良：《网络犯罪立法问题思考》，载《公安学刊（浙江警察学院学报）》2016 年第 6 期。

③ 参见于冲：《网络犯罪罪名体系的立法完善与发展思路——从 97 年刑法到〈刑法修正案（九）草案〉》，载《中国政法大学学报》2015 年第 4 期。

害和威胁人的生命、身体，而是扰乱了公众生活的平稳与安宁。① 而多数人个人信息的泄露也是造成了公众的焦虑或恐慌，从而扰乱了公众生活的平稳与安宁，故将个人信息犯罪放置于危害公共安全罪一章中是可行的。②当前以“禁止移动”为核心的个人信息犯罪造成的损害的确具有间接性、非实时性，与传统危害公共安全罪有区别，但是非法使用个人信息罪所造成的损害却是直接、实时的，如果把非法使用个人信息罪增设进个人信息罪中，就与危害公共安全罪没有显著区别了。

三、保护模型之构建

目前，个人信息刑事保护体系是以个人信息权为法益的绝对保护立场，以“禁止移动”为核心的行为规范体系，为了适应新信息技术发展所要求个人信息有序共享的时代要求，需要构建新型的个人信息刑事保护模型。从现有的研究成果来看，诸多学者已经认识到个人信息刑事保护的缺陷，并意图对其进行修正。其中讨论较多的是关于个人信息犯罪法益和增设非法使用个人信息行为入罪这两个问题，这两个问题本书前已经阐释，故不再赘述。最新的研究是认识到了个人信息的多重属性和负载的多重利益，其认为采取大一统的模式进行个人信息刑事保护无法达到个人信息有序共享的要求，故采取以对个人信息进行分类的方法②或对个人信息权属进行分类的方法③实施刑事保护。这种采取区分的方法对个人信息进行刑事保护的思路是受民法研究成果④的启发，本书赞同这种研究思路，并且本书也曾以此为思路进行过初步研究⑤。但上述研究大都是在实然层面进行的教义学分析，对司法实务审理案件以及刑法解释的确大有裨益，而本书意图是在应然层面对个人信息刑事保护进行全新构建，故虽起点相似，但路径却大相径庭。

---

① 参见张明楷：《刑法学》(第5版)(下)，法律出版社2016年版，第688页。

② 参见董悦：《公民个人信息分类保护的刑法模式构建》，载《大连理工大学学报(社会科学版)》2020年第2期。

③ 参见张忆然：《大数据时代“个人信息”的权利变迁与刑法保护的教义学限缩——以“数据财产权”与“信息自决权”的二分为视角》，载《政治与法律》2020年第6期。

④ 例如，参见张新宝：《从隐私到个人信息：利益再衡量的理论与制度安排》，载《中国法学》2015年第3期；范为：《大数据时代个人信息保护的路径重构》，载《环球法律评论》2016年第5期。

⑤ 参见马改然：《大数据时代个人信息刑法保护的困境与出路》，载《网络空间安全》2020年第3期。

由于不同类型的个人信息与人格关联度差异较大,而且在个人信息流转过程中,不同行为对法益的侵害程度也不同,现今大一统的个人信息刑事保护体系已经落伍,故本书立足个人信息相对保护立场,在类型化思维和场景动态保护的思路下,首先对个人信息进行分类,而后在个人信息流转的各环节场景内检验不同类型的个人信息的不同行为是否具有法益侵害性,是否值得刑法保护,从而筛选出从应然层面上哪些行为是值得刑法保护的,从而构建出符合新信息技术发展时代背景所要求的个人信息刑事保护模型,本书将这种个人信息刑事保护模型称之为二元场景化动态保护模型。

(一)个人信息的类型

本书第一章曾对个人信息分类进行阐述,但那种阐述只是根据不同标准进行的分类,并不存在价值导向和问题意识。而此处的个人信息的类型就是在利益衡平的价值观下,为了构建新信息技术下个人信息刑事保护模型的逻辑起点。而要实现对个人信息的类型化,就应该采取类型化思维。

所谓类型化思维是在对概念思维的批判基础上形成的,它是一种双向度的思维方式,一方面,类型的具体化、演绎化的思考,是对抽象概念的进一步区分和瓦解,是为抽象概念提供实在的内容支撑。另一方面,类型化的努力,更是对个别现象的抽象和归纳,是在个别现象之间建立起整体性的意义联系和普遍性的观念,从而避免了仅就个别现象进行把握而丧失对价值联系、意义脉络等结构性线索的洞察,[①]故运用类型化思维要优于概念思维。个人信息本身就像是普罗米修斯的脸,承载了多元权属和多元利益,横看成岭侧成峰,与其说是一个概念,还不如说是以识别性为共性的类型集更为合适。个人信息类型多样,依据不同标准,既有直接个人信息和间接个人信息、一般信息和敏感信息,又有公开信息和非公开信息,还有个人私密信息、个人事实信息和个人预测信息[②]等。"类型归属与概念涵摄不同,它是一种价值导向的思考程序"[③],价值的发现与衡量过程对于类型来说尤为重要,而这一点恰恰为统一保护模式所欠缺。统一保护模式只强调概念的共性,忽

---

① 参见杜宇:《再论刑法上之"类型化"思维——一种基于"方法论"的扩展性思考》,载《法制与社会发展》2005 年第 6 期。

② 参见袁泉、王思庆:《个人信息分类保护制度及其体系研究》,载《江西社会科学》2020 年第 7 期。

③ [德]卡尔·拉伦茨:《法学方法论》,陈爱娥译,商务印书馆 2003 年版,第 101 页。

视了各种范畴之间客观存在的差异性，进而遮蔽了范畴背后的独立价值。[①]所以，从这个角度来看，对个人信息进行大一统的刑事保护是不可取的，应该根据立法目的、立场及保护的法益，对其进行类型划分，而后依据不同的类型进行不同的刑事保护。

那么在类型化思维指导下，个人信息的类型是采用已有的分类还是要创设一种新的分类呢？这取决于时代背景和刑事立场。根据以上这些因素，本书认为个人信息的类型就采用最传统最原始的立法类型：直接个人信息和间接个人信息。理由如下：①从时代背景看，根据本书第二章分析，个人信息犯罪之所以兴起，起初是由于个人信息财产属性被发现，而随着新信息技术的迅猛发展，间接个人信息商业价值凸显，成为资本追逐的新宠，故有必要对其进行保护。而随着新信息技术的发展，对直接个人信息的侵犯形式也有了进一步的发展，例如"深度伪造""换脸"等值得刑事处罚的行为。②从刑事立场看，现今立法采取的是大一统的绝对保护立场，是在概念法学思维下把个人信息视为一个内涵高度一致的观念下设立的。这种立场没有认识到个人信息的复杂性、多权属性，故无法实现遏制个人信息犯罪的规范目的。而本书采取的是相对保护立场，其内在逻辑就是要求对个人信息进行分类保护。直接个人信息与人格的关系比较密切，更多地体现了人格利益，如姓名、基因、手纹、虹膜等，而间接个人信息与人格的关系比较疏离，更多地体现了财产利益，例如网络痕迹、交易信息、财产信息等。两种性质不同的信息应该采取不同的保护立场，对于直接个人信息更多的应是保护，而对间接个人信息更多的则是利用。

（二）二元场景化动态保护模型

新信息技术下，为了实现个人信息保护和使用的平衡，本书采取相对保护的刑事立场。由于个人信息自身的复杂性、多利益性和多权属性，在类型思维指导下，本书采取对个人信息进行分类区分保护的方式。而且根据信息生命周期理论和场景理论，不同的个人信息在不同的周期、不同的场景所应采取的保护策略应为不同，这样才能真正实现个人信息价值的最大化。本书预在信息生命周期理论和场景理论指引下，以不同的个人信息类型为纬线，以不同的个人信息周期、场景为经线，构建一个严密的个人信息刑事

---

① 参见董悦：《公民个人信息分类保护的刑法模式构建》，载《大连理工大学学报（社会科学版）》2020 年第 2 期。

保护法网。

1. 信息生命周期理论和场景理论

(1)信息生命周期理论

信息生命周期理论最早出现于图书馆学领域,1943年美国纽约大学的戈斯内尔(C. F. Gosnell)在《大学与研究机构图书馆》杂志上发表了《大学图书馆文献老化问题》论文,该论文首次对大学图书馆中的文献老化问题进行了深入研究,并提出了“随着时间的推移,一切知识或其载体都会逐渐失去原有的价值”的著名论断[①]。而后,此研究进展缓慢,并没有引起学界的关注。直到20世纪80年代,随着计算机技术的发展,电子化的信息资源日益增多并表现出与传统信息资源不同的特性,故激起人们对信息资源管理的热情,理论界对信息生命周期管理展开了进一步深入探讨。

1986年,美国知名信息资源管理学家霍顿(F. W. Horton)和马钱德(D. A. Marchand)在其合著的《信息趋势:如何从你的信息资源中获利》一书中首次提出“信息生命周期管理”这一概念,并且提出信息管理在逻辑上存在若干相关联的阶段,这就像是企业生产产品一样,不同阶段以及阶段之间的转换都伴随着管理成本与信息价值的变化。[②] 该理论揭示了信息是动态变化的且具有阶段性,每一阶段都具有不同的管理成本和价值,所以应该对不同阶段的信息采取不同的管理策略。

作为信息的一个子类型——个人信息同样也遵循上述规律,所以不顾个人信息处于何种阶段而武断地采取“一刀切”的大一统的刑事保护模式是行不通的。信息生命周期理论告诉我们,信息的价值通过流转、分析和使用得以实现,而在此过程中,信息价值并不是均匀地递增或减损,而是呈现出个体特有的价值衰减规律。[③] 所以应该根据个人信息流转周期,即收集、处理、交易和使用四阶段,针对每一阶段具体问题具体分析,本着实现个人信息保护和使用平衡的目的提出个体化的刑事保护方案。

(2)场景理论

自1971年约翰·罗尔斯(John Bordley Rawls)《正义论》出版以来,基于自由主义的单一普遍性正义原则受到了广泛的关注及赞誉,但是同为哈佛

---

① 参见张春颖:《信息生命周期管理研究述评》,载《情报科学》2012年第6期。

② 参见袁泉、王思庆:《个人信息分类保护制度及其体系研究》,载《江西社会科学》2020年第7期。

③ 参见张春颖:《信息生命周期管理研究述评》,载《情报科学》2012年第6期。

大学的迈克尔·沃尔泽(Michael Walzer)却提出了不同的观点。沃尔泽基于社群主义提出了多元正义理论,即不存在单一普遍性正义,在不同的领域存在不同的正义。沃尔泽认为,当社会商品按照不同的分配标准分配时,就会实现复合的平等,即正义的标志。各领域是相对自治的,依据多元正义理论,存在“不同领域不同的人的不同结果”。根据另一个领域的标准分配一个领域的社会商品构成不公正。[①] 场景理论正是受多元正义理论启发而创建,其主张在隐私个人信息领域也应基于不同具体情境而应有不同的规范标准。该理论最早源于美国学者尼森鲍姆,他认为应认识到个人信息保护的合理程度要置于其所处的环境中具体审视,避免脱离场景做抽象式的预判。鉴于场景构成要素的多元性,对个人信息利用的合理性应综合多种因素进行“程度性”判断。[②] 也即个人信息不在于安全或控制,而在于适当地流通,而是否适当应基于特定场景而判断。所以,场景理论摆脱了传统的“全有全无”式的一元模式,要求基于不同场景适用不同判断标准。无怪乎有学者说,场景理论与传统隐私保护规则不同,它实质是基于个人利益和公共利益的平衡,在技术应用具体场景下实现个人信息保护,从技术激励和规范的角度,实现信息的恰当使用与社会发展。[③]

2. 两种理论下模型构建的路径

在信息生命周期理论和场景理论的启发下,构建二元场景化动态保护模型的路径应如何走是在具体构建模型前需要思考的。

(1)关于个人信息类型

虽然场景理论主张“个人信息的范围并不存在一个预先的精准界定,个人信息的界定是动态的,并高度依赖于所处的具体场景”[④],但本书认为虽然个人信息的确是在不同场景有不同的范围,但这不能否定应给予个人信息一个概念,尤其是在刑事领域,基于罪刑法定原则要求立法的明确性,一个绝对含混的无定型的词语是无法进入刑法视野的。所以本书依然认可识别型的个人信息概念,并且以此为基础对个人信息进行分类保护。受场景理

---

① 参见李文姝、刘道前:《人工智能视域下的信息规制——基于隐私场景理论的激励与规范》,载《人民论坛·学术前沿》2019 年第 6 期。

② 参见范为:《大数据时代个人信息保护的路径重构》,载《环球法律评论》2016 年第 5 期。

③ 参见李文姝、刘道前:《人工智能视域下的信息规制——基于隐私场景理论的激励与规范》,载《人民论坛·学术前沿》2019 年第 6 期。

④ 范为:《大数据时代个人信息保护的路径重构》,载《环球法律评论》2016 年第 5 期。

论影响的是,本书所区分的直接个人信息和间接个人信息在个人信息生命周期各个环节中并不是固定不变、静态的,而是随着个人信息流通环节的不同,相同的个人信息可能会发生类型上的变化。例如,收集环节的间接个人信息经过处理后到了交易环节可能就会成为直接个人信息。

(2)关于不同场景的归责

从个人信息生命周期角度看,在收集、处理、交易和使用四个环节中,我国目前主要在收集环节进行刑事保护,只要在收集环节履行了告知义务并征得信息主体同意,后续的处理、交易和使用环节就不再受刑法保护了。"旨在保障个人信息自决权的侵犯公民个人信息罪,其对信息自决权的保护范围相当之窄,基本上局限于数据收集环节的权利,当前的保护框架并没有对数据主体在数据被收集之后的后续权利提供任何刑法上的保护。"①这种保护模式对个人信息保护存有两大缺陷:一是最应该受到刑法规制的滥用个人信息的行为没有受到应有的规制,从而使得合理使用动辄面临刑事处罚。根据现有的《刑法》规定,个人信息属于信息主体或首次信息控制者,任何使个人信息进入流通环节或二次使用都可能遭受刑事处罚,但恰恰在新信息技术下个人信息的价值体现在个人信息流通、共享或二次使用上,故现今的刑事保护模式严重阻碍了个人信息合理流动,使个人信息价值无法最大化。二是没有场景意识,只对收集环节进行了规制,而对处理、交易和使用环节没有进行应有的刑事保护。而要想构建二元场景化动态保护模式,需要从以下路径来实施:

首先,要树立场景意识,把每一个流动环节视为一个特定场景,依据特定场景的各种不同要素来确定何种行为需要受到刑事规制,进而确定何种行为值得刑法保护。

其次,要确立"使用者责任"归责原理。传统个人信息刑事保护框架下,"同意"也即"被害人承诺"为阻却违法责任事由,只要获得信息主体的"同意",针对个人信息实施的各种行为都被排除刑法领域。但在新信息技术下,"同意"规制已经失灵,信息主体的"同意"被信息业者利用信息技术和所掌控的私权力而强制性或隐匿性地获得,"同意"已经不再是信息主体自由意志的体现,而是信息业者阻却违法的免死金牌。所以,出现了针对个人信息犯罪越严厉打击越猖獗的怪状。全球已经步入风险社会,这是一个共识。

---

① 劳东燕:《个人数据的刑法保护模式》,载《社会科学文摘》2020 年第 4 期。

随着新信息技术的迅猛发展，风险不仅没有消解，反而愈发严重。为了应对这种弥漫性且不可知的风险，现代刑法出现了新的归责原理，即风险由谁创设或管辖，谁就应该对此风险及引发的后果负责。“对创设风险的这种管辖，是基于这个原则：任何一个对事实发生进行支配的人，都必须对此答责，并担保没有人会因为该事实发生而遭到损害。支配的另一面就是答责。按照这一原则，任何人都必须安排好他自己的行为活动空间，从这个行为活动空间中不得输出对他人的利益的任何危险。”①个人信息犯罪是风险社会信息技术发展下的产物，自然适用风险归责原理，而此归责原理其实就是“使用者责任”原理在刑法中的具体表达。适用此一归责原理，就会消解传统个人信息刑事保护框架下“同意”归责的弊端，由对个人信息创设风险的信息业者即信息收集者、信息处理者、信息交易者和信息使用者来对个人信息负责，一旦这些信息业者没有遵守合规义务，使得个人信息处于值得刑法处罚的风险中，就应该为自己的使用行为负担刑事责任。这也是维克托·迈尔－舍恩伯格（Viktor Mayer-Sch·nberger）在《大数据时代：生活、工作与思维的大变革》中所倡导的“个人隐私保护，从个人许可到让数据使用者承担责任”在刑法领域的具体适用。

3. 两种理论下模型的具体构建

基于信息生命周期理论和场景理论，以个人信息周期、场景为经线，以个人信息类型为纬线，本书拟具体构建一个严密的个人信息刑事保护法网。根据个人信息周期理论，个人信息周期可分为四个场景，分别是收集场景、处理场景、交易场景和使用场景。除此之外，为了使个人信息有序流转，政府的监管必不可少，故还需增加一个贯穿个人信息周期全流程的监管场景。

（1）收集场景

伴随新信息技术尤其是物联网的迅猛发展，各种传感器、可携带设备和智能终端等如雨后春笋般涌现，它们就像是无形的触角一样伸入人们生活的方方面面，常常在人们无意识的情况下收集各种个人信息。除此之外，网络爬虫技术作为现今各大网站必备之利器，时时爬取网络上的公开或非公开的个人信息。这些技术的发展都给收集场景中个人信息的保护带来了新的挑战。收集是个人信息流转共享的源泉与开端，为了促进个人信息的有序流转，对于个人信息收集行为，应当采取相对宽松的规制策略，因为个人

---

① 劳东燕：《个人数据的刑法保护模式》，载《社会科学文摘》2020 年第 4 期。

信息的收集与个人信息的流通共享密切相关,如果对个人信息的收集行为进行过于严厉的规制,那么个人信息就无法合理流通,个人信息中所可能蕴含的公共性价值就无法得到体现。①

在刑法领域,在收集场景中对个人信息的保护体现在《刑法》第 253 条之一第 3 款,“窃取或者以其他方法非法获取公民个人信息的,依照第一款的规定处罚”。并且根据《个人信息解释》第 4 条:“违反国家有关规定,通过购买、收受、交换等方式获取公民个人信息,或者在履行职责、提供服务过程中收集公民个人信息的,属于刑法第二百五十三条之一第三款规定的‘以其他方法非法获取公民个人信息’。”也就是说,购买、收受、交换、收集和窃取一样,具有相同的法益侵害性,都属于刑事规制的行为方式。基于新信息技术环境和相对刑事保护立场,本书认为该解释值得商榷。首先,该解释违反了体系解释,根据体系解释,“其他方法”应该与“窃取”具有相当性,但显然“购买、收受、交换、收集”等这些中性词根本无法与窃取相提并论;其次,由于没有前置法,虽然该解释有“违反国家有关规定”的限制,但是司法实践中,只要没有信息主体的明示同意,“购买、收受”等行为都被认定为犯罪,这大大阻碍了个人信息的利用,进而影响了数字经济的发展。

在应然层面收集场景中,针对直接个人信息的收集,应该获得信息主体的明示同意,否则如果情节严重,则构成犯罪;而针对间接个人信息的收集,只要信息主体未表示明确反对,则视为同意。之所以对间接个人信息收集采取如此低标准,其原因有二:一是物联网或网络爬虫技术下,由于人机交互界面的缺位,同意机制已经失效,针对人格疏离型的间接个人信息可顺势而为,尽量实现其商业价值。二是信息业者在提供服务过程中,单纯的收集行为并不会对信息主体的人身或财产造成危险,不会侵犯信息安全法益和个人信息权。而实现的途径是适用实质解释的方法,通过发挥法益构成要件解释机能,使不具有法益侵害性的单纯收集间接个人信息的行为出罪。

(2)处理场景

个人信息处理是对个人信息进行不加工、粗加工或深加工等不同程度处理的过程。处理环节承前启后,不仅是连接收集和后续交易、使用环节的关键环节,而且也是个人信息是否能实现增值的关键环节。个人信息处理包括个人信息预处理、个人信息存储和个人信息挖掘。其中,个人信息预处

---

① 参见丁晓东:《个人信息的双重属性与行为主义规制》,载《法学家》2020 年第 1 期。

理主要是对个人信息进行清洗,包括匿名或化名处理;个人信息挖掘主要是基于各种算法对个人信息进行深加工,包括数据检索、数据分析和数据呈现等方式。[①] 在新信息技术背景下,尤其是随着大数据、人工智能的发展,个人信息处理变得更为高效、快速和智能。在处理场景中,个人信息经过清洗、筛选、聚类、结合,间接个人信息或变得与人格紧密或转化为直接个人信息,故在此场景中应该赋予比收集场景中较为严格的保护。

在刑法领域,对处理场景中个人信息的刑事保护是缺位的。但事实上此阶段个人信息面临着巨大的风险,亟需刑事保护,具体表现在以下方面:第一,在预处理阶段,为了保护隐私便于个人信息交易、流通,需要对个人信息进行匿名化或化名处理。但现在随着技术的发展,反匿名化变得容易,这就使得匿名化的个人信息可能会重新被识别,这侵犯了信息安全和个人信息权,故可借鉴英国的做法,设立重新识别匿名化个人信息罪来保护已经匿名化的个人信息。第二,在存储阶段,海量的个人信息被收集存储在一起,如果不采取保护措施或限时删除,其泄露的风险极大。故可借鉴德国的做法,设立非法持有个人信息罪来保护个人信息。第三,在挖掘阶段,信息业者为了利益最大化,对个人信息进行非法检索或非法结合甚至处理重新识别的个人信息,这些行为都对个人信息法益造成严重侵害,值得刑法处罚。故可借鉴域外经验,设立非法检索个人信息罪、非法结合个人信息罪和处理重新识别个人信息罪。

(3)交易场景

在交易场景中,我国《刑法》第 253 条之一第 1、2 款规定了非法交易的行为类型,即禁止违反国家有关规定,出售或提供公民个人信息。其对个人信息的刑事保护实质就是“禁止个人信息移动”,这使个人信息有序共享变得几乎不可能。也许有学者说,我国不是已经开展大数据交易平台构建了吗?的确如此,早在 2015 年由政府主导的贵阳大数据交易所就已经建立,在之后的 5 年内,将近有 20 家大数据交易所纷纷挂牌营业。但这些交易所一般都不允许交易个人信息,除非对个人信息进行匿名化或非中心化处理。[②] 但实践中对个人信息的需求势不可挡,故出现了愈演愈烈的个人信息交易

---

① 参见王忠:《大数据时代个人数据隐私规制》,社会科学文献出版社 2014 年版,第 118 页。

② 例如,《贵阳大数据交易所 702 公约》规定,允许交易的都是解决了数据隐私保护及数据所有权的问题的数据;《中关村树海大数据交易平台规制》第 18.1 条规定,涉及国家秘密和个人信息等受法律保护的数据禁止在交易平台上交易。

黑市,交易黑市的危害不仅体现为隐私风险不可控还体现为严重阻碍了数字经济的发展,进而影响到我国是否能引领第四次经济浪潮,所以这种大一统“一刀切”地禁止个人信息交易是不可取的。

虽然我国《刑法》是附条件的禁止个人信息交易,但要达到其所要求的条件从而免责在目前法律规定上几乎不可能。因为所附条件就是“不违反国家有关规定”,目前最权威的国家有关规定就是《个人信息保护法》、《民法典》和《网络安全法》,而根据这三部法律,其条件就是获取信息主体的同意。在距离信息主体最近的收集场景中,获取信息主体的同意尚且困难,那么在几经转手距离信息主体越发遥远的交易场景中要获取信息主体的同意更是难上加难,所以才得出《刑法》禁止个人信息交易的结论。为了解决这一问题,促进个人信息有序共享,立足于相对保护立场,本书认为对于更多体现商业价值的间接个人信息可不需要获取信息主体同意即可交易。而对于直接个人信息,还需要对其进行隐私评估,像更多体现交往功能的姓名等直接个人信息则无需获取信息主体的同意即可交易,像与人格联系较为紧密的直接个人信息则需获取信息主体的同意才可交易,而像基因信息、虹膜等敏感个人信息则禁止交易。在此场景中,我国《刑法》还遗漏了一行为类型即跨国传输个人信息,个人信息不仅关涉个人利益还影响国家信息安全,所以针对个人信息如果没有相关部门的审批不得跨国传输,否则会损害国家利益。

(4)使用场景

在使用场景中,我国《刑法》缺乏对个人信息的刑事保护,故应增设“非法使用个人信息罪”。关于应增设的理由已经在本章第二节第二部分“现有罪名体系之整合与补正”(二)应增设罪名中进行了详尽的阐述,故在此不再赘述。

(5)监管场景

在个人信息生命周期的四个场景之外,还有一个应贯穿始终的监管场景。个人信息本身具有人格属性也具有财产属性,而在财产权益归属上一直争论不休。单个人的信息属于个人私有,但是没有商业价值,而多数人的个人信息汇集成数据库不再属于个人私有,但却有巨大的商业价值。这种集共有私有为一体的混合财产往往引发半公地悲剧,即当个人信息融入整个信息洪流时就会出现半公地悲剧问题。一方面,非信息主体利用他人信息牟利,被利用的信息主体或知晓或不知晓,这就是半公地财产中的一种投机行为或策略行为。另一方面,信息主体即使知晓个人信息被非法使用,但考虑救济成本与“搭便车”心理也很少主动去救济。正是共—私混合财产“权利束”的分散才导致此类财产易产生半公地悲剧。悲剧的发生往往是“权利束”相互倾轧所造成的,往往需要第三方从上方监管,避免“权利束”之间的冲突。[①] 所以,从这个角度来看,对个人信息的监管不仅必要而且亟需。并且在行政监管无力、难以发挥实效时,动用最后保障法——刑法予以刑事处罚,这样构建的个人信息刑事保护机制才算完整。

故在监管场景中,从应然层面上说,应明确制定从国家到地方的统一监管部门,可参考德国或日本的立法例,并且赋予其相关的监管职能同时赋予其相应的权力和责任。新颁布的《个人信息保护法》第六章只是规定国家网信部门作为主导监督部门,仍需与其他相关部门相协调一起行使监督职能,虽然没有规定独立的监督部门仍存有遗憾,但是毕竟明确了国家网信部门的主导地位。为了加强监管力度,《刑法》可制定相关罪名。比如,可参考日本制定拒不执行个人信息委员会命令罪、不提交正确个人信息处理报告、妨碍检查罪,亦可参考英国制定妨碍信息专员检查或不协助检查罪、对信息通知做虚假陈述罪、妨碍信息专员查阅罪等。

(三)余论——收集场景中个人信息刑事保护之教义学拓展

上述根据个人信息生命周期理论和场景理论已经构建了完整的个人信息刑事保护模型,但只是框架式的构建,要想实现更为具体周延的刑事保护,还需要在此基础上进行进一步的教义学拓展。囿于客观条件所限,本书只针对收集场景中个人信息刑事保护进行抛砖引玉性的教义学拓展,其他场景的教义学拓展留待日后继续研究。

1. 问题的提出

继2009年《刑法修正案(七)》新增第253条之一后,2015年《刑法修正案(九)》又对其进行大幅修改,最明显的表现为:第一,出售、提供公民个人信息由身份犯变为非身份犯;第二,删除窃取等非法获取个人信息中的“情节严重”。学者们对前一修改给予了极大的关注,但对后一修改却鲜有深入讨论。《刑法修正案(七)》中无论是出售、非法提供公民个人信息罪还是非法获取公民个人信息罪都是情节犯,“情节严重”是两罪共同的构成要件要

---

① 参见付大学:《个人信息之半公地悲剧与政府监管》,载《首都师范大学学报(社会科学版)》2019年第1期。

素。但《刑法修正案(九)》却只保留了该条第1款中的“情节严重”,而把第3款即窃取等非法获取公民个人信息行为中的“情节严重”删除①,这不免让人产生疑问,为什么把该款“情节严重”删除?是基于立法简洁抑或刻意为之,如为前者,那是否意味着该款属于注意规定?如为后者,那该款由情节犯变为抽象危险犯,处罚范围极度扩张,应对其如何解释才不违反比例原则?

本书之所以对此法条如此感兴趣,是因为据公安部统计,近两年“黑客入侵网站非法窃取公民个人信息犯罪活动增多”②,并且在2017年国家网络安全宣传周上,警方认为,“从‘炫技’到‘逐利’,黑客入侵企业计算机信息系统非法获取信息数据,已成为公民个人信息泄露的源头”③。而且备受关注的“徐某玉案”中,徐某玉之所以死亡,其根源就在于其个人信息被黑客杜某禹窃取并出售,而后由陈某辉等人利用其个人信息对徐某玉进行精准诈骗。可见,规制窃取公民个人信息的行为迫在眉睫。而要更好地规制此行为,对其法条进行准确的解读是首要的。

2. 窃取型侵犯公民个人信息罪文本之确立——“情节严重”不要说之提倡

刑法解释的对象是法条,这些由词语所组成的法条所涵摄的内容必须确定,否则所有的解释都是“空中楼阁”。关于《刑法》第253条之一第3款,“情节严重”这一构成要件要素是被彻底删除了还是虽字面被删除但仍被涵摄其中,这是首先要确定的。

(1)现今的主流观点:“情节严重”必要说

无论是理论研究还是司法实践,大都秉持“情节严重”必要说这一观点,认为是出于立法简洁把“情节严重”删除,但从法条关系来说仍被涵摄其中。具体体现在以下几个方面:

第一,从理论研究来看,本书从中国知网上以“侵犯公民个人信息”进行

---

① 《刑法修正案(七)》第253条之一规定:……窃取或者以其他方法非法获取上述信息,情节严重的,依照前款的规定处罚。《刑法修正案(九)》第253条之一规定:……窃取或者以其他方法非法获取公民个人信息的,依照第一款的规定处罚。

② 参见《打击整治黑客攻击破坏和网络侵犯公民个人信息犯罪专项行动取得阶段性战果》,载中国政府网,http://www.gov.cn/xinwen/2017-07/18/content_5211559.htm。

③ 参见吴阳:《国家网络安全宣传周“法治日”举行,警方透露黑客入侵成公民个人信息泄露源头》,载搜狐网2017年9月22日,http://www.sohu.com/a/193845413_114731。

搜索,发表时间限定在从 2015 年 11 月至 2018 年 11 月,共搜索到论文 56 篇。涉及这个问题的共 16 篇论文,其中 13 篇论文采取"情节严重"必要说,占比 81%。持该观点的大部分学者并没有解释采取此观点的理由,只是直接采用此说。[①] 而具体的分析理由又可细分为两种,一种可概括为"立法简洁说",例如有学者认为:"第 3 款实际上并未否定'情节严重',只不过在立法技术上为了避免重复,所以做出这样的规定。"[②]另一种可概括为"被包容说",例如有学者认为,"此条款的目的在于规定不同犯罪行为方式,后'依照第一款的规定处罚'说明立法者只是针对刑法 253 条第 1 款增加相类似的某种值得科以刑罚的行为,'情节严重'的认定标准并没有删除"。[③]

第二,从司法解释来看,《个人信息解释》第 5 条规定:"非法获取、出售或者提供公民个人信息,具有下列情形之一的,应当认定为刑法第二百五十三条之一规定的'情节严重':……(三)非法获取、出售或者提供行踪轨迹信息、通信内容、征信信息、财产信息五十条以上的;(四)非法获取、出售或者提供住宿信息、通信记录、健康生理信息、交易信息等其他可能影响人身、财产安全的公民个人信息五百条以上的;(五)非法获取、出售或者提供第三项、第四项规定以外的公民个人信息五千条以上的……"从此条可以看出,司法解释者把"非法获取"和"出售或者提供"等同,认为两者成立犯罪都需要"情节严重"。而且一般情况下,司法解释都是按照立法法条的顺序来进行的,但在此解释中司法解释者为了强调他所秉持的"情节严重"必要说的观点,刻意把"非法获取"放在"出售或提供"前面而排在第一位以使其醒目。同时,第 6 条规定:"为合法经营活动而非法购买、收受本解释第五条第一款第三项、第四项规定以外的公民个人信息,具有下列情形之一的,应当认定为刑法第二百五十三条之一规定的'情节严重'……"更是重申了此观点。

第三,从司法案例来看,本书通过对"中国裁判文书网"进行检索,检索条件是案件类型:刑事案件,案件名称:侵犯公民个人信息罪,审级及文书类

---

① 参见刘宪权、房慧颖:《侵犯公民个人信息罪定罪量刑标准再析》,载《华东政法大学学报》2017 年第 6 期;李谦:《侵犯公民个人信息罪的法解释学释义》,载《北京邮电大学学报(社会科学版)》2017 年第 1 期;张娇:《侵犯公民个人信息罪中"情节严重"的认定标准》,载《南阳师范学院学报》2016 年第 11 期。

② 参见王肃之:《论侵犯公民个人信息罪适用标准的完善》,载《太原理工大学学报(社会科学版)》2016 年第 3 期。

③ 参见杨宗英:《侵犯公民个人信息罪研究》,西南科技大学 2017 年硕士学位论文,第 23 页。

型:一审判决书,时间是2015年11月1日到2017年6月1日。之所以选择这一时间段,是考虑2015年11月1日之后《刑法修正案(九)》开始生效而最高人民检察院和最高人民法院还未颁布相关的司法解释,这正是体现司法实践部门如何解释《刑法》第253条之一第3款的绝佳时机。符合条件的判决书共195份。

通过对这195份判决书进行查阅,剔除13份无效样本,剩下有效的共182份判决书。在这182份判决书中,其中38份是出售、提供公民个人信息的,91份是非法获取后又出售的,剩余的52份是窃取等非法获取公民个人信息的。而在这52份判决书中,28份犯罪时间发生在2015年11月之后,8份犯罪时间属于跨时间段的,其余的16份都发生在该时间之前也就是《刑法修正案(九)》生效之前。按照从旧兼从轻原则,这16份判决书应该采用《刑法修正案(七)》,但是却有13份都采用了《刑法修正案(九)》并且要求"情节严重"。例如"章某甲侵犯公民个人信息案",案情为:2014年6月以来,被告人章某甲在湖南省长沙市等地,通过互联网非法获取公民个人信息共计1889条。判决结果是:法院认为,被告人章某甲以其他方法非法获取公民个人信息,情节严重,其行为已构成侵犯公民个人信息罪。① 而在那28份犯罪时间发生在《刑法修正案(九)》生效后的判决书中,除了5份判决书外其他无一例外地都适用《刑法修正案(九)》但却都要求"情节严重"。例如"邢某某侵犯公民个人信息案",案情为:2015年12月,被告人邢某某从QQ网名"代办网贷信用卡"的网友处得知一云盘账号和密码,从该云盘中下载了一批约十几万条的"12306"数据,包括公民姓名、身份证号码、电话号码等信息。另外,被告人邢某某还从该网友处通过云盘传送获得一批邮箱账号密码、支付宝账号密码等信息。另外,被告人邢某某通过百度搜索数据库,链接到"吾爱破解"论坛,并从该论坛上下载了2000万条公民个人信息,包括公民姓名、身份证号码等。判决结果是:法院认为,被告人邢某某非法获取公民个人信息,用于非法活动,情节严重,其行为构成侵犯公民个人信息罪。②

综上所述,不论理论研究、司法解释还是司法实践大都秉持"情节严重"必要说。任何学说和司法实践都应坚守罪刑法定这一底线,立法上已然删

① 参见福建省安溪县人民法院刑事判决书,(2015)安刑初字第883号。
② 参见山东省招远市人民法院刑事判决书,(2016)鲁0685刑初333号。

除“情节严重”,不能基于思维惯性或为了某种司法目的而“无中生有”,除非根据解释原理能肯定其存在,但答案是否定的。

(2)本书的观点:“情节严重”不要说

①《刑法》第253条之一第3款不属于注意规定

根据前述“情节严重”必要说之“立法简洁说”,之所以立法上实际没有删除“情节严重”,是因为“立法技术上为了避免重复”或“立法基于言语简练的要求做的技术处理”。那么,因法条之间的逻辑关系从而使A法条的构成要件要素添补到B法条中,进而实现“无中生有”,具有此种法律功能的非注意规定莫属。也就是持此观点的学者认为《刑法》第253条之一第3款属于注意规定,本书认为该观点错误。

注意规定是在《刑法》已作基本规定的前提下,提示司法工作人员注意,以免司法工作人员忽略的规定。[①] 注意规定不规定犯罪构成要件,只是重申对符合某种犯罪构成要件的行为要按某种犯罪论处,是将事实上本来就属于A行为类型的A1规定为属于A因而要按A罪论处的规定。[②] 如果《刑法》第253条之一第3款属于注意规定,那么就应该符合这一定义,即第253条之一第1款属于基本规定即A行为,而第3款属于A1,那么第3款本来是从属于第1款的,是对第1款内容的重申,即使不规定第3款也可以根据第1款对第3款的行为进行处罚,规定第3款只是提醒司法工作人员注意。可是事实是,第1款是规定禁止出售或提供公民个人信息的,而第3款是禁止窃取等非法获取公民个人信息的,无论采取何种解释方法,也不能把“窃取等非法获取行为”解释为“出售或提供”,即两者并不是包含与被包含的关系而是并列关系,所以,第3款并不是注意规定。既然第3款不属于注意规定,那么第1款中的“情节严重”就不能充足到第3款中去。因为只有第3款是注意规定,为了使第3款适用第1款的法律后果,就必须把第3款充足至与第1款一样的行为类型。既然第1款有“情节严重”,那就需把“情节严重”充足到第3款中去。可根据分析,第3款并不是注意规定,而是独立于第1款的,那就没有理由把“情节严重”填充进去。所以,第3款并不包含“情节严重”。

②“依照第一款的规定处罚”不包含“情节严重”

根据“情节严重”必要说之“被包容说”,认为《刑法》第253条之一第3

---

① 参见张明楷:《刑法分则的解释原理》(第2版)(下),中国人民大学出版社2011年版,第622页。

② 参见周铭川:《论刑法中的注意规定》,载《东北大学学报(社会科学版)》2016年第5期。

款中的"情节严重"被包含在"依照第一款的规定处罚"中。如果这个命题正确,那么第253条之一第1款中的"情节严重"就应该是法定刑升格条件而不是构成要件要素,但这推论并不成立。

因为"依照第一款的规定处罚"属于援引规定,从立法技术上看,援引是指对某一犯罪并不规定独立的法定刑,而是援引其他犯罪的法定刑作为该犯罪的法定刑。所以,如果"情节严重"被包含在"依照第一款的规定处罚"中,那么第1款中的"情节严重"它就一定属于法定刑的升格条件而不是罪状。但按照学界公认的判断罪状的标准,即分则条文中表述罪状后使用了"的"字,并且"的"后面紧接着有逗号时,表明该条文对一种罪状的表述完结。[①] 根据此标准分析第253条之一第1款,该款是这样规定的,"违反国家有关规定,向他人出售或者提供公民个人信息,情节严重的",很显然,这里"情节严重"放在"的"的前面,表明"情节严重"是该罪罪状的一部分,属于典型的情节犯,即该款中的"情节严重"属于构成要件要素而非法定刑升格条件。既然第253条之一第1款中的"情节严重"属于构成要件要素,那"依照第一款的规定处罚"中的"第一款的规定"就不能包含"情节严重"。所以,就不能按照援引这种立法技术包含进第3款中,故第253条之一第3款不包含"情节严重"。

综上,第253条之一第3款既不属于注意规定也不属于法定刑升格条件,所以第1款中的"情节严重"既不能充足进去,也不能包含在第3款中的"依照第一款规定处罚"中,所以第253条之一第3款不包含"情节严重"。

既然第253条之一第3款不包含"情节严重",那么《个人信息解释》第5条、第6条就有类推解释之嫌,司法实践中诸多案例的审判也有违罪刑法定原则。司法解释及司法审判之所以采取"情节严重"必要说,其实是为了提高入罪门槛,不至于使窃取等非法获取公民个人信息处罚范围过大,违反比例原则。但这样强行突破罪刑法定原则,是本书所坚决反对的。法律不是嘲笑的对象,对于忙于应付民意的情绪立法也应给予善意的理解,并且也不可能短期内再寄希望于立法。那既要坚守罪刑法定原则承认第253条之一第3款不包含"情节严重",又要遵守比例原则,如何解决这一难题呢?其实这就是如何出罪即缩限解释的问题。第253条之一第3款包含了窃取以及其他非法获取方式,基于前述原因,本书只分析窃取型侵犯公民个人信息

---

① 参见张明楷:《刑法分则的解释原理》,中国人民大学出版社2004年版,第63页。

罪。下面本书利用《刑法》第 13 条“但书”的出罪指引机能来探讨此类型犯罪的出罪问题。

3. 但书规制下窃取型侵犯公民个人信息罪之缩限

作为具有中国特色的《刑法》条款第 13 条，确立我国独特的立法既定性又定量的一元模式。[①] 对第 13 条规定定量部分的但书，学界经历了从排斥到接纳的过程，现今学界大都承认其对《刑法》分则构成要件具有规制作用。因此，在适用《刑法》分则条文规定的构成要件时，一方面，应当认为凡是《刑法》分则构成要件的类型化描述已经体现了《刑法》总则“但书”的要求，因而排除了“情节显著轻微危害不大不认为是犯罪”的情形。另一方面，又应当根据“但书”的信条性的刑事政策指引功能，结合《刑法》分则条文对构成要件进行类型化描述的不同情况，对不同构成要件的罪量要素进行更为精准的解读。[②] 依据梁根林教授的观点，根据《刑法》分则条文是否明文规定提升构成要件行为不法程度的罪量要素，把罪量要素分为法定罪量要素与涵摄罪量要素，法定罪量要素又分为明示罪量要素和暗示罪量要素。像“情节严重”“数额较大”就属于明示罪量要素，而暗示罪量要素，则是《刑法》分则条文在罪状中描述不法行为的类型特征时，将罪量要素纳入定性描述之中，使符合罪状描述的类型特征的不法行为必然同时蕴含了相应的罪量要素。而涵摄罪量是《刑法》分则在罪状中没有明文规定，但根据“但书”的规制机能，以隐藏的方式被涵摄在罪状之中的罪量要素。[③] 本书尝试运用此理论来解决本书的难题。

之所以《个人信息解释》和司法审判采用“情节严重”必要说，是因为他们认为《刑法》第 253 条之一第 3 款只做了定性规定，从而导致犯罪圈过大，为了不违反但书规定从而把“情节显著轻微危害不大的”行为排除，必须采取此说。这种观点其实是前提错误，从而一错再错。为什么第 3 款只是定性规定而不是定性规定和罪量要素的同体呢？事实上，立法者已经根据“但书”的指引，以暗示罪量要素和涵摄罪量要素方式，将罪量要素规定在《刑法》第 253 条之一第 3 款中，从而提高其不法程度进而值得刑罚处罚。本书的任务就是通过刑法解释发掘本条的本真含义。

---

① 参见储槐植：《我国刑法中犯罪概念的定量因素》，载《法学研究》1988 年第 2 期。

② 参见梁根林：《“醉驾”入刑后的定罪困扰与省思》，载《法学》2013 年第 3 期。

③ 参见梁根林：《但书、罪量与扒窃入罪》，载《法学研究》2013 年第 2 期。

(1)暗示罪量要素——窃取

《刑法》第 253 条之一有 4 款条文,规定了两种侵犯公民个人信息的行为类型,一是"泄露型",即出售或提供;一是"刺探型",即窃取或其他非法获取方法。这两种不同的行为类型适用同一个罪名和相同的法定刑,那么根据比例原则,这两种行为类型的法益侵害程度即不法程度就应大体相当。而根据第 253 条之一第 1 款的规定,"泄露型"属于典型的情节犯,即出售或提供公民个人信息构成犯罪,要求必须"情节严重"。从法条规定看,立法者认为,单纯的出售或提供个人信息并没有达到值得科处刑罚的程度,所以通过情节严重这种整体性的评价要素升高不法内涵,从而使其达到值得刑罚处罚的程度。而根据上文的研究,"刺探型"却不是情节犯而是抽象的危险犯,那要想达到与"泄露型"相当的不法程度,可行的解释路径就是"刺探型"行为本身具有更高的不法内涵。那么,这一解释路径行得通吗?(基于本书写作目的,下文"泄露型"选取"出售",而"刺探型"选取"窃取")

在日常用语中,出售指商品与货币的交换形式,卖出去的意思,而窃取指偷窃、偷取,以不正当手段取得,从中可以看出"出售"为一中性词而"窃取"为贬义词,窃取蕴含了出售所没有的不道德因素。在刑法规范层面上,"出售"指不以对价为基础,以财产性利益为交换对象,①而"窃取"则需探讨。

在刑法理论上,通说认为"窃取"等同于"盗窃","窃取""盗窃"的含义完全相同。② 那么既然"窃取"与"盗窃"通用,那就直接采用"拿来主义",用"盗窃"解释本条的"窃取"即可。但本书对这种观点却不敢苟同。因为盗窃的本质是转移占有,这就要求所指涉的对象必须具有独占性,在特定时空下只能归属于一个人。如果认为窃取与盗窃通用,那么窃取的对象也应具有这一特征,那么个人信息具有独占性吗?答案是否定的。众所周知,现今世界步入信息时代,那么什么是信息?是物质抑或能量吗?信息本身是神经中枢对载体所形成的刺激加以"意义"性的理解,这种"理解"中存在的意义是我们用任何仪器都不能直接观察到的,即不具有广延性,所以信息不是物质也不是能量,它是物质与主体相互作用所形成的意义。信息是"我们"看出来、听出来和想出来的东西,而不是"本来就有"的东西,对信息只能做认

---

① 参见马改然:《出售公民个人信息罪相关问题研究》,载赵秉志主编:《刑法论丛》第 42 卷,法律出版社 2015 年版,第 339 页。

② 参见张明楷:《盗窃与抢夺的界限》,载《法学家》2006 年第 2 期。

识论的解读而不能做本体论的解读,[1]所以信息既不是物质也不是能量,而是与两者并列的现代社会的结构性要素。作为信息的下位概念,个人信息具有信息的本质内核,即不具有广延性,也就不具有独占性,反而具有共享性,在特定时空下可以归属于无数人。既然如此,窃取的本质就不可能是转移占有,所以窃取并不等同于盗窃。那么窃取的本质是什么呢?本书认为是不应知悉而知悉。《刑法》共有9个条文使用了"窃取"[2],其中有7个条文的窃取对象不是情报、秘密就是信用卡信息、个人信息,这些都可归纳为信息。之所以对这些对象进行保护,是因为如果知悉其内容的人员范围突破界限,轻则可能危害人格权、财产权,重则关系国家存亡。有学者早就感知到了其本真含义,例如,针对侵犯商业秘密罪,提出"法条在此使用'盗窃'一词,针对商业秘密的特性而言是不够准确的……用'盗窃'来概括不如以'窃取'更准确"。[3] 既然窃取是不应知悉而知悉,行为人明知不可为而为之,以积极的行为去破坏法规范,那么其行为本身就比"出售"这一中性词内含了较高的不法内涵。所以,窃取本身就是暗示罪量要素。

论述至此,可能有学者会提出疑问,仅凭"窃取"属于暗示罪量要素,其不法程度也不足以与"出售公民个人信息,情节严重的"的不法程度相当,依然难以摆脱轻微行为入罪的藩篱。那为了解决这个问题,又不得不搬出《刑法》第13条但书的规定,把情节显著轻微危害不大的行为出罪。的确,本书承认在中国刑法语境中,只窃取1条非敏感个人信息无论如何不会构成犯罪,但如果再采取但书出罪,那其实采用的就是传统的判断方法即先对构成要件进行形式化判断,然后在该当构成要件基础上但书再阻却违法,但这是本书所反对的立场。如前述,本书所坚守的是在对构成要件进行实质解释时,就天然蕴含了对但书罪量要素的考量,所以只能在构成要件范围内贯彻但书的要求。那既然挖掘出窃取本身属于暗示罪量要素,使其不法内涵升高,但即便如此,其不法程度仍然无法与其他侵犯公民个人信息行为类型相当,那就意味着除了暗示罪量要素外,窃取公民个人信息还蕴含着提示其刑事可罚程度的涵摄罪量要素。

---

① 参见肖峰:《重勘信息的哲学含义》,载《中国社会科学》2010年第4期。

② 第111条、第177条之一、第253条、第253条之一、第282条、第287条、第329条、第382条、第431条。

③ 林亚刚:《侵犯商业秘密罪再探》,载《法制与社会发展》2000年第1期。

(2)涵摄罪量要素——人的主观不法

20世纪90年代后,侵犯个人信息的现象初现端倪。此后伴随着信息社会的发展,其一路“高歌猛进”。2009年中科院发布的《法治蓝皮书》中认为,侵犯公民个人信息“形成了一个新兴的产业”①。其后在《刑法修正案(七)》和2015年《刑法修正案(九)》对该现象进行了规制,但依然没有遏制其增长势头,反而愈演愈烈。2016年公安部对其开展的“打击整治网络侵犯公民个人信息犯罪专项行动”进行总结时认为当前侵犯公民个人信息已经形成了“源头—中间商—非法使用人员利益链条和黑色产业”。② 而2017年在国家网络安全宣传周“法治日”活动中,警方认为“非法获取及出售公民个人信息呈现职业化趋势”③。从以上资料可以看出,个人信息犯罪天然就具有产业化、职业化的属性,并且随着其发展,这一属性加速凸显。而且有学者也表达了此观点“案例样本表明,非法获取公民信息犯罪多为职业犯罪”。④ 该学者的案例样本来源于2014年之前,而本书搜集的案例样本来源于2015~2017年,但同样地也呈现了职业化的特征,在15个窃取个人信息的判决书中,14个有关于“多次窃取”的表述。此外,2016年公安部、2017年最高人民法院颁布的侵犯公民个人信息犯罪典型案例中“山东青岛韩某某非法获取计算机信息系统数据案”“肖某、周某等侵犯公民个人信息案”,这两个案例都属于多次窃取。所以,无论是其发展轨迹、学者研究,还是典型案例都表明窃取型侵犯公民个人信息罪具备常业犯、常习犯这一不法属性。

立法者之所以删除了该款中的“情节严重”,是因为其本身蕴含了窃取公民个人信息常习性这一升高其不法程度的人的主观不法属性,其不法程度足以和第1款相当。故而,对《刑法》第253条之一第3款“窃取公民个人信息的”的解释,就不应只拘泥于字面文义来做文理解释,而应挖掘其规范层面上的含义,借由但书规制下的罪量要素并且根据比例原则平衡第1款基

① 参见社科院蓝皮书:《个人信息遭滥用现象严重》,载新浪网,http://tech.sina.com.cn/i/2009-03-10/09362895388.shtm。

② 参见公安部:《打击整治黑客攻击破坏和网络侵犯公民个人信息犯罪专项行动取得阶段性战果》,载中国政府网,http://www.gov.cn/xinwen/2017-07/18/content_5211559.htm。

③ 参见吴阳:《国家网络安全宣传周“法治日”举行,警方透露黑客入侵成公民个人信息泄露源头》,载搜狐网2017年9月22日,http://www.sohu.com/a/193845413_114731。

④ 张玉洁:《论“非法获取公民个人信息罪”的司法认定——基于190件案例样本的分析》,载《华东政法大学学报》2014年第6期。

础上,窃取行为应该蕴含常业犯、常习犯这一不法属性。所以,“窃取”的规范含义是由窃取行为的客观不法和窃取行为人的主观不法构成的。只要行为人具有窃取行为,并且有证据证明以此为业、或具有窃取习性,无论窃取个人信息数量多少也无论其获利多少,一律应构成此罪。如果行为具有窃取行为,但没有证据证明以此为业或具有窃取习性的,就不应按照此款构成犯罪。行文至此,也许有学者认为这样会有遗漏,比如行为人窃取了数量不菲的个人信息,但并没有证据证明具有人的主观不法,那按照本书的观点,此行为就不构成犯罪。可比窃取不法程度低的出售数额较大的个人信息尚且构成犯罪,那根据当然解释,窃取数额较大的也应构成犯罪。这个逻辑推理没错,但是否会在司法实践中发生呢?本书所搜集的 15 个窃取个人信息案中,有 14 个都是多次窃取,1 个是 2 次窃取后用于诈骗,那这 1 个可以作为诈骗罪的情节予以考虑,可见并没有遗漏。但不得不承认,归纳并不能穷尽,不排除存在行为人一次窃取大量个人信息且不具有人的主观不法的情况存在,但这种情况一般也可定罪。因为行为人不会无缘无故冒犯罪的危险去窃取个人信息,之所以这样做,一定是该行为能给行为人带来利益,那这利益无非是物质利益或精神利益。如前述个人信息既不是物质也不是能量,而是物质与主体相互作用所产生的意义,故其并不能给行为人带来精神利益。那行为人窃取它就只是为了获取物质利益,但它并不是等价物,能直接交换财物,只能把它出售或使用才能带来物质利益。那如果窃取后出售,就可直接适用《刑法》第 253 条之一第 1 款,如窃取后使用,则可作为使用所涉及犯罪的一个量刑情节。

4. 结语

为了保护个人信息,除了在技术层面加强防御外,法律规制是其重要的一环。经过近十年的刑法规制,虽然国家机关、国有企事业单位工作人员出售、提供个人信息呈下降趋势,但由于信息时代对个人信息的极度渴求,窃取公民个人信息行为逐渐增多。为了更好地在刑法层面规制该行为,就需要对其文本进行深入解读,认为其不再属于情节犯也不属于注意规定,为了不至于使犯罪圈过于扩张,需要在但书规制下对其构成要件进行解读,认为其窃取自身就属于暗示罪量要素且包含了人的主观不法这一涵摄罪量要素。

第三节　新信息技术下个人信息刑事保护配套机制完善

在个人信息刑事保护机制构建视野中,不仅包括刑法实体法的构建还包括刑事程序法的构建。因为徒法不足以自行,要想使刑法规范发挥实效,必须要有配套的程序法予以支持。在第二章,已经就在新信息技术下个人信息刑事保护程序法方面面临的挑战及缺陷予以阐述,本节在此基础上提出完善建议。

前已述,在新信息技术下个人信息刑事保护不仅在实体法上面临挑战,在程序法上同样也面临挑战,分别体现在管辖、证据和诉讼方式上。在前述对现状、缺陷研究的基础上,本节对其如何完善提出本书的方案。

一、对管辖的完善

个人信息犯罪是随着信息技术的发展而产生的新型犯罪,可以归类于网络犯罪,但又有别于网络犯罪。与网络犯罪相同的是,个人信息犯罪的场所也是网络空间,且亦把网络视为犯罪工具;与一般网络犯罪不同的是个人信息犯罪的犯罪对象是个人信息,其不同于像财物、名誉等犯罪对象。由于犯罪场所、犯罪工具不同于传统犯罪,且犯罪对象又不同于一般网络犯罪,虽然最高人民法院、最高人民检察院、公安部针对网络犯罪管辖作出不少解释,但这些解释或先后不一或范围过广或用语随意,故出现前文所阐述的地域管辖存在现实困难和指定管辖变得无序的现实问题。本书认为之所以出现这种现象,是由于没有明确在网络成为社会基础设施、人们生活必不可少的工具的网络时代刑事诉讼管辖应遵守哪些适应该时代的原则。在明确原则的基础上,对具体管辖进行完善。

(一)管辖原则

1. 公正原则

罗尔斯曾言:“公正的法治是正义的基本要求,正当的过程主要是通过程序来实现的。”①所以作为诉讼程序起点的管辖就应当公平公正,这样才能

---

① [美]约翰·罗尔斯:《正义论》,何怀宏等译,中国社会科学出版社1988年版,第112页。

保证整个诉讼程序的公平公正。个人信息犯罪所涉管辖地众多,在出现管辖竞合或指定管辖时不能一味地追求诉讼效率或以迅速平息舆情为目的而忽视公平公正。在管辖权竞合或指定管辖时,应该视公正原则为首要原则,充分考虑被害人的利益。

2. 便利原则

个人信息犯罪管辖权的完善还应遵守“两便”原则,即便利当事人诉讼和便利法院审判。“两便”原则是传统诉讼原则,但在网络时代仍具有极强的理论价值和实践意义。具体来说,便利当事人诉讼主要指被告和受害人及证人诉讼便利。一是关于被告。个人信息犯罪一般为轻罪,如果被告被羁押,应考虑是否侵犯了其合法权益;如未被羁押,本着诉讼便利原则,应考虑在被告居住地进行诉讼。二是关于被害人。个人信息犯罪被害人往往众多且居住地分散在不同地区,在确定管辖地时应考虑诉讼便利,尽量减少被害人的诉讼成本。而便利法院审判主要应注意两点:一是所涉案件应当与审理法院具有高度关联性,这样法院才能便于取证审判。即辖区内的社会秩序、民众生活、辖区内法律主体的现实利益是否与案件具有较高的相关性①。二是充分衡量法院的负担能力。由于个人信息犯罪属于网络技术犯罪,所涉的证据繁杂并且需要具备一定的技术知识,尤其在对证据是否采信的判断上需要法官具有一定的能力,故本着诉讼便利原则,对个人信息犯罪案件管辖要考虑法官的业务和技术水平。

3. 实害联系原则

由于网络的虚拟性、无限延展性,包括我国在内的诸多国家基于对网络技术予以掌控但又心怀恐惧的潜意识导致了管辖“遍地开花”,所有与网络有关的地方都可能成为管辖地。查阅我国有关网络犯罪管辖的司法解释,可以发现随着网络化的深入以及网络犯罪的增加,管辖地也变得越来越多。以公安部规定为例,2012 年《公安机关办理刑事案件程序规定》第 16 条规定的管辖地包括:网站服务器所在地、网络接入地、网站建立者或者管理者所在地、被侵害的计算机信息系统及其管理者所在地和犯罪分子、被害人使用的计算机信息系统所在地,而 2020 年新修正的《公安机关办理刑事案件程序规定》第 17 条规定的管辖地包括:实施犯罪行为的网络服务使用的服务

① 邹晓玫、蔡玉千卉:《网络犯罪管辖权问题研究》,载《河南财经政法大学学报》2014 年第 3 期。

器所在地、网络服务提供者所在地、被侵害的网络信息系统及其管理者所在地以及犯罪过程中犯罪嫌疑人、被害人使用的网络信息系统所在地、被害人被侵害时所在地和被害人财产遭受损失地。公安机关针对网络犯罪的管辖地由4个变为6个,最直接的后果就是出现管辖权竞合的问题。基于自身利益和案件的特点,会出现要么争抢案件要么无人立案的尴尬境地。在这种情况下,必须对管辖地进行适当限缩。这就是所谓的实害联系原则,虽然该原则是在国际网络犯罪的背景下提出的,但是对于国内像个人信息犯罪这样的网络犯罪的管辖也具有参考价值。由于网络犯罪犯罪地和结果地的分离,真正产生"实害"并不是犯罪地而是结果地,也就是与被害人有关的地方,选择此作为管辖地既有利于侦查取证也有利于安抚民众。2020年修正的《公安机关办理刑事案件程序规定》新增的两个管辖地就是被害人被侵害时所在地和被害人财产遭受损失地,正是实害联系原则的体现。

(二)具体管辖的完善

本着遵守上述三原则的理念,就前述提出的地域管辖存在现实困难和指定管辖变得无序的问题提出如下完善建议。

1. 地域管辖的完善

第一,严格遵守《刑事诉讼法》确立的"以犯罪地为主,居住地为辅"的管辖原则。虽然关于网络犯罪管辖有不少新理论,但是在规范层面上,始终应以《刑事诉讼法》的规定为基础。相对于其他理论,犯罪地管辖仍是被适用最广且最有利于案件侦查和审理的管辖原则。

第二,在出现管辖权竞合的情况下,应以设备所在地为主,实害地为辅来确定最终的管辖地。按照相关的司法解释,对像个人信息犯罪这样的网络犯罪具有管辖权的管辖地颇多,既包括各种对犯罪地的扩张地也包括被害地。当个人信息案件面对管辖权竞合的时候,应以何种标准来确定最终的管辖地呢?目前有两种观点,分别是设备地说[①]和人的所在地说[②]。本书认为应以终端设备所在地为主,实害地为辅来确定标准。理由如下:①个人信息犯罪属于纯正网络犯罪,即该犯罪的实施必须借助网络才能完成,所以行为人所操纵的终端设备就是最重要的。而且根据网络上的痕迹,可以追

---

① 参见邹晓玫、蔡玉千卉:《网络犯罪管辖权问题研究》,载《河南财经政法大学学报》2014年第3期。

② 参见孙潇琳:《我国网络犯罪管辖问题研究》,载《法学评论》2018年第4期。

踪和定位终端设备,具有确定性和唯一性,对于侦查具有可行性,能满足管辖确定性要求。②因个人信息犯罪属于纯正网络犯罪,几乎所有重要证据都是电子证据,而这些电子证据都存储于终端设备上,便于取证,这符合便利诉讼原则。③随着对信息业者加强监管,违反监管者命令而实施的个人信息犯罪,其犯罪行为都实施于终端设备上,只有把其列为首要管辖地,才有利于案件的侦查和审理。④但由于移动终端设备的盛行,其对管辖确定性产生了冲击,故需要实害地作为补充。但一般个人信息犯罪案件实害地范围比较广且实害轻微,作为管辖地并不具有优势。只有当实害严重且具体时,才可以作为管辖地,这样有利于被害人和安抚当地民众,徐某玉案就是典型案例。

总之,针对地域管辖,既要遵守《刑事诉讼法》的既有规定——“犯罪地管辖”不容突破,又要充分考虑个人信息犯罪案件的特殊性,在遵循公正原则、便利诉讼原则和实害联系原则的基础上,采取以终端设备所在地为主、实害地为辅的管辖确定标准。

2. 指定管辖的完善

第一,最后原则。毕竟指定管辖具有随意性,为人为干涉司法提供机会,故为了司法公正且提高诉讼效率,能不适用指定管辖就不适用,尽量适用法定管辖。

第二,指定管辖的标准。虽然已经确立终端设备所在地为管辖地,但是司法实践中,个人信息犯罪案件终端设备地往往也并不是在同一个地方,所以指定管辖不得不适用。那么,在多个终端设备所在地中指定某一地为管辖地所依据的标准该如何确定呢?由于个人信息犯罪属于网络犯罪,往往对网络技术水平要求较高,尤其是涉及黑客窃取个人信息或在暗网中对个人信息进行买卖的案件,需要技侦人员在第一时间取证,否则电子证据就很容易被销毁且永远无法复原。如果侦查机关没有相应的侦查技术人员和技术设备的话,对该类案件的侦查就比较困难。所以,在指定管辖时管辖地的技术整体水平包括人员和设备是首要考虑的要素。

第三,应加强检察机关对公安机关的监督以及法院的制约。前已述,由于公安机关是指定管辖的主要机关,其一旦指定,后续相应的审查起诉和审判就应在被指定的区域实行,故在指定管辖中,公安机关具有主动性,而检察院和法院具有被动性。检察院、法院两机关往往迁就公安机关,导致其司法审查和程序决定功能弱化甚至丧失。为解决这一问题,有学者提出在指定侦查管辖有合理根据的情况下，检察机关商请人民法院指定审判管辖，审判机关应尽量尊重侦查管辖的现实情况。[①] 如果商请不成的话，在审查起诉阶段，可以采用“退回补充侦查”或提前介入来引导公安机关把案件移送到适合管辖的地方；在审判阶段，也只能采取“退回补充侦查”先流向检察机关，然后检察机关再采用上述办法让适宜的公安机关管辖。[②]

二、对证据的完善

个人信息犯罪属于典型的网络犯罪，由于属于新型犯罪，故对于证据的提取、证据的认定以及对取证人员的要求都不同于传统犯罪。第二章已经就新信息技术下对证据的挑战作了梳理，得出在取证、大数据证据和举证分配等方面面临的挑战，本节就对其面临的挑战提出完善建议。

（一）完善取证措施

1. 取证队伍的完善

个人信息犯罪案件主要证据都是电子数据，要想对电子证据进行合法有效的提取，需要取证的侦查人员具有专业技术知识，但在司法实践中，往往是侦查人员不懂技术，技术人员不懂侦查，故需要采取措施使两者能得到完美的结合。

（1）外围补强

根据《刑事诉讼法》和相关的细则最高人民法院、最高人民检察院、公安部《关于办理刑事案件收集提取和审查判断电子数据问题若干问题的规定》《计算机犯罪现场勘验与电子证据检查规则》，对于电子数据的提取需要两名以上侦查人员完成。鉴于目前侦查人员往往不懂技术的现状，需要对两名侦查人员进行扩展解释。有学者提出，“二名以上侦查人员”的正确理解是除了公安机关、检察机关和审判机关的侦查员外，还包括技术员。[③] 本书认可此种观点，第一，符合合法性要求。根据《刑事诉讼法》及相关的司法解释，侦查至少由两名人员参与。由一名侦查人员、一名技术人员参与，在人数上符合法律的要求。第二，能保证取证程序的合法性。侦查人员具备专

---

① 参见龙宗智、白宗钊、谭勇：《刑事诉讼指定管辖若干问题研究》，载《法律适用》2013 年第 12 期。

② 参见孙潇琳：《我国网络犯罪管辖问题研究》，载《法学评论》2018 年第 4 期。

③ 参见李双其、林伟：《侦查中电子数据取证》，知识产权出版社 2018 年版，第 83 页。

门的法律知识,对取证的法定程序了如指掌,由其全程参与不仅能保证取证程序合法,还能监督技术人员的取证及就程序方面对技术人员进行指导。尤其是个人信息犯罪案件,取证要求及时、迅速,并且很多个人信息涉及隐私,取证过程也要防止信息泄露,这都需要侦查人员的监督指导。第三,能解决实践中的难题。前已述,司法实践中的最大问题就是侦查人员不懂技术,往往无法有效取证。那么,在两名取证人员中由一名具有专业技术资格的人全程参与,就能解决侦查人员不懂技术的问题,提升电子数据取证的能力。但此观点的适用还需要对技术人员进行严格的限定,否则会适得其反。关于聘请的具有专门知识的技术人员从形式上看应该在专业、学历、技术职称和从业机构等方面具备相关资质,从实质上看应具备移动终端取证、Mac-Os 系统取证、密码破解、数据恢复等电子数据取证的相关知识。这样既能防止不具备技术资质的人参与电子数据的取证工作,保证电子数据的合法性、真实性不受破坏,又能尽可能地让少数人员接触案件信息,降低侵犯犯罪嫌疑人及相关人员个人信息权利的风险。①

(2)自身提升

外围补强只是权宜之计,因为这种方法不仅造成大量人员的浪费,而且侦查人员和技术人员在沟通、衔接上无法做到无缝衔接,侦查效果有时会不理想。最根本的解决方法就是侦查人员自身技术能力的提升,使其成为既懂侦查又懂技术的全能型人才。而要实现这一理想状态,需采取如下措施:第一,侦查人员要对与取证有关的法律法规和司法解释了然于心,掌握其精髓,并能熟练地把法条运用于具体个案中。由于个人信息犯罪是新型犯罪,没有经验可循,能在第一时间对现实问题作出反应并提出方案的当属司法解释,故应给予司法解释以最高的关注度,并且需注意的是像 2016 年最高人民法院、最高人民检察院、公安部《关于办理电信网络诈骗等刑事案件适用法律若干问题的意见》这样的司法解释,虽然是针对网络诈骗的,但是也包含了可以适用于所有网络犯罪的程序问题,这些司法解释都是要认真学习的对象。第二,侦查人员要与时俱进地学习与电子数据有关的技术知识,学习方式包括自学和参加各种培训班。侦查单位可聘请计算机专家或既懂计算机技术又通法律的知名专家来进行定期培训,也可让侦查人员去相关机构参加短期集中培训。

---

① 参见刘品新主编:《电子取证的法律规制》,法律出版社 2010 年版,第 177 页。

2. 完善取证各环节,构建完整的证据链

为了解决前述所面临的挑战,依据最高人民法院、最高人民检察院、公安部《关于办理刑事案件收集提取和审查判断电子数据若干问题的规定》、《公安机关办理刑事案件电子数据取证规则》和最高人民检察院《检察机关办理侵犯公民个人信息案件指引》等司法解释,需要在以下方面进行完善。

(1)电子数据需及时固定

个人信息犯罪主要证据是电子数据,而电子数据较其他证据易于灭失,故需要及时固定。根据2020年《公安机关办理刑事案件程序规定》第66条的规定,针对电子数据,应优先扣押原始存储介质,次优是现场或在线提取,最次为打印、拍照等辅助方式。①

第一,对能扣押的原始存储介质及时扣押。个人信息犯罪的电子数据都存储于原始存储介质中,但这些原始介质有的能扣押,如U盘、手机、计算机等,有的无法扣押,如云盘、服务器等,根据2020年《公安机关办理刑事案件程序规定》第66条的规定,能扣押的尽量扣押,故应对U盘、手机、计算机等原始介质实施扣押。扣押所采措施因不同场景而不同。①在案发现场,应在第一时间要求原始存储介质与行为人分离,防止行为人销毁、破坏原始介质。②在案发现场,应尽一切可能搜集所有的原始存储介质,防止行为人藏匿对案件侦破起决定作用的原始介质。③第一时间邀请专业技术人员对扣押的原始介质进行检查,排除像计算机等介质中的自毁程序,导致数据丢失;而手机等要防止远程控制销毁电子数据,故需要关机或关闭电源等措施。

第二,对不能扣押的原始介质需及时取证。对于云盘等不能扣押的原始介质,对于存储于其中的电子数据首要的就是采取现场或在线提取,如果还不能做到,那只能现场采取拍照、打印等方式提取;对于存储于远程服务器的电子数据,侦查人员需积极邀请相关的网安部门的人员配合同时还需要服务器运营商的配合以便于在第一时间获取其中的电子数据;同时还需注意对存储于NAS即网络附属存储服务器中电子数据的提取NAS是以数据为中心,将存储设备与服务器彻底分离的专用数据存储服务器。由于其

---

① 第66条第1款、第2款　收集、调取电子数据,能够扣押电子数据原始存储介质的,应当扣押原始存储介质,并制作笔录、予以封存。确因客观原因无法扣押原始存储介质的,可以现场提取或者网络在线提取电子数据。无法扣押原始存储介质,也无法现场提取或者网络在线提取的,可以采取打印、拍照或者录音录像等方式固定相关证据,并在笔录中注明原因。

具有高储量、易安装、易传输、共享性等优点备受个人信息犯罪分子青睐,故在现场勘查时,如发现行为人使用 NAS 等类似设备,也应采取人机分离、切断电源网络等措施,防止电子数据被销毁或丢失。①

(2)复杂疑难证据需有效提取

第一,针对涉木马、恶意软件案件的取证。在窃取个人信息案件中,行为人多采用木马、恶意软件入侵他人网络系统窃取他人个人信息,对于这类案件电子数据的提取较困难。要想对这类案件的电子数据进行有效提取,需注意以下事项:首先要对涉案软件进行功能鉴定,确定其能获取他人个人信息。通过分析涉案软件的程序代码、逻辑结构和数据接口调用函数,确定该软件能够获取涉及公民个人信息的数据并进行代码注解。② 其次邀请精通技术的人员协助对木马、恶意软件的来源、制作、源代码功能、后台服务器等问题进行讯问,明了木马软件的情况。例如,有的木马被内嵌于二维码中,有的向第三人购买木马,甚至有的自学并通过下载控制木马的源代码自行制作木马程序。最后需对木马软件运行日志和窃取的个人信息等电子数据进行收集。

第二,对侵犯位置信息案件的取证。由于位置信息蕴含着巨大商机,故针对位置信息的个人信息犯罪案件日益严重,对该类案件取证需注意以下事项:①明确位置信息的来源。在可穿戴设备还未普及的情况下,对位置信息的获取一般来源于智能手机。获取手段除了上述的黑客入侵外,一般是行为人与运营商内部人员相勾结,非法获取位置信息。故侦查取证要注意从运营商内部入手,调取分析 LBS 数据接口的使用日志、每个接口涉及的用户名和口令、数据和查询流量,从中发现异常。②确定非法提供获取的手段和方式。要想对特定手机进行定位,除了获取 LAC 和 CELL 数值外,还需要与地图软件相结合。少量提供时,就利用自身权限登录获取后,截屏给行为人;大量提供时,往往自制软件。故在取证时要注意提取自制软件的日志、交易记录和用户。③

---

① 参见王彬:《侵犯公民个人信息案件侦查研究》,中国人民公安大学 2019 年硕士学位论文,第 35 页。

② 参见董天媌:《侵犯公民个人信息案件电子数据取证问题研究》,中国人民公安大学 2019 年硕士学位论文,第 23 页。

③ 参见董天媌:《侵犯公民个人信息案件电子数据取证问题研究》,中国人民公安大学 2019 年硕士学位论文,第 24 页。

(3)非电子数据的适度提取

虽然个人信息犯罪案件主要证据表现为电子数据,但是也不能忽视其他非电子数据的提取,因为要证明案件事实,所有的证据都是重要的。

第一,注重收集相关证据。相关证据就是具有关联性的证据,电子证据的双联性原理决定了法庭必须对电子证据作出双重的关联性评断,无论是缺少了对内容关联性的认定,还是缺少了对载体关联性的认定,都会导致法庭作出不采纳电子证据的裁判。[①] 个人信息犯罪案件收集的证据要具备关联性,需注意的方面为:①行为人与涉案设备具有关联性。注意收集涉案设备上留存的指纹、手印,甚至是掉落的毛发,与行为人的指纹、手印、毛发进行比对,以此证明该设备由行为人使用。②行为人账号与涉案账号具有关联性。注意收集行为人各种支付账号如微信账号、支付宝账号、百度金融账号等,与涉案交易的账号进行比对,来确定两类账号具有同一性。

第二,注重口供的提取。虽然随着侦查技术的提高,侦查人员对口供的依赖性有所降低。但基于口供无可比拟的优越性,对于证据链条的完整具有重要作用,故在技侦的同时也应注重对口供的获取。①为了与已获取的电子数据相互印证,从而形成完整的证据链条。在对犯罪嫌疑人进行讯问时,应注意对关于犯罪行为包括犯罪手段、获取个人信息数量、类型、犯罪所得、主观目前包括对犯罪行为是否明知以及对犯罪情节包括加重情节等方面供述的获取。②针对个人信息犯罪行为人多是具有一定计算机知识的青少年,要注意采取使用证据和说明教育的讯问方式。[②]

(二)减轻控方证明责任之提倡

前已述,在新信息技术下,个人信息犯罪所涉个人信息数量往往是海量的,运用通行的控方负担全部举证责任面临无法克服的困难,故需要对证明方式进行修正。学界在这一点上是达成共识的,但是对修正是属于举证责任倒置还是刑事推定,分歧颇大。例如,有的学者认为“针对侵犯公民个人信息犯罪应当引入举证责任倒置规则”[③],而有的学者认为“批量公民个人信息的数量认定规则没有降低证明标准,也并非证明责任倒置,而是关于被告

---

① 参见刘品新:《电子证据的关联性》,载《法学研究》2016年第6期。

② 参见王彬:《侵犯公民个人信息案件侦查研究》,中国人民公安大学2019年硕士学位论文,第37页。

③ 李翔:《侵犯公民个人信息罪司法适用疑难问题探究》,载《法律适用》2018年第7期。

人举证负担的规定"[①]或"推定规则并不意味着举证责任的倒置,公诉机关仍然承担对公民个人信息数量的举证责任"[②]。本书认为虽然两种观点所持观点术语不同,但本质是一样的,即都认可证明方式的修正是对控方证明责任的减轻,那么这种对控方证明责任的减轻是否符合刑事法的理论基础、是否具有可行性以及如何具体适用呢?下面就这些问题逐一进行阐述。

1. 符合刑事法相关理论

(1)被告应承担一定的证明责任

控方承担证明责任,这是保障人权的体现,但这并不意味着"不论在公诉案件中,还是自诉案件中,被告人都不负有证明自己有罪无罪、罪轻罪重的证明责任"[③]。任何原则都有例外,矫枉不能过正。控方承担全部举证责任,早已经被视为没有什么实际效益的概念。[④] 其实,在刑事诉讼中,一直都存在被告负担证明责任的情况。但是这个证明责任不是证明自己有罪而是证明某些要素不存在从而排除自己有罪。例如针对主观心态的证明,因为无法用任何一种客观的仪器来检测被告的主观心态,控方只能通过客观证据去推定,此时如果不赋予被告反证的权利,那么就难以避免任意推定,从而给被告带来不利后果。所以,在此种情况下,被告就负有证明控方所指控的主观要件不存在的证明责任。[⑤] 此外,针对持有型犯罪,立法之所以设立这类罪名,就是为了减轻控方的证明责任,因为这类犯罪被告具有远远优于控方的信息优势,由被告证明犯罪要素不存在比控方证明犯罪要素存在更为合理。

(2)体现维护秩序和保障人权的平衡

刑事法既要维护良好的社会秩序又要保障善良公民不受无辜追究,不能偏颇任何一方。由于我国几千年的法传统过于注重刑事法维护秩序的工

---

① 付玉明:《侵犯公民个人信息案件之"批量公民个人信息"的数量认定规则——〈关于办理侵犯公民个人信息刑事案件适用法律若干问题的解释〉第 11 条第 3 款评析》,载《浙江社会科学》2017 年第 10 期。

② 喻海松编著:《侵犯公民个人信息罪司法解释理解与适用》,中国法制出版社 2018 年版,第 66 页。

③ 樊崇义主编:《刑事诉讼法学研究综述与评价》,中国政法大学出版社 1991 年版,第 276 页。

④ 参见[日]小野清一郎:《犯罪构成要件理论》,王泰译,中国人民公安大学出版社 2004 年版,第 244 页。

⑤ 参见游伟、肖晚祥:《论推定与刑事证明责任》,载游伟主编:《华东刑事司法评论》第 7 卷,法律出版社 2004 年版,第 62 页。

具机能，并且一直影响至今，故在理论上就过于注重刑事法人权保障的机能，针对适用刑事推定或举证责任倒置这些观点反对的声音特别强烈。诚然，要求被告承担部分证明责任的确给被告带来易于受到刑事追究的风险，但是这相对于不让其承担证明责任进而放纵犯罪从而使得社会秩序受到破坏来说还是符合民众预期的。从司法的实质公平出发，使控诉方与被告方举证能力均衡，我们不能片面地理解"保障被告人权"，还应考虑理论与实践价值的需要，这才是刑事司法的真正的理性化。[①] 即使像极力提倡人权保障的英美等国家，为了防控恐怖主义犯罪，也对他们津津乐道的沉默权进行了限制，这其实就是为了维护秩序而对人权保障的限制，故不能过分强调某一方面，平衡才是正道。

(3)风险理论在证明责任分配领域的体现

世界已经步入风险社会，这是一个曾被热烈讨论并公认的事实。风险理论侵入刑事法并对其进行着刻画。在刑事实体法领域，风险理论不仅使得危险犯增加、保护前置化、预备行为实行化，而且"在刑法日益成为风险控制工具的社会里，决策者正越来越多地在刑事立法与司法中使用推定"[②]；在刑事诉讼法领域，对一些影响公众人身健康或财产的风险犯罪规定了严格责任或规定了疫学因果关系，其实质都是对证明责任的重新分配，即减轻控方的证明责任，赋予被告一定的证明责任。

2. 具备必要性和可行性

(1)信息网络时代所需

随着信息网络技术的迅猛发展，人类的第四空间——网络空间出现并迅速扩大，其深刻改变了人类延续几百年甚至上千年的生活方式、价值观念。与此同时，它也为犯罪提供了新的场域。在网络空间实施犯罪，摆脱了物理空间的藩篱，使得犯罪具有跨区域性、涉众性和隐蔽性，这些特性让在传统物理空间背景下制定的举证规则变得无所适从。如果不改变规则，控方举证就会变得异常艰难甚至无法完成。

为了适应网络信息时代的办案需求，司法解释与时俱进作出了相关规定。在 2010 年由最高人民法院、最高人民检察院和公安部颁布的《关于办理网络赌博犯罪案件适用法律若干问题的意见》就对举证规则悄然进行了

---

① 参见梁静：《论刑事诉讼中举证责任的倒置》，载《河南社会科学》2004 年第 1 期。

② 劳东燕：《认真对待刑事推定》，载《法学研究》2007 年第 2 期。

改变，其中第3条第4款规定“对于开设赌场犯罪中用于接收、流转赌资的银行账户内的资金，犯罪嫌疑人、被告人不能说明合法来源的，可以认定为赌资。向该银行账户转入、转出资金的银行账户数量可以认定为参赌人数。如果查实一个账户多人使用或多个账户一人使用的，应当按照实际使用的人数计算参赌人数”，这款关于“赌资”的规定与巨额财产来源不明罪中的规定如出一辙，都属于刑事推定，被告负有一定的证明责任，而关于“参赌人数”的认定也适用刑事推定。而在2014年最高人民法院、最高人民检察院和公安部《关于办理网络犯罪案件适用刑事诉讼程序若干问题的意见》第20条作出类似规定，“对针对或者组织、教唆、帮助不特定多数人实施的网络犯罪案件，确因客观条件限制无法逐一收集相关言词证据的，可以根据记录被害人数、被侵害的计算机信息系统数量、涉案资金数额等犯罪事实的电子数据、书证等证据材料，在慎重审查被告人及其辩护人所提辩解、辩护意见的基础上，综合全案证据材料，对相关犯罪事实作出认定”，紧接着在2016年最高人民法院、最高人民检察院、公安部《关于办理电信网络诈骗等刑事案件适用法律若干问题的意见》第6条第1项中又作出类似规定，“办理电信网络诈骗案件，确因被害人人数众多等客观条件的限制，无法逐一收集被害人陈述的，可以结合已收集的被害人陈述，以及经查证属实的银行账户交易记录、第三方支付结算账户交易记录、通话记录、电子数据等证据，综合认定被害人人数及诈骗资金数额等犯罪事实”，从2014年和2016年的规定看，关于被害人人数、诈骗金额等方面逐步减轻控方的举证责任。

上述司法解释所涉犯罪无论是赌博还是诈骗，其实都是传统犯罪利用网络作为犯罪工具而转变成不纯正网络犯罪，这类犯罪尚且都对控方举证责任进行了减轻，而像个人信息犯罪这类伴随网络出现的纯正网络犯罪就更应该减轻控方的举证责任了。

(2)符合诉讼效率的要求

刑事诉讼既讲公正也讲效率，应在公正的基础上提高效率。由于而今步入风险社会，为了防范风险，犯罪圈在不断扩大，大量的轻罪进入刑事诉讼领域。为了在有限的时间审结日益增多的案件，诉讼效率就显得尤为重要。对一些特定的、被告人所控制的事实，如果一味强调原告承担证明责任，不实行倒置，势必加大控方搜集证据和证明该事实的难度，浪费人、财、物力和时间,拖延诉讼进程,不利于诉讼效率的提高。[①] 个人信息犯罪就属于这类犯罪,其所涉个人信息动辄十万、百万甚至上亿,如果要对这海量的个人信息进行逐一核对,控方就要投入巨大的司法资源甚至全部司法资源,并且在短期内也不一定能完成任务,这无疑是对宝贵司法资源的浪费并且使得诉讼效率极低甚至毫无效率可言。其实,个人信息犯罪案件中,控方要证明个人信息的真实性及唯一性需付出高昂的司法成本,而作为个人信息的掌控者的被告却对此了如指掌,如果在控方证明了全部样本归属于被告后,把证明个人信息真实性、唯一性的责任转移给被告,既合情合理又提高了诉讼效率,何乐而不为呢!

(3)具有先例可循

在特定案件中,基于刑事政策或诉讼效率等方面的考量,减轻控方证明责任,采用刑事推定或举证责任倒置不仅国内已有先例而且域外也有类似规定。

在国内的例证就是巨额财产来源不明罪,虽然在理论上有学者不认可该罪属于举证责任倒置,例如"巨额财产来源不明罪的证明责任应当由检察机关承担,不宜实行举证责任倒置"[②],但这毕竟属于少数派,国内主流观点还是认可该罪属于举证责任倒置[③]。并且从该罪的立法沿革来看,制定该罪名就是为了严厉惩治愈演愈烈的腐败犯罪,对于不能说明合理来源的超出合法收入的收入一律认定为非法所得。这一"说明"责任实际上就相当于举证责任,如不能完成,须承担不利诉讼后果,也即应在"举证责任倒置"的层面上来理解立法原意,或者说这是立法政策指导下的必然结果。[④]

在域外亦有相关规定。在英国,《道路交通法》规定驾驶人对于血液酒精浓度的含量有异议,认为没有超过法律规定的界限时负有证明责任;《惩治贿赂法》规定,给付报酬即视为行贿行为,如能提供相反证明除外。[⑤] 1973

---

① 参见夏良田:《刑事证明责任倒置问题研究》,载《东岳论丛》2005 年第 4 期。

② 张和林、王鑫:《巨额财产来源不明罪的证明责任及刑罚配置》,载《人民检察》2013 年第 4 期。

③ 参见樊崇义主编:《刑事诉讼学研究综述与评价》,中国政法大学出版社 1991 年版,第 281 页;孙谦主编:《国家工作人员职务犯罪研究》,法律出版社 1998 年版,第 158 页。

④ 参见罗猛:《巨额财产来源不明罪举证责任的思考》,载《国家检察官学院学报》2013 年第 6 期。

⑤ 参见游伟、肖晚祥:《论推定与刑事证明责任》,载游伟主编:《华东刑事司法评论》第 7 卷,法律出版社 2004 年版,第 57 页。

年美国最高法院在巴恩斯诉合众国案中,确立了举证责任倒置和事实上有罪推定的原则,即排他地拥有某犯罪赃物,无法说明来源则可以做出有罪的推断。[①] 日本《刑法》第207条规定,二人以上实施暴力致人伤害时,如果无法辨认是何人致其伤害,虽非共犯也应依共犯规定处断,也即在控方无法证明谁是加害者时,由被告负担证明责任,否则就应承担对其不利的后果。德国《反有组织犯罪法》规定,被告在举证责任上对某些事项负有证明责任,否则即可推定有罪。同时,在《联合国反腐败公约》、《联合国打击跨国有组织犯罪公约》和《联合国禁止非法贩运麻醉药品和精神药品公约》中关于对采取强制措施的非法财物,被告负有说明其合法来源的责任,否则推定其为赃物。

3. 具体适用完善

针对个人信息犯罪案件如何减轻控方证明责任,目前最高人民法院和最高人民检察院在2017年颁布的《个人信息解释》第11条第3款中作出规定,对批量公民个人信息的条数,根据查获的数量直接认定,但是有证据证明信息不真实或者重复的除外。但司法解释毕竟效力低而且规定有些粗疏,还需要细化,难以应对愈演愈烈的个人信息犯罪。本书认为可从规定方式和适用细则两方面进行完善。

(1)规定方式

第一,可采用在刑法修正案中对其进行规定。晚近以来,大部分国家进入立法活跃期,我国亦是如此。自2009年以来,11年时间里已经颁布了5个修正案。所以可以参照巨额财产来源不明罪的规定,在刑法修正案中对个人信息犯罪作出修正,可规定为"责令对查获的个人信息真实性和重复性作出说明,不能说明的,推定为真"。

第二,可采用立法解释的方式对其进行规定。虽然我国采用立法解释的方式不常见,尤其立法修正案出现后,立法解释越来越少。但是对于紧急且单项的内容,立法解释不失为良策。可在立法解释中单独增加诸如"侵犯公民个人信息罪中个人信息真伪举证责任由被告人承担"的例外规定。[②]

(2)具体适用细则

前已述,无论是主张举证责任倒置还是刑事推定,学界都认可只是减轻控方的举证责任,并不是免除控方举证责任,故在司法适用中需要注意以下

---

① 参见龙宗智:《相对合理主义》,中国政法大学出版社1999年版,第469页。

② 参见李翔:《侵犯公民个人信息罪司法适用疑难问题探究》,载《法律适用》2018年第7期。

两点:第一,控方仍需对查获的个人信息进行抽样检测。因为证明被告有罪的责任仍然由控方承担,如果对查获的个人信息不做任何检测就推定为真的话,就违背了无罪推定原则,所以控方应当对查获的个人信息进行抽样检测,检测结果为真或部分为真,但数量已经达到定罪标准后,才可推定全部查获的个人信息为真。公诉机关不仅是对查获的批量公民个人信息的数量作出证明,还要就该批量公民个人信息是真实的高度盖然性作出相应的证明,所以抽样取证是必要的步骤之一。否则难以说明该推定结论的正当性和合理性。[①] 第二,制定抽样检测的规则。抽样检测样本的选取极为重要,故应建立海量信息抽样审查机制。并且还需由权威部门制定统一的抽样操作规范和技术标准。同时在注重逻辑时,还需注意引入经验法则,把与常识明显相悖的结果排除出去。第三,保障被告的知情权和反驳权。控方应对抽样检测和鉴定结果对被告进行告知,被告应对此进行反驳,这不仅是被告的权利也是义务。因为如果被告对其不以举证的方式进行反驳,就要承担不利的法律后果。

三、对诉讼模式的完善

我国刑法对个人信息犯罪采取公诉模式,但该常规诉讼模式一开始就遭到了学者们的反对,诸多学者提出应采取自诉为主、公诉为辅的诉讼模式。但本书认为,在新信息技术条件下,针对个人信息犯罪应采取刑事附带民事公益诉讼模式更为合适。

(一)自诉为主、公诉为辅诉讼模式之否定

在包含个人信息犯罪的《刑法修正案(七)》刚颁布不久,就有学者撰文提出针对个人信息犯罪不应适用公诉模式,而应适用以自诉为主、公诉为辅的模式。其理由主要是个人信息犯罪的法益是个人信息权或隐私权等私人法益,这些权益受侵害公权力应让位于个人,由个人决定是否追诉,除此之外的理由还有可以节约司法资源、化解社会矛盾等。[②] 本书认为这些理由都

---

① 参见付玉明:《侵犯公民个人信息案件之"批量公民个人信息"的数量认定规则——〈关于办理侵犯公民个人信息刑事案件适用法律若干问题的解释〉第11条第3款评析》,载《浙江社会科学》2017年第10期。

② 蔡军:《侵犯个人信息犯罪立法的理性分析——兼论对该罪立法的反思与展望》,载《现代法学》2010年第4期;刘宪权、方晋晔:《个人信息权刑法保护的立法及完善》,载《华东政法大学学报》2009年第3期。

已无法适应新信息技术背景下的个人信息犯罪,理由如下:

第一,个人信息犯罪法益无法得到有效保护。如果个人信息犯罪的法益是个人信息权或隐私权的话,那么依据“刑法的重心在于通过禁止性规定来维护以秩序为价值取向的社会法益,至于以自由为价值取向的个人法益则可以根据具体情况交给当事人自己处理,刑法本着谦抑原则不宜过多介入”[①]这样的追诉理论,对个人信息犯罪采取自诉为主、公诉为辅的模式是无可厚非的。但是前已述,随着新信息技术的发展,信息成为基本生产要素,个人信息犯罪法益是个人信息权或隐私权的观点已经落伍。在新信息技术背景下,个人信息犯罪的法益应为双重法益,其中个人信息安全为主要法益而个人信息权为次要法益。所以个人信息犯罪并不是完全侵犯个人权益的犯罪,如果采取自诉为主、公诉为辅的模式就会导致对个人信息保护不力的后果。

第二,起诉成本高、举证困难且胜诉概率低。在新信息技术背景下,信息企业依靠先进的信息技术和垄断地位,对个人信息进行实时隐匿收集、处理、使用,单个的无论是否具备专业技术知识的信息主体采用自诉方式自行收集证据证明信息企业侵犯自身个人信息,其难度可想而知。并且信息企业和信息主体诉讼双方力量极其悬殊,这更加剧了胜诉的难度。中国社科院调研显示,只有4%的信息主体选择投诉或起诉,但其中仅有8%的人得到救济。[②] 其实早在2014年最高人民法院民一庭负责人就坦言,“针对非法收集、利用个人信息的行为,如果在立法上无集体诉讼制度、公益诉讼等制度辅助,则实践中通过民事诉讼方式实现权益保护就比较困难”。[③]

第三,个人信息的属性使得信息主体自诉意愿不足。在新信息技术背景下,单个个人信息价值极低,但一个个单个信息汇集成海量数据库后价值激增,可此时已不再属于个人私有。这就是所谓的个人信息半公地悲剧。当单个信息主体针对海量数据库中的自身信息被侵害提起自诉,即使侥幸胜诉,所获赔偿也是微不足道的,诉讼成本和收益严重失衡。并且数据库中其他没有自诉的信息主体却因此“搭便车”而获得一定赔偿,这更加剧了自

---

① 吴小帅、周长军:《从实践困境看我国刑事自诉圈的立法重构——以对S省若干区县的实证调研为基础》,载《法学论坛》2015年第2期。

② 张枫逸:《保护个人信息可引入公益诉讼》,载《法制日报》2015年2月3日,第7版。

③ 屠春含、马方飞:《检察公益诉讼保护公民个人信息若干问题探析》,载《中国检察官》2020年第8期。

诉主体心理的不平衡,从而使得自诉意愿变弱甚至丧失。

第四,个人信息犯罪不符合自诉案件所需条件。为了在充分保护被害人权益的同时兼顾社会秩序,我国对纳入自诉的案件进行严格限制,要求符合侵害法益为个人法益、诉讼双方具有血缘或近亲的特定关系、公诉有致被害人二次伤害的可能和危害行为的危害性多取决于被害人的主观感受四个条件。[①] 反观个人信息犯罪,这四个条件都不符合。其侵害的法益为公法益而非私法益、诉讼双方是陌生人不具有任何特定关系、公诉也不会对被害人有二次伤害并且个人信息犯罪的危害性是对信息安全的客观侵害并不是取决于被害人的主观感受。

综上所述,针对个人信息犯罪采取自诉为主、公诉为辅的诉讼模式不仅无法保护其法益而且也不符合自诉案件的条件,同时起诉效益也低,故应对此模式持否定态度。

(二)刑事附带民事公益诉讼模式之提倡

既然公诉和以自诉为主、公诉为辅这两种模式都不利于对个人信息的刑事保护,那么基于新信息技术背景下个人信息犯罪的新特征可不可以适用刑事附带民事公益诉讼这种新诉讼模式呢?目前已有学者在这方面进行了探讨[②],本书将沿着这种思路继续进行深入探究。

1. 刑事附带民事公益诉讼引入之必要性与可行性

作为一种创新诉讼模式,刑事附带民事公益诉讼以司法解释的形式首次出现于2018年最高人民法院和最高人民检察院出台的《关于检察公益诉讼案件适用法律若干问题的解释》(以下简称《检察公益诉讼解释》),并且得到了新颁布的《个人信息保护法》的认可。所谓刑事附带民事公益诉讼是指检察机关在对不仅触犯刑事法律且严重损害社会公共利益的犯罪行为向法院提起刑事公诉时,为了维护社会公共利益,附带性地主张要求法院裁判行为主体因其加害行为导致社会公共权益遭受侵害而应承担相应民事责任

---

① 参见吴小帅、周长军:《从实践困境看我国刑事自诉圈的立法重构——以对S省若干区县的实证调研为基础》,载《法学论坛》2015年第2期。

② 参见蒋都都、杨解君:《大数据时代的信息公益诉讼探讨——以公众的个人信息保护为聚焦》,载《广西社会科学》2019年第5期;屠春含、马方飞:《检察公益诉讼保护公民个人信息若干问题探析》,载《中国检察官》2020年第8期;孙传玺、崔雪:《侵犯公民个人信息刑事附带民事公益诉讼案件难点破解》,载《中国检察官》2020年第14期。

的诉讼类型。[①] 虽然《检察公益诉讼解释》第20条规定了刑事附带民事公益诉讼,但是在适用案例类型中却并没有明确把个人信息犯罪列入其中,那么针对个人信息犯罪适用刑事附带民事公益诉讼是否可行呢?抛开传统的公诉和以自诉为主、公诉为辅的诉讼模式,转而探索适用新型的刑事附带民事公益诉讼是否必要呢?下面针对这两个问题进行探讨。

(1)引入刑事附带民事公益诉讼具有必要性

首先,能缓解个人信息犯罪愈演愈烈的趋势。无论是官方公布的案件数还是第三方机构公布的信息主体被侵害数都是持正增长态势,而且所涉的个人信息数量从百、千计增长为以亿计,这都足以表明以威慑性司法为理念的公诉模式已经无法有效预防个人信息犯罪。而又由于前述的个人信息半公地悲剧及其他因素,采取自诉为主、公诉为辅的诉讼模式也不可取,故需要根据个人信息犯罪本质属性改变诉讼模式。

其次,能缓解取证难、节约司法资源。作为典型网络犯罪的个人信息犯罪,具有网络犯罪的通病即取证难,如果采取自诉方式,信息主体自行取证不仅是困难问题,甚至是无法完成的工作。如果采取刑事附带民事公益诉讼,取证工作由公安机关完成,虽然侦查人员也面临困难,但作为专职人员相对于信息主体具有无可比拟的技术和制度优势,在很大程度上可缓解取证难问题。同时刑事附带民事公益诉讼具有节省认定事实、查清专业性问题等司法资源的重要功能[②],即无论是司法机关、刑事被告人还是其他证人、鉴定人等诉讼参与人都可在同一诉讼程序中实现事实认定、证据采纳等工作,避免因刑事诉讼和民事诉讼分开而导致的大量重复性工作,并且在裁判结果上能实现统一性,进而维护了司法权威和公信力。

再次,能弥补私法保护不足。前已述,信息主体和信息企业无论在技术、专业还是财力、地位等各方面都存在巨大的、不可逾越的差距,导致信息主体维持成本高但收益低,故往往放弃维权。而公益诉讼的介入即可解决这些问题。公益诉讼主体以国家为后盾,无论在技术还是地位、影响力方面都足以和信息企业相抗衡,由其提起诉讼能取得良好的诉讼效果。

最后,符合恢复性司法理念,维护公益。所谓恢复性司法重在修复犯罪

---

① 参见谢小剑:《刑事附带民事公益诉讼:制度创新与实践突围——以207份裁判文书为样本》,载《中国刑事法杂志》2019年第5期。

② 参见江必新:《中国环境公益诉讼的实践发展及制度完善》,载《法律适用》2019年第1期。

行为给被害人和社会造成的损害，是对犯罪行为体系性回应，而不是单纯对犯罪行为进行报应。其蕴含着聚合与加害行为相关的主体一起参与到侵害行为的办理之中，以期降低社会利益受侵害的程度，最大限度地将受损害的社会关系恢复到原生状态。[①] 刑事附带民事公益诉讼正是这种理念在诉讼领域的体现，在刑事诉讼的同时进行民事公益诉讼，可以及时高效地修复被犯罪行为损害的法益，从而起到修复社会关系，维护公共利益的社会功效。[②] 个人信息犯罪法益是以信息安全为主、个人信息权为辅的法益，对其采取刑事附带民事公益诉讼就可以通过赔礼道歉、赔偿损失等责任方式修复被个人信息犯罪所破坏的信息安全，同时还可以救济信息主体的个人信息权。

(2)引入刑事附带民事公益诉讼具有可行性

首先，符合刑事附带民事公益诉讼之本质要求。公益诉讼，是指特定的主体根据法律的授权就侵犯社会公共利益的行为向法院提起的现代型诉讼。[③] 所以公益诉讼是为公共利益而提起的诉讼，其诉讼标的应具有公共性。而刑事附带民事公益诉讼实质上是一种公益诉讼[④]，故适用该诉讼模式，其犯罪行为必须侵害公共利益。那么个人信息犯罪是否符合该要求呢？答案是肯定的。前已述，在新信息技术背景下，个人信息犯罪具有涉众性、聚集性，其不仅危害到不特定或多数信息主体的财产、生命安全，还会危害到社会甚至国家信息安全，故其主要侵害的法益是公共法益即信息安全，所以个人信息犯罪符合刑事附带民事公益诉讼的要求。

其次，具有法律依据。《检察公益诉讼解释》第 20 条规定，人民检察院对破坏生态环境和资源保护、食品药品安全领域侵害众多消费者合法权益等损害社会公共利益的犯罪行为提起刑事公诉时，可以向人民法院一并提起附带民事公益诉讼。虽然该条文并没有明确规定个人信息犯罪可以适用刑事附带民事公益诉讼，但是在列举了破坏生态环境和资源保护、食品药品安全犯罪行为后用了“等损害社会公共利益”这样兜底性概况词语，那么可

---

① 唐芳：《恢复性司法的困境及其超越》，载《法律科学(西北政法学院学报)》2006 年第 4 期。

② 参见苏和生、沈定成：《刑事附带民事公益诉讼的本质厘清、功能定位与障碍消除》，载《学术探索》2020 年第 9 期。

③ 参见肖建华、唐玉富：《论公益诉讼的理论基础与程序建构》，载《河南省政法管理干部学院学报》2008 年第 1 期。

④ 参见蔡虹、夏先华：《论刑事附带民事公益诉讼的诉权配置》，载《郑州大学学报(哲学社会科学版)》2020 年第 4 期。

以把“等”解释为“等外”，即凡是损害社会公共利益的犯罪行为都可以适用刑事附带民事公益诉讼这种诉讼模式。“只要是严重侵害公益的行为，都可以提起刑事附带民事公益诉讼，以更好地保护公共利益。”[①]那么个人信息犯罪作为危害信息安全的犯罪就可以适用该条款。并且在新颁布的《个人信息保护法》第70条明确规定，“个人信息处理者违反本法规定处理个人信息，侵害众多个人的权益的，人民检察院、法律规定的消费者组织和由国家网信部门确定的组织可以依法向人民法院提起诉讼”。

最后，已有域外和司法适用先例。在域外，欧盟《一般数据保护条例》(GDPR)第80条为个人信息公益诉讼提供了法律支持[②]，德国《联邦数据保护法》第44条刑事违法(2)规定，此种违法行为人仅在有人针对其提出控告的情况下才能对其控诉。控告可以由数据主体、联邦数据保护和信息自由专员以及监管机关提出[③]，这也规定了个人信息犯罪可以适用公益诉讼。反观我国，自2018年《检察公益诉讼解释》颁布以来，就有诸如河北、湖北、云南、陕西等省级人大常委会决定将个人信息保护纳入检察公益诉讼范围内。在司法实践中，北京、上海、深圳等多地检察机关针对个人信息犯罪提起刑事附带民事公益诉讼，并且在“中国裁判文书网”中检索，针对个人信息犯罪提起刑事附带民事公益诉讼的判决书就多达20份。

2. 刑事附带民事公益诉讼引入之具体制度完善

在刑事附带民事公益诉讼引入个人信息犯罪具备必要性和可行性后，接下来需要就诉讼主体身份、审理模式、诉讼请求等具体制度进行探讨，以期能真正有效适用于司法实践。

(1)公益诉讼人地位的确立

在刑事附带民事公益诉讼中，检察机关作为诉讼主体是以监督者的身份出场的，其与所诉案件并没有直接的利害关系，故不应沿用刑事附带民事诉讼中“原告”的身份。在《检察公益诉讼解释》中，最高人民法院和最高人

---

① 谢小剑：《刑事附带民事公益诉讼：制度创新与实践突围——以207份裁判文书为样本》，载《中国刑事法杂志》2019年第5期。

② 第80条 数据主体有权授权根据成员国法律正式组建的、具有符合公共利益的法定目标、在与个人数据保护有关的数据主体的权利和自由的保护领域开展活动的非营利性机构、组织或者协会，在符合成员国相关法律规定的情况下，代表其申诉，代表其行使本条例第77条、第78条和第79条所述的权利以及代表其行使根据本条例第82条规定获得赔偿的权利。

③ 参见《德国联邦数据保护法2017年版译本及历次修改简介》，刘金瑞译，载方小敏主编：《中德法学论坛》第14辑(下卷)，法律出版社2018年版。

民检察院明确规定检察机关在公益诉讼中的地位是“公益诉讼人”,故在个人信息犯罪案件中,检察机关可以公益诉讼人的身份提起刑事附带民事公益诉讼。将检察机关视为公益代表人的定位既可解决公共利益的直接利害关系人缺位、弥散其所带来的救济难题,同时又可补足督促起诉作用失效时的公益保护空白。[①] 虽然《检察公益诉讼解释》规定了检察机关公益诉讼人地位,但是其毕竟是司法解释,效力不高,故应在立法层面对检察机关的诉权进行明确规定。新颁布的《个人信息保护法》在第70条明确规定人民检察院可以作为公益诉讼人对个人信息案件提起公益诉讼,但这只是针对非刑事案件,如果要在立法层面确立刑事附带民事公益诉讼中人民检察院的公益诉讼人地位,还需立法机关像在《民事诉讼法》和《行政诉讼法》中增设公益诉讼一样在《刑事诉讼法》中也增设刑事附带民事公益诉讼,具体操作可以把《检察公益诉讼解释》第20条作为《刑事诉讼法》第101条第3款,把刑事附带民事公益诉讼规定进《刑事诉讼法》中,这样检察机关作为刑事附带民事公益诉讼公益诉讼人的地位就于法有据了。

(2)诉讼程序的完善

刑事附带民事公益诉讼中争议较大的主要是关于是否需要诉前公告和审判人员的人数这两个问题。

关于诉前公告目前存有两种截然相反的观点,一种观点持否定说,认为刑事附带民事公益诉讼不需要诉前公告。其理由包括:①诉前公告会延长诉讼时间,影响刑事公诉和附带民事公益诉讼的协同办理;[②]②《检察公益诉讼解释》并没有规定适用诉前公告,也没有规定其他诉讼主体,故没有适用诉前公告的必要;③最高人民检察院对诉前公告持否定态度。一种观点持肯定说,认为需要诉前公告。其理由包括:①不进行诉前公告,将损害检察公益诉讼的谦抑性与补充性,其他适格主体将丧失诉权,使“社会国家化”得到进一步强化;[③]②适用诉前公告,让更多的适格主体参与到公益诉讼中来,不仅是保障其他诉讼主体诉权的体现而且也能调动更多的社会资源;③最高人民法院和最高人民检察院《关于人民检察院提起刑事附带民事公益诉

① 参见蔡虹、夏先华:《论刑事附带民事公益诉讼的诉权配置》,载《郑州大学学报(哲学社会科学版)》2020年第4期。

② 参见龙婧婧:《刑事附带民事公益诉讼可简化诉前程序》,载《检察日报》2018年12月12日,第3版。

③ 刘加良:《刑事附带民事公益诉讼的困局与出路》,载《政治与法律》2019年第10期。

讼应否履行诉前公告程序问题的批复》中明确提出，人民检察院提起刑事附带民事公益诉讼，应履行诉前公告。并且履行诉前公告并不必然导致诉讼延迟。本书赞同肯定说，除了上述理由外，还有针对个人信息犯罪，由于其具有技术性和隐蔽性，让其他诉讼主体例如处于竞争地位的其他信息主体或具有专业技术的研究机构或第三方机构参与进来，可以有效弥补检察机关技术欠缺和难以发现更多案件线索等缺陷。

关于审判人员的人数目前也存在不同观点，一种观点认为，应适用由7人组成的合议庭审理。其理由包括[①]：①虽然刑事附带民事公益诉讼是由《检察公益诉讼解释》规定的，但其毕竟是司法解释文件，其实刑事附带民事公益诉讼真正的法律依据应该是《民事诉讼法》，依据《民事诉讼法》提起的刑事附带民事公益诉讼就可以适用《人民陪审员法》第16条第2项的规定，即人民法院审判根据民事诉讼法、行政诉讼法提起的公益诉讼案件第一审案件，由人民陪审员和法官组成7人合议庭进行。②可借助人民陪审来提高民众对公益诉讼的参与度，进而提升公益诉讼的社会影响力。③使司法理性和大众理性相结合，柔化法官职业定式审判所导致的审判僵化。另一种观点认为，不应适用7人合议庭。其理由包括[②]：①刑事附带民事公益诉讼的法律依据不是《民事诉讼法》而是《刑事诉讼法》，而根据《刑事诉讼法》第183条第1款的规定，人民法院审判一审案件，应当由审判员3人或由审判员和人民陪审员3人或7人组成合议庭，那就意味着刑事附带民事公益诉讼案件并不需要一定组成7人合议庭。②7人合议庭不利于事实认定和法律适用，从而导致刑事案件审理可能出现偏颇。③司法实践中，绝大多数刑事附带民事公益诉讼案件都采用的是3人合议庭。本书赞同肯定说，除了上述三个理由外，针对个人信息犯罪，由于其专业性、侵害的弥漫性及涉众性，让更多的人民陪审员参与进来，不仅可以补强审判员专业不足的问题而且还可以让曾是、正在或潜在成为个人信息犯罪受害者的陪审员能感同身受的参与其中，从而不仅提升了惩治个人信息犯罪公众参与度而且也使其成为防止成为个人信息犯罪被害人的宣传员，进而为培养民众保护个人信息的观念的养成贡献力量。

---

① 参见苏和生、沈定成：《刑事附带民事公益诉讼的本质厘清、功能定位与障碍消除》，载《学术探索》2020年第9期。

② 参见谢小剑：《刑事附带民事公益诉讼：制度创新与实践突围——以207份裁判文书为样本》，载《中国刑事法杂志》2019年第5期。

(3)诉讼请求的类型完善

刑事附带民事公益诉讼关于民事部分的诉讼请求不尽相同,其中大部分都会得到法院的支持。根据有关学者的统计,在所涉案件中,其中恢复原状占53%、赔偿损失占35%、赔礼道歉占33%、停止侵害占8%、消除危险占7%、排除妨碍为0。由此可见,绝大多数民事诉讼请求都涉猎其中。而针对个人信息犯罪案件,上述占比最大的恢复原状的诉讼请求是无法实现的,因为个人信息不具有唯一性、实体性,无法恢复原状。而其他诉讼请求除了排除妨碍外在理论上都是可以适用的。

本书所搜集的针对个人信息犯罪提起刑事附带民事公益诉讼的案例中,几乎所有案件都包括赔礼道歉和赔偿损失这两个诉讼请求。虽然这两个诉讼请求大都得到法院支持,但目前针对该类案件诉讼请求存在两方面的问题:一是在新信息技术背景下,面对规模以上的信息企业,像赔礼道歉、停止侵害等诉讼请求不具有真正威慑力,也无法实现公益诉讼恢复性司法的作用;二是赔偿损失数额确定无明确法律依据且司法实践中判处数额过低,根本无法起到预防个人信息犯罪的作用。

所以,为了真正预防犯罪并且实现公益诉讼的目的,有必要对个人信息犯罪刑事附带民事公益诉讼中的诉讼请求进行完善。第一,应探索实施恢复性预防措施。例如,有极个别案件提出关闭所涉网站、永久删除所存储的个人信息和永久注销涉案QQ或微信等诉讼请求,这些诉讼请求就具有预防个人信息犯罪的作用,值得提倡。第二,探索建立惩罚性赔偿制度。由于个人信息犯罪具有涉众性、不可恢复性、价值无法预估性,从而使得赔偿损失数额与其实际造成的财产损失严重失衡,许多犯罪主体对如此低额度的赔偿不屑一顾,如果涉及的是信息企业那更是"九牛一毛"。而个人信息犯罪之所以如此猖獗,其根本还在于在新信息技术背景下财产属性的凸显,资本如此狂热地追逐它,无非是为了借其获取巨额的利润,所以为了有效预防个人信息犯罪,应考虑适用惩罚性赔偿制度,"如果能够在这一领域适用惩罚性赔偿制度,相信预防的效果将大大增强"①。第三,完善资金管理。无论是赔偿损失还是惩罚性赔偿,都会有一定的赔偿金,而且如果未来实施惩罚性赔偿,赔偿金的数额相对可观,那么这就面临着针对这些赔偿金的管理问

① 参见林平:《张新宝谈民法典:网络侵权越发复杂,应强化个人信息侵权责任》,载澎湃新闻网2020年5月19日,https://www.thepaper.cn/newsDetail_forward_7459941。

题。目前关于公益诉讼中赔偿金如何管理没有明文规定,而刑事附带民事公益诉讼作为公益诉讼中的最新类型,针对赔偿金的规定更是缺乏。目前,司法实践中关于赔偿金管理各有不同、没有定式,主要包括以下几种方式:①上缴国库。但这种方式属于变相罚款,没有实现预防惩戒作用,也难以做到专款专用。②支付给执行款专用账户。但由法院管理赔偿金难以实现赔偿金应发挥的作用。③设立公益诉讼专项账户或合作基金专项账户。目前在环境污染领域,有地方或设立公益诉讼专项账户或与公益机构合作设立合作基金专项账户,专款专用,用于对被犯罪所破坏的环境的修复。个人信息犯罪案件赔偿金亦可借鉴此种方式,设立公益诉讼专项账户或与相关机构合作设立合作基金专项账户,并由相关主管部门作为管理人,检察机关作为监督人,使赔偿金成为预防个人信息犯罪和保护个人信息所需资金的保障。

附录一　我国刑法及相关解释中个人信息相关规定

1.《中华人民共和国刑法》(节录)

第一百七十七条之一　有下列情形之一,妨害信用卡管理的,处三年以下有期徒刑或者拘役,并处或者单处一万元以上十万元以下罚金;数量巨大或者有其他严重情节的,处三年以上十年以下有期徒刑,并处二万元以上二十万元以下罚金:

(一)明知是伪造的信用卡而持有、运输的,或者明知是伪造的空白信用卡而持有、运输,数量较大的;

(二)非法持有他人信用卡,数量较大的;

(三)使用虚假的身份证明骗领信用卡的;

(四)出售、购买、为他人提供伪造的信用卡或者以虚假的身份证明骗领的信用卡的。

窃取、收买或者非法提供他人信用卡信息资料的,依照前款规定处罚。

银行或者其他金融机构的工作人员利用职务上的便利,犯第二款罪的,从重处罚。

第二百五十三条之一　违反国家有关规定,向他人出售或者提供公民个人信息,情节严重的,处三年以下有期徒刑或者拘役,并处或者单处罚金;情节特别严重的,处三年以上七年以下有期徒刑,并处罚金。

违反国家有关规定,将在履行职责或者提供服务过程中获得的公民个人信息,出售或者提供给他人的,依照前款的规定从重处罚。

窃取或者以其他方法非法获取公民个人信息的,依照第一款的规定处罚。

单位犯前三款罪的,对单位判处罚金,并对其直接负责的主管人员和其他直接责任人员,依照各该款的规定处罚。

第二百八十六条之一 网络服务提供者不履行法律、行政法规规定的信息网络安全管理义务,经监管部门责令采取改正措施而拒不改正,有下列情形之一的,处三年以下有期徒刑、拘役或者管制,并处或者单处罚金:

(一)致使违法信息大量传播的;

(二)致使用户信息泄露,造成严重后果的;

(三)致使刑事案件证据灭失,情节严重的;

(四)有其他严重情节的。

单位犯前款罪的,对单位判处罚金,并对其直接负责的主管人员和其他直接责任人员,依照前款的规定处罚。

有前两款行为,同时构成其他犯罪的,依照处罚较重的规定定罪处罚。

2. 全国人民代表大会常务委员会《关于维护互联网安全的决定》(节录)

四、为了保护个人、法人和其他组织的人身、财产等合法权利,对有下列行为之一,构成犯罪的,依照刑法有关规定追究刑事责任:

(一)利用互联网侮辱他人或者捏造事实诽谤他人;

(二)非法截获、篡改、删除他人电子邮件或者其他数据资料,侵犯公民通信自由和通信秘密;

(三)利用互联网进行盗窃、诈骗、敲诈勒索。

六、利用互联网实施违法行为,违反社会治安管理,尚不构成犯罪的,由公安机关依照《治安管理处罚条例》予以处罚;违反其他法律、行政法规,尚不构成犯罪的,由有关行政管理部门依法给予行政处罚;对直接负责的主管人员和其他直接责任人员,依法给予行政处分或者纪律处分。

3. 全国人民代表大会常务委员会《关于加强网络信息保护的决定》

为了保护网络信息安全，保障公民、法人和其他组织的合法权益，维护国家安全和社会公共利益，特作如下决定：

一、国家保护能够识别公民个人身份和涉及公民个人隐私的电子信息。

任何组织和个人不得窃取或者以其他非法方式获取公民个人电子信息，不得出售或者非法向他人提供公民个人电子信息。

二、网络服务提供者和其他企业事业单位在业务活动中收集、使用公民个人电子信息，应当遵循合法、正当、必要的原则，明示收集、使用信息的目的、方式和范围，并经被收集者同意，不得违反法律、法规的规定和双方的约定收集、使用信息。

网络服务提供者和其他企业事业单位收集、使用公民个人电子信息，应当公开其收集、使用规则。

三、网络服务提供者和其他企业事业单位及其工作人员对在业务活动中收集的公民个人电子信息必须严格保密，不得泄露、篡改、毁损，不得出售或者非法向他人提供。

四、网络服务提供者和其他企业事业单位应当采取技术措施和其他必要措施，确保信息安全，防止在业务活动中收集的公民个人电子信息泄露、毁损、丢失。在发生或者可能发生信息泄露、毁损、丢失的情况时，应当立即采取补救措施。

五、网络服务提供者应当加强对其用户发布的信息的管理，发现法律、法规禁止发布或者传输的信息的，应当立即停止传输该信息，采取消除等处置措施，保存有关记录，并向有关主管部门报告。

六、网络服务提供者为用户办理网站接入服务，办理固定电话、移动电话等入网手续，或者为用户提供信息发布服务，应当在与用户签订协议或者确认提供服务时，要求用户提供真实身份信息。

七、任何组织和个人未经电子信息接收者同意或者请求，或者电子信息接收者明确表示拒绝的，不得向其固定电话、移动电话或者个人电子邮箱发送商业性电子信息。

八、公民发现泄露个人身份、散布个人隐私等侵害其合法权益的网络信息,或者受到商业性电子信息侵扰的,有权要求网络服务提供者删除有关信息或者采取其他必要措施予以制止。

九、任何组织和个人对窃取或者以其他非法方式获取、出售或者非法向他人提供公民个人电子信息的违法犯罪行为以及其他网络信息违法犯罪行为,有权向有关主管部门举报、控告;接到举报、控告的部门应当依法及时处理。被侵权人可以依法提起诉讼。

十、有关主管部门应当在各自职权范围内依法履行职责,采取技术措施和其他必要措施,防范、制止和查处窃取或者以其他非法方式获取、出售或者非法向他人提供公民个人电子信息的违法犯罪行为以及其他网络信息违法犯罪行为。有关主管部门依法履行职责时,网络服务提供者应当予以配合,提供技术支持。

国家机关及其工作人员对在履行职责中知悉的公民个人电子信息应当予以保密,不得泄露、篡改、毁损,不得出售或者非法向他人提供。

十一、对有违反本决定行为的,依法给予警告、罚款、没收违法所得、吊销许可证或者取消备案、关闭网站、禁止有关责任人员从事网络服务业务等处罚,记入社会信用档案并予以公布;构成违反治安管理行为的,依法给予治安管理处罚。构成犯罪的,依法追究刑事责任。侵害他人民事权益的,依法承担民事责任。

十二、本决定自公布之日起施行。

4. 最高人民法院、最高人民检察院《关于办理侵犯公民个人信息刑事案件适用法律若干问题的解释》

为依法惩治侵犯公民个人信息犯罪活动,保护公民个人信息安全和合法权益,根据《中华人民共和国刑法》《中华人民共和国刑事诉讼法》的有关规定,现就办理此类刑事案件适用法律的若干问题解释如下:

第一条 刑法第二百五十三条之一规定的“公民个人信息”,是指以电子或者其他方式记录的能够单独或者与其他信息结合识别特定自然人身份或者反映特定自然人活动情况的各种信息,包括姓名、身份证件号码、通信通讯联系方式、住址、账号密码、财产状况、行踪轨迹等。

第二条　违反法律、行政法规、部门规章有关公民个人信息保护的规定的，应当认定为刑法第二百五十三条之一规定的“违反国家有关规定”。

第三条　向特定人提供公民个人信息，以及通过信息网络或者其他途径发布公民个人信息的，应当认定为刑法第二百五十三条之一规定的“提供公民个人信息”。

未经被收集者同意，将合法收集的公民个人信息向他人提供的，属于刑法第二百五十三条之一规定的“提供公民个人信息”，但是经过处理无法识别特定个人且不能复原的除外。

第四条　违反国家有关规定，通过购买、收受、交换等方式获取公民个人信息，或者在履行职责、提供服务过程中收集公民个人信息的，属于刑法第二百五十三条之一第三款规定的“以其他方法非法获取公民个人信息”。

第五条　非法获取、出售或者提供公民个人信息，具有下列情形之一的，应当认定为刑法第二百五十三条之一规定的“情节严重”：

（一）出售或者提供行踪轨迹信息，被他人用于犯罪的；

（二）知道或者应当知道他人利用公民个人信息实施犯罪，向其出售或者提供的；

（三）非法获取、出售或者提供行踪轨迹信息、通信内容、征信信息、财产信息五十条以上的；

（四）非法获取、出售或者提供住宿信息、通信记录、健康生理信息、交易信息等其他可能影响人身、财产安全的公民个人信息五百条以上的；

（五）非法获取、出售或者提供第三项、第四项规定以外的公民个人信息五千条以上的；

（六）数量未达到第三项至第五项规定标准，但是按相应比例合计达到有关数量标准的；

（七）违法所得五千元以上的；

（八）将在履行职责或者提供服务过程中获得的公民个人信息出售或者提供给他人，数量或者数额达到第三项至第七项规定标准一半以上的；

（九）曾因侵犯公民个人信息受过刑事处罚或者二年内受过行政处罚，又非法获取、出售或者提供公民个人信息的；

（十）其他情节严重的情形。

实施前款规定的行为，具有下列情形之一的，应当认定为刑法第二百五十三条之一第一款规定的“情节特别严重”：

(一)造成被害人死亡、重伤、精神失常或者被绑架等严重后果的;

(二)造成重大经济损失或者恶劣社会影响的;

(三)数量或者数额达到前款第三项至第八项规定标准十倍以上的;

(四)其他情节特别严重的情形。

第六条 为合法经营活动而非法购买、收受本解释第五条第一款第三项、第四项规定以外的公民个人信息,具有下列情形之一的,应当认定为刑法第二百五十三条之一规定的“情节严重”:

(一)利用非法购买、收受的公民个人信息获利五万元以上的;

(二)曾因侵犯公民个人信息受过刑事处罚或者二年内受过行政处罚,又非法购买、收受公民个人信息的;

(三)其他情节严重的情形。

实施前款规定的行为,将购买、收受的公民个人信息非法出售或者提供的,定罪量刑标准适用本解释第五条的规定。

第七条 单位犯刑法第二百五十三条之一规定之罪的,依照本解释规定的相应自然人犯罪的定罪量刑标准,对直接负责的主管人员和其他直接责任人员定罪处罚,并对单位判处罚金。

第八条 设立用于实施非法获取、出售或者提供公民个人信息违法犯罪活动的网站、通讯群组,情节严重的,应当依照刑法第二百八十七条之一的规定,以非法利用信息网络罪定罪处罚;同时构成侵犯公民个人信息罪的,依照侵犯公民个人信息罪定罪处罚。

第九条 网络服务提供者拒不履行法律、行政法规规定的信息网络安全管理义务,经监管部门责令采取改正措施而拒不改正,致使用户的公民个人信息泄露,造成严重后果的,应当依照刑法第二百八十六条之一的规定,以拒不履行信息网络安全管理义务罪定罪处罚。

第十条 实施侵犯公民个人信息犯罪,不属于“情节特别严重”,行为人系初犯,全部退赃,并确有悔罪表现的,可以认定为情节轻微,不起诉或者免予刑事处罚;确有必要判处刑罚的,应当从宽处罚。

第十一条 非法获取公民个人信息后又出售或者提供的,公民个人信息的条数不重复计算。

向不同单位或者个人分别出售、提供同一公民个人信息的,公民个人信息的条数累计计算。

对批量公民个人信息的条数,根据查获的数量直接认定,但是有证据证明信息不真实或者重复的除外。

第十二条　对于侵犯公民个人信息犯罪，应当综合考虑犯罪的危害程度、犯罪的违法所得数额以及被告人的前科情况、认罪悔罪态度等，依法判处罚金。罚金数额一般在违法所得的一倍以上五倍以下。

第十三条　本解释自2017年6月1日起施行。

附录二 我国非刑法规范中个人信息相关规定

1.《中华人民共和国宪法》(节录)

第三十八条 中华人民共和国公民的人格尊严不受侵犯。禁止用任何方法对公民进行侮辱、诽谤和诬告陷害。

第四十条 中华人民共和国公民的通信自由和通信秘密受法律的保护。除因国家安全或者追查刑事犯罪的需要,由公安机关或者检察机关依照法律规定的程序对通信进行检查外,任何组织或者个人不得以任何理由侵犯公民的通信自由和通信秘密。

2.《中华人民共和国民法典》(节录)

第一百一十一条 自然人的个人信息受法律保护。任何组织或者个人需要获取他人个人信息的,应当依法取得并确保信息安全,不得非法收集、使用、加工、传输他人个人信息,不得非法买卖、提供或者公开他人个人信息。

第九百九十九条 为公共利益实施新闻报道、舆论监督等行为的,可以合理使用民事主体的姓名、名称、肖像、个人信息等;使用不合理侵害民事主体人格权的,应当依法承担民事责任。

第一千零三十条 民事主体与征信机构等信用信息处理者之间的关系,适用本编有关个人信息保护的规定和其他法律、行政法规的有关规定。

第一千零三十四条　自然人的个人信息受法律保护。

个人信息是以电子或者其他方式记录的能够单独或者与其他信息结合识别特定自然人的各种信息，包括自然人的姓名、出生日期、身份证件号码、生物识别信息、住址、电话号码、电子邮箱、健康信息、行踪信息等。

个人信息中的私密信息，适用有关隐私权的规定；没有规定的，适用有关个人信息保护的规定。

第一千零三十五条　处理个人信息的，应当遵循合法、正当、必要原则，不得过度处理，并符合下列条件：

（一）征得该自然人或者其监护人同意，但是法律、行政法规另有规定的除外；

（二）公开处理信息的规则；

（三）明示处理信息的目的、方式和范围；

（四）不违反法律、行政法规的规定和双方的约定。

个人信息的处理包括个人信息的收集、存储、使用、加工、传输、提供、公开等。

第一千零三十六条　处理个人信息，有下列情形之一的，行为人不承担民事责任：

（一）在该自然人或者其监护人同意的范围内合理实施的行为；

（二）合理处理该自然人自行公开的或者其他已经合法公开的信息，但是该自然人明确拒绝或者处理该信息侵害其重大利益的除外；

（三）为维护公共利益或者该自然人合法权益，合理实施的其他行为。

第一千零三十七条　自然人可以依法向信息处理者查阅或者复制其个人信息；发现信息有错误的，有权提出异议并请求及时采取更正等必要措施。

自然人发现信息处理者违反法律、行政法规的规定或者双方的约定处理其个人信息的，有权请求信息处理者及时删除。

第一千零三十八条　信息处理者不得泄露或者篡改其收集、存储的个人信息；未经自然人同意，不得向他人非法提供其个人信息，但是经过加工无法识别特定个人且不能复原的除外。

信息处理者应当采取技术措施和其他必要措施，确保其收集、存储的个人信息安全，防止信息泄露、篡改、丢失；发生或者可能发生个人信息泄露、篡改、丢失的，应当及时采取补救措施，按照规定告知自然人并向有关主管部门报告。

第一千零三十九条 国家机关、承担行政职能的法定机构及其工作人员对于履行职责过程中知悉的自然人的隐私和个人信息,应当予以保密,不得泄露或者向他人非法提供。

第一千一百九十四条 网络用户、网络服务提供者利用网络侵害他人民事权益的,应当承担侵权责任。法律另有规定的,依照其规定。

第一千一百九十五条 网络用户利用网络服务实施侵权行为的,权利人有权通知网络服务提供者采取删除、屏蔽、断开链接等必要措施。通知应当包括构成侵权的初步证据及权利人的真实身份信息。

网络服务提供者接到通知后,应当及时将该通知转送相关网络用户,并根据构成侵权的初步证据和服务类型采取必要措施;未及时采取必要措施的,对损害的扩大部分与该网络用户承担连带责任。

权利人因错误通知造成网络用户或者网络服务提供者损害的,应当承担侵权责任。法律另有规定的,依照其规定。

第一千一百九十六条 网络用户接到转送的通知后,可以向网络服务提供者提交不存在侵权行为的声明。声明应当包括不存在侵权行为的初步证据及网络用户的真实身份信息。

网络服务提供者接到声明后,应当将该声明转送发出通知的权利人,并告知其可以向有关部门投诉或者向人民法院提起诉讼。网络服务提供者在转送声明到达权利人后的合理期限内,未收到权利人已经投诉或者提起诉讼通知的,应当及时终止所采取的措施。

第一千一百九十七条 网络服务提供者知道或者应当知道网络用户利用其网络服务侵害他人民事权益,未采取必要措施的,与该网络用户承担连带责任。

3.《中华人民共和国个人信息保护法》

第一条 为了保护个人信息权益,规范个人信息处理活动,促进个人信息合理利用,根据宪法,制定本法。

第二条 自然人的个人信息受法律保护,任何组织、个人不得侵害自然人的个人信息权益。

第三条 在中华人民共和国境内处理自然人个人信息的活动,适用本法。

在中华人民共和国境外处理中华人民共和国境内自然人个人信息的活动,有下列情形之一的,也适用本法:

(一)以向境内自然人提供产品或者服务为目的;

(二)分析、评估境内自然人的行为;

(三)法律、行政法规规定的其他情形。

第四条 个人信息是以电子或者其他方式记录的与已识别或者可识别的自然人有关的各种信息,不包括匿名化处理后的信息。

个人信息的处理包括个人信息的收集、存储、使用、加工、传输、提供、公开、删除等。

第五条 处理个人信息应当遵循合法、正当、必要和诚信原则,不得通过误导、欺诈、胁迫等方式处理个人信息。

第六条 处理个人信息应当具有明确、合理的目的,并应当与处理目的直接相关,采取对个人权益影响最小的方式。

收集个人信息,应当限于实现处理目的的最小范围,不得过度收集个人信息。

第七条 处理个人信息应当遵循公开、透明原则,公开个人信息处理规则,明示处理的目的、方式和范围。

第八条 处理个人信息应当保证个人信息的质量,避免因个人信息不准确、不完整对个人权益造成不利影响。

第九条 个人信息处理者应当对其个人信息处理活动负责,并采取必要措施保障所处理的个人信息的安全。

第十条 任何组织、个人不得非法收集、使用、加工、传输他人个人信息,不得非法买卖、提供或者公开他人个人信息;不得从事危害国家安全、公共利益的个人信息处理活动。

第十一条 国家建立健全个人信息保护制度,预防和惩治侵害个人信息权益的行为,加强个人信息保护宣传教育,推动形成政府、企业、相关社会组织、公众共同参与个人信息保护的良好环境。

第十二条 国家积极参与个人信息保护国际规则的制定,促进个人信息保护方面的国际交流与合作,推动与其他国家、地区、国际组织之间的个人信息保护规则、标准等互认。

第十三条 符合下列情形之一的,个人信息处理者方可处理个人信息:

(一)取得个人的同意;

(二)为订立、履行个人作为一方当事人的合同所必需,或者按照依法制定的劳动规章制度和依法签订的集体合同实施人力资源管理所必需;

(三)为履行法定职责或者法定义务所必需;

(四)为应对突发公共卫生事件,或者紧急情况下为保护自然人的生命健康和财产安全所必需;

(五)为公共利益实施新闻报道、舆论监督等行为,在合理的范围内处理个人信息;

(六)依照本法规定在合理的范围内处理个人自行公开或者其他已经合法公开的个人信息;

(七)法律、行政法规规定的其他情形。

依照本法其他有关规定,处理个人信息应当取得个人同意,但是有前款第二项至第七项规定情形的,不需取得个人同意。

第十四条 基于个人同意处理个人信息的,该同意应当由个人在充分知情的前提下自愿、明确作出。法律、行政法规规定处理个人信息应当取得个人单独同意或者书面同意的,从其规定。

个人信息的处理目的、处理方式和处理的个人信息种类发生变更的,应当重新取得个人同意。

第十五条 基于个人同意处理个人信息的,个人有权撤回其同意。个人信息处理者应当提供便捷的撤回同意的方式。

个人撤回同意,不影响撤回前基于个人同意已进行的个人信息处理活动的效力。

第十六条 个人信息处理者不得以个人不同意处理其个人信息或者撤回同意为由,拒绝提供产品或者服务;处理个人信息属于提供产品或者服务所必需的除外。

第十七条 个人信息处理者在处理个人信息前,应当以显著方式、清晰易懂的语言真实、准确、完整地向个人告知下列事项:

(一)个人信息处理者的名称或者姓名和联系方式;

(二)个人信息的处理目的、处理方式,处理的个人信息种类、保存期限;

(三)个人行使本法规定权利的方式和程序;

(四)法律、行政法规规定应当告知的其他事项。

前款规定事项发生变更的，应当将变更部分告知个人。

个人信息处理者通过制定个人信息处理规则的方式告知第一款规定事项的，处理规则应当公开，并且便于查阅和保存。

第十八条　个人信息处理者处理个人信息，有法律、行政法规规定应当保密或者不需要告知的情形的，可以不向个人告知前条第一款规定的事项。

紧急情况下为保护自然人的生命健康和财产安全无法及时向个人告知的，个人信息处理者应当在紧急情况消除后及时告知。

第十九条　除法律、行政法规另有规定外，个人信息的保存期限应当为实现处理目的所必要的最短时间。

第二十条　两个以上的个人信息处理者共同决定个人信息的处理目的和处理方式的，应当约定各自的权利和义务。但是，该约定不影响个人向其中任何一个个人信息处理者要求行使本法规定的权利。

个人信息处理者共同处理个人信息，侵害个人信息权益造成损害的，应当依法承担连带责任。

第二十一条　个人信息处理者委托处理个人信息的，应当与受托人约定委托处理的目的、期限、处理方式、个人信息的种类、保护措施以及双方的权利和义务等，并对受托人的个人信息处理活动进行监督。

受托人应当按照约定处理个人信息，不得超出约定的处理目的、处理方式等处理个人信息；委托合同不生效、无效、被撤销或者终止的，受托人应当将个人信息返还个人信息处理者或者予以删除，不得保留。

未经个人信息处理者同意，受托人不得转委托他人处理个人信息。

第二十二条　个人信息处理者因合并、分立、解散、被宣告破产等原因需要转移个人信息的，应当向个人告知接收方的名称或者姓名和联系方式。接收方应当继续履行个人信息处理者的义务。接收方变更原先的处理目的、处理方式的，应当依照本法规定重新取得个人同意。

第二十三条　个人信息处理者向其他个人信息处理者提供其处理的个人信息的，应当向个人告知接收方的名称或者姓名、联系方式、处理目的、处理方式和个人信息的种类，并取得个人的单独同意。接收方应当在上述处理目的、处理方式和个人信息的种类等范围内处理个人信息。接收方变更原先的处理目的、处理方式的，应当依照本法规定重新取得个人同意。

第二十四条　个人信息处理者利用个人信息进行自动化决策，应当保证决策的透明度和结果公平、公正，不得对个人在交易价格等交易条件上实行不合理的差别待遇。

通过自动化决策方式向个人进行信息推送、商业营销，应当同时提供不针对其个人特征的选项，或者向个人提供便捷的拒绝方式。

通过自动化决策方式作出对个人权益有重大影响的决定，个人有权要求个人信息处理者予以说明，并有权拒绝个人信息处理者仅通过自动化决策的方式作出决定。

第二十五条 个人信息处理者不得公开其处理的个人信息，取得个人单独同意的除外。

第二十六条 在公共场所安装图像采集、个人身份识别设备，应当为维护公共安全所必需，遵守国家有关规定，并设置显著的提示标识。所收集的个人图像、身份识别信息只能用于维护公共安全的目的，不得用于其他目的；取得个人单独同意的除外。

第二十七条 个人信息处理者可以在合理的范围内处理个人自行公开或者其他已经合法公开的个人信息；个人明确拒绝的除外。个人信息处理者处理已公开的个人信息，对个人权益有重大影响的，应当依照本法规定取得个人同意。

第二十八条 敏感个人信息是一旦泄露或者非法使用，容易导致自然人的人格尊严受到侵害或者人身、财产安全受到危害的个人信息，包括生物识别、宗教信仰、特定身份、医疗健康、金融账户、行踪轨迹等信息，以及不满十四周岁未成年人的个人信息。

只有在具有特定的目的和充分的必要性，并采取严格保护措施的情形下，个人信息处理者方可处理敏感个人信息。

第二十九条 处理敏感个人信息应当取得个人的单独同意；法律、行政法规规定处理敏感个人信息应当取得书面同意的，从其规定。

第三十条 个人信息处理者处理敏感个人信息的，除本法第十七条第一款规定的事项外，还应当向个人告知处理敏感个人信息的必要性以及对个人权益的影响；依照本法规定可以不向个人告知的除外。

第三十一条 个人信息处理者处理不满十四周岁未成年人个人信息的，应当取得未成年人的父母或者其他监护人的同意。

个人信息处理者处理不满十四周岁未成年人个人信息的，应当制定专门的个人信息处理规则。

第三十二条 法律、行政法规对处理敏感个人信息规定应当取得相关行政许可或者作出其他限制的,从其规定。

第三十三条　国家机关处理个人信息的活动,适用本法;本节有特别规定的,适用本节规定。

第三十四条　国家机关为履行法定职责处理个人信息,应当依照法律、行政法规规定的权限、程序进行,不得超出履行法定职责所必需的范围和限度。

第三十五条　国家机关为履行法定职责处理个人信息,应当依照本法规定履行告知义务;有本法第十八条第一款规定的情形,或者告知将妨碍国家机关履行法定职责的除外。

第三十六条　国家机关处理的个人信息应当在中华人民共和国境内存储;确需向境外提供的,应当进行安全评估。安全评估可以要求有关部门提供支持与协助。

第三十七条　法律、法规授权的具有管理公共事务职能的组织为履行法定职责处理个人信息,适用本法关于国家机关处理个人信息的规定。

第三十八条　个人信息处理者因业务等需要,确需向中华人民共和国境外提供个人信息的,应当具备下列条件之一:

(一)依照本法第四十条的规定通过国家网信部门组织的安全评估;

(二)按照国家网信部门的规定经专业机构进行个人信息保护认证;

(三)按照国家网信部门制定的标准合同与境外接收方订立合同,约定双方的权利和义务;

(四)法律、行政法规或者国家网信部门规定的其他条件。

中华人民共和国缔结或者参加的国际条约、协定对向中华人民共和国境外提供个人信息的条件等有规定的,可以按照其规定执行。

个人信息处理者应当采取必要措施,保障境外接收方处理个人信息的活动达到本法规定的个人信息保护标准。

第三十九条　个人信息处理者向中华人民共和国境外提供个人信息的,应当向个人告知境外接收方的名称或者姓名、联系方式、处理目的、处理方式、个人信息的种类以及个人向境外接收方行使本法规定权利的方式和程序等事项,并取得个人的单独同意。

第四十条　关键信息基础设施运营者和处理个人信息达到国家网信部门规定数量的个人信息处理者,应当将在中华人民共和国境内收集和产生的个人信息存储在境内。确需向境外提供的,应当通过国家网信部门组织的安全评估;法律、行政法规和国家网信部门规定可以不进行安全评估的,从其规定。

第四十一条 中华人民共和国主管机关根据有关法律和中华人民共和国缔结或者参加的国际条约、协定,或者按照平等互惠原则,处理外国司法或者执法机构关于提供存储于境内个人信息的请求。非经中华人民共和国主管机关批准,个人信息处理者不得向外国司法或者执法机构提供存储于中华人民共和国境内的个人信息。

第四十二条 境外的组织、个人从事侵害中华人民共和国公民的个人信息权益,或者危害中华人民共和国国家安全、公共利益的个人信息处理活动的,国家网信部门可以将其列入限制或者禁止个人信息提供清单,予以公告,并采取限制或者禁止向其提供个人信息等措施。

第四十三条 任何国家或者地区在个人信息保护方面对中华人民共和国采取歧视性的禁止、限制或者其他类似措施的,中华人民共和国可以根据实际情况对该国家或者地区对等采取措施。

第四十四条 个人对其个人信息的处理享有知情权、决定权,有权限制或者拒绝他人对其个人信息进行处理;法律、行政法规另有规定的除外。

第四十五条 个人有权向个人信息处理者查阅、复制其个人信息;有本法第十八条第一款、第三十五条规定情形的除外。

个人请求查阅、复制其个人信息的,个人信息处理者应当及时提供。

个人请求将个人信息转移至其指定的个人信息处理者,符合国家网信部门规定条件的,个人信息处理者应当提供转移的途径。

第四十六条 个人发现其个人信息不准确或者不完整的,有权请求个人信息处理者更正、补充。

个人请求更正、补充其个人信息的,个人信息处理者应当对其个人信息予以核实,并及时更正、补充。

第四十七条 有下列情形之一的,个人信息处理者应当主动删除个人信息;个人信息处理者未删除的,个人有权请求删除:

(一)处理目的已实现、无法实现或者为实现处理目的不再必要;

(二)个人信息处理者停止提供产品或者服务,或者保存期限已届满;

(三)个人撤回同意;

(四)个人信息处理者违反法律、行政法规或者违反约定处理个人信息;

(五)法律、行政法规规定的其他情形。

法律、行政法规规定的保存期限未届满，或者删除个人信息从技术上难以实现的，个人信息处理者应当停止除存储和采取必要的安全保护措施之外的处理。

第四十八条　个人有权要求个人信息处理者对其个人信息处理规则进行解释说明。

第四十九条　自然人死亡的，其近亲属为了自身的合法、正当利益，可以对死者的相关个人信息行使本章规定的查阅、复制、更正、删除等权利；死者生前另有安排的除外。

第五十条　个人信息处理者应当建立便捷的个人行使权利的申请受理和处理机制。拒绝个人行使权利的请求的，应当说明理由。

个人信息处理者拒绝个人行使权利的请求的，个人可以依法向人民法院提起诉讼。

第五十一条　个人信息处理者应当根据个人信息的处理目的、处理方式、个人信息的种类以及对个人权益的影响、可能存在的安全风险等，采取下列措施确保个人信息处理活动符合法律、行政法规的规定，并防止未经授权的访问以及个人信息泄露、篡改、丢失：

（一）制定内部管理制度和操作规程；

（二）对个人信息实行分类管理；

（三）采取相应的加密、去标识化等安全技术措施；

（四）合理确定个人信息处理的操作权限，并定期对从业人员进行安全教育和培训；

（五）制定并组织实施个人信息安全事件应急预案；

（六）法律、行政法规规定的其他措施。

第五十二条　处理个人信息达到国家网信部门规定数量的个人信息处理者应当指定个人信息保护负责人，负责对个人信息处理活动以及采取的保护措施等进行监督。

个人信息处理者应当公开个人信息保护负责人的联系方式，并将个人信息保护负责人的姓名、联系方式等报送履行个人信息保护职责的部门。

第五十三条　本法第三条第二款规定的中华人民共和国境外的个人信息处理者，应当在中华人民共和国境内设立专门机构或者指定代表，负责处理个人信息保护相关事务，并将有关机构的名称或者代表的姓名、联系方式等报送履行个人信息保护职责的部门。

第五十四条 个人信息处理者应当定期对其处理个人信息遵守法律、行政法规的情况进行合规审计。

第五十五条 有下列情形之一的,个人信息处理者应当事前进行个人信息保护影响评估,并对处理情况进行记录:

(一)处理敏感个人信息;

(二)利用个人信息进行自动化决策;

(三)委托处理个人信息、向其他个人信息处理者提供个人信息、公开个人信息;

(四)向境外提供个人信息;

(五)其他对个人权益有重大影响的个人信息处理活动。

第五十六条 个人信息保护影响评估应当包括下列内容:

(一)个人信息的处理目的、处理方式等是否合法、正当、必要;

(二)对个人权益的影响及安全风险;

(三)所采取的保护措施是否合法、有效并与风险程度相适应。

个人信息保护影响评估报告和处理情况记录应当至少保存三年。

第五十七条 发生或者可能发生个人信息泄露、篡改、丢失的,个人信息处理者应当立即采取补救措施,并通知履行个人信息保护职责的部门和个人。通知应当包括下列事项:

(一)发生或者可能发生个人信息泄露、篡改、丢失的信息种类、原因和可能造成的危害;

(二)个人信息处理者采取的补救措施和个人可以采取的减轻危害的措施;

(三)个人信息处理者的联系方式。

个人信息处理者采取措施能够有效避免信息泄露、篡改、丢失造成危害的,个人信息处理者可以不通知个人;履行个人信息保护职责的部门认为可能造成危害的,有权要求个人信息处理者通知个人。

第五十八条 提供重要互联网平台服务、用户数量巨大、业务类型复杂的个人信息处理者,应当履行下列义务:

(一)按照国家规定建立健全个人信息保护合规制度体系,成立主要由外部成员组成的独立机构对个人信息保护情况进行监督;

(二)遵循公开、公平、公正的原则,制定平台规则,明确平台内产品或者服务提供者处理个人信息的规范和保护个人信息的义务;

（三）对严重违反法律、行政法规处理个人信息的平台内的产品或者服务提供者，停止提供服务；

（四）定期发布个人信息保护社会责任报告，接受社会监督。

第五十九条　接受委托处理个人信息的受托人，应当依照本法和有关法律、行政法规的规定，采取必要措施保障所处理的个人信息的安全，并协助个人信息处理者履行本法规定的义务。

第六十条　国家网信部门负责统筹协调个人信息保护工作和相关监督管理工作。国务院有关部门依照本法和有关法律、行政法规的规定，在各自职责范围内负责个人信息保护和监督管理工作。

县级以上地方人民政府有关部门的个人信息保护和监督管理职责，按照国家有关规定确定。

前两款规定的部门统称为履行个人信息保护职责的部门。

第六十一条　履行个人信息保护职责的部门履行下列个人信息保护职责：

（一）开展个人信息保护宣传教育，指导、监督个人信息处理者开展个人信息保护工作；

（二）接受、处理与个人信息保护有关的投诉、举报；

（三）组织对应用程序等个人信息保护情况进行测评，并公布测评结果；

（四）调查、处理违法个人信息处理活动；

（五）法律、行政法规规定的其他职责。

第六十二条　国家网信部门统筹协调有关部门依据本法推进下列个人信息保护工作：

（一）制定个人信息保护具体规则、标准；

（二）针对小型个人信息处理者、处理敏感个人信息以及人脸识别、人工智能等新技术、新应用，制定专门的个人信息保护规则、标准；

（三）支持研究开发和推广应用安全、方便的电子身份认证技术，推进网络身份认证公共服务建设；

（四）推进个人信息保护社会化服务体系建设，支持有关机构开展个人信息保护评估、认证服务；

（五）完善个人信息保护投诉、举报工作机制。

第六十三条　履行个人信息保护职责的部门履行个人信息保护职责，可以采取下列措施：

（一）询问有关当事人，调查与个人信息处理活动有关的情况；

（二）查阅、复制当事人与个人信息处理活动有关的合同、记录、账簿以及其他有关资料；

（三）实施现场检查，对涉嫌违法的个人信息处理活动进行调查；

（四）检查与个人信息处理活动有关的设备、物品；对有证据证明是用于违法个人信息处理活动的设备、物品，向本部门主要负责人书面报告并经批准，可以查封或者扣押。

履行个人信息保护职责的部门依法履行职责，当事人应当予以协助、配合，不得拒绝、阻挠。

第六十四条 履行个人信息保护职责的部门在履行职责中，发现个人信息处理活动存在较大风险或者发生个人信息安全事件的，可以按照规定的权限和程序对该个人信息处理者的法定代表人或者主要负责人进行约谈，或者要求个人信息处理者委托专业机构对其个人信息处理活动进行合规审计。个人信息处理者应当按照要求采取措施，进行整改，消除隐患。

履行个人信息保护职责的部门在履行职责中，发现违法处理个人信息涉嫌犯罪的，应当及时移送公安机关依法处理。

第六十五条 任何组织、个人有权对违法个人信息处理活动向履行个人信息保护职责的部门进行投诉、举报。收到投诉、举报的部门应当依法及时处理，并将处理结果告知投诉、举报人。

履行个人信息保护职责的部门应当公布接受投诉、举报的联系方式。

第六十六条 违反本法规定处理个人信息，或者处理个人信息未履行本法规定的个人信息保护义务的，由履行个人信息保护职责的部门责令改正，给予警告，没收违法所得，对违法处理个人信息的应用程序，责令暂停或者终止提供服务；拒不改正的，并处一百万元以下罚款；对直接负责的主管人员和其他直接责任人员处一万元以上十万元以下罚款。

有前款规定的违法行为，情节严重的，由省级以上履行个人信息保护职责的部门责令改正，没收违法所得，并处五千万元以下或者上一年度营业额百分之五以下罚款，并可以责令暂停相关业务或者停业整顿、通报有关主管部门吊销相关业务许可或者吊销营业执照；对直接负责的主管人员和其他直接责任人员处十万元以上一百万元以下罚款，并可以决定禁止其在一定期限内担任相关企业的董事、监事、高级管理人员和个人信息保护负责人。

第六十七条 有本法规定的违法行为的，依照有关法律、行政法规的规定记入信用档案,并予以公示。

第六十八条　国家机关不履行本法规定的个人信息保护义务的,由其上级机关或者履行个人信息保护职责的部门责令改正;对直接负责的主管人员和其他直接责任人员依法给予处分。

履行个人信息保护职责的部门的工作人员玩忽职守、滥用职权、徇私舞弊,尚不构成犯罪的,依法给予处分。

第六十九条　处理个人信息侵害个人信息权益造成损害,个人信息处理者不能证明自己没有过错的,应当承担损害赔偿等侵权责任。

前款规定的损害赔偿责任按照个人因此受到的损失或者个人信息处理者因此获得的利益确定;个人因此受到的损失和个人信息处理者因此获得的利益难以确定的,根据实际情况确定赔偿数额。

第七十条　个人信息处理者违反本法规定处理个人信息,侵害众多个人的权益的,人民检察院、法律规定的消费者组织和由国家网信部门确定的组织可以依法向人民法院提起诉讼。

第七十一条　违反本法规定,构成违反治安管理行为的,依法给予治安管理处罚;构成犯罪的,依法追究刑事责任。

第七十二条　自然人因个人或者家庭事务处理个人信息的,不适用本法。

法律对各级人民政府及其有关部门组织实施的统计、档案管理活动中的个人信息处理有规定的,适用其规定。

第七十三条　本法下列用语的含义:

(一)个人信息处理者,是指在个人信息处理活动中自主决定处理目的、处理方式的组织、个人。

(二)自动化决策,是指通过计算机程序自动分析、评估个人的行为习惯、兴趣爱好或者经济、健康、信用状况等,并进行决策的活动。

(三)去标识化,是指个人信息经过处理,使其在不借助额外信息的情况下无法识别特定自然人的过程。

(四)匿名化,是指个人信息经过处理无法识别特定自然人且不能复原的过程。

4.《中华人民共和国网络安全法》(节录)

第四十条 网络运营者应当对其收集的用户信息严格保密,并建立健全用户信息保护制度。

第四十一条 网络运营者收集、使用个人信息,应当遵循合法、正当、必要的原则,公开收集、使用规则,明示收集、使用信息的目的、方式和范围,并经被收集者同意。网络运营者不得收集与其提供的服务无关的个人信息,不得违反法律、行政法规的规定和双方的约定收集、使用个人信息,并应当依照法律、行政法规的规定和与用户的约定,处理其保存的个人信息。

第四十二条 网络运营者不得泄露、篡改、毁损其收集的个人信息;未经被收集者同意,不得向他人提供个人信息。但是,经过处理无法识别特定个人且不能复原的除外。网络运营者应当采取技术措施和其他必要措施,确保其收集的个人信息安全,防止信息泄露、毁损、丢失。在发生或者可能发生个人信息泄露、毁损、丢失的情况时,应当立即采取补救措施,按照规定及时告知用户并向有关主管部门报告。

第四十三条 个人发现网络运营者违反法律、行政法规的规定或者双方的约定收集、使用其个人信息的,有权要求网络运营者删除其个人信息;发现网络运营者收集、存储的其个人信息有错误的,有权要求网络运营者予以更正。网络运营者应当采取措施予以删除或者更正。

第四十四条 任何个人和组织不得窃取或者以其他非法方式获取个人信息,不得非法出售或者非法向他人提供个人信息。

第四十五条 依法负有网络安全监督管理职责的部门及其工作人员,必须对在履行职责中知悉的个人信息、隐私和商业秘密严格保密,不得泄露、出售或者非法向他人提供。

第四十七条 网络运营者应当加强对其用户发布的信息的管理,发现法律、行政法规禁止发布或者传输的信息的,应当立即停止传输该信息,采取消除等处置措施,防止信息扩散,保存有关记录,并向有关主管部门报告。

第四十八条 任何个人和组织发送的电子信息、提供的应用软件,不得设置恶意程序,不得含有法律、行政法规禁止发布或者传输的信息。电子信息发送服务提供者和应用软件下载服务提供者,应当履行安全管理义务,知道其用户有前款规定行为的,应当停止提供服务,采取消除等处置措施,保存有关记录,并向有关主管部门报告。

第四十九条　网络运营者应当建立网络信息安全投诉、举报制度,公布投诉、举报方式等信息,及时受理并处理有关网络信息安全的投诉和举报。网络运营者对网信部门和有关部门依法实施的监督检查,应当予以配合。

第五十条　国家网信部门和有关部门依法履行网络信息安全监督管理职责,发现法律、行政法规禁止发布或者传输的信息的,应当要求网络运营者停止传输,采取消除等处置措施,保存有关记录;对来源于中华人民共和国境外的上述信息,应当通知有关机构采取技术措施和其他必要措施阻断传播。

第六十四条　网络运营者、网络产品或者服务的提供者违反本法第二十二条第三款、第四十一条至第四十三条规定,侵害个人信息依法得到保护的权利的,由有关主管部门责令改正,可以根据情节单处或者并处警告、没收违法所得、处违法所得一倍以上十倍以下罚款,没有违法所得的,处一百万元以下罚款,对直接负责的主管人员和其他直接责任人员处一万元以上十万元以下罚款;情节严重的,并可以责令暂停相关业务、停业整顿、关闭网站、吊销相关业务许可证或者吊销营业执照。

违反本法第四十四条规定,窃取或者以其他非法方式获取、非法出售或者非法向他人提供个人信息,尚不构成犯罪的,由公安机关没收违法所得,并处违法所得一倍以上十倍以下罚款,没有违法所得的,处一百万元以下罚款。

第七十六条　本法下列用语的含义:

(一)网络,是指由计算机或者其他信息终端及相关设备组成的按照一定的规则和程序对信息进行收集、存储、传输、交换、处理的系统。

(二)网络安全,是指通过采取必要措施,防范对网络的攻击、侵入、干扰、破坏和非法使用以及意外事故,使网络处于稳定可靠运行的状态,以及保障网络数据的完整性、保密性、可用性的能力。

(三)网络运营者,是指网络的所有者、管理者和网络服务提供者。

(四)网络数据,是指通过网络收集、存储、传输、处理和产生的各种电子数据。

(五)个人信息,是指以电子或者其他方式记录的能够单独或者与其他信息结合识别自然人个人身份的各种信息,包括但不限于自然人的姓名、出生日期、身份证件号码、个人生物识别信息、住址、电话号码等。

附录三　我国与个人信息有关的国家标准

《信息安全技术　个人信息安全规范》(2020)(节录)

5　个人信息的收集

5.1　收集个人信息的合法性

对个人信息控制者的要求包括：

a)不应以欺诈、诱骗、误导的方式收集个人信息；

b)不应隐瞒产品或服务所具有的收集个人信息的功能；

c)不应从非法渠道获取个人信息。

5.2　收集个人信息的最小必要

对个人信息控制者的要求包括：

a)收集的个人信息的类型应与实现产品或服务的业务功能有直接关联；直接关联是指没有上述个人信息的参与，产品或服务的功能无法实现；

b)自动采集个人信息的频率应是实现产品或服务的业务功能所必需的最低频率；

c)间接获取个人信息的数量应是实现产品或服务的业务功能所必需的最少数量。

5.3　多项业务功能的自主选择

当产品或服务提供多项需收集个人信息的业务功能时，个人信息控制者不应违背个人信息主体的自主意愿，强迫个人信息主体接受产品或服务所提供的业务功能及相应的个人信息收集请求。对个人信息控制者的要求包括：

a)不应通过捆绑产品或服务各项业务功能的方式，要求个人信息主体一次性接受并授权同意其未申请或使用的业务功能收集个人信息的请求；

b)应把个人信息主体自主作出的肯定性动作，如主动点击、勾选、填写等，作为产品或服务的特定业务功能的开启条件。个人信息控制者应仅在个人信息主体开启该业务功能后，开始收集个人信息；

c)关闭或退出业务功能的途径或方式应与个人信息主体选择使用业务功能的途径或方式同样方便。个人信息主体选择关闭或退出特定业务功能后，个人信息控制者应停止该业务功能的个人信息收集活动；

d)个人信息主体不授权同意使用、关闭或退出特定业务功能的，不应频繁征求个人信息主体的授权同意；

e)个人信息主体不授权同意使用、关闭或退出特定业务功能的，不应暂停个人信息主体自主选择使用的其他业务功能，或降低其他业务功能的服务质量；

f)不得仅以改善服务质量、提升使用体验、研发新产品、增强安全性等为由，强制要求个人信息主体同意收集个人信息。

5.4　收集个人信息时的授权同意

对个人信息控制者的要求包括：

a)收集个人信息，应向个人信息主体告知收集、使用个人信息的目的、方式和范围等规则，并获得个人信息主体的授权同意；

b)收集个人敏感信息前，应征得个人信息主体的明示同意，并应确保个人信息主体的明示同意是其在完全知情的基础上自主给出的、具体的、清晰明确的意愿表示；

c)收集个人生物识别信息前，应单独向个人信息主体告知收集、使用个人生物识别信息的目的、方式和范围，以及存储时间等规则，并征得个人信息主体的明示同意；

d)收集年满 14 周岁未成年人的个人信息前，应征得未成年人或其监护人的明示同意；不满 14 周岁的，应征得其监护人的明示同意；

e)间接获取个人信息时：

1)应要求个人信息提供方说明个人信息来源，并对其个人信息来源的合法性进行确认；

2)应了解个人信息提供方已获得的个人信息处理的授权同意范围，包括使用目的，个人信息主体是否授权同意转让、共享、公开披露、删除等；

3）如开展业务所需进行的个人信息处理活动超出已获得的授权同意范围的，应在获取个人信息后的合理期限内或处理个人信息前，征得个人信息主体的明示同意，或通过个人信息提供方征得个人信息主体的明示同意。

5.5 个人信息保护政策

对个人信息控制者的要求包括：

a）应制定个人信息保护政策，内容应包括但不限于：

1）个人信息控制者的基本情况，包括主体身份、联系方式；

2）收集、使用个人信息的业务功能，以及各业务功能分别收集的个人信息类型。涉及个人敏感信息的，需明确标识或突出显示；

3）个人信息收集方式、存储期限、涉及数据出境情况等个人信息处理规则；

4）对外共享、转让、公开披露个人信息的目的、涉及的个人信息类型、接收个人信息的第三方类型，以及各自的安全和法律责任；

5）个人信息主体的权利和实现机制，如查询方法、更正方法、删除方法、注销账户的方法、撤回授权同意的方法、获取个人信息副本的方法、对信息系统自动决策结果进行投诉的方法等；

6）提供个人信息后可能存在的安全风险，及不提供个人信息可能产生的影响；

7）遵循的个人信息安全基本原则，具备的数据安全能力，以及采取的个人信息安全保护措施，必要时可公开数据安全和个人信息保护相关的合规证明；

8）处理个人信息主体询问、投诉的渠道和机制，以及外部纠纷解决机构及联络方式。

b）个人信息保护政策所告知的信息应真实、准确、完整；

c）个人信息保护政策的内容应清晰易懂，符合通用的语言习惯，使用标准化的数字、图示等，避免使用有歧义的语言；

d）个人信息保护政策应公开发布且易于访问，例如，在网站主页、移动互联网应用程序安装页、附录C中的交互界面或设计等显著位置设置链接；

e）个人信息保护政策应逐一送达个人信息主体。当成本过高或有显著困难时，可以公告的形式发布；

f）在a）所载事项发生变化时，应及时更新个人信息保护政策并重新告知个人信息主体。

5.6　征得授权同意的例外

以下情形中,个人信息控制者收集、使用个人信息不必征得个人信息主体的授权同意:

a)与个人信息控制者履行法律法规规定的义务相关的;

b)与国家安全、国防安全直接相关的;

c)与公共安全、公共卫生、重大公共利益直接相关的;

d)与刑事侦查、起诉、审判和判决执行等直接相关的;

e)出于维护个人信息主体或其他个人的生命、财产等重大合法权益但又很难得到本人授权同意的;

f)所涉及的个人信息是个人信息主体自行向社会公众公开的;

g)根据个人信息主体要求签订和履行合同所必需的;

h)从合法公开披露的信息中收集个人信息的,如合法的新闻报道、政府信息公开等渠道;

i)维护所提供产品或服务的安全稳定运行所必需的,如发现、处置产品或服务的故障;

j)个人信息控制者为新闻单位,且其开展合法的新闻报道所必需的;

k)个人信息控制者为学术研究机构,出于公共利益开展统计或学术研究所必要,且其对外提供学术研究或描述的结果时,对结果中所包含的个人信息进行去标识化处理的。

6　个人信息的存储

6.1　个人信息存储时间最小化

对个人信息控制者的要求包括:

a)个人信息存储期限应为实现个人信息主体授权使用的目的所必需的最短时间,法律法规另有规定或者个人信息主体另行授权同意的除外;

b)超出上述个人信息存储期限后,应对个人信息进行删除或匿名化处理。

6.2　去标识化处理

收集个人信息后,个人信息控制者宜立即进行去标识化处理,并采取技术和管理方面的措施,将可用于恢复识别个人的信息与去标识化后的信息分开存储并加强访问和使用的权限管理。

6.3　个人敏感信息的传输和存储

对个人信息控制者的要求包括:

a)传输和存储个人敏感信息时,应采用加密等安全措施;

b)个人生物识别信息应与个人身份信息分开存储;

c)原则上不应存储原始个人生物识别信息(如样本、图像等),可采取的措施包括但不限于:

1)仅存储个人生物识别信息的摘要信息;

2)在采集终端中直接使用个人生物识别信息实现身份识别、认证等功能;

3)在使用面部识别特征、指纹、掌纹、虹膜等实现识别身份、认证等功能后删除可提取个人生物识别信息的原始图像。

6.4 个人信息控制者停止运营

当个人信息控制者停止运营其产品或服务时,应:

a)及时停止继续收集个人信息;

b)将停止运营的通知以逐一送达或公告的形式通知个人信息主体;

c)对其所持有的个人信息进行删除或匿名化处理。

7 个人信息的使用

7.1 个人信息访问控制措施

对个人信息控制者的要求包括:

a)对被授权访问个人信息的人员,应建立最小授权的访问控制策略,使其只能访问职责所需的最小必要的个人信息,且仅具备完成职责所需的最少的数据操作权限;

b)对个人信息的重要操作设置内部审批流程,如进行批量修改、拷贝、下载等重要操作;

c)对安全管理人员、数据操作人员、审计人员的角色进行分离设置;

d)确因工作需要,需授权特定人员超权限处理个人信息的,应经个人信息保护责任人或个人信息保护工作机构进行审批,并记录在册;

e)对个人敏感信息的访问、修改等操作行为,宜在对角色权限控制的基础上,按照业务流程的需求触发操作授权。例如,当收到客户投诉,投诉处理人员才可访问该个人信息主体的相关信息。

7.2 个人信息的展示限制

涉及通过界面展示个人信息的(如显示屏幕、纸面),个人信息控制者宜对需展示的个人信息采取去标识化处理等措施,降低个人信息在展示环节的泄露风险。例如,在个人信息展示时,防止内部非授权人员及个人信息主体之外的其他人员未经授权获取个人信息。

7.3　个人信息使用的目的限制

对个人信息控制者的要求包括：

a）使用个人信息时，不应超出与收集个人信息时所声称的目的具有直接或合理关联的范围。因业务需要，确需超出上述范围使用个人信息的，应再次征得个人信息主体明示同意；

b）如所收集的个人信息进行加工处理而产生的信息，能够单独或与其他信息结合识别特定自然人身份或者反映特定自然人活动情况的，应将其认定为个人信息。对其处理应遵循收集个人信息时获得的授权同意范围。

7.4　用户画像的使用限制

对个人信息控制者的要求包括：

a）用户画像中对个人信息主体的特征描述，不应：

1）包含淫秽、色情、赌博、迷信、恐怖、暴力的内容；

2）表达对民族、种族、宗教、残疾、疾病歧视的内容。

b）在业务运营或对外业务合作中使用用户画像的，不应：

1）侵害公民、法人和其他组织的合法权益；

2）危害国家安全、荣誉和利益，煽动颠覆国家政权、推翻社会主义制度，煽动分裂国家、破坏国家统一，宣扬恐怖主义、极端主义，宣扬民族仇恨、民族歧视，传播暴力、淫秽色情信息，编造、传播虚假信息扰乱经济秩序和社会秩序。

c）除为实现个人信息主体授权同意的使用目的所必需外，使用个人信息时应消除明确身份指向性，避免精确定位到特定个人。例如，为准确评价个人信用状况，可使用直接用户画像，而用于推送商业广告目的时，则宜使用间接用户画像。

7.5　个性化展示的使用

对个人信息控制者的要求包括：

a）在向个人信息主体提供业务功能的过程中使用个性化展示的，应显著区分个性化展示的内容和非个性化展示的内容；

b）在向个人信息主体提供电子商务服务的过程中，根据消费者的兴趣爱好、消费习惯等特征向其提供商品或者服务搜索结果的个性化展示的，应当同时向该消费者提供不针对其个人特征的选项；

c）在向个人信息主体推送新闻信息服务的过程中使用个性化展示的，应：

1)为个人信息主体提供简单直观的退出或关闭个性化展示模式的选项;

2)当个人信息主体选择退出或关闭个性化展示模式时,向个人信息主体提供删除或匿名化定向推送活动所基于的个人信息的选项。

d)在向个人信息主体提供业务功能的过程中使用个性化展示的,宜建立个人信息主体对个性化展示所依赖的个人信息(如标签、画像维度等)的自主控制机制,保障个人信息主体调控个性化展示相关性程度的能力。

7.6 基于不同业务目的所收集个人信息的汇聚融合

对个人信息控制者的要求包括:

a)应遵守7.3的要求;

b)应根据汇聚融合后个人信息所用于的目的,开展个人信息安全影响评估,采取有效的个人信息保护措施。

7.7 信息系统自动决策机制的使用

个人信息控制者业务运营所使用的信息系统,具备自动决策机制且能对个人信息主体权益造成显著影响的(例如,自动决定个人征信及贷款额度,或用于面试人员的自动化筛选等),应:

a)在规划设计阶段或首次使用前开展个人信息安全影响评估,并依评估结果采取有效的保护个人信息主体的措施;

b)在使用过程中定期(至少每年一次)开展个人信息安全影响评估,并依评估结果改进保护个人信息主体的措施;

c)向个人信息主体提供针对自动决策结果的投诉渠道,并支持对自动决策结果的人工复核。

参考文献

一、著作类

1. 陈兴良:《刑法的价值构造》(第 2 版),中国人民大学出版社 2006 年版。

2.《德国联邦数据保护法 2017 年版译本及历次修改简介》,刘金瑞译,载方小敏主编:《中德法学论坛》第 14 辑(下卷),法律出版社 2018 年版。

3.《德国刑法典》,徐久生译,北京大学出版社 2019 年版。

4. 樊崇义:《刑事诉讼法学研究综述与评价》,中国政法大学出版社 1991 年版。

5. 冯云、汪贻生:《物联网概论》,首都经济贸易大学出版社 2013 年版。

6. 高金桂:《利益衡量与刑法之犯罪判断》,台北,元照出版公司 2003 年版。

7.《个人数据保护:欧盟指令及成员国法律、经合组织指导方针》,陈飞等译,法律出版社 2006 年版。

8. 个人信息保护课题组:《个人信息保护国际比较研究》,中国金融出版社 2017 年版。

9. 郭道晖:《论立法中的利益分配与调节》,载胡旭晟主编:《湘江法律评论》第 2 卷,湖南出版社 1997 年版。

10. 韩旭至:《个人信息的法律界定及类型化研究》,法律出版社 2018 年版。

11. 贺麟:《黑格尔哲学讲演集》,上海人民出版社 2011 年版。

12. 华为区块链技术开发团队编著:《区块链技术及应用》,清华大学出版社 2019 年版。

13. 京东法律研究院:《欧盟数据宪章:〈一般数据保护条例〉GDPR 评述及实务指引》,法律出版社 2018 年版。

14. 井底望天、武源文、赵国栋等主编:《区块链与大数据——打造智能经济》,人民邮电出版社 2017 年版。

15. 李双其、林伟:《侦查中电子数据取证》,知识产权出版社 2018 年版。

16. 林子雨:《大数据技术原理与应用》(第 2 版),人民邮电出版社 2017 年版。

17. 刘品新:《电子取证的法律规制》,法律出版社 2010 年版。

18. 刘佐国、李世德:《个人资料保护法释义与实务——如何面临个资保护的时代》,台北,碁峰资讯股份有限公司 2015 年版。

19. 龙宗智:《相对合理主义》,中国政法大学出版社 1999 年版。

20. 娄耀雄:《信息法研究》,人民法院出版社 2004 年版。

21. 鲁礼新:《人口与环境简论》,黄河水利出版社 2010 年版。

22. 吕国民:《国际贸易中 EDI 法律问题研究》,法律出版社 2001 年版。

23. 吕世伦:《法理的积淀与变迁》,法律出版社 2001 年版。

24. 吕信莹:《个人资料保护法上目的拘束原则之探讨》,台北,台湾论证出版股份有限公司 2012 年版。

25. 马改然:《出售公民个人信息罪相关问题研究》,载赵秉志主编:《刑法论丛》第 42 卷,法律出版社 2015 年版。

26. 马改然:《个人信息犯罪研究》,法律出版社 2015 年版。

27.《马克思恩格斯全集》第 6 卷,人民出版社 1961 年版。

28. 马特:《隐私权研究——以体系构建为中心》,中国人民大学出版社 2014 年版。

29. 美国法学会:《美国模范刑法典及其评注》,刘仁文、王炜等译,法律出版社 2005 年版。

30.《欧盟〈一般数据保护条例〉GDPR》,瑞栢律师事务所译,法律出版社 2018 年版。

31. 皮勇、王肃之:《智慧社会环境下个人信息的刑法保护》,人民出版社 2018 年版。

32. 齐爱民:《拯救信息社会中的人格——个人信息保护法总论》,北京大学出版社 2009 年版。

33. 齐爱民:《中国信息立法研究》,武汉大学出版社 2009 年版。

34.《日本刑法典》(第 2 版),张明楷译,法律出版社 2006 年版。

35.《数据挖掘教程》,郭崇慧等译,清华大学出版社 2005 年版。

36. 孙谦:《国家工作人员职务犯罪研究》,法律出版社 1998 年版。

37. 腾讯研究院、中国信通院互联网法律研究中心等:《人工智能》,中国人民大学出版社 2017 年版。

38. 汪东升:《个人信息的刑法保护》,法律出版社 2019 年版。

39. 王丽萍、步雷:《信息时代隐私权保护研究》,山东人民出版社 2008 年版。

40. 王敏:《大数据时代个人隐私的分级保护研究》,社会科学文献出版社 2018 年版。

41. 王融:《大数据时代数据保护与流动规则》,人民邮电出版社 2017 年版。

42. 王忠:《大数据时代个人数据隐私规制》,社会科学文献出版社 2014 年版。

43. [日]小林麻理:《IT 的发展与个人信息保护》,夏平、王俊红、周伟民译,经济日报出版社 2007 年版。

44. 谢远杨:《个人信息的私法保护》,中国法制出版社 2016 年版。

45. 许文义:《个人资料保护法论》,台北,三民书局股份有限公司 2001 年版。

46. 严根、陆俊:《网络悖论:网络的文化反思》,国防科技大学出版社 1998 年版。

47. 杨仁寿:《法学方法论》,中国政法大学出版社 1999 年版。

48. 杨正洪、郭良越、刘玮:《人工智能与大数据技术导论》,清华大学出版社 2019 年版。

49. 游伟、肖晚祥:《论推定与刑事证明责任》,载游伟主编:《华东刑事司法评论》第 7 卷,法律出版社 2007 年版。

50. 喻海松:《最高人民法院、最高人民检察院侵犯公民个人信息罪司法解释理解与适用》,中国法制出版社 2018 年版。

51. 张继红、颜苏:《英国 2017 年〈数据保护法案〉评介及启示》,载程卫东、李以所主编:《欧洲法律评论》第 3 卷,中国社会科学出版社 2018 年版。

52. 张民安主编:《信息性隐私权研究——信息性隐私权的产生、发展、适用范围和争议》,中山大学出版社 2014 年版。

53. 张明楷:《法益初论》,中国政法大学出版社2003年版。

54. 张明楷:《刑法分则的解释原理》(第2版),中国人民大学出版社2011年版。

55. 张明楷:《刑法分则的解释原理》,中国人民大学出版社2004年版。

56. 张明楷:《刑法学》(第5版)(下),法律出版社2016年版。

57. 张为民、赵立君、刘玮:《物联网与云计算》,电子工业出版社2012年版。

58. 周汉华:《中华人民共和国个人信息保护法(专家建议稿)及立法研究报告》,法律出版社2006年版。

59. 周汉华主编:《个人信息保护前沿问题研究》,法律出版社2006年版。

60. 周汉华主编:《域外个人数据保护法汇编》,法律出版社2006年版。

61. 周笑冰:《消费文化及其当代重构》,人民出版社2010年版。

62. 朱熹:《四书章句集注》,中华书局出版社1983年版。

二、论文类

1. 蔡虹、夏先华:《论刑事附带民事公益诉讼的诉权配置》,载《郑州大学学报(哲学社会科学版)》2020年第4期。

2. 蔡军:《侵犯个人信息犯罪立法的理性分析——兼论对该罪立法的反思与展望》,载《现代法学》2010年第4期。

3. 蔡琳:《论"利益"的解析与"衡量"的展开》,载《法制与社会发展》2015年第1期。

4. 曹玉平:《数据挖掘中的信息伦理问题研究》,载《情报理论与实践》2008年第5期。

5. 常宇豪:《个人信息识别说:发展、困境与出路》,载《网络法律评论》2017年第1期。

6. 陈洪兵:《论拒不履行信息网络安全管理义务罪的适用空间》,载《政治与法律》2017年第12期。

7. 陈结淼:《关于我国网络犯罪刑事管辖权立法的思考》,载《现代法学》2008年第3期。

8. 陈梦寻:《中英个人信息犯罪比较研究》,载《重庆邮电大学学报(社会科学版)》2019年第6期。

9. 陈全、邓倩妮:《云计算及其关键技术》,载《计算机应用》2009 年第 9 期。

10. 陈兴良:《网络犯罪立法问题思考》,载《公安学刊(浙江警察学院学报)》2016 年第 6 期。

11. 程啸:《论大数据时代的个人数据权利》,载《中国社会科学》2018 年第 3 期。

12. 池建新:《日韩个人信息保护制度的比较与分析》,载《情报杂志》2016 年第 12 期。

13. 储陈城:《大数据时代个人信息保护与利用的刑法立场转换——基于比较法视野的考察》,载《中国刑事法杂志》2019 年第 5 期。

14. 储槐植:《我国刑法中犯罪概念的定量因素》,载《法学研究》1988 年第 2 期。

15. 丹陶:《大数据“ABC”》,载《中国记者》2014 年第 3 期。

16. 翟月玲、袁桂林:《公共利益限制个人利益的合理边界》,载《学术界》2013 年第 11 期。

17. 丁晓东:《个人信息的双重属性与行为主义规制》,载《法学家》2020 年第 1 期。

18. 丁晓东:《用户画像、个性化推荐与个人信息保护》,载《环球法律评论》2019 年第 5 期。

19. 董悦:《公民个人信息分类保护的刑法模式构建》,载《大连理工大学学报(社会科学版)》2020 年第 2 期。

20. 杜宇、杨昂:《黑客现象及其法文化意蕴》,载《学术交流》2000 年第 6 期。

21. 杜宇:《再论刑法上之“类型化”思维——一种基于“方法论”的扩展性思考》,载《法制与社会发展》2005 年第 6 期。

22. 范虹:《网络主体的道德意识培养》,载《伦理学研究》2005 年第 1 期。

23. 范为:《大数据时代个人信息保护的路径重构》,载《环球法律评论》2016 年第 5 期。

24. 范旭斌:《论公共利益与个人利益的平衡》,载《云南社会科学》2009 年第 6 期。

25. 付大学:《个人信息之半公地悲剧与政府监管》,载《首都师范大学学报(社会科学版)》2019 年第 1 期。

26. 付玉明:《侵犯公民个人信息案件之“批量公民个人信息”的数量认定规则——〈关于办理侵犯公民个人信息刑事案件适用法律若干问题的解释〉第 11 条第 3 款评析》,载《浙江社会科学》2017 年第 10 期。

27. 高富平:《出售或提供公民个人信息入罪的边界——以侵犯公民个人信息罪所保护的法益为视角》,载《政治与法律》2017 年第 2 期。

28. 高富平:《个人信息保护:从个人控制到社会控制》,载《法学研究》2018 年第 3 期。

29. 高富平:《个人信息使用的合法性基础——数据上利益分析视角》,载《比较法研究》2019 年第 2 期。

30. 高磊:《网络时代数据隐私的搜查干预——从滴滴顺风车司机抢劫、强奸、杀人案切入》,载《安徽大学学报(哲学社会科学版)》2019 年第 3 期。

31.《个人信息保护法》,刘颖译,载《中国应用法学》2019 年第 2 期。

32. 龚群:《网络信息伦理的哲学思考》,载《哲学动态》2011 年第 9 期。

33. 关友杏:《网络道德失范与网络伦理的构建》,载《学术交流》2006 年第 4 期。

34. 郭泽强、张鑫希:《走出侵犯公民个人信息罪的法益保护之迷思——超个人法益之提倡》,载《天府新论》2020 年第 3 期。

35. 韩大元:《宪法文本中“公共利益”的规范分析》,载《法学论坛》2005 年第 1 期。

36. 韩起祥、程明伦:《大数据时代侵犯公民个人信息类刑事犯罪的特点及对策》,载《法治吉林建设研究》2018 年第 1 期。

37. 何建辉:《立法:利益表达的过程》,载《甘肃社会科学》2007 年第 5 期。

38. 何明升:《中国网络治理的定位及现实路径》,载《中国社会科学》2016 年第 7 期。

39. 何能高、许双燕:《个人信息保护新型路径研究——以刑法保护为侧重点》,载《中国人民公安大学学报(社会科学版)》2019 年第 2 期。

40. 何云峰:《挑战与机遇:人工智能对劳动的影响》,载《探索与争鸣》2017 年第 10 期。

41. 胡健生、黄志雄:《打击网络犯罪国际法机制的困境与前景——以欧洲委员会〈网络犯罪公约〉为视角》,载《国际法研究》2016 年第 6 期。

42. 胡裕岭:《英国:数据被泄露可获精神赔偿》,载《检察风云》2018 年第1期。

43. 黄道丽、张敏:《大数据背景下我国个人数据法律保护模式分析》,载《中国信息安全》2015 年第6期。

44. 黄东海、缑玉龙:《个人信息安全保护之"知情—同意"架构急需优化》,载《中国信息安全》2020 年第4期。

45. 黄辉明:《利益法学的源流及其意义》,载《云南社会科学》2007 年第6期。

46. 黄丽勤:《我国〈刑法〉对档案保护的新进展——论非法提供个人信息罪与非法获取个人信息罪》,载《档案与建设》2009 年第6期。

47. 黄晓亮:《从虚拟回归真实:大数据时代刑法的挑战与应对》,载《中国政法大学学报》2015 年第4期。

48. 冀洋:《法益自决权与侵犯公民个人信息罪的司法边界》,载《中国法学》2019 年第4期。

49. 江必新:《中国环境公益诉讼的实践发展及制度完善》,载《法律适用》2019 年第1期。

50. 蒋都都、杨解君:《大数据时代的信息公益诉讼探讨——以公众的个人信息保护为聚焦》,载《广西社会科学》2019 年第5期。

51. 金晶:《欧盟〈一般数据保护条例〉:演进、要点与疑义》,载《欧洲研究》2018 年第4期。

52. 金耀:《个人信息去身份的法理基础与规范重塑》,载《法学评论》2017 年第3期。

53. 敬力嘉:《大数据环境下侵犯公民个人信息罪法益的应然转向》,载《法学评论》2018 年第2期。

54. 敬力嘉:《论拒不履行网络安全管理义务罪——以网络中介服务的刑事责任为中心展开》,载《政治与法律》2017 年第1期。

55. 劳东燕:《法益衡量原理的教义学检讨》,载《中外法学》2016 年第2期。

56. 劳东燕:《个人数据的刑法保护模式》,载《社会科学文摘》2020 年第12期。

57. 劳东燕:《认真对待刑事推定》,载《法学研究》2007 年第2期。

58. 雷丽莉:《权力结构失衡视角下的个人信息保护机制研究——以信

息属性的变迁为出发点》,载《国际新闻界》2019 年第 12 期。

59. 李川:《个人信息犯罪的规制困境与对策完善——从大数据环境下滥用信息问题切入》,载《中国刑事法杂志》2019 年第 5 期。

60. 李建华等:《网络空间安全一级学科内涵建设和人才培养思考》,载《信息安全研究》2015 年第 2 期。

61. 李世阳:《拒不履行网络安全管理义务罪的适用困境与解释出路》,载《当代法学》2018 年第 5 期。

62. 李文:《网络安全技术的现状与发展趋势——评〈网络安全技术〉》,载《高教探索》2017 年第 8 期。

63. 李文姝、刘道前:《人工智能视域下的信息规制——基于隐私场景理论的激励与规范》,载《人民论坛 · 学术前沿》2019 年第 6 期。

64. 李翔:《侵犯公民个人信息罪司法适用疑难问题探究》,载《法律适用》2018 年第 7 期。

65. 李晓方:《人工智能概念的再界定与政府的治理回应:基于技术、市场和政治视角的分析》,载《电子政务》2019 年第 3 期。

66. 李晓明、李文吉:《跨国网络犯罪刑事管辖权解析》,载《苏州大学学报(哲学社会科学版)》2018 年第 1 期。

67. 李欣倩:《德国个人信息立法的历史分析及最新发展》,载《东方法学》2016 年第 6 期。

68. 李玉萍:《理顺网络犯罪案件的管辖入口》,载《人民法院报》2017 年 2 月 15 日,第 2 版。

69. 李玉萍:《侵犯公民个人信息罪的实践与思考》,载《法律适用》2016 年第 9 期。

70. 李振林:《非法利用个人金融信息行为刑法规制强化论》,载《华东政法大学学报》2019 年第 1 期。

71. 李震山:《〈电脑处理个人资料保护法〉之回顾与前瞻》,载《中正大学法学集刊》2004 年第 14 期。

72. 梁根林:《"醉驾"入刑后的定罪困扰与省思》,载《法学》2013 年第 3 期。

73. 梁根林:《但书、罪量与扒窃入罪》,载《法学研究》2013 年第 2 期。

74. 梁静:《论刑事诉讼中举证责任的倒置》,载《河南社会科学》2004 年第 1 期。

75. 廖宇羿:《侵犯公民个人信息犯罪“情节严重”认定研究》,载《法律适用》2016 年第 2 期。

76. 林洹民:《个人信息保护中知情同意原则的困境与出路》,载《北京航空航天大学学报(社会科学版)》2018 年第 3 期。

77. 林亚刚:《侵犯商业秘密罪再探》,载《法制与社会发展》2000 年第 1 期。

78. 凌萍萍、焦冶:《侵犯公民个人信息罪的刑法法益重析》,载《苏州大学学报(哲学社会科学版)》2017 年第 6 期。

79. 刘灿华:《欧盟网络犯罪刑事立法新动向——以〈关于惩治攻击信息系统行为的指令〉为中心》,载《净月学刊》2016 年第 6 期。

80. 刘大椿:《技术何以决定人之本质》,载《东北大学学报(社会科学版)》2006 年第 1 期。

81. 刘德良:《个人信息保护立法应明确人格权和财产权属性》,载《中国信息安全》2015 年第 5 期。

82. 刘加良:《刑事附带民事公益诉讼的困局与出路》,载《政治与法律》2019 年第 10 期。

83. 刘品新:《电子证据的基础理论》,载《国家检察官学院学报》2017 年第 1 期。

84. 刘品新:《论大数据证据》,载《环球法律评论》2019 年第 1 期。

85. 刘仁文:《论非法使用公民个人信息行为的入罪》,载《法学论坛》2019 年第 6 期。

86. 刘双阳、李川:《大数据时代个人信息法益刑法保护的应然转向——以规制非法使用个人信息为重点》,载《重庆大学学报(社会科学版)》2020 年第 5 期。

87. 刘双阳:《衍生数据刑法保护的多重考察——兼论财产权客体的时代变迁》,载《科技与法律》2020 年第 3 期。

88. 刘玮、王红梅等:《物联网概念辨析》,载《电信技术》2010 年第 1 期。

89. 刘宪权,方晋晔:《个人信息权刑法保护的立法及完善》,载《华东政法大学学报》2009 年第 3 期。

90. 刘湘雯、王良民:《数据发布匿名技术进展》,载《江苏大学学报(自然科学版)》2016 年第 5 期。

91. 刘艳红:《公共空间运用大规模监控的法理逻辑及限度——基于个

人信息有序共享之视角》,载《法学论坛》2020 年第 2 期。

92. 刘艳红:《侵犯公民个人信息罪法益:个人法益及新型权利之确证——以〈个人信息保护法(草案)〉为视角之分析》,载《中国刑事法杂志》2019 年第 5 期。

93. 刘艳红:《象征性立法对刑法功能的损害——二十年来中国刑事立法总评》,载《政治与法律》2017 年第 3 期。

94. 刘译矾:《徜徉于哲学与法学之间——"事实与证据:哲学与法学的对话"国际研讨会综述》,载《证据科学》2016 年第 5 期。

95. 刘迎霜:《大数据时代个人信息保护再思考——以大数据产业发展之公共福利为视角》,载《社会科学》2019 年第 3 期。

96. 刘云:《欧洲个人信息保护法的发展历程及其改革创新》,载《暨南学报(哲学社会科学版)》2017 年第 2 期。

97. 刘泽刚:《欧盟个人数据保护的"后隐私权"变革》,载《华东政法大学学报》2018 年第 4 期。

98. 刘智慧、张泉灵:《大数据技术研究综述》,载《浙江大学学报(工学版)》2014 年第 6 期。

99. 龙婧婧:《刑事附带民事公益诉讼可简化诉前程序》,载《检察日报》2018 年 12 月 12 日,第 3 版。

100. 龙卫球:《数据新型财产权构建及其体系研究》,载《政法论坛》2017 年第 4 期。

101. 龙宗智、白宗钊、谭勇:《刑事诉讼指定管辖若干问题研究》,载《法律适用》2013 年第 12 期。

102. 芦琦:《网络社会中的法律文化及网络亚文化问题探析》,载《华东政法学院学报》2006 年第 3 期。

103. 路艳娥:《庞德利益学说解读及其启思》,载《武汉理工大学学报(社会科学版)》2010 年第 1 期。

104. 罗军舟、金嘉晖、宋爱波等:《云计算:体系架构与关键技术》,载《通信学报》2011 年第 7 期。

105. 罗猛:《巨额财产来源不明罪举证责任的思考》,载《国家检察官学院学报》2013 年第 6 期。

106. 吕炳斌:《论网络用户对"数据"的权利——兼论网络法中的产业政策和利益衡量》,载《法律科学(西北政法大学学报)》2018 年第 6 期。

107. 马改然:《大数据时代个人信息刑法保护的困境与出路》,载《网络空间安全》2020 年第 3 期。

108. 马改然:《美国身份盗窃的最新发展趋势》,载《学术论坛》2012 年第 5 期。

109. 梅夏英、杨晓娜:《个人信息保护的理论及立法问题》,载《社会治理法治前沿年刊》2013 年第 00 期。

110. 孟小峰、慈祥:《大数据管理:概念、技术与挑战》,载《计算机研究与发展》2013 年第 1 期。

111. 欧阳本祺、王倩:《〈刑法修正案(九)〉新增网络犯罪的法律适用》,载《江苏行政学院学报》2016 年第 4 期。

112. 彭玉勇:《论网络服务提供者的权利和义务》,载《暨南学报(哲学社会科学版)》2014 年第 12 期。

113. 皮勇:《论欧洲刑事法一体化背景下的德国网络犯罪立法》,载《中外法学》2011 年第 5 期。

114. 皮勇:《我国新网络犯罪立法若干问题》,载《中国刑事法杂志》2012 年第 12 期。

115. 齐爱民、李仪:《论利益平衡视野下的个人信息权制度——在人格利益与信息自由之间》,载《法学评论》2011 年第 3 期。

116. 齐爱民、张哲:《识别与再识别:个人信息的概念界定与立法选择》,载《重庆大学学报(社会科学版)》2018 年第 2 期。

117. 齐爱民:《德国个人资料保护法简论》,载《武汉大学学报(人文科学版)》2004 年第 4 期。

118. 邱陵:《拒不履行信息网络安全管理义务罪探析》,载《法学杂志》2020 年第 4 期。

119. 邱文聪:《从资讯自决与资讯隐私的概念区分——评〈电脑处理个人资料保护法修正草案〉的结构性问题》,载《月旦法学杂志》2009 年第 5 期。

120. 曲新久:《论侵犯公民个人信息犯罪的超个人法益属性》,载《人民检察》2015 年第 11 期。

121. 任龙龙:《个人信息民法保护的理论基础》,载《河北法学》2017 年第 4 期。

122. 任龙龙:《论同意不是个人信息处理的正当性基础》,载《政治与法律》2016 年第 1 期。

123. 阮爽:《〈欧盟个人数据保护通用条例〉及其在德国的调适评析》,载《德国研究》2018 年第 3 期。

124. 沙勇忠:《基于信息权利的网络信息伦理》,载《兰州大学学报》2006 年第 5 期。

125. 佘少祥:《论公共利益与个人权利的冲突与协调》,载《清华法学》2008 年第 2 期。

126. 苏和生、沈定成:《刑事附带民事公益诉讼的本质厘清、功能定位与障碍消除》,载《学术探索》2020 年第 9 期。

127. 苏今:《〈民法总则〉中个人信息的"可识别性"特征及其规范路径》,载《大连理工大学学报(社会科学版)》2020 年第 1 期。

128. 苏宇、高文英:《个人信息的身份识别标准:源流、实践与反思》,载《交大法学》2019 年第 4 期。

129. 孙其博、刘杰等:《物联网:概念、架构与关键技术研究综述》,载《北京邮电大学学报》2010 年第 3 期。

130. 孙伟平:《信息社会及其基本特征》,载《哲学动态》2010 年第 9 期。

131. 孙潇琳:《我国网络犯罪管辖问题研究》,载《法学评论》2018 年第 4 期。

132. 唐芳:《恢复性司法的困境及其超越》,载《法律科学(西北政法学院学报)》2006 年第 4 期。

133. 屠春含、马方飞:《检察公益诉讼保护公民个人信息若干问题探析》,载《中国检察官》2020 年第 8 期。

134. 王波、杨静:《数据发布中的个性化隐私匿名技术研究》,载《计算机科学》2012 年第 4 期。

135. 王德全:《试论 Internet 案件的司法管辖权》,载《中外法学》1998 年第 2 期。

136. 王利明:《论个人信息权的法律保护——以个人信息权与隐私权的界分为中心》,载《现代法学》2013 年第 4 期。

137. 王利明:《论人格权商品化》,载《法律科学(西北政法大学学报)》2013 年第 4 期。

138. 王利明:《人格权法中的人格尊严价值及实现》,载《清华法学》2013 年第 5 期。

139. 王利明:《数据共享与个人信息保护》,载《现代法学》2019 年第 1 期。

140. 王融:《我国〈个人信息保护法〉立法前路》,载《信息安全与通信保密》2017 年第 3 期。

141. 王肃之:《被害人教义学核心原则的发展——基于侵犯公民个人信息罪法益的反思》,载《政治与法律》2017 年第 10 期。

142. 王肃之:《侵犯公民个人信息罪行为体系的完善》,载《河北法学》2017 年第 7 期。

143. 王秀哲:《"侵犯公民个人信息罪"司法解释之局限性及其破解》,载《河南大学学报(社会科学版)》2018 年第 5 期。

144. 王秀哲:《大数据时代个人信息法律保护制度之重构》,载《法学论坛》2018 年第 6 期。

145. 王泽鉴:《人格权的具体化及其保护范围·隐私权篇(上)》,载《比较法研究》2008 年第 6 期。

146. 王昭武、肖凯:《侵犯公民个人信息犯罪认定中的若干问题》,载《法学》2009 年第 12 期。

147. 王正平:《计算机伦理:信息与网络时代的基本道德》,载《道德与文明》2001 年第 1 期。

148. 魏书音:《从 CCPA 和 GDPR 对比看美国个人信息保护立法趋势及路径》,载《网络空间安全》2019 年第 4 期。

149. 温家武:《Cookie 安全问题探讨》,载《电脑知识与技术》2013 年第 14 期。

150. 吴沈括、邢政、崔婷婷:《欧盟〈电子隐私条例〉(草案)研究》,载《网信军民融合》2019 年第 1 期。

151. 吴沈括等:《〈2018 年加州消费者隐私法案〉中的个人信息保护》,载《信息安全与通信保密》2018 年第 12 期。

152. 吴小帅、周长军:《从实践困境看我国刑事自诉圈的立法重构——以对 S 省若干区县的实证调研为基础》,载《法学论坛》2015 年第 2 期。

153. 夏良田:《刑事证明责任倒置问题研究》,载《东岳论丛》2005 年第 4 期。

154. 肖峰:《重勘信息的哲学含义》,载《中国社会科学》2010 年第 4 期。

155. 肖建华、唐玉富:《论公益诉讼的理论基础与程序建构》,载《河南省政法管理干部学院学报》2008 年第 1 期。

156. 谢望原:《论拒不履行信息网络安全管理义务罪》,载《中国法学》2017 年第 2 期。

157. 谢小剑:《刑事附带民事公益诉讼:制度创新与实践突围——以 207 份裁判文书为样本》,载《中国刑事法杂志》2019 年第 5 期。

158. 邢会强:《大数据交易背景下个人信息财产权的分配与实现机制》,载《法学评论》2019 年第 6 期。

159. 徐惠、李晓东:《大数据证据之证据属性证成研究》,载《中国人民公安大学学报(社会科学版)》2020 年第 1 期。

160. 杨博:《大数据时代背景下个人信息权的民事诉讼保护研究》,载《研究生法学》2018 年第 1 期。

161. 杨芳:《个人信息自决权理论及其检讨——兼论个人信息保护法之保护客体》,载《比较法研究》2015 年第 6 期。

162. 杨国荣:《伦理、道德与哲学——李泽厚、杨国荣关于伦理学问题的对话》,载《中华读书报》2014 年 6 月 11 日,第 9 版。

163. 杨立新:《个人信息:法益抑或民事权利——对〈民法总则〉第 111 条规定的“个人信息”之解读》,载《法学论坛》2018 年第 1 期。

164. 杨炼:《论现代立法中的利益衡量》,载《时代法学》2010 年第 4 期。

165. 杨良斌等:《大数据背景下网络空间安全人才培养机制与模式研究》,载《情报杂志》2016 年第 12 期。

166. 叶名怡:《个人信息的侵权法保护》,载《法学研究》2018 年第 4 期。

167. 叶小琴、赵忠东:《侵犯个人信息犯罪的生成机制与防控对策研究——以 2014—2016 年的 6507 份刑事判决书为样本》,载《太原理工大学学报(社会科学版)》2017 年第 2 期。

168. 于冲:《侵犯公民个人信息罪中“公民个人信息”的法益属性与入罪边界》,载《政治与法律》2018 年第 4 期。

169. 于冲:《网络犯罪罪名体系的立法完善与发展思路——从 97 年刑法到〈刑法修正案(九)草案〉》,载《中国政法大学学报》2015 年第 4 期。

170. 袁泉、王思庆:《个人信息分类保护制度及其体系研究》,载《江西社会科学》2020 年第 7 期。

171. 岳林:《超越身份识别标准——从侵犯公民个人信息罪出发》,载《法律适用》2018 年第 7 期。

172. 张斌:《现代立法中利益衡量基本理论初论》,载《国家检察官学院学报》2004 年第 6 期。

173. 张春颖:《信息生命周期管理研究述评》,载《情报科学》2012 年第 6 期。

174. 张枫逸:《保护个人信息可引入公益诉讼》,载《法制日报》2015 年 2 月 3 日,第 7 版。

175. 张和林、王鑫:《巨额财产来源不明罪的证明责任及刑罚配置》,载《人民检察》2013 年第 4 期。

176. 张明楷:《盗窃与抢夺的界限》,载《法学家》2006 年第 2 期。

177. 张明楷:《行为功利主义违法观》,载《中国法学》2011 年第 5 期。

178. 张融:《个人信息权的私权属性探析——人格权抑或财产权》,载《北京邮电大学学报(社会科学版)》2017 年第 2 期。

179. 张新宝:《从隐私到个人信息:利益再衡量的理论与制度安排》,载《中国法学》2015 年第 3 期。

180. 张新宝:《中国个人数据保护立法的现状和展望》,载《中国法律:中英文版》2007 年第 2 期。

181. 张忆然:《大数据时代"个人信息"的权利变迁与刑法保护的教义学限缩——以"数据财产权"与"信息自决权"的二分为视角》,载《政治与法律》2020 年第 6 期。

182. 张勇:《公民个人信息刑法保护的碎片化与体系解释》,载《社会科学辑刊》2018 年第 2 期。

183. 张玉洁:《论"非法获取公民个人信息罪"的司法认定——基于 190 件案例样本的分析》,载《华东政法大学学报》2014 年第 6 期。

184. 张元、丁三青、李晓宁:《网络道德异化与和谐网络文化建设》,载《现代传播(中国传媒大学学报)》2014 年第 4 期。

185. 张元:《网络虚拟社会的道德困境与规范建构》,载《理论月刊》2017 年第 9 期。

186. 张忠利:《论庞德的社会学法学思想》,载《吉林大学社会科学学报》2000 年第 6 期。

187. 赵红言、许柯等:《计算机网络安全及防范技术》,载《陕西师范大学学报(哲学社会科学版)》2007 年 S2 期。

188. 赵丽涛:《网络空间治理的伦理秩序建构》,载《中国特色社会主义研究》2018 年第 3 期。

189. 智勇、黄奇:《网络环境下的信息安全》,载《中国图书馆学报》2002 年第 2 期。

190. 钟云萍:《论宪法中公共利益与个人利益的衡量》,载《求索》2009 年第 2 期。

191. 周常志:《刑事案件指定管辖制度的完善》,载《人民检察》2008 年第 3 期。

192. 周汉华:《探索激励相容的个人数据治理之道——中国个人信息保护法的立法方向》,载《法学研究》2018 年第 2 期。

193. 周辉:《技术、平台与信息:网络空间中私权力的崛起》,载《网络信息法学研究》2017 年第 2 期。

194. 周铭川:《论刑法中的注意规定》,载《东北大学学报(社会科学版)》2016 年第 5 期。

195. 朱家安:《论网络文化对现代人传统道德观的影响》,载《中国教育学刊》2014 年第 4 期。

196. 朱丽亚·安格文、迈克·提加斯:《删不掉的 Cookie 是的,它在跟踪你》,载《商学院》2015 年 Z1 期。

197. 朱巍:《尊重公民隐私权是信息时代的底线》,载《光明日报》2017 年 11 月 30 日,第 12 版。

198. 庄晓晶、林洁、白磊:《非法获取公民个人信息犯罪区域性实证分析》,载《人民检察》2011 年第 9 期。

199. 卓泽渊:《法的价值归宿》,载《检察日报》2000 年 1 月 14 日,第 3 版。

200. 邹晓玫、蔡玉千卉:《网络犯罪管辖权问题研究》,载《河南财经政法大学学报》2014 年第 3 期。

三、学位论文类

1. 董天婳:《侵犯公民个人信息案件电子数据取证问题研究》,中国人民公安大学 2019 年硕士学位论文。

2. 王彬:《侵犯公民个人信息案件侦查研究》,中国人民公安大学 2019 年硕士学位论文。

3. 王磊:《日本个人番号制度研究》,山东大学 2018 年硕士学位论文。

4. 杨秀华:《欧美个人数据控制者义务和责任的比较研究》,武汉大学2017年硕士学位论文。

5. 张涛:《个人信息权的界定及其民法保护——基于利益衡量之展开》,吉林大学2012年博士学位论文。

四、译著(文)类

1. [德]菲利普·黑克:《利益法学》,傅广宇译,载《比较法研究》2006年第6期。

2. [德]霍尔斯特·埃曼:《德国民法中的一般人格权制度——论从非道德行为到侵权行为的转变》,载梁慧星主编:《民商法论丛》第23卷,法律出版社2002年版。

3. [德]卡尔·拉伦茨:《德国民法通论》(上册),王晓晔等译,法律出版社2013年版。

4. [德]卡尔·拉伦茨:《法学方法论》,陈爱娥译,商务印书馆2015年版。

5. [德]康德:《道德形而上学奠基》,杨云飞译,人民出版社2013年版。

6. [德]鲁道夫·冯·耶林:《为权利而斗争》,胡宝海译,中国法制出版社2004年版。

7. [德]齐佩里乌斯:《法学方法论》,金振豹译,法律出版社2009年版。

8. [德]伊曼努尔·康德:《道德形而上学原理》,苗力田译,上海世纪出版集团2005年版。

9. [法]米歇尔·福科:《规训与惩罚》,刘北成、杨远婴译,生活·读书·新知三联书店2003年版。

10. [美]E.博登海默:《法理学:法律哲学与法律方法》,邓正来译,中国政法大学出版社1999年版。

11. [美]Thomas Erl等:《云计算概念、技术与架构》,龚奕利、贺莲、胡创译,机械工业出版社2014年版。

12. [美]阿尔文·托夫勒:《第三次浪潮》,黄明坚译,中信出版社2006年版。

13. [美]理查德·A.斯皮内洛:《世纪道德:信息技术的伦理方面》,刘钢译,中央编译出版社1999年版。

14. [美]罗斯科·庞德:《法律史解释》,邓正来译,中国法制出版社

2002 年版。

15. [美]史蒂芬·卢奇、丹尼·科佩克:《人工智能》(第 2 版),林赐译,人民邮电出版社 2018 年版。

16. [美]约翰·罗尔斯:《正义论》,何怀宏等译,中国社会科学出版社 1988 年版。

17. [日]小野清一郎:《犯罪构成要件理论》,王泰译,中国人民公安大学出版社 2004 年版。

18. [意]恩里科·菲利:《犯罪社会学》,郭建安译,中国人民公安大学出版社 2004 年版。

19. [英]维克托·迈尔-舍恩伯格、肯尼思·库克耶:《大数据时代:生活、工作与思维的大变革》,盛杨燕、周涛译,浙江人民出版社 2013 年版。

五、外文文献类

1. Protecting consumer privacy in an Era of Rapid Change, FTC, 2012.

2. Alan F. Westin, *Privacy and Freedom*, Athenum, 1967.

3. Adam Carlyle Breckenridge, *The Right Privacy*, University of Nebraska Press, 1970.

4. LawrenceLessig, Code, Basic Books, 1999.

5. Philipp Heck, *The Jurisprudence of Interests*, Harvard University Press, 1948.

6. Peter Swire, *Social Networks, Privacy, and Freedom of Association: Data Empowerment vs. Data Protection*, North Caro-lina Law Review, Vol. 90:5(2012).

7. Data Protection Act 2018.

8. Coppel, *Information Rights: Law and Practice*, Bloomsbury Publishing, 2014.

9. Murray Andrew, *Information Technology Law: the Law and Society*, Oxford University Press, 2013.

10. Vandermeulen Bynicoles, *Financial Identity Theft*, T. M. C. Asser Press, 2011.